蔡元培（1868—1940）

民元教育总长蔡元培（左一侧立者）与国务总理唐绍仪（右一坐者）及其他内阁成员合影

任北京大学校长时的蔡元培

1921年蔡元培（中坐者）率中国教育代表团出席太平洋各国教育会议时与代表团成员合影

1935 年蔡元培向高平叔口述传记时合影

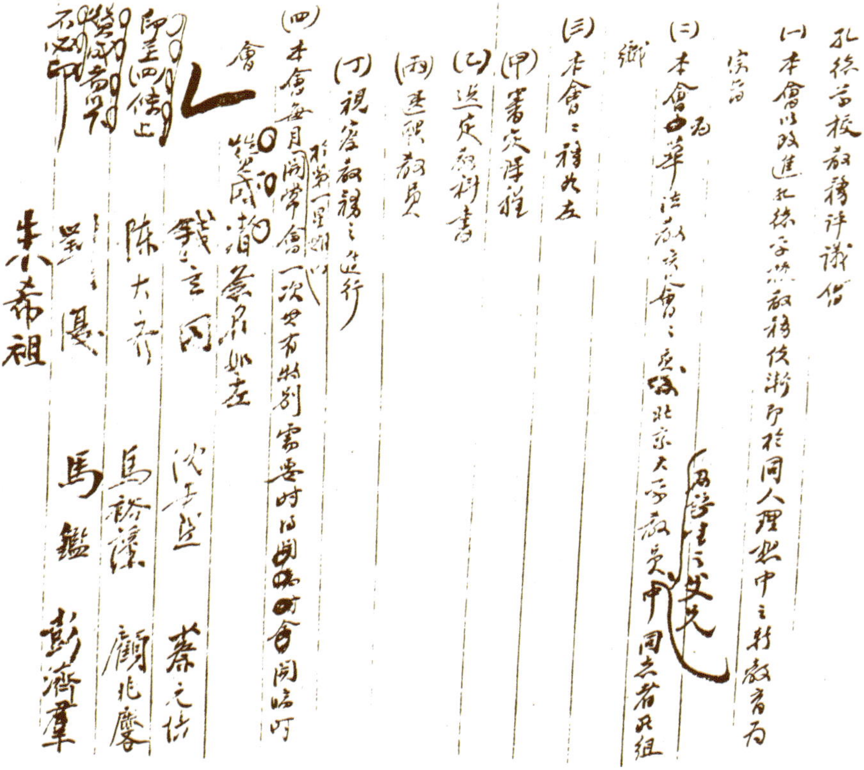

蔡元培手迹

中国教育名著丛书

蔡元培教育论著选

CAI YUANPEI JIAOYU LUNZHUXUAN

高平叔　编

人民教育出版社

·北京·

图书在版编目（CIP）数据

蔡元培教育论著选／高平叔编. —北京：人民教育出版社，2017.1(2024.7 重印)
（中国教育名著丛书）
ISBN 978-7-107-29063-3

Ⅰ. ①蔡… Ⅱ. ①高… Ⅲ. ①蔡元培（1868—1940）—教育思想—文集
Ⅳ. ①G40-092.6

中国版本图书馆 CIP 数据核字（2016）第 206830 号

中国教育名著丛书　蔡元培教育论著选

出版发行　人民教育出版社
（北京市海淀区中关村南大街 17 号院 1 号楼　邮编：100081）
网　址　http://www.pep.com.cn
经　销　全国新华书店
印　刷　唐山市润丰印务有限公司
版　次　2017 年 1 月第 1 版
印　次　2024 年 7 月第 4 次印刷
开　本　890 毫米×1 240 毫米　1/32
印　张　24.75
插　页　2
字　数　636 千字
印　数　7 001~9 000 册
定　价　56.80 元

《中国教育名著丛书》出版说明

中国教育制度源远流长，教育活动丰富多彩，教育思想博大精深，在数千年波澜壮阔的教育史上产生过无数鸿篇巨制。尤其是近现代以来，许多教育家、思想家、理论家和实践家，通过长期艰辛的教育探索和严密的思考、审慎的研究，撰写了不少对中国乃至世界教育发展产生了巨大而深远影响的伟大著作。即使人类历史进入了21世纪，这些著作仍然保持着强盛的生命力。

实现中华民族伟大复兴的中国梦，促进从教育大国到教育强国的跨越，建立和完善中国特色社会主义教育体系，不仅需要研究外国教育的历史和现状，吸取外国教育的经验，更需要不断提高中华民族教育的自尊、自信、自豪和自觉，全面探讨我国教育的历史和现状，系统总结我国教育的思想智慧，发扬光大我国教育的优良传统。

为了给广大教育工作者提供有关我国教育思想理论著作的读物，特别是给教育科研人员、中小学教师和各级各类师范院校师生提供学习研究参考书，本着“服务教育、促进科研、弘扬学术、繁荣文化”的宗旨，人民教育出版社决定组织专家学者精选在中国教育发展史上产生过并将继续产生重大影响的作品，汇编成《中国教育名著丛书》。这套丛书选收中国古代、近代、现代对中国乃至世界有较大影响的教育名家的富有代表性的教育思想理论著作，包括整本专著、文章汇编或者著作节选。毋庸讳言，本丛书所选收的著作既闪耀着人类教育智慧的光芒，又不可避免地有着时代的局限。我们相信读者会做出思辨，时间会做出判断，实践会做出检验。

为了帮助读者阅读和理解教育名著的内容，我们特请编者或有关专家为每一本书撰写了前言或说明，有的书还附有年表、图片或其他参考资料。当然，前言只是一家之言，而不是对某书的定评；读者完全可以对这本书进行更加广泛、更加深入的研究。

限于水平和经验，本丛书的编辑出版工作或有不少缺点和错误。热诚希望广大读者对这套丛书的编辑出版工作提出宝贵意见，以使之更臻完善。

人民教育出版社教育编辑室

2014 年 8 月

本书前言

蔡元培（1868—1940），原字鹤卿，旋改字仲申，号鹤庼，又号孑民，生于浙江绍兴。清季，中秀才、举人、进士，授职翰林院编修。曾任私塾教师及嵊县郯山书院、诸暨丽泽书院的院长。

1898年10月，蔡目睹戊戌变法的失败，毅然弃官出京，就任绍郡中西学堂总理，这是他“服务于新式学校的开始”。他支持新派教员，宣扬进化论，纠正尊君、卑民、重男、轻女的旧习，不久引起旧派和堂董的干涉，愤而辞职。这一时期，他撰述《绍兴推广学堂议》和《浙江筹办学堂节略》，主张在绍属八县以及浙江全省推广新式的学校教育。

与此同时，蔡广泛搜集各种教育书刊，对教育制度及学校课程详加研究，撰印《学堂教科论》一书，编制了各级学校的课程。这一研究工作，为他此后筹划全国教育大计预报了初步的设想。

1901年秋，蔡应上海南洋公学之聘，任特班总教习。对学生选修各门学科所写的读书札记及作文，均手自批改。他着重向学生灌输爱国思想，如所出作文题为《列举春秋战国时爱国事实加以评论》之类。此时蔡和蒋智由等组设中国教育会，宣传民族、民主的思想，蔡被推为会长。

1902年秋，蔡由日本考察归国后，南洋公学爆发因总办无理压制学生而引起的退学风潮。蔡同情学生，商同中国教育会募款创设爱国学社，容纳退学学生，蔡被推为总理。由于该社“重精神教育”，并与《苏报》馆及留日学生界合作，鼓吹反清革命，爆发了震惊中外的“苏报案”。

与此同时，蔡与黄宗仰等创设爱国女学，多次兼任总理。蔡当时觉得“革命只有两途，一是暴动，一是暗杀”。在爱国学社推行军事训练，播下暴动的种子。在爱国女学，除灌输革命思想外，以较多课时讲授理化，为炼制炸弹、用暗杀手段进行反清革命作准备。

1907年赴德，在莱比锡大学研究三年。其间，蔡曾选修实验教育学、儿童心理学、心理学方法等课程，并曾观摩维坎斯多中学“重启发”的教育方法。

1912年1月，中华民国在南京肇建，孙中山任临时大总统，蔡任改元后第一任教育总长。他发表《对于新教育之意见》（后经修改，以《对于教育方针之意见》为题发表于《东方杂志》），提出军国民教育、实利教育、公民道德、世界观、美育五项宗旨。他主持制定普通教育办法：将学堂改为学校，监督、堂长通称校长；废止师范、中学、小学读经；小学注意手工科；初小男女同校；中学文实不分科；教科书须符合共和国宗旨；等等。在教育部内，他创设社会教育司，通令全国推行成人教育与补习教育。他主持召开全国临时教育会议，通过了教育宗旨与各种教育法令。其中《大学令》就是他去职前亲自起草的。

1916年3月，蔡在巴黎与李石曾、吴玉章等联同法国名流学者组织华法教育会。该会着重推动我国贫寒青年以半工半读方式赴法留学。以这种方式先后留法者约达一千六百人，其中周恩来、邓小平、陈毅、李富春、李立三、聂荣臻、王若飞等，都成为中国共产党的杰出干部。

1916年12月，蔡被任命为北京大学校长。北大的前身是清末创设的京师大学堂，官僚积习很深，多数师生腐化堕落。蔡到校后，立即进行全面改革。他聘请陈独秀、李大钊、胡适、马寅初、陶孟和、钱玄同、刘半农、李四光、李书华、任鸿隽等“积学而热心”的学者来校任教，循思想自由原则，取兼容并包主义，提倡百家争鸣，对原有的滥竽充数的中外教员断然裁撤。教学方面，他调整科系及课程设置，打破文、理界限，创设研究所，采用选科制，实行男女同校。行政方面，他改变领导体制，实行教授治校、民主管理。为纠正奔竞及游荡的恶习，他发起组织进德会，培养个人的道德修养。为锻炼身心、提供正当的娱乐，他推动设立体育会、技击会、音乐会以及研究书画的会社。为养成学生服务社会的能力，他推动组设消费公社、学生银行、校役夜班、平民学校、平民教育讲演团以及《新潮》《国民》等杂志。为鼓励学术研究，他推动组织新闻学、哲学、教育学、史学、经济学、数理、化学、生物学、地质学等等的研究会。通过这些改革，学术空气逐渐浓厚起来了，那些以进北大作为升官发财阶梯的学生也逐渐减少了。

蔡不仅支持，而且积极参与新文化运动。他反对尊孔，主张“以美育代宗教”，支持白话文运动，重视科学，提出“劳工神圣”的口号。更重要的是，他促请陈独秀把原在上海编印的《新青年》杂志移设北京。从此，以《新青年》为开路先锋的新文化运动便以北大为中心，在全国广泛开展起来。

1919 年以反对在丧权辱国的《凡尔赛和约》上签字为导火线的五四运动，是北大和北京各大专学生发难的。蔡同情和支持学生，带头保释被捕的学生。北洋政府迫蔡递出辞呈，激起全国学生的愤怒，他们把“挽留蔡校长”作为六大政治要求之一，同“外争主权，内除国贼”的斗争紧密交织，成为五四爱国运动的重要组成部分。随着全国各阶层群众运动狂涛的冲击，这一反帝反封建的五四运动，终于取得了辉煌的完全的胜利。

在蔡的领导下，北京大学师生在教育思想、教育制度和学术思想等方面进行了一场破旧立新的改革，很短时期内，北大面貌为之一新，成为新文化运动的中心和五四运动的发源地，而新文化运动和五四运动的胜利，又促使古老落后的中国社会发生了划时代的深刻变化。

1921年，蔡前往欧美各国考察高等教育，并出席太平洋教育会议，提交《教育独立议》的论文。同年，法国里昂大学授予他文学博士荣誉学位，美国纽约大学授予他法学博士荣誉学位。1924—1925年，蔡又在英国的“中国学会”和世界教育会联合会大会上，先后宣读《中国教育的发展》及《中国教育的历史与现状》两文，并应世界基督教学生联盟之请，撰写《中国现代大学观念及教育趋向》一文。

1927年10月，蔡就任管理全国学术及教育的最高机关大学院院长，提出“使教育科学化、劳动化、艺术化”的方针。他还推行大学区制，依各地教育、经济及交通状况，将全国划为若干大学区，各设一大学，由校长综理区内一切学术与教育行政事项；先在浙江、江苏、北平（包括河北省）试办。

蔡在大学院任职几个月中，除主持召开全国教育会议，制订中学、小学、华侨小学的暂行条例，私立大学及专门学校立案条例，私立中小学立案条例等法令外，还创设国立劳动大学、国立西湖艺术院及国立音乐院；并且通令废止祭祀孔子的旧典，通令提倡语体文。此外，他提出了扩充教育基金和促使教育经费独立的议案。

由于一些人反对大学区制，蔡于1928年8月辞去大学院院长及其他职务，专任中央研究院院长，为中国科学研究事业奠立基础。

尽管他从这时起不再主持教育行政，但他还是为教育做了大量的工作。

1929年1月，蔡被选为管理美国退还庚子赔款供中国兴办教育事业的中华教育文化基金董事会的董事长，该会每年以巨款

(一) 补助各大学及科研机构增加设备，添聘专家，开展研究工作；(二) 在各大学聘设科学教授，改良科学教学；(三) 特聘研究教授，开展高深研究工作；(四) 设补助金及奖励金，帮助科学家解除研究中的困难，褒奖优秀成果；(五) 聘请科学家审定数、理、化等教科书；等等。

蔡担任大同大学、中国公学大学部、南通学院、上海法学院、上海美专等校的校董与董事长，并撰写《大学教育》《论大学应设各科研究所之理由》以及《请注重技术特定为教育之重大方针案》等文，发表他对高等教育的见解。

当时，社会上有一股复古读经的歪风，蔡撰文驳斥，断言："小学生读经，是有害的；中学生读整部的经，也是有害的。"他还强调儿童时代进行科学教育的必要，他劝告小朋友们，"不要专门享受科学的赐与，而要时时留意科学的工作"。

蔡支持中华职业教育社的工作，1931 年，他以该社专家会议主席的名义，领衔发表宣言，要求政府和社会重视职业教育，以解决当时的失业问题。

蔡兼任国立北平图书馆馆长、上海市图书馆董事长、故宫博物院和中央博物院的理事长。这些馆、院的大政方针及重要事项，都由他主持讨论和决定。1935 年和 1937 年，上海文化界发表《推行手头字缘起》和《我们对于推行新文字的意见》，他都签名参加，积极提倡。

1937 年对日抗战后，他领衔与黎照寰、何炳松等致电九国公约会议，吁请膺惩日本摧毁我国文化教育机关的罪行；领衔与张伯苓、刘湛恩等一百零二人联合发表英文事实声明，历述日本破坏我国文化教育事业的情况，吁请制裁；领衔与郭沫若等代表全国文化教育界致电国际联盟大会，吁请制裁日本侵略。

蔡弥留前不久，还撰写《〈世界教联半月刊〉发刊词》及《华盛顿与中国教育界之关系》等文，阐述我国教育的国际关系。

蔡元培于1940年3月5日病逝香港，举国震悼。中共中央的唁电说："先生……为发展中国教育文化事业勋劳卓著，培植无数革命青年"。毛泽东的唁电说："孑民先生，学界泰斗，人世楷模。"这几句话，确切地概括了蔡元培尽瘁教育的一生。

高平叔
1988年10月1日
于南开大学历史研究所

本书编者的话

1980年，我应人民教育出版社之约，编订《蔡元培教育文选》（以下简称《文选》）一册，选辑蔡的原著67篇。1987年，又应湖南教育出版社之约，编订《蔡元培教育论集》（以下简称《论集》）一书，除重录《文选》中56篇外，增选132篇。最近，人民教育出版社嘱为《中国近代教育论著丛书》编订《蔡元培教育论著选》一种，除转录1980年《文选》中重要原著62篇、1987年《论集》中重要原著76篇外，新增140多篇，合共收录280多篇。可以说，本书既是《文选》的修订与扩充，同时也是《论集》的补遗与续编。如将本书与湖南版《论集》合并使用，对于全面了解蔡元培的教育思想，将会获得更大的便利。

本书所选各篇，按写作或发表时间先后编次。年月日一律采用公历。

各篇一般仍用原标题，个别的略为改动；原无标题的，由编者酌加；一部分篇目，必要时酌加题解，以*标明。题解及各篇注释，均置于页脚。各篇末尾，注明所据底本。

订正错字，订正之字置于错字之后〔 〕内。增补脱字，置于〈 〉内。衍文加[ ]。疑有讹误但难以确定者，用〔？〕表示。凡残缺或模糊难辨之字，用□表示。

底本原无标点，或用旧式圈点，或虽用新式标点但与目前习惯不合者，均重新标点。原未分段者，予以分段。本书原则上用简化字，但遇有可能引起歧义者，酌用繁体字、异体字。

为了保持不同历史时期的语言文字风格，本书对以下文字均保留原貌："的""地""得"不分者，"他""它"不分者，"那""哪"不分者，"给予"写作"给与"者，"授予"写作"授与"者，"透彻"写作"透澈"者，"计划"写作"计画"者，"身份"写作"身分"者，"联络"写作"连络"者，等等。

在本书搜集资料过程中，蔡先生子女和国内外各地区许多朋友及机构，曾给予热情帮助，谨致由衷敬意，恕不一一列名道谢。

高平叔

1988年10月

目　录

1918 年

对于新教育之意见*

（1912年2月11日）

近日在教育部与诸同人新草学校法令，以为征集高等教育会议之预备，颇承同志饷以说论。顾关于教育方针者殊寡，辄先述鄙见以为喤引，幸海内教育家是正之。

教育有二大别：曰隶属于政治者，曰超轶乎政治者。专制时代（兼立宪而含专制性质者言之），教育家循政府之方针以标准教育，常为纯粹之隶属政治者。共和时代，教育家得立于人民之地位以定标准，乃得有超轶政治之教育。清之季世，隶属政治之教育，腾于教育家之口者，曰军国民教育。夫军国民教育者，与社会主义僢驰，在他国已有道消之兆。然在我国，则强邻交逼，亟图自卫，而历年丧失之国权，非凭借武力，势难恢复。且军人革

* 蔡元培任民元教育总长后，发表此篇。先后刊载于《民立报》1912年2月8、9、10日，《教育杂志》第3卷第11号（1912年2月10日出版），《东方杂志》第8卷第10号（1912年4月出版）。1912年9月，北京教育部公布《教育宗旨令》如下："兹定教育宗旨，特公布之，此令。注重道德教育，以实利教育、军国民教育辅之，更以美感教育完成其德。中华民国元年九月初二日部令第二号。"见《教育杂志》第4卷第7号（1912年10月10日出版）。

命以后，难保无军人执政之一时期，非行举国皆兵之制，将使军人社会，永为全国中特别之阶级，而无以平均其势力。则如所谓军国民教育者，诚今日所不能不采者也。

虽然，今之世界，所恃以竞争者，不仅在武力，而尤在财力。且武力之半，亦由财力而孳乳。于是有第二之隶属政治者，曰实利主义之教育，以人民生计为普通教育之中坚。其主张最力者，至以普通学术，悉寓于树艺、烹饪、裁缝及金、木、土工之中。此其说创于美洲，而近亦盛行于欧陆。我国地宝不发，实业界之组织尚幼稚，人民失业者至多，而国甚贫。实利主义之教育，固亦当务之急者也。

是二者，所谓强兵富国之主义也。顾兵可强也，然或溢而为私斗，为侵略，则奈何？国可富也，然或不免知欺愚，强欺弱，而演贫富悬绝、资本家与劳动家血战之惨剧，则奈何？曰教之以公民道德。何谓公民道德？曰法兰西之革命也，所标揭者，曰自由、平等、亲爱。道德之要旨，尽于是矣。孔子曰：匹夫不可夺志。孟子曰：大丈夫者，富贵不能淫，贫贱不能移，威武不能屈。自由之谓也，古者盖谓之义。孔子曰：己所不欲，勿施于人。子贡曰：我不欲人之加诸我也，吾亦欲毋加诸人。《礼记·大学》曰：所恶于前，毋以先后；所恶于后，毋以从前；所恶于右，毋以交于左；所恶于左，毋以交于右。平等之谓也，古者盖谓之恕。自由者，就主观而言之也。然我欲自由，则亦当尊人之自由，故通于客观。平等者，就客观而言之也。然我不以不平等遇人，则亦不容人之以不平等遇我，故通于主观。二者相对而实相成，要皆由消极一方面言之。苟不进之以积极之道德，则夫吾同胞中，固有因生禀之不齐、境遇之所迫，企自由而不遂、求与人平等而不能者。将一切恝置之，而所谓自由若平等之量，仍不能无缺陷。孟子曰：鳏寡孤独，天下之穷民而无告者也。张子曰：凡天下疲癃残疾茕独鳏寡，皆吾兄弟之颠连而无告者也。禹思天下有溺者，由己溺之。稷思天下有饥者，由己饥之。伊尹思天下之人，匹夫匹妇有不与被尧舜之泽者，若己推而纳之沟中。孔子曰：己欲立而立人，己欲达而达人。亲爱之谓也，古者盖谓之仁。三者诚一切道德之根源，而公民道德教育之所有事者也。

教育而至于公民道德，宜若可为最终之鹄的矣。曰未也。公民道德之教育，犹未能超轶乎政治者也。世所谓最良政治者，不外乎以最大多数之最大幸福为鹄的。最大多数者，积最少数之一人而成者也。一人之幸福，丰衣足食也，无灾无害也，不外乎现世之幸福。积一人幸福而为最大多数，其鹄的犹是。立法部之所评议，行政部之所执行，司法部之所保护，如是而已矣。即进而达《礼运》之所谓大道为公，社会主义家所谓未来之黄金时代，人各尽所能，而各得其所需要，要亦不外乎现世之幸福。盖政治之鹄的，如是而已矣。一切隶属政治之教育，充其量亦如是而已矣。

虽然，人不能有生而无死。现世之幸福，临死而消灭。人而仅仅以临死消灭之幸福为鹄的，则所谓人生者有何等价值乎？国不能有存而无亡，世界不能有成而无毁，全国之民，全世界之人类，世世相传，以此不能不消灭之幸福为鹄的，则所谓国民若人类者，有何等价值乎？且如是，则就一人而言之，杀身成仁也，舍生取义也，舍己而为群也，有何等意义乎？就一社会而言之，与我以自由乎，否则与我以死，争一民族之自由，不至沥全民族最后之一滴血不已，不至全国为一大冢不已，有何等意义乎？且人既无一死生破利害之观念，则必无冒险之精神，无远大之计划，见小利，急近功，则又能保其不为失节堕行身败名裂之人乎？谚曰当局者迷，旁观者清。非有出世间之思想者，不能善处世间事，吾人即仅仅以现世幸福为鹄的，犹不可无超轶现世之观念，况鹄的不止于此者乎？

以现世幸福为鹄的者，政治家也；教育家则否。盖世界有二方面，如一纸之有表里：一为现象，一为实体。现象世界之事为政治，故以造成现世幸福为鹄的；实体世界之事为宗教，故以摆脱现世幸福为作用。而教育者，则立于现象世界，而有事于实体世界者也。故以实体世界之观念为其究竟之大目的，而以现象世界之幸福为其达于实体观念之作用。

然则现象世界与实体世界之区别何在耶？曰，前者相对，而后者绝对；前者范围于因果律，而后者超轶乎因果律；前者与空间时间有不可离之关系，而后者无空间时间之可言；前者可以经验，而后者全恃直观。故实体世界者，不可名言者也。然而既以是为观念之一种矣，则不得不强为之名，是以或谓之道，或谓之太极，或谓之神，或谓之黑暗之意识，或谓之无识之意志。其名可以万殊，而观念则一。虽哲学之流派不同，宗教家之仪式不同，而其所到达之最高观念皆如是。（最浅薄之唯物论哲学，及最幼稚之宗教祈长生求福利者，不在此例。）

然则，教育家何以不结合于宗教，而必以现象世界之幸福为作用？曰，世固有厌世派之宗教若哲学，以提撕实体世界观念之故而排斥现象世界，因以现象世界之文明为罪恶之源，而一切排斥之者。吾以为不然。现象实体，仅一世界之两方面，非截然为互相冲突之两世界。吾人之感觉，既托于现象世界，则所谓实体者，即在现象之中，而非必灭乙而后生甲。其现象世界间所以为实体世界之障碍者，不外二种意识：一、人我之差别，二、幸福之营求是也。人以自卫力不平等而生强弱，人以自存力不平等而生贫富。有强弱贫富，而彼我差别之意识起。弱者贫者，苦于幸福之不足，而营求之意识起。有人我，则于现象中有种种之界画，而与实体违。有营求则当其未遂，为无已之苦痛。及其既遂，为过量之要索。循环于现象之中，而与实体隔。能剂其平，则肉体之享受，纯任自然，而意识界之营求泯，人我之见亦化。合现象世界各别之意识为浑同，而得与实体吻合焉。故现世幸福，为不幸福之人类到达于实体世界之一种作用，盖无可疑者。军国民、实利两主义，所以补自卫自存之力之不足。道德教育，则所以使之互相卫互相存，皆所以泯营求而忘人我者也。由是而进以提撕实体观念之教育。

提撕实体观念之方法如何？曰消极方面，使对于现象世界，无厌弃而亦无执着；积极方面，使对于实体世界，非常渴慕而渐进于领悟。循思想自由言论自由之公例，不以一流派之哲学一宗门之教义梏其心，而惟时时悬一无方体无始终之世界观以为鹄。如是之教育，吾无以名之，名之曰世界观教育。

虽然，世界观教育，非可以旦旦而聒之也。且其与现象世界之关系，又非可以枯槁单简之言说袭而取之也。然则何道之由？曰美感之教育。美感者，合美丽与尊严而言之，介乎现象世界与实体世界之间，而为津梁。此为康德所创造，而嗣后哲学家未有反对之者也。在现象世界，凡人皆有爱恶惊惧喜怒悲乐之情，随离合生死祸福利害之现象而流转。至美术则即以此等现象为资料，而能使对之者，自美感以外，一无杂念。例如采莲煮豆，饮食之事也，而一入诗歌，则别成兴趣。火山赤舌，大风破舟，可骇可怖之景也，而一入图画，则转堪展玩。是则对于现象世界，无厌弃而亦无执着也。人既脱离一切现象世界相对之感情，而为浑然之美感，则即所谓与造物为友，而已接触于实体世界之观念矣。故教育家欲由现象世界而引以到达于实体世界之观念，不可不用美感之教育。

五者，皆今日之教育所不可偏废者也。军国民主义、实利主义、德育主义三者，为隶属于政治之教育。（吾国古代之道德教育，则间有兼涉世界观者，当分别论之。）世界观、美育主义二者，为超轶政治之教育。

以中国古代之教育证之：虞之时，夔典乐而教胄子以九德，德育与美育之教育也。周官以卿三物教万民，六德六行，德育也。六艺之射御，军国民主义也。书数，实利主义也。礼为德育，而乐为美育。以西洋之教育证之：希腊人之教育为体操与美术，即军国民主义与美育也。欧洲近世教育家，如海尔巴脱①氏纯持美育主义。今日美洲之杜威派，则纯持实利主义者也。

以心理学各方面衡之：军国民主义毗于意志，实利主义毗于知识，德育兼意志情感二方面，美育毗于情感，而世界观则统三者而一之。

以教育界之分言三育者衡之：军国民主义为体育，实利主义为智育，公民道德及美育皆毗于德育，而世界观则统三者而一之。

以教育家之方法衡之：军国民主义、世界观、美育，皆为形式主义，实利主义为实质主义，德育则二者兼之。

譬之人身：军国民主义者，筋骨也，用以自卫；实利主义者，胃肠也，用以营养；公民道德者，呼吸机循环机也，周贯全体；美育者，神经系也，所以传导；世界观者，心理作用也，附丽于神经系，而无迹象之可求。此即五者不可偏废之理也。

本此五主义而分配于各教科，则视各教科性质之不同，而各主义所占之分数，亦随之而异。国语国文之形式，其依准文法者属于实利，而依准美词学者，属于美感。其内容则军国民主义当占百分之十，实利主义当占其四十，德育当占其二十，美育当占其二十五，而世界观则占其五。

修身，德育也，而以美育及世界观参之。

历史、地理，实利主义也。其所叙述，得并存各主义：历史之英雄，地理之险要及战绩，军国民主义也；记美术家及美术沿革，写各地风景及所出美术品，美育也；记圣贤，述风俗，德育也；因历史之有时期，而推之于无终始，因地理之有涯涘，而推之于无方体，及夫烈士、哲人、宗教家之故事及遗迹，皆可以为世界观之导线也。

算学，实利主义也，而数为纯然抽象者。希腊哲人毕达哥拉

---

① 海尔巴脱：今译赫尔巴特。

士①以数为万物之原，是亦世界观之一方面；而几何学各种线体，可以资美育。

物理化学，实利主义也。原子电子，小莫能破，爱耐而几(energy)，范围万有，而莫知其所由来，莫穷其所究竟，皆世界观之导线也；视官听官之所触，可以资美感者尤多。

博物学，在应用一方面，为实利主义；而在观感一方面，多为美感。研究进化之阶段，可以养道德；体验造物之万能，可以导世界观。

图画，美育也，而其内容得包含各种主义，如实物画之于实利主义，历史画之于德育是也。其至美丽至尊严之对象，则可以得世界观。

唱歌，美育也，而其内容，亦可以包含种种主义。

手工，实利主义也，亦可以兴美感。

游戏，美育也；兵式体操，军国民主义也；普通体操，则兼美育与军国民主义二者。

上之所著，仅具辜较，神而明之，在心知其意者。

满清时代，有所谓钦定教育宗旨者，曰忠君，曰尊孔，曰尚公，曰尚武，曰尚实。忠君与共和政体不合，尊孔与信教自由相违（孔子之学术，与后世所谓儒教、孔教当分别论之。嗣后教育界何以处孔子，及何以处孔教，当特别讨论之，兹不赘），可以不论。尚武，即军国民主义也。尚实，即实利主义也。尚公，与吾所谓公民道德，其范围或不免有广狭之异，而要为同意。惟世界观及美育，则为彼所不道，而鄙人尤所注重，故特疏通而证明之，以质于当代教育家，幸教育家平心而讨论焉。

《临时政府公报》第13号（1912年2月11日出版）

① 毕达哥拉士：今译毕达哥拉斯。

邀范源濂任教育部次长的谈话

（1912年4月）

“现在是国家教育创制的开始，要撇开个人的偏见、党派的立场，给教育立一个统一的智慧的百年大计。国民党里并不是寻不出一个次长；我现在请先生作次长，也不是屈您作一个普通的事务官。共和党随时可以组阁，您也可以随时出来掌邦教。与其到那时候您有所变更，不如现在我们共同负责。教育是应当立在政潮外边的。我请出一位异党的次长，在国民党里边并不是没有反对的意见；但是我为了公忠体国，使教育部有全国代表性，是不管这种反对意见的。听说您们党里也有其他看法，劝告您不要自低身分，给异党、给老蔡撑腰；可是，这不是为了国民党或我个人撑腰，乃是为国家撑腰。我之敢于向您提出这个请求，是相信您会看重国家的利益超过了党派的利益和个人的得失以上的。”蔡先生几次的这样说，他的真诚和热情，使我终于接受了他的要求。这个决定，曾经使不少更亲近的前辈朋友们责备误会，可是我回想起来，是没有什么后悔的。在我们的合作期间，部里的人都是知无不言，言无不尽，讨论很多，却没有久悬不决的事。一经决定，立即执行。所以期间很短，办的事很多。

梁容若《记范静生先生》，《传记文学》第 1 卷第 6 期

(1962 年 11 月 1 日台北出版)

致王少泉函

（1912 年 4 月）

少泉先生大鉴：

在津得听雅教，忻幸奚似。本部组织伊始，百端待理。专门学务，尤关重要。执事于专门教育，富有经验，夙所钦佩。深望不我遐弃，相助为理。执事所主持之北洋大学教务，求得学望夙孚，可以代公者，诚难其人。然本部专门学务，关系更大。苟得执事综理一切，俾全国专门教育，日臻完善，是不仅北洋大学受其福，即全国专门学校亦均拜执事之赐矣。务恳早日惠临，面领教益，无任企祷。敬候示复。

祇请

道安

蔡元培书信抄留底稿

为北京大学堂改称并推荐严复任校长呈

（1912年5月3日）

为荐任大学校校长事：北京大学堂前奉大总统令，“京师大学堂监督事务由严复暂行管理”等因，业经该监督声报接任在案。窃维部务甫经接收，大学法令尚未订定颁布，北京大学堂既经开办，不得不筹商目前之改革，定为暂行办法。查从前北京大学堂职员，有总监督、分科监督、教务提调，各种名目、名称，似欠适当，事权亦觉分歧。北京大学堂今拟改称北京大学校；大学堂总监督改称为大学校校长，总理校务；分科大学监督改称为分科大学学长，分掌教务；分科大学教务提调即行裁撤；大学校校长须由教育部于分科大学学长中荐一人任之，庶几名实相符，事权划一，学校经费亦得借以撙节。现已由本部照会该总监督任文科大学学长，应请大总统任命该学长署理北京大学校校长。其余学科，除经科并入文科外，暂仍其旧。俟大学法令颁布后，再令全国大学一体遵照办理，以求完善而归统一。谨呈。

《政府公报》1912年5月呈文

向参议院宣布政见之演说

（1912 年 5 月 13 日）

元培于教育行政，见识甚浅，实不称总长之任；但既勉强担任，即断不敢存五日京兆之心。今将所规画之办法，为诸君陈之。

一曰，教育方针。应分为二：一普通，一专门。在普通教育，务顺应时势，养成共和国民健全之人格。在专门教育，务养成学问神圣之风习。

二曰，教育设施。应分为二：

（甲）普通教育之设施。一曰普通学校，如中、小学校及中等以下之职业学校等；二曰社会教育之含有普通性质者；三曰特殊教育，如盲哑废疾者之教育。

（乙）专门教育之设施。一曰专门学校，如大学及高等专门学校是；二曰派遣游学；三曰社会教育之含有专门性质者。

三曰，画定中央教育行政之权限。

（甲）专门教育，由教育部直辖分区规定，次第施行。

（乙）普通教育，由教育部规定进行方法，责成各地方之教育行政机关执行，而由部视学监督之。

（丙）私立学校，务提倡而维持之。

四曰，教育经费之规定。

（甲）专门教育经费，取给于国家税，或以国有财产为基本金。

（乙）普通教育经费，取给于地方税，或以地方公有财产为基本金。

五曰，对于京师教育界之现状。

（甲）以京师学务局为普通教育行政机关，其经费及所辖各学校经费，应暂由教育部直接筹拨。

（乙）各种高等专门学校，取其内容近似者合并之，以期经费易给，而学生均免荒学。查旧学部预算直辖高等专门各学校经费，岁出约一百二十五万八千有奇，临时岁出约五十五万三千有奇，统计一百八十一万一千有奇。而农、工、商部之实业学堂，法律馆之法律学堂，度支部之财政学堂，顺天府之高等学堂等，现均归教育部管理，其费尚不在内。

（丙）对于大学校图书馆等未完成者，皆渐图结束前局，而于一定期间内，为革新之起点。

六曰，对于海外留学生之计划。全国高等教育，既归教育部直辖，以后派遣留学，拟归中央政府直接办理，并以直接能进外国高等专门学校及在本国高等专门学校毕业成绩最优而更求深造者为限。

七曰，对于蒙、藏、回之教育。现既合五大民族为一国，自应使五族人民均受同等之教育。除满人已习用汉文、汉语，毋庸特为计划外，至蒙古、西藏及回部习俗、语文尚多隔阂，是宜特定教育方法，以期渐归统一。（下略）

《教育杂志》第4卷第3号（1912年6月出版），
并参阅《东方杂志》第9卷第1号（1912年7月1日出版）

提议以内务部之礼教司移入教育部案*

（1912年5月）

宗教为国民精神界之事，占社会教育之一大部分，故欧洲各国，间有名文部为宗教及教育部者。礼俗所含之分子，亦多隶于宗教。二者皆教育之事也。宪法公例，有信仰自由，谓国民信仰何教，一任自由，政府不加干预。非谓宗教范围以内，举非政令之所及也。

我国宗教，至为复杂。国民对于宗教之观念，尤为朦混，如相承儒教、道教云云者，率以种种妄诞鄙陋之事，淆杂其间，于宗教之本旨，实相刺谬。至于礼俗，不今不古，非中非西，尤有不合于共和时代者，使不为之厘订，以与各种教育界之设施互相因应，则其为教育前途之阻力，势必至巨。

在内务部，本以维持秩序、保障治安为专责。对于礼教一门，即不立专司，而于其妨治安、破秩序之事，可以警政司干涉之。至改良内容，别择良楛，则虽立专司，而亦无从措手。何则？内务部之权限固如此也。在教育部，则不掌礼教，而教育之业遂生

* 原题为《提议以内务部官制之礼教司移入教育部案》。

种种窒碍。业于国务院会议时，提议以礼教事项由内务部移入教育部，经内务部总长及总理、各部总长赞同。爰请修政内务部及教育部官制条文如左：

（一）于内务部官制第一条删“宗教礼俗”四字，而于教育部官制第一条增此四字。

（二）于内务部官制第三条删“礼教司”三字，而移其第八条所列各事项于教育部官制之第七条。

蔡元培提案抄留底稿

全国临时教育会议开会词

（1912 年 7 月 10 日）

今日之临时教育会议，即中华民国成立以后第一次之中央教育会议。此次会议，关系甚为重大，因有此次会议，而将来之正式中央教育会议，即以此次会议为托始。且中国政体既然更新，即社会上一般思想，亦随之改革；此次教育会议，即是全国教育改革的起点。此次议决事件，如果能件件实行，固为重要关系；即使间有不能实行者，然为本会已经议决之案，将来亦必有影响。诸君有远来者，即或在近处者，亦是拨冗而来，均以此次会议关系重大之故。

民国教育与君主时代之教育，其不同之点何在？君主时代之教育方针，不从受教育者本体上着想，用一个人主义或用一部分人主义，利用一种方法，驱使受教育者迁就他之主义。民国教育方针，应从受教育者本体上着想，有如何能力，方能尽如何责任；受如何教育，始能具如何能力。从前瑞士教育家（沛斯泰洛齐①）有言：昔之教育，使儿童受教于成人；今之教育，乃使成人受教

① 沛斯泰洛齐（Pestalozzi）：今译裴斯泰洛齐。

于儿童。何谓成人受教于儿童？谓成人不敢自存成见，立于儿童之地位而体验之，以定教育之方法。民国之教育亦然。君主时代之教育，不外利己主义。君主或少数人结合之政府，以其利己主义为目的物，乃揣摩国民之利己心，以一种方法投合之，引以迁就于君主或政府之主义。如前清时代承科举余习，奖励出身，为驱诱学生之计；而其目的，在使受教育者皆富于服从心、保守心，易受政府驾驭。现在此种主义，已不合用，须立于国民之地位，而体验其在世界、在社会有何等责任，应受何种教育。

社会逃不出世界，个人逃不出社会。世界尚未大同，社会与世界之利害未能完全一致。国家为社会之最大者，对于国家之责任与对于世界之责任，未必无互相冲突之时，犹之对于家庭之责任与对于国家之责任，不能无冲突也。国家、家庭两种责任，不得兼顾，常牺牲家庭以就国家；则对于国家之责任，自以与对世界之责任无冲突者为范围，可以例而知之。至于人之恒言，辄曰权利、义务。而鄙人所言责任，似偏于义务一方面，则以鄙人对于权利、义务之观念，并非相对的。盖人类上有究竟之义务，所以克尽义务者，是谓权利；或受外界之阻力，而使不克尽其义务，是谓权利之丧失。是权利由义务而生，并非对待关系。而人类所最需要者，即在克尽其种种责任之能力，盖无可疑。由是教育家之任务，即在为受教育者养成此种能力，使能尽完全责任，亦无可疑也。

当民国成立之始，而教育家欲尽此任务，不外乎五种主义，即军国民教育、实利主义、公民道德、世界观、美育是也。五者以公民道德为中坚，盖世界观及美育皆所以完成道德，而军国民教育及实利主义，则必以道德为根本。我国人本以善营业闻于世界。侨寓海外，忍非常之困苦，以致富者常有之，是其一例。所以不免为贫国者，因人民无道德心，不能结合为大事业，以与外国相抗；又不求自立而务侥幸。故欲提倡实利主义，必先养其道德。至于军国民主义之不可以离道德，则更易见。我国从前有勇于公战、怯于私斗之语。现在军队时生事端，何尝非尚武之人由无道德心以裁制之故耳。教育者，非为已往，非为现在，而专为将来。从前言人才教育者，尚有十年树木、百年树人之说，可见教育家必有百世不迁之主义，如公民道德是。其他因时势之需要，而亦不能不采用，如实利主义及军国民主义是也。吾人会议之时，不可不注意。

又有一层，我中国人向有一弊，即是自大；及其反动，则为自弃。自大者，保守心太重，以为我中国有四千年之文化，为外国所不及，外国之法制皆不足取；及屡经战败，则转而为崇拜外人，事事以外国为标准，有欲行之事，则曰，是某某国所有也。遇不敢行之事，则曰，某某等国尚未行者，我国又何能行？此等几为议事者之口头禅，是由自大而变为自弃也。普通教育废止读经，大学校废经科，而以经科分入文科之哲学、史学、文学三门，是破除自大旧习之一端。

至现在我等教育规程，取法日本者甚多。此并非我等苟且，我等知日本学制本取法欧洲各国。惟欧洲各国学制，多从历史上渐演而成，不甚求其整齐划一，而又含有西洋人特别之习惯；日本则变法时所创设，取西洋各国之制而折中之，取法于彼，尤为相宜。然日本国体与我不同，不可不兼采欧美相宜之法。即使日本及欧美各国尚未实行，而教育家正在鼓吹者，我等亦可采而行之。我等须从原理上观察，可行则行，不必有先我而为之者。例如十三个月之年历，十二音符之新乐谱，在欧美各国为习惯所限，明知其善而尚未施行，我国亦不妨先取而行之。学制之中，间亦有类此者。

此刻教育部预备之议案，大约有四十余种之多：第一类，是学校系统；第二类，是各学校令及规程；第三类，教育行政之关系；第四类，学校中详细规则；第五类，大概含有社会教育性质。

其中有一大问题，是国语统一办法。现在有人提议：初等小学宜教国语，不宜教国文。既要教国语，非先统一国语不可；然而，中国语言各处不同，若限定以一地方之语言为标准，则必招各地方之反对，故必有至公平之办法。国语既一，乃可定音标。从前中央教育会虽提出此案，因关系重要，尚未解决。

此外，又有种种问题，不能单从教育界解决者。如前清学部主张中学以上由中央政府直辖；中学以下，归地方政府管辖。日昨有几位谈及，谓废府以后，中学校应归省立或县立。此等须俟地方官制颁布后，始能规定。现在只能假定一划分之方法，即如中等以上教育，取给于国家税，或以国家产业作基本金；中等以下，取给于地方税，或用地方产业作基本金。亦只能为假定之方法。

诸君此次来京，想亦有许多议案提出。其间与本部及他议员提出之问题略同者，可以合并讨论。此次临时教育会议，时期甚短，而议案至多。若讨论过于繁琐，恐耽误时间，不能尽议。盖诸君多半担任教育事务者，即使延会，恐亦不能过于延长。所以，希望诸君于议案之排列，将重要者提前开议。又每案之中，先摘出重要诸点，详细讨论；其他无关宏旨者，不妨姑略之。鄙人今日所欲言者止此。

《教育杂志》第4卷第6号（1912年9月出版）

在世界语学会欢迎会上演说词

（1912年8月17日）

鄙人不过愿学世界语之一人，于世界语尚未娴习。猥承诸君以如此郑重之式相款待，惭愧之至，感谢之至。鄙人既得与诸君在此聚会，且纯然为世界语之关系，不敢不以个人对于世界语之感情，宣告于诸君，请诸君教正。

（一）语言之价值

语言者，思想之媒介，犹之钱币为货物之媒介。钱币之历史，始于以实物相交易，如余粟、余布等。其后用一定之矿物，如金银等。其后始为一定之形式，如今日之金银币。其进化之迹，为由自然品而嬗为制造品。语言亦然。鸟兽之语言，纯任自然，故不能应变无穷。人类语言，则始于写象自然，如鸟兽之名，多像其鸣声是也。其后渐偏于人为，则有抽象之名词，及画一之文法，与金钱之历史相类。又钱币之流行，常渐趋于大同，如其质不外乎金银，而其轻重及形式，虽未能一致，然亦大略相近。语言之将来，亦必如是，盖媒介物愈近于大同，则其媒介之价值愈大故也。

（二）国际通用语之必要

人类进化，一切事业学问道德，无不与全世界有关系，因而感仍用自然语言之障碍。

第一，交通界之障碍。适英者必先习英语，适俄者必先习俄语，欲周游世界，则至少必先习数国语，或携译人；其他商店若舟车道路之广告，有不能不兼用数国文字者，同一内容，而以媒介不同之故，使全世界人类因而耗费其时间精力于无用者，不知凡几。

第二，科学之障碍。自然语言，往往一字而含数义，或一义而有数字，最足贻读者之误解，而不合于科学家标揭正确思想之用。且无论治何科学，均不可无世界智识，遂不能不兼习外国语，而学生时期，不免太长。

第三，人道主义之障碍。此即柴门呵弗①博士所以造世界语之主因。盖人类间无论个人团体，往往因言语不通，而生猜忌，因猜忌而相争斗，野心之外交家，遂得利用之以行其损人利己之政策，而破国际之和平。

然则国际通用语之必要，彰彰可知，使取今世界流行最广之语言，如英语、法语等，择其一以为国际通用语可乎？曰不可。地界未泯，人各自私，如吾辈言统一国语，然主张北京语，则南人反对之；主张南方语，则北人反对之。国际通用语亦然，用英语则必受法、德等国之反对，用法语则必受俄、英诸国之反对，故必以不偏于一国或一民族者为断。

（三）柴门呵弗氏所创世界语之适宜

我国自有创用音标之说，制新字者几及百人。世界既感国际通用语之必要，则造新语者亦必甚多，然而柴门呵弗氏之爱斯泼朗脱，并不凭借政府权力，而以二十五年之短时期，能普设学会于各国，则准诸天演学自然淘汰适者生存之例，而足以断定为最适宜之国际通用语矣。

---

① 柴门呵弗：今译柴门霍夫。

（四）我国人采用世界语为辅助语之利益

我国语言，与西语迥异，而此时所处地位，决不能不与世界各国交通，亦决不能不求知识于世界，不可不有一辅助语，而以世界语为最善。

第一，世界语之易习。吾人学语，本不求一定规则，故初学外国语，恒苦其谨严，继则转嫌其时有不规则者杂乎其中。盖悉合规则者，可以举一反三，而一杂以不规则之习惯语，则不能不特别强记。世界语则纯由人造，故所定规则，一无例外，而字仅一义及单字较少，皆易习之证。

第二，先学世界语而后学其他外国语之便利。吾人学外国语，难于西人；而既学欧西一国语以后，再学第二国语，便与西人无异。今使第一次所习者为最易习之世界语，则有助于再学之西语不鲜。

第三，足以增世界语推行之势力。外人正研究我国事状者至多，而苦于学语之难，若吾国人皆能为世界语，则不特世界语社会中，增多数分子，而且外人之欲来中国者，学世界语而已足，则亦足以广世界语之推行。

（五）鄙人与世界语之关系

鄙人在德国时，见大学生所揭广告，有世界语学会，尝购其文法书而读之，为他种课程所限，未能卒业。既回国，于上海见孙仲董先生，知有贵会。在教育部时，部中有杨君曾诰者，善世界语，因属专门司诸君设一世界语传习所，而请杨君教授之。于所拟学校章程中，在外国语学校中，特设世界语一科，在师范学校，以世界语为随意科。

（六）将来之希望

我国教育界之困难，莫过于专门学问须用外国语教授，且不能专用一国语，如理工医可用德文，而法科须用法文，商科必用英文，因而牵动学校系统。若世界语翻译之书，各国最有名之科学哲学等书，大略完具；且世界语社会中，有多数硕学，能以世界语介绍各国现今最新之学说，则我国专门教育，将不妨以世界语为主语，而以英、法、德各国语，供参考之用。于是所欲布置者如左：

第一，先设一世界语藏书楼，使人知世界语印行之书关系于学问者，已如是其浩博。

第二，先设一私立大学，有文、理二科，试验以世界语教授果否足用。

（七）对于贵会之希望

以鄙人所知，世界语学机关之在我国者，在奉天、在北京皆有之，然似皆未及上海之发达。贵会在上海，已分设传习所四处，还望逐渐推广，并先设一世界语书报社，以渐扩充。而于鄙人所希望之藏书楼及大学果能成立，则诚鄙人所馨香祷祝者也。

《东方杂志》第9卷第5号（1912年11月1日出版）

在中国公学开学式演说

（1912 年 9 月 3 日）

未光复以前，全国学风以破坏为目的，当时鄙人对于此旨，亦颇赞成。现在民国成立，全国学风应以建设为目的，故学子须以求高深学问为惟一之怀想。

学问并非学商者即为商，学政治者即为官吏，须知即将来不作一事，学问亦为吾脑筋所应具之物。

《民立报》1912 年 9 月 6 日

大　学　令*

（1912年10月24日）

教育部部令第十七号

兹订定《大学令》二十二条，特公布之，此令。

第一条　大学以教授高深学术、养成硕学闳材、应国家需要为宗旨。

第二条　大学分为文科、理科、法科、商科、医科、农科、工科。

第三条　大学以文、理二科为主，须合于左列各款之一，方得名为大学：

一、文、理二科并设者。

二、文科兼法、商二科者。

三、理科兼医、农、工三科或二科、一科者。

---

* 蔡元培在《读周春岳君〈大学改制之商榷〉》一文中曾说：民元《大学令》第三条，“即鄙人所草也”。1935年秋，他在审阅《孑民文存》稿件时，亦曾向我提到此令是他起草的。

第四条 大学设预科，其学生入学资格，须在中学校毕业，或经试验有同等学力者。

第五条 大学各科学生入学资格，须在预科毕业，或经试验有同等学力者。

第六条 大学为研究学术之蕴奥，设大学院。

第七条 大学院生入院之资格，为各科毕业生，或经试验有同等学力者。

第八条 大学各科之修业年限，三年或四年。预科三年，大学院不设年限。

第九条 大学预科生修业期满，试验及格，授以毕业证书，升入本科。

第十条 大学各科学生修业期满，试验及格，授以毕业证书，得称学士。

第十一条 大学院生在院研究，有新发明之学理，或重要之著述，经大学评议会及该生所属某科之教授会认为合格者，得遵照学位令授以学位。

第十二条 大学设校长一人，总辖大学全部事务。各科设学长一人，主持一科事务。

第十三条 大学设教授、助教授。

第十四条 大学遇必要时，得延聘讲师。

第十五条 大学各科设讲座，由教授担任之。教授不足时，得使助教授或讲师担任讲座。

第十六条 大学设评议会，以各科学长及各科教授互选若干人为会员，大学校长可以随时齐集评议会，自为议长。

第十七条 评议会审议左列诸事项：

一、各学科之设置及废止。

二、讲座之种类。

三、大学内部规则。

四、审查大学院生成绩，及请授学位者之合格与否。

五、教育总长及大学校长咨询事件。

凡关于高等教育事项，评议会如有意见，得建议于教育总长。

第十八条　大学各科各设教授会，以教授为会员，学长可随时召集教授会，自为议长。

第十九条　教授会审议左列诸事项：

一、学科课程。

二、学生试验事项。

三、审查大学院生属于该科之成绩。

四、审查提出论文、请授学位者之合格与否。

五、教育总长、大学校长咨询事件。

第二十条　大学预科，须附设于大学，不得独立。

第二十一条　私人或私法人亦得设立大学，除本令第六条，第十一条，第十七条第四款，第十九条第三款、第四款外，均适用之。

第二十二条　本令自公布日施行。

中华民国元年十月二十四日

《教育杂志》第4卷第10号（1913年1月10日出版）

译学馆校友会祝词

（1913年3月9日）

敬祝译学馆校友会万岁！

社会繁荣，苻同生物。馈贫无粮，生机爰遏。我国文化，周季烂然。秦汉一统，专己守残。新时期一，输入佛学。同化老庄，玄谈竞作。宋明哲理，宿此蘧庐。千载不蜕，殆拘于墟。二期启蛰，欧风东渐。什倍梵夹，别国方言。清同文馆，舌人是植。译学代兴，文字识职。兹校之设，不逮十年。同学孟晋，扼有蹄筌。民国肇基，百废具举。莘莘校友，兹焉翕羽。商量旧学，培养新知。吾侪天职，毋荒于嬉。

中华民国二年三月九日　蔡元培敬祝

蔡元培手稿

余姚汝湖乙种农学校记

（1913 年 8 月 23 日）

共和国以道德为要素，故其民恒能牺私利以举公益。共和国民以自治为天职，故多致力于实业若学理，而厌薄官僚。证之我国，乃若不然。我民国之成立也，一年有半矣。自私自利之风，既未有改于曩昔；而全国中稍有知识者，乃群以投身政界为荣。法政学校，遍于都市，大率以速成为的；甚至有校外讲义、贿卖证书等例，直与科举时之枪替关节相等。乌乎，此岂非共和国之怪现状耶？余方叹息痛恨于此，而余弟元鼎，以余姚汝湖农学校事略见示。余读之，肃然起敬曰："是诚吾所望于全国同胞者矣。"溯汝湖乙种农学校，为谢君葆濂及诸同志所创立，始于民国纪元前四年正月，及民国元年，乃以县议会之公决，而改为余姚县立乙种农业学校。此五年中，学科虽未能完备，然尝赀遣陶君善松赴日本大阪农学校肄业，为建设农科之预备，已毕业而归。而校中先设之蚕业本科及预科，则学生之毕业本科者已二次，其成绩固已著矣。其经费，则始也由谢君及诸同志集股而积之，凡万三千四十元银。及纪元前三年十一月，公决改为捐款。及民国元年，则举其设置及存款，悉以充县立乙种农学校之用焉。如谢君及诸同志，岂非所谓牺私利以举公益者与？乙种农学校，虽未足以光大学理，而应用学理以改良实业，则得以是为初桄。以视彼设立法政速成科者，度量之相越，岂不远与？余既佩谢君及诸同志创始之劳，而且愿闻其风者之兴起也，为记其始末而详其关系如上。

蔡元培记

《教育杂志》第12卷第3号（1920年3月出版）

致王宠惠函

（1914年春）

亮畴先生足下：

径启者：

自李石曾兄发起留法俭学会以来，此间俭学生已及百余人，其中以习农者为多数，率皆先进中等农业实习学校，半日听讲，半日作工。即使他年所研究之高等学问，不必限于农科，而可以农业实习学校为操练身体及补习普通科学之所，此实足以养勤朴之习惯，而拔除留学生接近官僚之流弊者也。

近日农校诸君，合编一《农学杂志》，石曾兄亦担任撰述之事，拟岁出四册，第一册稿已编成。其体例，则石曾兄之《农学图说》及罗士嶷君之《农学杂志之言论纲要》详之。惟印刷之事，颇为困难，不特农校诸君无自行发刊之经费，且欲借此志稿稍稍为学费之补助，势不得不资有力者之赞助。弟等谨为代奉第一册稿于先生，请为订正，并与中华书局一商售稿之办法。

颇闻国中近日提倡实业之声渐高，实业固农、工、商并重，而工、商原料必资于农。且近世学者鉴于工商都会之卫生不良，道德堕落，恒力倡重农主义。我国本重农之国，惟不究农学，致少进步。清季，罗君振玉等曾发行《农学报》数年，此报停后，迄无嗣音。又今世农业之发达，首推美、法二国，惟美国偏重大农业，而法国则偏重小农业。输入法派农学，似于我国尤为相宜。

至于书业购稿，恒视杂志为畏途，其故有二：（一）中间偶有触犯时忌之作，致累及他种营业；（二）寄稿不能如期，致不能如期出版，且失信用。今此杂志专谈农学，决无第一端之虑。至担任撰述之人，均诚朴而有恒，不致爽约；又人数颇多，以三月之久，积缮一册，亦决不至于不给：则第二端亦可无虞。意者当为书业所乐购也。

如中华愿购此稿，则请与商定二例：

（一）稿以字数计，每千字给费若干？

（二）每期收稿后，即汇发稿费。

设中华不愿购此稿，则请再为询于商务印书馆。万一两家皆不愿购稿，则请于任何一家中再商一合办之法，即此间同学任编辑，而书业任印刷、发行等事，俟有赢利，两方分派，但须先商定一分派之条件，亦请先生酌行之。诸渎著神，尚祈鉴谅。

专此奉恳，敬请

道安

弟 汪兆铭[1]
蔡元培 敬启

蔡元培手札

---

① 汪在此函上仅签“汪兆铭”三字。

《学风》杂志发刊词*

（1914年夏）

今之时代，其全世界大交通之时代乎？昔者吾人以我国为天下，而西方人亦以欧洲为世界。今也畛域渐化，吾人既已认有所谓西方之文明，而彼西方人者，虽以吾国势之弱，习俗之殊特，相与鄙夷之，而不能不承认为世界之一分子。有一世界博览会焉，吾国之制作品必与列焉，有大学焉，苟其力足以包罗世界之学术，则吾国之语文历史，恒列为一科焉；有大藏书楼焉，则吾国之图籍，恒有存焉；有博物院焉，苟其宗旨在于集殊方之珍异，揭人类之真相，则吾国之美术品或非美术品，必在所搜罗焉。此全世界大交通之证也。

虽然，全世界之交通，非徒以国为单位，为国际间之交涉而已，在一方面，吾人不失其为家庭或民族或国家之一分子；而他方面，则又将不为此等种种关系所囿域，与一切人类各立于世界

---

* 1913年冬，蔡元培到法国后，与汪兆铭、李煜瀛、张继等筹办《学风》杂志。创刊号已付印，因第一次世界大战爆发，巴黎的中华印字局停业搬迁，《学风》的编印工作即告停顿。

一分子之地位，通力合作，增进世界之文化。此今日稍稍有知识者所公认也。夫全世界之各各分子，所谓通力合作以增进世界之文化者，为何事乎？其事固不胜枚①举，而其最完全不受他种社会之囿域，而合于世界主义者，其惟科学与美术乎（科学兼哲学言之）！法与德，世仇也，哲学文学之书，互相传译；音乐、图画之属，互相推重焉。犹太人，基督教国民所贱视也，远之若斯宾诺赛②之哲学，哈纳之诗篇，近之若爱里希之医学，布格逊之玄学，群焉推之，其他犹太人之积学而主讲座于各国大学者指不胜屈焉。波兰人，亡国之民也，远之若哥白尼之天文学，米开维之文学，近之若居梅礼之化学，推服者无异词焉。而近今之以文学著者尚多，未闻有外视之者。东方各国，欧洲人素所歧视也，然而法国罗科科时代之美术，参中国风，评鉴者公认之。意大利十六世纪之名画，多衬远景于人物之后，有参用中国宋、元人笔意者，孟德堡言之。二十年来，欧洲之图画，受影响于日本，而抒情诗则受影响于中国，尤以李太白之诗为甚，野该述之。欧洲十八世纪之惟物哲学，受中国自然教之影响也，十九世纪之厌世哲学，受印度宗教之影响也，柏鲁孙言之。欧洲也，印度也，中国也，其哲学思想之与真理也，以算学喻之，犹三座标之同系于一中心点也，加察林演说之。其平心言之如此，故曰：科学、美术，完全世界主义也。

方今全世界之人口，号千五百兆而弱，而中国人口，号四百兆而强，占四分之一有奇。其所居之地，则于全球陆地五千五百万方里中，占有四百余万方里，占十四分之一。其地产之丰腴，气候之调适，风景之优秀而雄奇，其历史之悠久，社会之复杂，古代学艺之足以为根柢，其可以贡献于世界之科学、美术者何限？

① 《蔡孑民先生言行录》下册辑录此篇时，删去“枚”字。

② 《蔡孑民先生言行录》下册将“斯宾诺赛”改为“斯宾诺莎”。

吾人试扪心而自问，其果有所贡献否？彼欧洲人所谓某学某术受中国之影响者，皆中国古代之学术，非吾人所可引以解嘲者也。且正惟吾侪之祖先，在交通较隘之时期，其所作述，尚能影响于今之世界，历千百年之遗传以底于吾人，乃仅仅求如千百年以前所尽之责任而尚不可得，吾人之无以对世界，伊于胡底耶？且使吾人姑退一步，不遽责以如彼欧人能扩其学术势力于生活地盘之外，仅即吾人生活之地盘而核其学术之程度，则吾人益将无地以自容。例如，中国之地质，吾人未之测绘也，而德人李希和为之；中国之宗教，吾人未之博考也，而荷兰人格罗为之；中国之古物，吾人未能有系统之研究也，而法人沙望、英人劳斐为之；中国之美术史，吾人未之试为也，而英人布绥尔爱锂、法人白罗克、德人孟德堡为之；中国古代之饰文，吾人未之疏证也，而德人贺斯曼及瑞士人谟脱为之；中国之地理，吾人未能准科学之律贯以记录之也，而法人若可侣为之；西藏之地理风俗及古物，吾人未之详考也，而瑞典人海丁竭二十余年之力考察而记录之；辛亥之革命，吾人尚未有原原本本之纪述也，法人法什乃为之。其他述①世界地理，通世界史、世界文明史、世界文学史、世界哲学史，莫不有中国一部分焉，庖人不治庖，尸祝越俎而代之，使吾人而尚自命为世界之分子者，宁得不自愧乎？

吾人徒自愧，无补也。无已，则亟谋所以自尽其责任之道而已。人亦有言，先秦时代，吾人之学术，较之欧洲诸国今日之所流行，业已具体而微，老庄之道学，非哲学乎？儒家之言道德，非伦理学乎？荀卿之《正名》，墨子之《大取》《小取》，以及名家者流，非今之论理学乎？墨子之《经说》，非今之物理学乎？《尔雅》《本草》，非今之博物学、药物学乎？《乐记》之言音律，《考工记》之言笋簴，不犹今之所谓美学乎？宋人刻象为楮叶，三年

① 《蔡孑民先生言行录》下册改为“数”。

而后成，乱之楮叶之中而不可辨也，不犹今之雕刻乎？周客画筴，筑十版之墙，凿八尺之牖，以日始出时加之其上而观之，尽成龙蛇禽兽车马，万物之状备具，不犹今之所谓油画乎？归而求之有余师，闭门造车，出门合辙，吾侪其以复古相号召可矣，奚以轻家鸡、宝野骛〔鹜〕、行万里路而游学为？

虽然，西人之学术，所以达今日之程度者，自希腊以来，固已积二千余年之进步而后得之。吾先秦之文化，无以远过于希腊，当亦吾同胞之所认许也。吾与彼分道而驰，既二千余年矣，而始有羡于彼等所达之一境，则循自然公例，取最短之途径以达之可也。乃曰吾必舍此捷径，以二千余年前之所诣为发足点，而奔轶绝尘以追之，则无论彼我速率之比较如何，苟使由是而彼我果有同等之一日，我等无益于世界之耗费，已非巧历所能计矣。不观日本之步趋欧化乎？彼固取最短之径者也。行之且五十年，未敢曰与欧人达同等之地位也。然则吾即取最短之径以往，犹惧不及，其又堪迂道焉！且不观欧洲诸国之互相师法乎？彼其学术，固不失为对等矣，而学术之交通，有加无已。一国之学者有新发明焉，他国之学术杂志，竞起而介绍之；有一学术之讨论会焉，各国之学者，相聚而讨论之。本国之高等教育既有完备之建设矣，而游学于各国者，实繁有徒。检法国本学期大学生统计，外国留学者：德国二百四十人，英国二百十四人，意大利百五十四人①，奥匈百三十五人，瑞士八十六人，俄国三千一百七十六人，北美合众国五十四人。又观德国本学期大学生统计，外国留学者：法国四十人，英国百五十人，意大利三十六人，奥匈八百八十七人，瑞士三百五十四人，俄国二千二百五十二人，北美合众国三百四十八人。其在他种高等专门学校及仅在大学旁听者，尚不计焉。其他教员学生乘校假而为研究学术之旅行者，尚多有之。法国且设希

① 《蔡孑民先生言行录》下册载为“意大利五百十四人”。

腊文史学校于雅典，拉丁文史学校于罗马，以为法国青年博士研究古文之所。设美术学校于罗马，俾巴黎美术学校高才生得于其间为高深之研究。学术同等之国，其转益多师也如此，其他则何如乎？故吾人而不认欧洲之学术为有价值也则已耳，苟其认之，则所以急取而直追之者固有其道矣。

或曰：吾人之吸收外界文明也，不自今始，昔者印度之哲学，吾人固以至简易之道得之矣。其高僧之渡来者吾欢迎之，其经典之流入者吾翻译之。其间关跋涉亲至天竺者，蔡愔、苏物、法显、玄奘之属，寥寥数人耳。然而汉唐之间，儒家、道家之言，均为佛说所浸入，而建筑、雕塑、图画之术，皆大行印度之风；书家之所挥写，诗人之所讽咏，多与佛学为缘。至于宋代，则名为辟佛，而其学说受佛氏之影响者益以深远，盖佛学之输入我国也至深博，而得之之道则至简易。今日之于欧化，亦若是则已矣。

虽然，欧洲之学术，非可以佛学例之。佛氏之学，非不闳深，然其范围以哲学之理论为限。而欧洲学术，则科目繁多，一科之中，所谓专门研究者，又别为种种之条目。其各条目之所资以研究而参考者，非特不胜其繁，而且非浅尝者之所能卒尔而移译也。且佛氏之学，其托于语言文字者已有太涉迹象之嫌，而欧洲学术，则所资以传习者，乃全恃乎实物。最近趋势，即精神科学，亦莫不日倾于实验。仪器之应用，不特理化学也，心理、教育诸科亦用之。实物之示教，不特博物学也，历史、人类诸科亦尚之。实物不足，济以标本；标本不具，济以图画；图画不周，济以表目。内革罗人之歌，以蓄音器传之；罗马之壁画，以幻灯摄之；莎士比亚所演之台舞，以模型表示之。其以具体者补抽象之语言如此。其他陈列所、博物院、图书馆种种参考之所，又复不胜枚举。是皆非我国所有也。吾人即及此时而设备之，亦不知经几何年而始几于同等之完备，又非吾人所敢悬揣也。然则吾人即欲凭多数之译本，以窥欧洲学术，较之游学欧洲者，事倍而功半，固已了然。

而况纯粹学术之译本，且求之而不可得耶？然则吾人而无志于欧洲之学术则已，苟其有志，舍游学以外，无他道也。

且吾人固非不勇于游学者也。十年以前，留学日本者达三万余人。近虽骤减，其数闻尚逾三千人。若留欧之同学，则合各国而计之，尚不及此数三分之一也。岂吾人勇于东渡而怯于西游哉？毋亦学界之通阂，旅费之丰啬，有以致之。日本与我同种同文，两国学者常相与结文字之因缘，而彼国书报之输入，所谓游学指南、旅行案内之属，不知不识之间，早留印象于脑海，一得机会，则乘兴而赴之矣。于欧洲则否。欧人之来吾国而与吾人相习熟者，外交家耳，教士耳，商人耳，学者甚少。即有绩学之士旅行于吾国者，亦非吾人之所注意。故吾人对于欧人之观察，恒以粗鄙近利为口实，以为彼之所长者枪炮耳；继则曰工艺耳，其最高者则曰政治耳。至于道德文章，则殆吾东方之专利品，非西人之所知也。其或不囿于此类之成见，而愿一穷其底蕴，则又以费绌为言。以为欧人生活程度之高，与日本大异，一年旅费，非三倍于东游者不可，则又废然而返矣。

方吾等之未来欧洲也，所闻亦犹是耳。至于今日，则对于学海之闳深，不能不为望洋向若之叹。而生活程度，准俭学会之所计画，亦无以大过于日本，未闻不叹息于百闻不如一见之良言也。夫吾人今日之所见，既大殊于曩昔之所闻，则吾国同胞之所闻，其有殊于吾人之所见，可推而知。鹿得苹草，以为美食，则呦呦然相呼而共食之。田父负日之暄而暖，以为人莫知者，则愿举而献之于其君。吾侪既有所见，不能不有以报告于吾国之同胞，吾侪之良心所命令也。以吾侪涉学之浅，更事之不多，欧洲学界之真相，为吾侪所窥见者，殆不逮万之一。以日力财力之有限，举吾侪之所窥见，所能报告于同胞者，又殆不逮百之一。然则吾侪之所报告者，不能有几何之价值，吾侪固稔知之。然而吾侪之情，决不容以自已。是则吾侪之所以不自惭其弇陋，而有此《学风》

杂志之发刊者也。

世界社编印《旅欧教育运动》(1916年在法国都尔斯出版),

参阅新潮社编印《蔡孑民先生言行录》(1920年出版)

吾侪何故而欲归国乎

——为旅法学界西南维持会所撰之通告

(1914年8月)

吾同学暑假期间方为种种之预备，而列强忽然宣战；欧洲文化，暂隐于枪林弹雨之中。吾同学中遂有于此时期倡归国之说者，不知何所见而云然也。

夫多闻多见，次于上智，观赜观动，乃知天下。此次战局，为百年来所未有，不特影响所及，人权之消长，学说之抑扬，于世界文明史中必留一莫大之纪念；而且社会之组织，民族之心理，其缘此战祸而呈种种之变态者，皆足以新吾人蹈常习故之耳目，而资其研究。故使吾人稍稍蓄好奇之心，有济胜之具，虽在闾里，犹将挟策裹粮，为泰西之游，而乃不先不后，会逢其适者，反谋引避，是何故耶?

其有一二修业已毕，归计早定，不因时局而中变，则亦已耳。乃留学未久者，亦忽为战祸所驱而东去，是何故耶?英京安全如故，濒于危险者，比、法一隅耳。法国西南诸省，优足为比、法同学暂避之所，何所谓危险者?至于地中海之戒严，胶州湾之攻击，与夫船少人挤，熏蒸致疾，及停船久待之虑，归国者之危险，宁减于留欧者耶？

将曰恐旅费之不给耶？国内之汇寄，使馆之借垫，其道正多。借曰无款，则归国之资何自而来耶？以留法同学之经验，共同生活，月费七十佛郎而已足。至于归国川资，其数则巨，若移为留居之费，少则数月，多则年余。岂犹虑战局之不终而学费之不可以继续耶？

将为战端既开，恐学校不复开课，游学之目的终不能达，不得不废然而返耶？近一二月，正在暑假期内，学校之停课也以此。苟暑假既毕，而战祸未竣，在逼近战线诸地，虽未能克期开学，而安全之地，如西南各省，则专门、普通诸校，必皆开课。法教育部言之矣。其他诸省，可以类推。若乃暑假将终，贸然返国，则即使力能再来，而入校之期，不免延误。其绌于川资者，所不待言。所谓弃游学之目的者，果谁任其咎耶？

然则由各方面观察之，归国之说，言之既不成理，而持之亦非有故，殆发于一时之感情，而决非审思熟虑而出之者。去留之间，关于学问之进退者甚大。愿诸同学审思而熟虑之，勿遽为一时之感情所动也。

世界社编印《旅欧教育运动》(1916 年在法国都尔斯出版)

互助社征款启

(1915 年)

自昔论生物进化者，分持争存及互助二义，而今则以后义为优胜。盖互助之义，非特符合于历史之事实，尤惬当于吾人之心理也。索居者闻足音蛩然而喜，会饮者闻向隅之悲泣而不欢，有车马轻裘者愿共朋友共敝之而无憾，人同此心，不能自已也。

吾侪留学异国，仰给公费，学校之所需，日用之所耗，悉有所出，得以副吾侪向学之志，而驯至于毕业，吾侪之幸也。而环顾吾侪之同学，其无缘以得公费而能力又不足以自给者，其向学之诚与夫他日之所成就，或且远过于吾侪，而乃朝不谋夕，有辍学之惧。吾侪顾坐视之而漠然无动于衷乎！

夫使吾侪所得之公费，仅仅足以自给，缅维吾人推食解衣之义，犹不可不稍有所牺牲，以挹注于无力之同学。矧以□□等之经验，吾侪苟能于支出之途，斟酌轻重缓急，力求撙节，则月计有余，良非难事。用是集合同志，组织兹社，合节存之款，为周急之资，行之数年，确有裨益。惟能助者无几，而需助者日增，普及之愿偿难，补过之道斯亟。传曰：“人之欲善，谁不如我。”吾同学之月领公费而能表同情于本社者，其数何限。伏望酌量情形，认定成数，俾本社之范围，以渐扩张，庶同学中一部分之竭蹶，以渐减损。

若乃邦人君子，辖轩莅此，鉴吾侪财力之有限，而慨然捐助，则尤本社之所竭诚而企望者焉。

蔡元培手稿

一九○○年以来教育之进步*

(1915 年)

(甲) 大会的问题①

世界进化之公例，程度愈高，则速率愈增，以地质学、生物学、文明史证之而可见也。自一九○○年以来，仅历十五年耳，而其间可为教育界进步之标识者，有二大端：

一在学理方面，为实验教育学之建设。盖教育学之所以不成为科学者，以其所根据者，为哲学家之理想，而不本诸实验也。前世纪之季，实验心理学既已成立，于是由其中特别之部分，所谓儿童心理学，而演为实验教育学。虽在今日，其发展程度尚不及实验心理学之完全，而自千九百七年间，摩曼氏之《实验教育

* 1915 年，在巴拿马举行万国教育会议。当时正在法国的蔡元培，受北京教育部委托，草拟向该会议提出的问题，分为（甲）向大会提出的和（乙）向分组会提出的两部分。总的题目为《一九○○年以来教育之进步》。蔡元培在起草全文之前，先拟了一个要点，现附录于本文后。写作过程中，题目删去了“世界”二字，原拟定的“教育行政”“教员之共同组织”“职业及应用美术教育”等项未写入。附录题目中的“要点”二字系编订者所加。

① “(甲) 大会的问题”小标题系编订者所加。

学讲义》发行，创立统系组织，科学之基础为之确定，是为教育学之一新纪元也。

一在事实方面，为教育之脱离于宗教。法国自千八百八十六年间，已易学校之宗教科为道德及文化，教士会（Congrégation）会员不得复充国民学校教习。千九百一年，定集会律，非经特别认许，不得立教士会。然教士会尚假教员会之名号以存立，其会员仍得厕身于教员之列，以密行其主义。及千九百十二年定律，无论男女，凡委身教会者，均不得复为国民学校〈教〉员。于是普通教育始脱离教会之势力范围。虽教会之私立学校不在禁例，而其势力决不能与国立学校抗行，可断言也。

在我中华，孔子之道，虽大异于加特力教，而往昔科举之制，含有半宗教性质。废科学〔举〕而设学校，且学校之中，初有读经一科，而后乃废去，亦自千九百年以来积渐实行，亦教育界进步之一端也。

中等教育

中等教育，常含有三种作用：（一）高于小学教科之普通学；（二）应用于职业之能力；（三）高等教育之预备是也。现今各国中学校之组织，多兼此三作用而有之，故科目不能不繁重；而毕业以后，例必刍狗其一部分，则前日修此一部分之日力，均为徒费。且缘此而使他部分之课程不得不有所减杀，此诚不经济之尤者也。夫进化之例，先浑而后□。建设之始，各种机关，不能同时并举，以一机关兼种种之作用，可也。今则分工之义大著。以中等教育言之，自小学以后之进级学校（Fortbildungsschule），以至中等之农、工、商业实习学校，所以养成适应于职业之能力者，设备甚周，乃犹于中学校中为少许之准备，不亦赘乎！其为高等教育之预备者，如较高之理、算，如同时之外国语，犹与他作用不无关系。至于古代语言，如希腊、拉丁，则专为大学之预备，奚必为中学之常课乎？窃以中学校当纯然为高等普通教育之机关，俟有延长义务教育之能力，则可与今日之小学教育冶而为一。其应用于职业之作用，悉让诸职业教育。而高等教育之预备，则于高等教育中附设机关而施行之。如是，则蹊径分明，而生徒之日力不致靡费矣。

乡村教育

乡村学校优于城市之学校者有三：空气新洁，适于卫生，一也；校外多有山林，宜于晨夕之运动、自然界之观察，二也；渐染于勤朴之俗，三也。是以近世英、德教育家皆提倡之。然乡村学校之劣点亦复不少：教员孤陋寡闻，不能发展新思想，一也；宗教之固执拘忌之流行，乡村常甚于城市，二也；校中经济，半取给于学生之操作，如榨乳、艺蔬之属，师弟之间，营营于口腹问题，而鲜有高尚之观感，三也。夫城市之间，不独自然之空气至不洁也，即精神界之空气，亦贻害于儿童者不浅。侈靡之俗尚，恶薄之行为，鄙背之书报，触目皆是，教育之力不足以敌之。故大城市中青年之堕落者与年俱增。然则乡村学校者，不但乡村儿童有受此教育之幸福，即城市之儿童，亦不可不移就乡村而教育之。至于乡村学校之缺点，即自有补救之道，一学校之经济，合城市、乡村之力而供给之，学校之设备必完，其建筑及陈设必尽美。附设藏书楼，以供师生之涉览。厚教员之俸给，使不必营于米、盐琐悉之务。得与城市之教育家通声气；延学问家以时至校，为通俗之演讲；以图画或影戏介绍各地文明之纪念；教员以时率学生，而旅行于文明之都会，以赏鉴其著名之建筑，与夫收藏之美术品。如是，则兼有乡村及城市之长，而悉去其短矣。

教育之高尚理想

人类者，动物之一种。保持生命，继续种性之本能，动物所同具也。人类之所以视他动物为进化者，以有理想。教育者，养成人格之事业也。使仅仅为灌注知识、练习技能之作用，而不贯之以理想，则是机械之教育，非所以施于人类也。教育界中所不可缺之〈理〉想，大要如下：

一曰调和之世界观与人生观。夫世界果为何物，吾人之在世界，究居何等地位，是为哲学界聚讼之问题，诚不宜以举一废百之道强立标准。然无论何人，不可不有其一种之世界观及其与是相应之人生观，则教育之通则也。夫以世界之溥博如是，悠久如是，而吾人仅仅于其间占有数尺之形体，数十年之生命。然则以人生为本位，而忘有所谓世界观者，其见地之湫隘，所不待言。然溥博者，极微之所积，悠久者，至暂之所延，且所谓溥博而悠久者，亦无以质言其为世界之真相，而特为极微而至暂者之所想象。然则持宇宙论而不认有人生之价值者，亦空漠之主义也。纯正之理想，不可不为世界观与人生观之调和。中国宋代哲学家陆象山曰："宇宙内事，即己分内事；己分内事，即宇宙内事。"其一例也。

二曰担负将来之文化。世界，进化者也。后起者得前辈之事业以为凭借，苟其能力不逊于前人，则其所成立者，必较前人为倍蓰之进步。况教育为播种之业，其收效尚在十年以后，决不得以保存固有之文化为的，而当为更进一步之理想。中国古代之《盘铭》曰："苟日新，日日新，又日新。"此其例也。

三曰独立不惧之精神。夫教育之业，既致力于将来之文化，则凡抱陈死之思想、扭目前之功利而干涉教育为其前途之障碍者，虽临以教会之势力，劫以政府之权威，亦当孤行其是而无为所屈。昔苏革拉底①行其服从真理之教育，为守旧者所嫉，至于下狱、受鸩而不易其操。此其例也。

四曰安贫乐道之志趣。教育之关系，至为重大，而其生涯，乃至为冷淡。各国小学教员之俸给，有不足以赡其家者。夫人苟以富贵为鹄的，则政治、实业之途，惟其所择；今舍之而委身于

① 苏革拉底（Socrates）：今译苏格拉底。

教育，则必于淡泊宁静之中，独有无穷之兴趣，虽高官厚禄，不与易焉。孔子曰："饭疏食，〈饮水，〉曲肱而枕之，乐亦在其中矣。不义而富且贵，于我如浮云。"谛阿舍纳（Diogene）偃息桶中，亚历山大王问何所欲，对曰：欲汝无掩我日光而已。此其例也。

夫以当今物质文明之当王，拜金主义之盛行，上述诸义，几何不被目为迂阔，然教育指导社会，而非随逐社会者也，则乌得不于是加之意焉。

（乙）① 分会问题

幼稚园教育　幼稚教育之扩充

自来言教育者，莫不以家庭教育为重大问题。然求之实际，往往不逮所望：为父母者未必解教育之理，一也；囿于职务而无暇为教育子女之准备，二也；家庭之习惯，在成人行所无事，而或有害于儿童之心理，三也。自物质文明之发展，生存竞争之增剧，而家庭教育之实行，益多障害。富者以图逸乐、逐酬应之故，而委其子女于保姆。贫者以谋生计、操家政之故，而放任子女于自由。是以有幼稚园之教育。且创立之始，大抵为三岁以上之儿童而设，而今则大都会兼为一岁以上之儿童设之，其为鉴于家庭教育之不可能，而以是补充之，彰然可见也。

虽然，中国古语有云：教子婴孩。未及一岁之儿童，果可于其体育、德育之事，一不措意乎？且中国古代，尝有胎教之制。汉儒刘向（西历前一世纪人）于所作《列女传》中，言之曰：古者，妇人妊子，寝不侧，坐不边，立不跸，食不邪味，割不正不食，席不正不坐，目不视于邪色，耳不听于淫声，夜则令瞽诵诗，道正事。如此，则生子形容端正，才必过人矣。又言：周文王之

① "（乙）"系编订者所加。

母大任（西历前十三纪顷）有娠，目不视恶色，耳不听淫声，口不出恶言，能以胎教。夫人类遗传之规则，胎儿灵性之有无，在今日虽尚为聚讼之问题，然孕妇之疾病、羸弱与夫非常之激动，不能不影响于胎儿，为生理上所可信；体魄与心灵有密切之关系，又为近世所公认者；然则胎教之说，当亦不无假定之价值也。于是由幼稚园之命意而推究之，见有不可不扩充者二：

一曰未及一岁婴儿之保育所。凡此等婴儿之生而无母或其母有故不能自育者，以曾受特别教育之保姆育之，所不待言；即有母而且能自育者，亦得携儿而来，于适宜之建筑，循普通之规则，而无以生计家政之属分其心。

二曰孕妇摄养所。其建筑，其陈设，其间起居、饮食之规则，劳逸之条件，所展览之图书，皆参合卫生术、美学、教育学之原理而规定之。凡孕妇皆得居焉。其贫者且得以公费协助其生计焉。

斯二者，在殷实之都市，力足以创举之，使教育家得缘是而增一种之实验。验之而有益，则他日以渐推广，或如今日之幼稚园，未可知也。

小学教育　对于国民教育及实利教育之商榷

小学教育者，纯粹之普通教育也。无论何人，其长成后，无论营何等职业，持何等信仰，居何等地域，皆不可以不受如是之教育，是之谓普通。如是，则定小学教育之主义，有二界说焉：

一曰当以受教育者之本体为标准，而不当以受教育者为何等他人或何等社会之器械而准一他人或一社会之需要以为标准。

二曰当以受教育者全体能力之发达为标准，而不当以其一部分能力之发达为标准。

自十八世纪以来，经卢骚①、沛斯泰洛齐诸氏之提倡，旧时宗教教育，以宗教社会为标准，而专以发达信仰一方面之感情为教

① 卢骚（Rousseau）：今译卢梭。

育者，既渐杀其势力；然以近世帝国主义之激进，物质文明之狂热，而其影响于教育界者，亦有二弊焉：

一曰极端之国民教育。夫人类为社会性之动物，于其本性，即含有适应社会之能力，固不得有离绝社会关系之各人，而要亦不容有消尽各人价值之社会。世界进化，常分向极大及极微之两方面而进行，而于其间得调和之公例。天文学之所考察，日渐广远，而元子论之所发见，则日益精眇，然最微之电子与最远之恒星有共通之性质焉。群性之发展，自人道主义而达于动物之爱护；各性之发展，由居住身体而达于思想之自由，然对于群之义务、对于己之权利有并行不悖之规道焉。

国家者，群性所历之一阶级，介乎家族及世界之间者焉。自政治家翘国家以为至尊无上之群制，以国外之世界为其战场，而以国内之人民为其器械，而且恃政府之强权，强以此等主义行于小学主义之中，养成其尊慢己国、蔑视他族、蹂躏人道、增进兽性之习惯；对于所征服之民族，所殖地之区域，则又施其一种特别之教育，并举其固有之语言若历史而摧灭之。是岂群性之本义，抑亦少数强权者之妄念云尔。内之酿社会之俶扰，外之启世界之战争，其成效可睹矣。教育家而为服从公理、尊重人权起见，不可不于今日之极端国民教育加以矫正也。

二曰极端之实利主义。夫人类自有生以后，即不能遁乎厚生利用之范围。以记诵为常课而屏除致用各科者，诚与人性相违。且教科过重抽象，则神经受过度之刺激，而且启情窦早开之弊。故普通教育中多列手工诸科，不得不视为至当。即如德佛伊氏Dewey① 一派，欲以烹饪、裁缝及金工诸工为一切科学之导线者，其理论之直当，所不待言。惟今日实利教育之趋势，殆有以致用诸科为足尽教育之能事，而屏斥修养心性之功者，则未敢以为然

① 德佛伊氏 Dewey：今译杜威。

也。夫人生不过数十寒暑耳，其间困苦艰难之阅历，不知凡几，何以吾人不采厌世主义，而必认此生存之价值，此未尝以哲学之目的论演绎之，而特以归纳所得，人人有此生存之欲望。且求诸生物学，而知此欲望为生物之所公有，故吾人不能不认其价值耳。然人类于自求生存以外，又自有对于真善美之欲望，此亦非以哲学之目的论演绎之，而于心理学之实验归纳而得之。中古时代之教育，偏于一部分之心理，而不及生理一方面，诚为偏隘。今也，偏重生理一方面，而于心理一方面均漠视之，不亦矫枉而过其正乎？健全之精神，必宿于健全之身体，衣食足而后知荣辱，生理之影响于心理也有然；科学知识、美术思想为发达工艺之要素，利用厚生之事业，非有合群之道德心，常不足以举之，心理之影响于生理，不亦有然乎！夫通功易事之制，于今为盛。在职业教育以上，自不必有顾此失彼之顾虑。小学教育既以遵循天性、养成人格为本义，则于身、心两方面，决不可有偏废，而且不可不使为一致之调和。此则对于极端之实利主义而不可不加以补正者也。

体育　论奖励及竞胜之有妨于体育

体育者，循生理上自然发达之趋势，而以有规则之人工补助之，使不致有所偏倚。又恐体操之使人拘苦也，乃采取种种游戏之方法，以无违于体育之本义者为准。其用意如此而已。夫人类有游戏之嗜好，而儿童为尤甚。既有此种种娱乐之方法，一经厘定秩序，则生徒之乐于从事也，自较智育、德育诸科为甚，初不待别有助长之法也。技之有巧拙，力之有强弱，别为问题，于体育无与焉。

而近日教育界乃亦采奖励、竞胜等法，以为助长体育之作用，吾以为有害而无益：

一曰生理上之害。生徒之中，官能有钝锐之别，体力有强弱之差，于体育之本义何害？惟求以各以本身为标准，使不致过惰而不及其格，过激而转损其躯，此体育之本义也。一涉竞胜，则人人以好胜之故，而为过激之运动，所伤实多。且各种游戏，各有其裨补于生理上一部分之特长，故以体育之本义衡之，当循环演习，而不宜有所偏重。一涉竞胜，则人不能不择其可以制胜之技，而专门演习，则生理上一部分偏于发展，而其他部分不能与之适应，失体育之本义矣。

二曰教科体育与知育、德育必各保其平衡。知、德诸科，教育家皆知助长之为害，故积分之制、试验之制，皆渐即于淘汰。今于体育方面，特采奖励、竞胜之法，则生徒必缘此而于体育一方面为倍蓰之练习，而知、德各科，不免有所偏废矣。

三曰心理上之害。体育者，对于己之关系者也。一涉竞争，则为对于人之关系。未竞之先，有希冀之心。既竞以后，胜者，于己为骄矜，于人为蔑视；负者，于己为愧恧，于人为忮忌。是皆心理上之恶德也。故吾以为体育必排除琴〔奖〕励及竞胜等种种助长之方法，而一以生理学为标准。

附：一九〇〇年以来世界之教育进步（要点）

实验教育学。法国屏厦教员会。

教育行政　宜渐脱教会及政府之管理，而递于教育团体。

乡村教育　优于城市之点颇多，补救其孤陋之弊。

中等教育　宜分别普通与专门二种，前者专为较高之普通，后者属于职业。其为高等教育预备者，宜附设于高等教育之机关。

教育之高尚理想　适当之宇宙观及人生观。将来之文化。独立不倚（不为教会或政党所牵帅）。安贫乐道，遁世无闷。教员人格与生徒之影响。

右通会①

教员之共同组织

---

① 右通会：意为前面的是向大会提出的，而后面的则是向分组会提出的。

幼稚园教育　三年以后。一年以后。胎教。孕妇别居。一年以内抚子者之别居。

体育　奖励之害。竞技之害。

初等教育　近世之趋势，在实利主义，然不可不济以世界观及美感之教育。以人为本位，不得以社会之需用而强人以就之（如属地同化主义，如军国民主义等）。以完全之人格为本位，不得以动物通性限之。以全世界人类平等之眼光为标准，不得以教宗、门第、阶级等区别之。

职业及应用美术教育　普通之教育，大别为工作者与管理者二类。为欲挽①。

蔡元培手稿

① 蔡元培写至此处为止，未再写下去。

华法教育会之意趣*

(1916年3月29日)

今日为华法教育会发起之日，鄙人既感无限之愉快，尤抱无限之希望。

盖尝思人类事业，最普遍、最悠久者，莫过于教育。人类之进化，虽其间有迟速之不同，而其进行之涂辙，常相符合。则人类之教育，宜若有共同之规范。欲考察各民族之教育，常若不能不互相区别者，其障碍有二：一曰君主，二曰教会。二者各以其本国、本教之人为奴隶，而以他国、他教之人为仇敌者也。其所主张之教育，乌得不互相歧异？

现今世界之教育，能完全脱离君政及教会障碍者，以法国为最。法国自革命成功，共和确定，教育界已一洗君政之遗毒。自

---

* 1916年3月间，蔡元培与吴玉章、李煜瀛、汪兆铭等联同法国学者、名流发起组织“华法教育会”，以“发展中法两国之交通，尤重以法国科学与精神之教育，图中国道德智识经济之发展”为宗旨，于是月29日在巴黎自由教育会会所举行发起会，选出会长：蔡元培（中）、欧乐（法）；副会长：汪兆铭（中）、穆岱（法）；书记：李煜瀛、李圣章（中），裴纳、法露（法）；会计：吴玉章（中）、宜士（法）。蔡元培在发起会上发表了这篇演说。

一八八六年、一九〇一年、一九一二年三次定律，又一扫教会之霉菌，固吾侪所公认者。其在中国，虽共和成立，不过四年有奇，然追溯共和成立以前二千余年间，教育界所讲授之学说，自孔子、孟子以至黄梨洲氏，无不具有民政之精神。故君政之障碍，拔之甚易，而决不虑其复活。中国又素行信仰自由之风。道、佛、回、耶诸教，虽得自由流布，而教育界则自昔以儒家言为主。儒家言本非宗教，虽有祭祀之礼，然其所崇拜者，以有功德于民，及以死勤事等条件为准，与法国哲学家孔德所提议之“人道教”相类。至今日新式之学校，则并此等儒家言而亦去之。是中国教育之不受君政、教会两障碍，固与法国为同志也。

教育界之障碍既去，则所主张者，必为纯粹人道主义。法国自革命时代，既根本自由、平等、博爱三大义，以为道德教育之中心点，至于今且益益扩张其势力之范围。近吾于弥罗君所著《强权嬗于强权论》中，读去年二月间法国诸校长恳亲会之宣言，有曰：“我等之提倡人权，既历一世纪矣，我等今又为各民族之自由而战。”又于本年三月十五日之日报，读欧乐君之《理想与意志竞争论》，有曰：“法人之理想，不问其为一人，为一民族，凡弱者亦有生存及发展之权利，与强者同。而且无论其为各人，为各民族，在生存期间，均有互助之义务。例如比利时、塞尔维亚、葡萄牙等，虽小在体魄，而大在灵魂，大在权利，不可不使占正当地位于世界以独立而进行。”其为人道主义之代表，所不待言。

其在中国，虽自昔有闭关之号，然教育界之所传诵，则无非人道主义。例如孔子作《春秋》，区人治之进化为三世：一曰据乱世（由乱而进于治），二曰升平世（小康），三曰太平世。据乱之世，内其国而外诸夏（内者亲也，外者疏也）；升平之世，内诸夏而外夷狄；太平之世，夷狄进至于爵（与诸夏同），天下远近大小若一（以上见何休《公羊传解诂》）。教化流行，德泽大洽，天下之人人有士君子之行而少过矣（以上见董仲舒《春秋繁露·俞序篇》)。孔子又尝告子游曰:“大道之行也,天下为公,选贤与能(与者举也),讲信修睦。故人不独亲其亲,不独子其子,使老有所终,壮有所用,幼有所长,鳏寡孤独废疾者皆有所养,男有分,女有归,货恶其弃于地也,不必藏于己,力恶其不出于身也,不必为己。是故谋闭而不兴,盗窃乱贼而不作,故外户而不闭,是谓大同。”又曰:“圣人以天下为一家,中国为一人。”其他如子夏言“四海之内皆兄弟”,张横渠言“民吾同胞”,尤与法人所唱之博爱主义相合。是中国以人道为教育,亦与法国为同志也。

夫人道主义之教育,所以实现正当之意志也。而意志之进行,常与知识及感情相伴。于是所以行人道主义之教育者,必有资于科学及美术。法国科学之发达,不独在科学固有之领域,而又夺哲学之席,而有所谓科学的哲学。法国美术之发达,即在巴黎一市,观其博物院之宏富,剧院与音乐会之昌盛,美术家之繁多,已足证明之而有余。至中国古代之教育,礼、乐并重,亦有兼用科学与美术之意义。《书》云:“天秩有礼。”礼之始,固以自然之法则为本也。惟是数千年来,纯以哲学之演绎法为事,而未能为精深之观察、繁复之实验,故不能组成有系统之科学。美术则自音乐以外,如图画、书法、饰文等,亦较为发达,然不得科学之助,故不能有精密之技术,与夫有系统之理论。此诚中国所深欲以法国教育为师资,而又多得法国教育之助力,以促成其进化者也。

今者承法国诸学问家之赞助,而成立此教育会。此后之灌输法国学术于中国教育界,而为开一新纪元者,实将有赖于斯会。此鄙人之所以感无限之愉快,而抱无限之希望者也。敬为中国教育界感谢诸君子赞助之盛意,并预祝华法教育会之发展。华法教育会万岁!

世界社编印《旅欧教育运动》(1916年在法国都尔斯出版)

致各省行政机关函

（1916 年 4 月）

〇〇〇鉴：

径启者：

欧战期中，法国工人多数从军，因有招致华工之议。我等以为此事之裨益于我国人者有三：

一曰扩张生计。我国生齿极繁，而实业未兴，内地人民多求工不得之患。今于法国方面，辟一侨工之局，不惟国中可以减少无业之民，而他日殖产兴业，尤大裨于祖国。视南洋群岛及美洲之华侨，可为比例。

二曰输入实业智识。我国地产极富，各种工业必将次第建设。建设工业，非徒恃有少数之工学士，而亦恃多数工人均有工业上普通智识。今乘法国各工厂缺人之际，而以我国人分插其间，则各种工业均有多数实验之工人，将来回国以后，转相授受，必能使工业常识普及于人人。

三曰改良社会。吾国开化既久，风俗之醇厚，固有过于他族者；而相形见绌，亦复不少。家族之倚赖，婚丧之靡费，衿吏之专横，阴阳之物忌，娱乐之腐败，诸如此类，无可讳言。法人之思想自由，甲于世界。既无崇拜官僚之风，尤少迷信宗教之迹，不尚繁文，最富美感，勤俭而善居积，与吾侪同。有仅为巴黎之游，而遂以骄奢淫逸概法国者，误也。而活泼进取，则可为吾侪之药石。诚以吾国多数工人生活于彼国工会中，耳濡目染，吸取所长，他日次第归国，必有以助社会教育之进行，而大减阻力。

之三者，皆华工来法之利益也。惟是开办之始，稍一不慎，亦复易滋流弊。其最重要者有二：一曰受彼不平等之待遇。例如工价特少，作工时间特长，与彼国工人不同，及受监工者之虐待等，往者南洋各埠之华侨所曾受也。二曰招彼国工人及普通社会之嫉视。例如美洲华侨素不与彼国工会联络，当彼国工人要求增工价、减工作之际，而我等乃愿受低廉之价以掣其肘；又居处不洁，而烟赌斗殴之恶习，不肯改除，致酿成历次排斥华工之风潮，皆前车之鉴也。

某等为防此流弊起见，业与法国招工局订一平等待遇之合同，而又设一旅法华工学校，以为工人教育之预备。惟是最要关键，尤在应招之人，不可不择其适宜者。某等欲以此事托诸贵省各地之劝学所及小学校诸君。特请代表某君①亲诣贵省，办理此事，携有招工条件及合同底稿，奉请鉴定。某君人地生疏，务请随时随地量加照拂，并求知会各地劝学所及小学校诸君，赞助某君，成此美举，无任感荷。

专此奉恳，敬颂

公安

华法教育会蔡元培、汪兆铭、李煜瀛　同启

世界社编印《旅欧教育运动》(1916 年在法国都尔斯出版)

---

① 某君：指李广安。

致各地劝学所及小学校函

（1916年4月）

○○○鉴：

敬启者：

我国生齿甚繁，而实业未兴，各地人民常有求工不得之患，以故往昔美、非各洲及南洋群岛之招工，而往者实繁有徒。以吾同胞之朴实而耐劳，固所在皆受欢迎，而足以自存。惟是招工之始，漫无标准，应招之人，良莠不齐。其杰出者，固能体合外境，积久而挤〔跻〕身于富厚。其通常者，往往以贪恋近利，低减工价，掣彼国工党之肘，而招其嫉视；又以不究卫生，传布恶习，贾彼中普通人之嫌忌，因而激起排斥华工之举，如北美合众国，其最著者矣。

欧洲大战，行将两年，法国工人甚少，因而有招致华工之议。其由天津惠民公司一方面承办者，用旧法招致，已有五千余人就道。法国政府以其条件多不妥善，品流又无限制，未能满意。于是主持招工之人，一面徐图补救，一面与本会商议，别立最公平之合同，另行招致，以杜流弊。并由本会特设一旅法华工学校，以为工人教育之预备。

案法国人民，素无歧视外人之习。其工业社会之组织，至为周密。我国工人以平等之待遇，置身其间，不惟可以获得普通之赢利，尤可以吸取有用之学识，他日归国以后，于普及教育、振兴实业，均可大有裨益。所虑者，应招之人，或程度太低，或习惯不良，则到法以后，适足以丧华工之信用，而阻后者之进行，此诚不能不慎之于始也。

伏念诸君子夙在本乡主持教育事业，乡人之流品知之有素。敢请择其身体强健，品行端正，稍有知识，绝无吸烟、赌博等嗜好者若干人，劝其应招来法，庶有以树旅法华工社会之基础，而达将来之希望。想诸君子夙抱爱乡、爱国之诚，必有乐乎此也。招工条件与合同底稿，同此奉上。关于赴法旅行各事，请介绍应招者与本会代表〇〇〇君①接洽，为幸。

专此奉恳，敬颂

公安

华法教育会蔡元培、汪兆铭、李煜瀛　同启

世界社编印《旅欧教育运动》(1916 年在法国都尔斯出版)

① 即李广安。

文明之消化

（1916年8月15日）

凡生物之异于无生物者，其例证颇多，而最著之端，则为消化作用。消化者，吸收外界适当之食料而制炼之，使类化为本身之分子，以助其发达。此自微生物以至人类所同具之作用也。

人类之消化作用，不惟在物质界，亦在精神界。一人然，民族亦然。希腊民族吸收埃及、腓尼基诸古国之文明而消化之，是以有希腊之文明；高尔、日耳曼诸族吸收希腊、罗马及阿拉伯之文明而消化之，是以有今日欧洲诸国之文明。吾国古代文明，有源出巴比伦之说，迄今尚未证实；汉以后，天方、大秦之文物，稍稍输入矣，而影响不著；其最著者，为印度之文明。汉季，接触之时代也；自晋至唐，吸收之时代也；宋，消化之时代也。吾族之哲学、文学及美术，得此而放一异彩。自元以来，与欧洲文明相接触，逾六百年矣，而未尝大有所吸收，如球茎之植物、冬蛰之动物，恃素所贮蓄者以自赡。日趣羸瘠，亦固其所。至于今日，始有吸收欧洲文明之机会，而当其冲者，实为我寓欧之同人。

吸收者，消化之预备。必择其可以消化者而始吸收之。食肉者弃其骨，食果者弃其核，未有浑沦而吞之者也。印度文明之输入也，其滋养果实为哲理，而埋蕴于宗教臭味之中。吸收者浑沦而吞之，致酿成消化不良之疾。钩稽哲理，如有宋诸儒，既不免拘牵门户之成见；而普通社会，为宗教臭味所熏习，迷信滋彰，至今为梗。欧洲文明，以学术为中坚，本视印度为复杂；而附属品之不可消化者，亦随而多歧。政潮之排荡，金力之劫持，宗教之拘忌，率皆为思想自由之障碍。使皆浑沦而吞之，则他日消化不良之弊，将视印度文明之尤甚。审慎于吸收之始，毋为消化时代之障碍，此吾侪所当注意者也。

且既有吸收，即有消化，初不必别有所期待。例如晋唐之间，虽为吸收印度文明时代，而其时“庄”“易”之演讲，建筑图画之革新，固已显其消化之能力，否则其吸收作用，必不能如是之博大也。今之于欧洲文明，何独不然？向使吾侪见彼此习俗之殊别，而不能推见其共通之公理，震新旧思想之冲突，而不能预为根本之调和，则臭味差池，即使强饮强食，其亦将出而哇之耳！当吸收之始，即参以消化之作用，俾得减吸收时代之阻力，此亦吾人不可不注意者也。

《旅欧杂志》创刊号（1916年8月15日法国都尔斯出版），

参阅《东方杂志》第14卷第2号（1917年2月15日出版）

致唐继尧等函*

（1916年秋）

〇〇先生执事：

径启者：

世运日新，学风丕变，吾国教育，不能不兼容欧化，已为有识者所公认。〇等留法较久，考察颇详，见其教育界思想之自由、主义之正大，与吾国儒先哲理类相契合；而学术明备，足以裨益吾人者尤多。间尝集合同志，努力经营，如书报之传达，留学之推广，华工教育之组织，次第发起，行之积年，虽实力无多，成绩有限，而始简终钜，希望正奢。迩者，得彼国教育家之赞同，相与组织为华法教育会，前此发起诸事，有资于法国方面之助力者，得此机关，益形便利。会中职员，华、法参半。定章须由评议会员公推名誉会员若干人，华、法两方略取均势。法国方面所推者，为工部总长梅丹、教育部总长班德微、巴斯笃院长波尔诸

* 蔡元培等在巴黎成立华法教育会后，推唐继尧、唐绍仪、张元济、范源濂为名誉会员。由蔡起草这份函稿，分致唐等四人。原题为《致所推名誉会员函》。

君。中国方面，亦不可无相当之资格。执事……①不特吾国人素所敬爱，法人亦深致钦迟。〇等谨偕华、法各评议员公推执事为本会名誉会员，以资全体会员之矜式。伏念本会宗旨，不外乎发展吾国教育，俾与先进共和国民为平行之进化，必为执事所赞成。本会名誉会员之公推，谅荷执事同意。敬请赐复，俾得宣布。本会详细情形，具详《旅欧教育运动》一书，附奉一册，敬希鉴察。

唐蓂赓执事："发扬义勇，保障共和。"

唐少川执事："淹通西学，提倡共和。"

张菊生执事："前任中央教育会会长，于革新教育诸问题，多所擘画。十年以来，主持编辑所，鉴定各种教科书，风行全国。"

范静生执事："主持教育救国，亘二十年，尝有以普及教育规定于宪法之议。近年总编辑之务，所鉴定各种教科书，风行全国。"

蔡元培手稿

---

① 此处"执事"之后，对唐等四人分别加入不同词句（列于函稿最后）。

教育界之恐慌及其救济方法*

——在江苏省教育会演说词

（1916年12月11日）

余旅欧陆，时时披览祖国新闻纸，凡记载教育界之状况，常有感触于心者。比归国，与教育界中人晤谈，乃知恐慌之实际。恐慌维何？在高小学生毕业后，不能悉入中学。其间虽有力不逮者，亦有牵于种种原因，不能入中学者。顾就他方面观察，有志入中学之人，数亦不鲜。奈何中学招生，限于定额，不能悉数容纳，其招考额与投考人数，如十与二之比例。于是，有志上进而不克获选者，势必一而再，再而三，而往投考，使青年有为之士，光阴坐废，志愿消磨。如此兴学，与前清科举无异。譬彼工厂，一方面谋制物品，一方面宜筹销路。物品良，销路广；销路愈广，物品愈良。苟其不然，于制物品也，则单〔殚〕心以求之；于筹销路也，则束手以听之。于是，良物品置之高阁，日久亦将归无

* 此篇为蔡元培在江苏省教育会演说的记录稿。原题为《记蔡孑民先生演说词》，经蔡用毛笔改为《教育界之恐慌及其救济方法》，并签名于题目之下，注有“十二月十有一日，在江苏省教育会演说”字样。此篇曾发表于上海《时报》1916年12月20—22日。

用。我国今日教育界之恐慌，得毋类是。由是而进之，社会一般人鉴教育之效果如是，乃发生一种不信任学校之心。学校不为社会所信任，教育经费将因此而减杀，常此以往，其恐慌将何所底止耶？

吾人于此，当推究其恐慌之所由来。就余观察所及，厥有三因：

第一，高等教育之缺乏；

第二，实业教育之缺乏，致中学毕业生不能应社会上之用；

第三，道德心之缺乏。

吾人既假定此三端为教育界恐慌之原因，是当于此三端而商榷其补救之方法。

就第一因言之，我国今日欲筹设高等教育机关，且欲如欧、美各国之设施，一律完全无缺，就种种方面观察，三数年后，实万万不能办到。此非独余一人言之，即多数人亦莫不言之。故此一问题，惟有假作不成立，今日姑不讨论。今且就第二、第三两因，研究其补救之方法。简言之，即实质救济与精神救济而已。

孟子不云乎：有恒产而后有恒心。管子不云乎：衣食足而知荣辱。准是言之，为中学生筹救济，当注重职业教育。况考各国学制，中学制度，含有两种意义：一以高小毕业程度，究嫌未足，未能应社会之用，故入中学而加深之、完全之；一为有志大成者，俾在中学时，所授与之科学智识，得以巩固其基础。至今主张中学注重职业教育，就广义言之，我国今日中学课程，何尝不注重职业；官亦职业之一。故中学课法制、经济，使人人有政治普通智识，故法制、经济，亦可谓官之职业教育。尝忆数年以前，一般人士，咸趋于法政一途，以为科举既废，惟有入政法学校，尚可为作官吏之终南捷径；讵知政界需人，亦有数可稽，尽人而趋于此，尚复成何社会。今日之中学生，视世界潮流之趋势，我知其见解定较数年前高倍蓰。一切升官发财腐败不堪之思，种我人心中，现多数人已无丝毫存在。况今日世界大势所趋，政治范围必逐渐缩小，而移其势力于实业。

实业者，统农、工、商而言之也。照我国今日之中学毕业生，欲插足社会，而谋事业于农、于工、于商三者，大抵以商为最近。此无他，大商业局面广阔，视政界犹不甚远；且投机而获胜，所入亦为数甚巨。然吾敢谓中学所有之智识，用于普通商业，尚可应付；用于大商业，似犹未能措置裕如。况今世界大势所趋，交通机关完备，农、工事业发达，投机者将无所施其技。故商业范围亦当逐渐缩小，专力于农、工两途。农姑弗论，请先言工，如法国之工业协会，其标名为工业而入会者，则教员有之，医士有之。考其立会之本旨，因工界生活程度较低，难免受资本家之压制，于是合群策群力，而组织团体。会员年纳少数会费以后，凡需用何物，均可请会中代办。在协会一方面，仿佛似一种经营商业之代理店，得向各商贩货，假如进货本照定价七折，售与会员，则作八折；将此中所得，大足以开销一切会务用款，故其势力殊足以凌驾全国也。不宁惟是，此次欧战之初，法社会党首领某君，曾在工业协会宣言，主张全欧同盟罢工，以遏止战祸，现虽不成事实，开战至今，几二年有半，然将来要知终无〔有〕达到目的之一日。然则工业之势力，且足以左右世界也。

吾今且复言职业教育矣。注重职业云云，吾并非主张大加改革，不过于普通教育时间内，因地制宜，酌加农、工等科；一方面多设甲、乙种实业学校，使小学、中学毕业者，步步衔接，可以志愿入校。余数日前在杭州参观实业学校，取其教本，就大略翻阅，殊无异普通学教本；且实习时间，每周只十六小时，毋乃太少。法国有名进步学校者，亦可称之为初等职业学校，创办之初，所定课程，仅宗教、国文、算术三种，且仅日曜日授课；不意逐渐发达，现在无论何种职业，均办有此种职业学校。小者易者，如理发，如擦靴，亦莫不各就自己之职业，各设学校以教授；

大者难者，可无论矣。返观我国，工商业之学徒，名为习业，实则不过为其师供使令奔走之役，能无浩叹！在法国，今日此种学校，半日实习，半日授课。然则我国实业学校，每周只实习十六小时，两两比较，相差未免太远矣。但救济亦何难乎？宜打破尊士陋习，教员能共同操作，学生能忍苦耐劳，斯可矣。奈何吾人受毒已深，埋头抱膝，据案以吟，尽人能办；若胼手胝足，入场操作，未有不抱怨以去者。苟不得此种教师，而仅责学生实习时间加多，于情于理，均未有以济。

故救济之［救济］法，宜由公家派遣实业生赴欧留学。查法国此种学校，毕业期限，有三年者，有二年者，月费五十法郎，便可住校。假期中留校工作，既免宿费，又得津贴。果其派遣，则每人每年得三百元已足。至经费一层，偌大之中国，筹数万数千，直一举手之劳耳。不观前清之派遣法政生乎，以有用之金钱，几销耗于无用之地，我殊为之深惜。然则今日定必不吝此小费也。至派遣之本旨，原欲使此辈学生归国后，实地指导，共同操作，故宜预订一种契约，使学成后，须尽义务若干年。此虽为照例之事，然从前派遣师范生，事前未尝不办理周密，而事后则十九设法规避。此无他，实以无责任心所致。既无责任心，从前师范生欲作官吏，而今日工业生亦何尝不欲作官吏；有语以农商部为行政官，与汝所学异，而彼不顾也。设明日有较优于官者，彼又将舍官以他去。此吾所以言第三因，欲筹精神之救济法也。

吾国分士、农、工、商为四民，而士独尊。吾不得不犯众怒，归咎于人人尊崇之孔子。孔子蓄雄心，欲揽政权，故游说各国，推士为独尊，而轻视农、工与商，致门弟子中有农、工、商之才者，亦为所迷，而不知返。孟子继起，更为通功易事之曲说，诋陈仲子，诋许行，复为孔子辨诬，证据几不胜枚举。然古之人，犹能安贫乐道；而今之人，则不知道德为何事。说者谓救济道德，莫如提创宗教。然吾国本有所谓道教、佛教、儒教，其后又有回教，又有耶教。我国人本信教自由，今何必特别提倡一教，而抹杀他教。况宗教为野蛮民族所有，今日科学发达，宗教亦无所施其技，而美术实可代宗教。美术之种类，凡图案、雕刻、建筑、文学、演剧、音乐，皆括之。叔本华氏则注重诗歌，凡尔耐尔氏则注意演剧，别格逊氏则注意时间与音乐。就我国言之，周之礼乐，实为美术之见端。嗣是，如理学家之词章，科举时代之词章书画，皆属美术之一种。今日学校中，虽亦有音乐、图画，然而美感教育，终叹衰退。岂知美感教育，何在非是？外国学校中所用教本，姑举地理言之，书中插图，岂惟地图而已；凡风景名胜，名人墨迹，无不入之。地理如此，其他科亦无不如此。此即普通教育中参用美感也。至实业教育，亦宜与美感教育调和，若农业与自然之美、工业与美术之美，在在注重美育发达、人格完备，而道德亦因之高尚矣。

蔡元培演说词记录稿

在北京通俗教育研究会演说词

（1916 年 12 月 27 日）

鄙人出游列邦日久，于祖国内情，诸多隔阂。此次重履故土，辱承诸君子不弃，敦嘱演说。惟鄙人自顾学识谫陋，有负诸君子厚望，然又不敢自秘。兹将此次游历各国时，于通俗教育上所见所闻，为诸君子缕陈之。

夫通俗教育研究会创立未久，聆诸君报告，各项成绩已属昭然，足征贵会诸君子热心毅力，始克臻此。鄙人良深钦仰。窃以通俗教育在二十世纪中，实为当务之急。尝谓世界各事之进步，其动因皆由于有不平者而欲使之平。总观世界史乘，最初以不平而起潮流者，厥为宗教。彼时教皇之势力，虽君主莫敌。不特此教与彼教争，即一教之中，亦阶级悬殊，争斗蜂起。甚有因仇视异教而施之极刑者。说者谓教祸时代之教规，实较专制君主之刑法为厉，洵不虚也。其结果遂有信教自由之说，以救济其不平。乃宗教之潮流方息，而政治上不平之潮流，即继之而起。盖一国之政治，操之少数人之手，权势偏重，最易生反动力。法兰西之大革命，美利坚之脱离羁束，各起极大之战争，其结果遂有立宪政治之产出，而剂其不平。乃政治之潮流方息，而社会不平之潮流又因之而起。如挽近因贫富之不平，而启劳动家与资本家之纠讼。盖因少数之资本家役使大多数之劳动家，以增殖其产业，而劳动家乃转不免于冻馁，其不平也实甚。于是有社会主义之发现。近日欧美各国，此种主义日益发展。顾欲达到目的，事亦非易。盖贫富阶级，最不易消弭也。近日之富人，亦或赞成此种主义而试行之者，散其资财以与贫农，或画一区域以试验共产主义之实行。乃其结果转与初旨相反。追加以研究，始知彼劳动家之失败，由于未受平等之教育。近时欧西各国，义务教育虽已甚完备，然此制仅施之全国学龄之儿童，且所授者仅为初级之普通知识。若高深之学术，则仍为有力者所垄断。各国贤者，已图力矫此弊。鄙人在德国时，尝见彼邦之大学生徒，每于校外出其所长，教授一般工人以实用知识或外国语言。至法国则有所谓平民大学，为大学教员所组织，专在夜间讲演，无论何人均得入校听讲，不因贫富年龄之故稍有歧异。凡此皆所以济教育之不平，而期于普及。今通俗教育研究会之设，所研究者即此使不平者渐跻于平之义也。顷聆诸君报告，各股成绩，已甚优美。将来转移风化，实惟诸君是赖。惟以鄙见所及，三股虽均属重要，而以讲演之范围为较广，着手亦难。盖讲演者之心理，纯借口讲指画为表示，务须有得于心，尽人皆晓，庶得良好之结果。佛教中之讲演经典，耶教中之传播圣经，均用此法。在昔宋明儒者之讲学亦然。鄙人对于此事，亦未能多有所贡献。惟望诸君尽力以为之而已。

小说于教育上尤有密切之关系，往往有寝馈其中而得获知识者。昔时尚无人注意及此。近自西学输入，移译彼邦小说，日渐繁多，国人始稍稍注意。小说家之名，已见于《汉书·艺文志》。自唐以后，小说渐盛。综观我国小说，强半多涉男女之情。其故由于我国男女之防素严，作小说者，往往多借文字以发泄其怀抱。其他则不外乎鬼怪神仙之谈。如《水浒》《红楼梦》等书，在昔人已有目为诲淫诲盗者。足征论者已认此种小说，为有教育之价值。

著《水浒传》者，实抱有一种革命思想。此种思想，在今日视之，固已为过去之成迹，然在当时，亦可谓有价值之书矣。又如《三国演义》一书，尽人皆知。其中结构，以诸葛孔明为主要之人物，而曹孟德则为其对待者。其于曹孟德，固目为奸雄，然亦极写其智谋材力，为人所莫及。而其写诸葛也，亦适成为一机械变诈之人物，实与其写曹孟德不甚相远。要之此书之写上等人物，实不外乎权术用事，纯恃手段制胜而已。颇有人谓我国近时最著名之某公，其一生行事即取法乎《三国演义》所写之人物，其后卒因以致败。昔人之思想，其不适用于今日之世界也，审矣。又如《石头记》一书，世人多视为言情小说，其实为政治小说。书中述男女交际，皆取放任主义。其后有《儿女英雄传》一书，则专持与《石头记》相反之主义，为旧思想之代表而已。总计中国小说，其著名者大略如此。欧洲各国小说，在文学界中，位置素高。近时则自然派盛行，如法国之弗罗贝尔及淑拉，德国之许特曼等皆是。俄国之托尔斯泰，吾国人多知其名，彼亦即自然派中之一人。且尝著书反对英国之大戏剧家莎士比亚，谓其所著不合自然。所谓自然派者，其所述事实必皆为情理上所可有，而绝不容有虚无缥缈之谈，如我国小说之侈言神仙鬼怪。此亦因近世科学日臻发达，故小说亦因科学之潮流而转移也。就教育家之眼光审谛小说，固必取隐恶扬善之意。惟小说家之笔墨，写君子难而写小人易。试观各国之操新闻事业者，为动阅者之目起见，往往搜集各种新奇之侦探案，将案中细情曲意描摹，载诸报纸之上。为营业起见，计固良得。然阅者之脑筋，日日印入此非法行为，难保不因之而感染。尝闻有人日阅医家之治症告白，久而久之，其人果患与告白相类之病症。以此例彼，其关系于人心也巨矣。世界万事，有阴必有阳，有暗必有明，作小说者讵能违乎此旨？顾西国所谓自然派之小说，笔底虽写黑暗之状，而目光常注光明之点。我国之作者则不然，如近时所传之《官场现形记》等书，其描写黑暗情形，可谓淋漓尽致。然不能觅得其趋向光明之径线，则几何不牵帅读者而使之沈溺于黑暗社会耶！

讲演能转移风气，而听者未必皆有兴会。小说之功，仅能收之于粗通文义之人。故二者所收效果，均不若戏剧之大。戏剧之有关风化，人所共认。盖剧中所装点之各种人物，其语言动作，无一不适合世人思想之程度。故舞台之描摹，最易感人。且我国旧剧中之白口，均为普通语言，听之者绝无隔膜之弊。未受教育之人，因戏剧而受感触者，恒较为锐敏。尝见北京旧日戏园有所谓池座者，大抵为不识字之人所占，而每次采声，必先发自池座。近人主张改良戏剧，莫不致力于新剧之编纂。窃谓新剧初起，其感化社会之力，或尚不及改良之旧剧。盖旧剧之体裁，久已印入人心，而新剧则尚未习惯，又编演者程度幼稚，或不足以动人，故不能与旧剧相抗衡也。就中国往事观之，旧剧感人之魔力，实为至巨。如清季拳匪之祸，肇于刚毅诸人，而此辈之见识，纯由观剧而得。刚毅尝谓人曰："董福祥者，我之黄天霸也。"是即受《施公案》等戏剧之教育者。拳匪之不曰"神仙下界"，即曰"天将来助"，亦即本之于我国戏剧。更有一事与西人相反者，即西人重视悲剧，而我国则竞尚喜剧。如旧剧中述男女之情，大抵其先必受种种挫折，或男子远离女子被难，一旦衣锦荣归，复相团聚，此等情节，千篇一律。例如《续西厢记》之必述张生及第归来，复与莺莺团圆之类。曾不知天下事，有成必有败，岂能尽如人愿而无丝毫之缺憾？即以历史人物而论，颜渊敏而好学，不幸短命。屈原，楚之贤大夫也，而自沉于汨罗。惟其如此，始足使千载下动无穷之凭吊。然我国人绝无演此类事于舞台之上者。盖我国人之思想，事事必求其圆满。专制时代之为皇帝者，已属无上之尊，而贪心犹未已。秦皇、汉武，至欲求长生不死之术，亦其例也。西人之重视戏剧也，有将剧本采入学校中之教科书者，其价值可想。考其戏剧，约有数种。其第一种为歌舞剧，即所谓阿泊拉，为戏剧中之最正式者，所演多为悲剧，此种专重歌舞，而无科白，佐以音乐。又有一种，专用科白者，则与中国近时所演之新剧相类，亦以悲剧为多。其所用语言，皆彼国最正国语。故外国之人在彼国者，多借听剧以练习彼国语言。又有小品歌舞剧，则参用歌舞与科白，而多为喜剧。又有一种杂剧院，以滑稽戏、跳舞及各种杂技相间演之。此西国戏剧之大概也。其演剧时间，大率自晚间八时至十二时。自杂剧院外，所演者大抵为完全之一剧。至若中国旧剧，往往截各种全剧之一节而演之，则甚类西洋之杂剧院也。歌舞剧中之音乐，感人至深，晚近欧洲各国，研究不遗余力，亦时有单纯之音乐会。若以我国之音乐与相比拟，则瞠乎后矣。

关于通俗教育，尚有一轻而易举之法，则电光影戏是也。影戏之成本较轻，而收效至易。近闻英国新流行一种影戏器，尤为省事。盖不必制玻片，即以邮片插入，亦能影出者是也。通行之活动影戏，为迎合观者之心理起见，亦有加入不正当之影片者。德国影戏院中，凡中学校以下生徒，平时不得入览，而于每星期三、六或休假日，特择其较为纯正者演之，始许学生入观。大半为关于科学事理之片，间有滑稽之作，要皆无害于身心者。再如外国模范戏园，国家恒每年酌予巨款以补助之。我国现值财政困难之际，恐一时未克仿行。然如美术馆、博物院、展览会、科学器械陈列所等，均足以增进普通人之智德，而所费亦皆不甚巨。愿希望研究通俗教育者，设法提倡此种有益之举，则获益尤非浅鲜也。以上皆第就个人所见及者，陈说于诸君之前。自愧学识有限，不能多所贡献，惟诸君谅之。

《东方杂志》第14卷第4号（1917年4月15日出版）

就任北京大学校长之演说

(1917 年 1 月 9 日)

五年前，严几道先生为本校校长时，余方服务教育部，开学日曾有所贡献于同校。诸君多自预科毕业而来，想必闻知。士别三日，刮目相见，况时阅数载，诸君较昔当必为长足之进步矣。予今长斯校，请更以三事为诸君告。

一曰抱定宗旨。诸君来此求学，必有一定宗旨，欲求宗旨之正大与否，必先知大学之性质。今人肄业专门学校，学成任事，此固势所必然。而在大学则不然，大学者，研究高深学问者也。外人每指摘本校之腐败，以求学于此者，皆有做官发财思想，故毕业预科者，多入法科，入文科者甚少，入理科者尤少，盖以法科为干禄之终南捷径也。因做官心热，对于教员，则不问其学问之浅深，惟问其官阶之大小。官阶大者，特别欢迎，盖为将来毕业有人提携也。现在我国精于政法者，多入政界，专任教授者甚少，故聘请教员，不得不聘请兼职之人，亦属不得已之举。究之外人指摘之当否，姑不具论，然弭谤莫如自修，人讥我腐败，而我不腐败，问心无愧，于我何损？果欲达其做官发财之目的，则北京不少专门学校，入法科者尽可肄业法律学堂，入商科者亦可投考商业学校，又何必来此大学？所以诸君须抱定宗旨，为求学而来。入法科者，非为做官；入商科者，非为致富。宗旨既定，自趋正轨。诸君肄业于此，或三年，或四年，时间不为不多，苟能爱惜分阴，孜孜求学，则其造诣，容有底止。若徒志在做官发财，宗旨既乖，趋向自异。平时则放荡冶游，考试则熟读讲义，不问学问之有无，惟争分数之多寡；试验既终，书籍束之高阁，毫不过问，敷衍三四年，潦草塞责，文凭到手，即可借此活动于社会，岂非与求学初衷大相背驰乎？光阴虚度，学问毫无，是自误也。且辛亥之役，吾人之所以革命，因清廷官吏之腐败。即在今日，吾人对于当轴多不满意，亦以其道德沦丧。今诸君苟不于此时植其基，勤其学，则将来万一因生计所迫，出而任事，担任讲席，则必贻误学生；置身政界，则必贻误国家。是误人也。误己误人，又岂本心所愿乎？故宗旨不可以不正大。此余所希望于诸君者一也。

二曰砥砺德行。方今风俗日偷，道德沦丧，北京社会，尤为恶劣：败德毁行之事，触目皆是，非根基深固，鲜不为流俗所染。诸君肄业大学，当能束身自爱。然国家之兴替，视风俗之厚薄。流俗如此，前途何堪设想？故必有卓绝之士，以身作则，力矫颓俗。诸君为大学学生，地位甚高，肩此重任，责无旁贷，故诸君不惟思所以感己，更必有以励人。苟德之不修，学之不讲，同乎流俗，合乎污世，己且为人轻侮，更何足以感人？然诸君终日伏首案前，营营攻苦，毫无娱乐之事，必感身体上之苦痛。为诸君计，莫如以正当之娱乐，易不正当之娱乐，庶于道德无亏，而于身体有益。诸君入分科时，曾填写愿书，遵守本校规则，苟中道而违之，岂非与原始之意相反乎？故品行不可以不谨严。此余所希望于诸君者二也。

三曰敬爱师友。教员之教授，职员之任务，皆以图诸君求学便利，诸君能无动于衷乎？自应以诚相待，敬礼有加。至于同学共处一堂，尤应互相亲爱，庶可收切磋之效。不惟开诚布公，更宜道义相勖，盖同处此校，毁誉共之。同学中苟道德有亏，行有不正，为社会所訾詈，己虽规行矩步，亦莫能辩，此所以必互相劝勉也。余在德国，每至店肆购买物品，店主殷勤款待，付价接物，互相称谢，此虽小节，然亦交际所必需，常人如此，况堂堂大学生乎？对于师友之敬爱，此余所希望于诸君者三也。

余到校视事仅数日，校事多未详悉，兹所计划者二事：一曰改良讲义。诸君既研究高深学问，自与中学、高等不同，不惟恃教员讲授，尤赖一己潜修。以后所印讲义，只列纲要，细微末节，以及精旨奥义，或讲师口授，或自行参考，以期学有心得，能裨实用。二曰添购书籍。本校图书馆书籍虽多，新出者甚少，苟不广为购办，必不足供学生之参考。刻拟筹集款项，多购新书，将来典籍满架，自可旁稽博采，无虞缺乏矣。今日所与诸君陈说者只此，以后会晤日长，随时再为商榷可也。

《东方杂志》第14卷第4号（1917年4月15日出版）

在爱国女学校之演说

（1917年1月15日）

本校初办时，在满清季年，含有革命性质。盖当时一般志士，鉴于满清政治之不良，国势日蹙，有如人之罹重病，恐其淹久而至于不可救药，必觅良方以治之，故群起而谋革命。革命者，即治病之方药也。上海之革命团，名中国教育会。革命精神所在，无论其为男为女，均应提倡，而以教育为根本。故女校有爱国女学，男校有爱国学社，以教育会员担任办理之责，此本校名之所由来也。其后几经变迁。男校因“苏报案”而解散，中国教育会亦不数年而同志星散，惟女校存立至今。辛亥革命时，本校学生多有从事于南京之役者，不可谓非教育之成效也。当满清政府未推倒时，自以革命为精神。然于普通之课程，仍力求完备。此犹家人一面为病者求医，一面于日常家事，仍不能不顾也。至民国成立，改革之目的已达，如病已医愈，不再有死亡之忧，则欲副爱国之名称，其精神不在提倡革命，而在养成完全之人格。盖国民而无完全人格，欲国家之隆盛，非但不可得，且有衰亡之虑焉。造成完全人格，使国家隆盛而不衰亡，真所谓爱国矣。完全人格，男女一也。兹特就女子方面讲述之。

夫完全人格，首在体育。体育最要之事为运动。凡吾人身体与精神，均含一种潜势力，随外围之环境而发达。故欲其发达至何地位，即能至何地位。若有障碍而阻其发达，则萎缩矣。旧俗每为女人缠足，不许擅自出门行走，终日幽居，不使运动，久之性质自变为懦弱。光阴日销磨于装饰中，且养成依赖性，凡事非依赖男子不可。苟无男子可依赖，虽小事亦望而生畏。倘不幸地方有争战之事，敌兵尚未至，畏而自尽者比比矣，又安望其抵抗哉？是皆不运动不发达其身体之故，卒养成懦弱性质，以减杀其自卫之能力与胆量也。欧美各国女子，尚不能免此，况乎中国？闻本校有体育专修科，不特各科完备，且于拳术尤为注意，此最足为自卫之具，望诸生努力，切勿间断。即毕业之后，身任体操教员者，固应时时练习，即担任别种事业者，亦当时时练习。盖此等技术，不练则荒，久练益熟，获益非浅鲜也。

次在智育。智育则属精神方面。精神愈用愈发达，吾前已言及矣。盖人之心思细密，方能处事精详。而习练此心思使之细密，则有赖于科学。就其易于证明者言之，如习算学，既可以增知识，又可以使脑力反复运用，入于精细详审一途。研究之功夫既深，则于处事时，亦须将前一事与后一事比较一番，孰优孰劣，了然于胸，而知识亦从比较而日广矣。故精究科学者，必有特别之智慧胜于恒人，亦由其脑筋之灵敏也。

更言德育。德育实为完全人格之本。若无德，则虽体魄智力发达，适足助其为恶，无益也。今先言我国女子之缺点。女子因有依赖男子之性质，不求自立，故心中思虑毫无他途，惟有衣服必求鲜艳，装饰必求美丽。何也？以其无可自恃也。而虚荣心于女子为尤甚，如喜闻家中之人做官，喜与有势力人往还，皆是。故高尚之品行，未可求诸寻常女界中也。今欲养成女子高尚之品行，非使其除依赖性质、有自立性质不可。然自立不可误解，非傲慢自负，轻视他人之谓，乃自己有一定之职业，以自谋生活之谓。夫人果能自谋生活，不仰食于人，则亦无暇装饰，无取虚荣矣。尚有一端，女子之处家庭者，大凡姑媳妯娌间，总是不和，甚至诟谇。其故何在？盖旧时习惯，女子死守家庭，不出门一步，不知社会情状，更不知世界情状，所通声息者，家中姑媳妯娌间而已。耳目心思之范围，既限于极小之家庭，自然只知琐细之事。而所争者，亦只此琐细之事。若是而望女子之品行日就高尚，难乎其难！盖其所处之势使然也。虽然，女子之缺点固多，而优点亦不少。今举其一端，如慈善事业，恻隐之心，女子胜于男子。不过昔时专在布施，反足养成他人懒惰之习。今则当推广爱人以德、与人为善之道。凡有善举，宜使受之者亦出其劳力有益于社会，则其仁慈之心，为尤恳挚矣。女子讲自由，在脱除无理之束缚而已。若必侈大无忌，在在为无理之自由，则为反对女学者所借口，为父兄者必不喜送女子入学。盖不信女学为培养女德之所，而谓女学乃损坏女德之地，非女学之幸也。

又今日女子入学读书后，对于家政，往往不能操劳，亦为所诟病。必也入学后，家庭间之旧习惯，有益于女德者保持勿失，而益以学校中之新知识，则治理家庭各事，必较诸未受过教育者，觉井井有条。譬如裁缝，旧时只知凭尺寸剪裁而已，若加以算学知识，则必益能精。如烹饪，旧时亦只知其当然，若加以化学知识，则必合乎卫生。其他各事，莫不皆然。倘女学生能如此，则为父兄者有不乐其女若妹之入学者乎？夫女子入校求学，固非脱离家庭间固有之天职也。求其实用，固可相辅而行者也。美国有师范学校，教授各科，俱用实习，不用书籍。假如授裁缝时，为之讲解自上古至现在衣服之变更，有野蛮时代之衣服与文明时代之衣服，是即历史科也。为之讲解衣服之原料，如丝之产地、棉之产地等，则地理科也。衣服之裁剪，有算法焉。其染色之颜料，有理化之法则焉，是即数学理化科也。推之烹饪等科，亦复如是，寓学问于操作中。可见女学固养成女子完全之人格，非使女子入学后，即放弃其固有之天职也。即如体操科中之种种运动，近亦有人主张徒事运动而无生产为不经济，有欲以工作代之者，庶不消耗金钱与体力，使归实用。此法以后必当盛行。益可见徒知读书，放弃家事，为不合于理矣。

《东方杂志》第14卷第1号（1917年1月出版）

复吴敬恒函

（1917年1月18日）

稚晖先生惠鉴：

别后连得两书，承荐诸人，当缓缓设法。

兹有启者，弟前以北京大学问题，商于先生，先生谓中国事，云不可办，则几无一事可办；云可办，则其实亦无不可办云云。弟到京后，与静生、步洲①等讨论数次，觉北京大学虽声名狼藉，然改良之策，亦未尝不可一试，故允为担任，业于一月四日到校，九日开学。虽一切维持现状，然改良之计划，亦拟次第著手。

大约大学之所以不满人意者，一在学课之凌杂，二在风纪之败坏。救第一弊，在延聘纯粹之学问家，一面教授，一面与学生共同研究，以改造大学为纯粹研究学问之机关。救第二弊，在延聘学生之模范人物，以整饬学风。适前任学监主任张君坚欲辞职，意欲请先生，惠然肯来，屈就此职。校中本有言语学概论一科，每周三时，无人担任，并欲请先生主讲，兼可于国音统一之议同

① 静生：范源濂的别号。步洲：沈步洲，当时任教育部专门教育司司长。

时研究，渐组织一言语学研究所（文科本有言语学一门），傥亦先生所许可与闻。春间先生本有来京之说，如所请果荷惠允，敬请示以行期，无任企祷。

专此，敬请

道安

弟元培谨启　一月十八日

影印手迹，孙常炜编《蔡元培先生全集》“遗墨”

（台北“商务印书馆”1968年出版）

在清华学校高等科演说词

（1917 年 3 月 29 日）

两种感想

鄙人今日参观贵校，有两种感想：一为爱国心，一为人道主义。溯贵校之成立，远源于庚子之祸变。吾人对于往时国际交涉之失败，人民排外之蠢动，不禁愧耻，而油然生爱国之心，一也。美国以正义为天下倡，特别退还赔款，为教育人才之用，吾人因感其诚而益信人道主义之终可实现，二也。此二感想，同时涌现于吾心中。夫国家主义与人道主义，初若不相容者，如国家自卫，则不能不有常设之军队。而社会之事业，若交通，若商业，本以致人生之乐利。乃因国界之分，遂反生种种障碍、种种垄断。且以图谋国家生存、国力发展之故，往往不恤以人道为牺牲。欧洲战争，是其著例。吾人对现在国家之组织，断不能云满意，于是学者倡无政府主义，欲破坏政府之组织，以个人为单位，以人道为指归。国家主义与世界主义之不相容，盖如此矣。而何以在贵校所得之二感想，同时盘旋于吾心中？岂非以今日为两主义过渡之时代，吾人固同具此爱国心与人道观念欤？国家主义与世界主义之过渡，求之事实而可征。今日世界慈善事业，若红十字会等组织，已全泯国界。各国工会之集合，亦以人类为一体。至思想学术，则世界所公，本无国别。凡此皆日趋大同之明证。将来理想之世界，不难推测而知矣。盖道德本有三级：（一）自他两利；（二）虽不利己而不可不利他；（三）绝对利他，虽损己亦所不恤。人与人之道德，有主张绝对利他，而今之国际道德，止于自他两利，故吾人不能不同时抱爱国心与人道主义。惟其为两主义过渡之时代，不能不调剂之，使不相冲突也。

对清华学生之希望

吾人之教育，亦为适应此时代之预备。清华学生，皆欲求高深之学问于国外，对于此将来之学者，尤不能无特别之希望，故更贡数言如下。

一曰发达个性

分工之理，在以己之所长，补人之所短，而人之所长，亦还以补我之所短。故人类分子，决不当尽归于同化，而贵在各能发达其特性。吾国学生游学他国者，不患其科学程度之不若人，患其模仿太过而消亡其特性。所谓特性，即地理、历史、家庭、社会所影响于人之性质者是也。学者言进化最高级为各具我性，次则各具个性，能保我性，则所得于外国之思想、言论、学术吸收而消化之，尽为“我”之一部，而不为其所同化。否则留德者为国内增加几辈德人，留法者、留英者，为国内增加几辈英人、法人。夫世界上能增加此几辈有学问、有德行之德人、英人、法人，宁不甚善？无如失其我性为可惜也。往者学生出外，深受刺激，其有毅力者，或缘之而益自发愤；其志行稍薄弱者，即弃捐其“我”而同化于外人。所望后之留学者，必须以“我”食而化之，而毋为彼所同化。学业修毕，更遍游数邦，以尽吸收其优点，且发达我特性也。

二曰信仰自由

吾人赴外国后，见其人不但学术政事优于我，即品行风俗亦优于我，求其故而不得，则曰是宗教为之。反观国内，黑暗腐败，不可救疗，则曰是无信仰为之。于是或信从基督教，或以中国不可无宗教，而又不愿自附于耶教，因欲崇孔子为教主，皆不明因果之言也。彼俗化之美，仍由于教育普及、科学发达、法律完备。人人于因果律知之甚明，何者行之而有利，何者行之而有害，辨别之甚析，故多数人率循正轨耳，于宗教何与？至于社会上一部分之黑暗，何国蔑有，不可以观察未周而为悬断也。质言之，道德与宗教，渺不相涉。故行为不能极端自由，而信仰不可不自由。行为之标准，根于习惯；习惯之中，往往有并无善恶是非之可言而社交上不能不率循之者。苟无必不可循之理由，而故与违反，则将受多数人无谓之嫌忌，而我固有之目的，将因之而不得达。故入境问禁，入国问俗，不能不有所迁就。此行为之不能极端自由也。若夫信仰则属之吾心，与他人毫无影响，初无迁就之必要。昔之宗教，本初民神话创造万物、末日审判诸说，不合科学，在今日信者盖寡。而所谓与科学不相冲突之信仰，则不过玄学问题之一假定答语。不得此答语，则此问题终梗于吾心而不快。吾又穷思冥索而不得，则且于宗教哲学之中，择吾所最契合之答语，以相慰藉焉。孔之答语可也，耶之答语可也，其他无量数之宗教家、哲学家之答语亦可也。信仰之为用如此。既为聊相慰藉之一假定答语，吾以取其与我最契合者，则吾之抉择有完全之自由，且亦不能限于现在少数之宗教。故曰信仰期于自由也。明乎此，则可以勿眩于习闻之宗教说矣。

三曰服役社会

美洲有取缔华工之法律，虽由工价贱，而美工人不能与之竞争，致遭摈斥，亦由我国工人知识太低，行为太劣，而有以自取其咎。唐人街之腐败，久为世所诟病。留学生对于此不幸之同胞，有补救匡正之天职。欧洲留学界已有行之者，如巴黎之俭学会，对于法国招募华工，力持工价与法人平等及工人应受教育之议。俭学会并设一华工学校，授工人以简易国文、算术及法语，又刊《华工杂志》，用白话撰述，别附中法文对照之名词短语，以牖华工之知识。英国留学生亦有同样之事业，其所出杂志，定名《工读》。是皆于求学之暇，为同胞谋幸福者也。美洲华工，其需此种扶助尤急，而商人巨贾，不暇过问，惟待将来之学者急起图之耳。贵校平日对于社会服役，提倡实行，不遗余力，如校役夜课及通俗演讲等，均他校所未尝有。窃望常抱此主义，异日到美后，推行于彼处之华工，则造福宏矣。

北京大学新潮社编印《蔡孑民先生言行录》（1920年出版）

以美育代宗教说

——在北京神州学会演说词

(1917年4月8日)

兄弟于学问界未曾为系统的研究，在学会中本无可以表示之意见。惟既承学会诸君子责以讲演，则以无可如何中，择一于我国有研究价值之问题为到会诸君一言，即以美育代宗教之说是也。

夫宗教之为物，在彼欧西各国已为过去问题。盖宗教之内容，现皆经学者以科学的研究解决之矣。吾人游历欧洲，虽见教堂棋布，一般人民亦多入堂礼拜，此则一种历史上之习惯。譬如前清时代之袍褂，在民国本不适用，然因其存积甚多，毁之可惜，则定为乙种礼服而沿用之，未尝不可。又如祝寿、会葬之仪，在学理上了无价值，然戚友中既以请帖、讣闻相招，势不能不循例参加，借通情愫。欧人之沿习宗教仪式，亦犹是耳。所可怪者，我中国既无欧人此种特别之习惯，乃以彼邦过去之事实作为新知，竟有多人提出讨论。此则由于留学外国之学生，见彼国社会之进化，而误听教士之言，一切归功于宗教，遂欲以基督教劝导国人。而一部分之沿习旧思想者，则承前说而稍变之，以孔子为我国之基督，遂欲组织孔教，奔走呼号，视为今日重要问题。

自兄弟观之，宗教之原始，不外因吾人精神之作用而构成。吾人精神上之作用，普通分为三种：一曰知识，二曰意志，三曰感情。最早之宗教，常兼此三作用而有之。盖以吾人当未开化时代，脑力简单，视吾人一身与世界万物，均为一种不可思议之事。生自何来？死将何往？创造之者何人？管理之者何术？凡此种种，皆当时之人所提出之问题，以求解答者也。于是有宗教家勉强解答之。如基督教推本于上帝，印度旧教则归之梵天，我国神话则归之盘古。其他各种现象，亦皆以神道为惟一之理由。此知识作用之附丽于宗教者也。且吾人生而有生存之欲望，由此欲望而发生一种利己之心。其初以为非损人不能利己，故恃强凌弱，掠夺攫取之事，所在多有。其后经验稍多，知利人之不可少，于是有宗教家提倡利他主义。此意志作用之附丽于宗教者也。又如跳舞、唱歌，虽野蛮人亦皆乐此不疲。而对于居室、雕刻、图画等事，虽石器时代之遗迹，皆足以考见其爱美之思想。此皆人情之常，而宗教家利用之以为诱人信仰之方法。于是未开化人之美术，无一不与宗教相关联。此又情感作用之附丽于宗教者也。天演之例，由浑而画，当时精神作用至为浑沌，遂结合而为宗教。又并无他种学术与之对，故宗教在社会上遂具有特别之势力焉。

迨后社会文化日渐进步，科学发达，学者遂举古人所谓不可思议者，皆一一解释之以科学。日星之现象，地球之缘起，动植物之分布，人种之差别，皆得以理化、博物、人种、古物诸科学证明之。而宗教家所谓吾人为上帝所创造者，从生物进化论观之，吾人最初之始祖实为一种极小之动物，后始日渐进化为人耳。此知识作用离宗教而独立之证也。宗教家对于人群之规则，以为神之所定，可以永远不变。然希腊诡辩家，因巡游各地之故，知各民族之所谓道德，往往互相抵触，已怀疑于一成不变之原则。近世学者据生理学、心理学、社会学之公例，以应用于伦理，则知具体之道德不能不随时随地而变迁。而道德之原理则可由种种不同之具体者而归纳以得之。而宗教家之演绎法，全不适用。此意志作用离宗教而独立之证也。

知识、意志两作用，既皆脱离宗教以外，于是宗教所最有密切关系者，惟有情感作用，即所谓美感。凡宗教之建筑，多择山水最胜之处，吾国人所谓天下名山僧占多，即其例也。其间恒有古木名花，传播于诗人之笔，是皆利用自然之美以感人者。其建筑也，恒有峻秀之塔，崇闳幽邃之殿堂，饰以精致之造象，瑰丽之壁画，构成黯淡之光线，佐以微妙之音乐。赞美者必有著名之歌词，演说者必有雄辩之素养，凡此种种，皆为美术作用，故能引人入胜。苟举以上种种设施而屏弃之，恐无能为役矣。然而美术之进化史，实亦有脱离宗教之趋势。例如吾国南北朝著名之建筑，则伽蓝耳。其雕刻，则造像耳。图画，则佛像及地狱变相之属为多。文学之一部分，亦与佛教为缘。而唐以后诗文，遂多以风景人情世事为对象。宋元以后之图画，多写山水花鸟等自然之美。周以前之鼎彝，皆用诸祭祀。汉唐之吉金，宋元以来之名瓷，则专供把玩。野蛮时代之跳舞，专以娱神，而今则以之自娱。欧洲中古时代留遗之建筑，其最著者率为教堂。其雕刻图画之资料，多取诸新旧约。其音乐，则附丽于赞美歌。其演剧，亦排演耶稣故事，与我国旧剧《目莲救母》相类。及文艺复兴以后，各种美术渐离宗教而尚人文。至于今日，宏丽之建筑多为学校、剧院、博物院。而新设之教堂，有美学上价值者，几无可指数。其他美术，亦多取资于自然现象及社会状态。于是以美育论，已有与宗教分合之两派。以此两派相较，美育之附丽于宗教者，常受宗教之累，失其陶养之作用，而转以激刺感情。盖无论何等宗教，无不有扩张己教、攻击异教之条件。回教之谟罕默德，左手持《可兰经》，而右手持剑，不从其教者杀之。基督教与回教冲突，而有十字军之战，几及百年。基督教中又有新旧教之战，亦亘数十年之久。至佛教之圆通，非他教所能及。而学佛者苟有拘牵教义之成见，则崇拜舍利受持经忏之陋习，虽通人亦肯为之。甚至为护法起见，不惜于共和时代，附和帝制。宗教之为累，一至于此。皆激刺感情之作用为之也。

鉴激刺感情之弊，而专尚陶养感情之术，则莫如舍宗教而易以纯粹之美育。纯粹之美育，所以陶养吾人之感情，使有高尚纯洁之习惯，而使人我之见、利己损人之思念，以渐消沮者也。盖以美为普遍性，决无人我差别之见能参入其中。食物之入我口者，不能兼果他人之腹，衣服之在我身者，不能兼供他人之温，以其非普遍性也。美则不然。即如北京左近之西山，我游之，人亦游之；我无损于人，人亦无损于我也。隔千里兮共明月，我与人均不得而私之。中央公园之花石，农事试验场之水木，人人得而赏之。埃及之金字塔，希腊之神祠，罗马之剧场，瞻望赏叹者若干人，且历若干年，而价值如故。各国之博物院，无不公开者，即私人收藏之珍品，亦时供同志之赏览。各地方之音乐会、演剧场，均以容多数人为快。所谓独乐乐不如与人乐乐，与寡乐乐不如与众乐乐，以齐宣王之惛，尚能承认之。美之为普遍性可知矣。且美之批评，虽间亦因人而异，然不曰是于我为美，而曰是为美，是亦以普遍性为标准之一证也。

美以普遍性之故，不复有人我之关系，遂亦不能有利害之关系。马牛，人之所利用者，而戴嵩所画之牛、韩干所画之马，决无对之而作服乘之想者。狮虎，人之所畏也，而卢沟桥之石狮、神虎桥之石虎，决无对之而生搏噬之恐者。植物之花，所以成实也，而吾人赏花，决非作果实可食之想。善歌之鸟，恒非食品。灿烂之蛇，多含毒液。而以审美之观念对之，其价值自若。美色，人之所好也，对希腊之裸像，决不敢作龙阳之想。对拉飞尔若鲁滨司之裸体画，决不致有周昉秘戏图之想。盖美之超绝实际也如是。且于普通之美以外，就特别之美而观察之，则其义益显。例如崇闳之美，有至大至刚两种。至大者如吾人在大海中，惟见天水相连、茫无涯涘。又如夜中仰数恒星，知一星为一世界，而不能得其止境，顿觉吾身之小虽微尘不足以喻，而不知何者为所有。其至刚者，如疾风震霆，覆舟倾屋，洪水横流，火山喷薄，虽拔山盖世之气力，亦无所施，而不知何者为好胜。夫所谓大也、刚也，皆对待之名也。今既自以为无大之可言，无刚之可恃，则且忽然超出乎对待之境，而与前所谓至大至刚者肸合而为一体，其愉快遂无限量。当斯时也，又岂尚有利害得丧之见能参入其间耶！其他美育中如悲剧之美，以其能破除吾人贪恋幸福之思想。《小雅》之怨悱，屈子之离忧，均能特别感人。《西厢记》若终于崔张团圆，则平淡无奇，惟如原本之终于草桥一梦，始足发人深省。《石头记》若如《红楼后梦》等，必使宝黛成婚，则此书可以不作。原本之所以动人者，正以宝黛之结果一死一亡，与吾人之所谓幸福全然相反也。又如滑稽之美，以不与事实相应为条件。如人物之状态，各部分互有比例。而滑稽画中之人物，则故使一部分特别长大或特别短小。作诗则故为不谐之声调，用字则取资于同音异义者。方朔割肉以遗细君，不自责而反自夸。优旃谏漆城，不言其无益，而反谓漆城荡荡，寇来不得上。皆与实际不相容，故令人失笑耳。要之美学之中，其大别为都丽之美、崇闳之美（日本人译言优美、壮美）。而附丽于崇闳之悲剧，附丽于都丽之滑稽，皆足以破人我之见，去利害得失之计较，则其所以陶养性灵，使之日进于高尚者，固已足矣。又何取乎侈言阴骘、攻击异派之宗教，以激刺人心，而使之渐丧其纯粹之美感为耶。

《新青年》第3卷第6号（1917年8月出版）

留法俭学会缘起及会约

（1917年4月15日）

甲 缘 起

改良社会，首在教育。欲输科学智识于东亚，必以留学泰西为要图。惟西国学费，宿称耗大，其事至难普及。曾经同志筹商，拟兴苦学之风，广辟留欧学界，俾青年子女，得吸收新世界之文明，而进益于社会，岂浅鲜哉。况民生困迫，实业需材，故欲造就青年济世之学子，尤以民智先进之国为宜。兹由同志组织留法俭学会，以警平民之自觉，而助俭学之实行也。愿东亚父老，幸时教之。

乙 会 约

一、宗旨　以节俭费用，推广留学，而尚劳动朴素，养成勤洁之性质。

二、定名　本会名为留法俭学会。

三、资格　无论男女自往留学，或尽义务于本会者，均得为本会会员。赴法年龄，在十四岁以上，能自了其事者为合格。

若有父兄携同赴法者，则不限年岁。入会者需填入会券，与保证人签名。

四、义务　本会无会长等名目，由同志推定数人，分任义务。

五、会费　入会费一元。会中应用款项，有不足之处，均由同志筹集。

六、办法　每年赴法两次。关于旅装食宿之事，应有妥人照料。并于未起行之先，由本会通告各该员家属，预筹一切，及抵法国，亦由同志介绍各员关于入学事宜。

七、旅途　由西伯利亚火车赴法，行期十八日，旅费二百余元。由海道赴法，行期三十余日，旅费三百余元。

八、食宿　路中食宿，由妥送人指定地点，归各人自己支配。

九、学额　每次赴法人员，至少以二十人为限。

十、学费　每年一切食宿学费等，共计约六百元或七百元，理装一百元，旅费二百余元。中学预备科膳宿修金，每月约四十元。农工实习学校膳宿修金，每年约三百元。各专科实业膳宿修金，每月约五十余元。自由大学（如社会学校、博物学院等），校外膳宿，并无修金，共计每年约六七百元，足供支配矣。

十一、学期　起初三年，学习普通语文及浅近科学。欲求深造，则年限愈多。

第四年　可入农工实业学校，二年或三年毕业。

第五年　可入巴黎大学及农工学校。

第六年　同上，惟后一年再入专一科或入场实习。

第七年　可学习戏曲、美术等。

第八年　可学医学、美术等。

十二、诫约　不狎妓，不赌博，不吸烟，不饮酒，不为一切伤生耗财之事。如有学员犯以上诫约，再劝不可，即由本会同志通告该员家属处理。

十三、成绩　养成勤俭纯洁并有智识技艺之学子。至于入学后料理及文凭考验等事，皆与本会无关。

十四、地址　本会设在北京顺治门外储库营民国大学。

发起人：吴敬恒　蔡元培　张　继　李煜瀛　马景融　蔡公时
华　林　刘景新　时明荇　白玉璘　罗世勋　江季子
夏　雷　刘　厚　蔡无忌　法　露

《东方杂志》第14卷第4号（1917年4月15日出版）

复外交总长函

（1917 年 5 月 9 日）

径启者：

来件均敬悉。今年经教育部及各直辖专门学校讨论多次，议决将现行学制更改，以后北京大学只办文、理两科，其余各科，均取收缩主义。又预科减少年限，于暑假后并入本科。学制更改，教员人数自然减少。

又照克德来合同第九条，本可随时辞退，给以三个月薪水。欲辞退时，并可不必事前预先通知，本年三月二十八日即已函告克教员，已属特别优待。来函所述满给三年薪费之要求，逾越合同范围，本校当然拒绝，认为无谈判之余地。燕瑞博本系代伊文斯，于民国四年九月到校，并无合同，伊教员合同，今年八月三十一日期满。纽伦合同，亦于今年三月三十日期满。此事，本校全照合同办理，绝无含混不清之处。辞退理由，本可无庸声明。今承垂询，故特将更改学制始末情形，为贵总长陈之。

总之，此次各外国教员之辞退，与其个人之资格及性质，绝无关系。英文《北京日报》① 所载各语，虽未指斥何人，本校日前亦已去函更正。报中原文，本无教员姓名，本校请其更正之函，因亦未便登载教员姓名。报纸有闻必录，其所登载，本校何能负责？至疑及本校有人主使，则更不成问题。反对英人之语，亦可不辩，因本校尚有英国教员，今年合同已满，而仍继续教授功课者。此外，尚有新聘之英国教员。且今年所辞退之外国教员，尚有数人，亦非尽是英人也。

英使署若再质问，望贵总长代达上列种种情形，实为公便。

顺颂

日祉

蔡元培启　六年五月九日

蔡元培书信抄留底稿

① 英文名称为 *The Peking Daily News*。

复教育部函

（1917 年 5 月 14 日）

径启者：

奉贵部来函称“本月九日，准英朱使①来照……并见复可也”等因，并中西文抄本克德来、燕瑞博两教员呈各一件，均已读悉。

案本校对于辞退该两教员之理由，曾历次函复贵部在案。今该教员犹复多方要求，并具呈控告。谨再申明各要点如左：

（一）本校辞退克教员，系按照合同第九条办理，毫无不合。

（二）《北京日报》之论文，该报自负责任，不能谓出于本校之主使调唆。

（三）本校五月九日之通信，乃说明辞退中、外各教员之故，由于本校改组，并无对于具呈人之谤言。以是本校虽承贵部谆谆以和平解决相劝，而苦于别无办法。若该教员必欲赴诉，则听其自由而已。

惟据贵部抄示英朱使照，有“请将开审日期及地点，先期示知，便可按照约章所载之办法，派英员前往观审”云云，地点究

① 英朱使：当时英国驻华公使朱尔典。

在何处，约章原文如何，尚祈示知为荷。

又贵部来函称：英朱使来照，有“蔡君情愿以本人为被告”一语，殊与当日面谈之语有异，录奉英文笔记一节。请鉴。

此复，并颂

公绥

蔡〇〇谨启　五月十四日

蔡元培手稿

附：克德来、燕瑞博控诉北京大学及蔡校长呈

具呈克德来、燕瑞博为控诉北京大学校及校长蔡源〔元〕培事：

一、具呈人均系英国人民。

二、具呈人至民国六年三月二十八日，尚在北京大学校按照聘请合同任事。

三、具呈人于民国六年三月二十八日均各接有该校校长之函，知会于本年六月之后，无须在校任事。

四、六年五月一日，北京英文日报登载评论，其内有关于具呈人公共及个人之谤言，且此评论登诸报端，系由该学校及校长蔡君等主使调唆。

五、民国六年五月九日，北京英文日报又登有来函，内载具呈人公共及个人之谤言，且此评论登诸报端，系由该学校及校长蔡君等主使调唆。

六、查以上四、五两段所提之谤言，均谓具呈人在于教职上实有不堪胜任之处。且此项谤言，或单独观之，或与第三段内所称之节合而观之，必使具呈人之职业大受损害。是以均向北京大学校及蔡君索讨一年薪水如下：

克德来索讨银币五千四百元；

燕瑞博索讨银币五千二百元。

七、再者，第三段所提辞退克德来之知会，实与第二段所提克德来与大学校订立之合同有违。故克德来除第六段内所要求者外，更向北京大学校及蔡君索偿银币九千四百五十元之款，作为由六年十月一日至八年六月三十日合同未满时之薪水。

克德来

燕瑞博（代表签字人克德来）

克德来、燕瑞博控诉呈的中文抄件

附：蔡校长与英国公使谈话的“英文笔记”一节

以下是英国公使提出的，如果大学被克德来控告，校长是否出庭的问题：

“阁下愿意作为证人出庭吗?”

校长答复：“如果按照法律，需要我作证，我也许会出庭。”

蔡校长与英国公使谈话的“英文笔记”原件

（高以天译）

在南开学校全校欢迎会上演说词*

（1917年5月23日）

月之二十三日，校中自治励学、敬业乐群、演说三会开联合讲演会。特烦姜先生更生往京，敦请蔡孑民、李石曾、吴玉章三先生来会主讲。诸先生不嫌烦琐，慨然贲临。同时，校中特开欢迎大会于礼堂，并丐蔡先生演说，蒙先生首肯，遂于演讲之先，复为全校赐训词焉。记者不揣谫陋，随笔录之，归而略修其辞，宣诸报端，以审同好，谅亦阅者所许也。

余自归国以来，居京瞬将一稔。虽经贵校数约来津，只以事冗，未获践诺，深以为恨。兹者承贵校励学、敬业、演说三会约邀，来与诸君为学术上之讨论，并可请益于诸君，是诚可欣喜者。既来兹，复蒙贵校董严先生、校长张先生殷殷招待，开会欢迎，得与全校诸君共话，感激实甚。

贵校为国中知名之学校，鄙人闻名久矣，深以未得参观为憾。今兹之来，未得有所预备，姑取各学校普通注重之德、智、体三

* 原题为《蔡孑民先生演说词》。上面的标题为编订者所加。

育，为诸君言之。三育之重，各国学校殆莫不皆然，在国中则有名无实者犹居多数，此实大可商榷者也。

今请首言体育。古之所谓勇夫、侠士，君子称之，此即体育之发端。逮汉，人民犹有佩剑之遗风，久之，则此俗渐失，人人习于颓靡，身体柔弱，腰弓背屈。群以为知识发达，道德增加，便足为毕人生事，于是，囚首垢面者，反目为是，雄躯壮干者，鄙为不足道。殊不知有健全之身体，始有健全之精神；若身体柔弱，则思想精神何由发达？或曰，非困苦其身体，则精神不能自由。然所谓困苦者，乃锻炼之谓，非使之柔弱以自苦也。今之学校中，盖咸知注视体育者，但国人之惰性甚深，致学生仍不得充量以提倡。贵校连捷华北，体育已臻佳境。东亚虽败，然断不可视为败兴之举。以体育之提倡，贵乎全体四万万人中。设尽四万人体育发达，余者仍颓唐故我，则全国体育依然列于软弱之类。矧东亚与赛诸君，尽属之学校，其数不过有数十人，即胜亦不得便以为荣；故此次之败，乃锡我良机，俾体育发达者不以是自满，且因之愈倡练习之风。而贵校体育号称发达者，大望始终勿怠，为国人倡焉。

次言智育。学校中之智育，多不外乎教科书。顷闻贵校教科书大都以英文充用，此法甚善。盖贵校非他校比，贵校学生大多数为将来升学研究之人，而他种学校尚多急于生活之学生。昔黄韧之①先生主张职业教育，即本此故。原中国今日之学生，受国家之影响，家庭之阻挠，所志多不能遂，转而入于谋生自活之途，此职业教育所以急待注意者也。若诸君者，则升学乃唯一之方针，固无须谋及职业矣。但升学亦有二种方向：一即倾向于研究，一即得有普通专门学术。二者乃此后升学必由之径，愿诸君审察之。教授假诸外人，此乃借径熟习外国语言，以备研究各种科学。英

---

① 黄韧之：黄炎培，字任之、韧之。

文科学高于他国，固无论矣；若德若法，要亦可资溢助。吾国学规，有英、德文之须习，而各国亦以多习他国语言为则。若贵校既习英文，复新增德文。此后吾甚盼法文、义大利文亦靡不增加。盖学校范围小者，其力不充，不得不因陋就简。至贵校则数达千人，前程方兴未艾，扩而大之，固甚易易也。

论德育，在国中甚属难言。旧日道德，隐然有一种魔力，法规所定，无论当否，无丝毫违抗改变余地。国之君主，家之家长，私塾之师，其令之严，被动者惟有服从，无所谓自由其思想，使居于判断是非之地。此种思想之钳制，积数千年，至今日学校校长犹存此风。其是也，全校是之；非也，全校非之。于是，校风播荡，国风斯成，国中思想之不自由，较之各国思想发达者，有霄壤之别矣。然贵校于斯，殊异于众。贵校董严先生于旧道德素称高贵，而校长张先生又属基督徒；但二先生决不因己之信仰强诸君以为从。校中各会会章不一，入者纯属自由择选，无丝毫信仰之束缚。此种自由足为未来之道德开一新径。吾甚愿诸君守此勿变，以养成此种优美之习惯焉。

（周恩来笔录）

南开学校《校风》第67期（1917年5月30日出版）

在南开学校敬业励学演说三会联合讲演会上演说词*

（1917年5月23日）

民国六年五月二十三日，校中自治励学、演说两会暨本会开联合讲演会，特烦姜先生般若往京，敦请蔡孑民、李石曾、吴玉章三先生主讲。诸先生不嫌烦琐，慨然贲临。蔡先生取思想自由为题，名言谠论，娓娓动人。记者于六年前，即获读先生著作，今日始得一瞻风采。私幸之余，用是不揣谫陋，随笔录之，归而略修其辞，宣吾报端，以谏同好。至李先生演说，以其属于留法俭学会，业由梦僧君笔录，载入“谈话”栏。而吴先生则以时间匆促，未得演讲，此又记者深为怅怅者也。

兄弟今日承姜先生之介绍，得与诸君相晤，谈话一堂，甚幸甚幸。惟兄弟虽蒙诸君之约，冀有所贡献，然以校事羁身，急待归去；且欲一听李先生之演说，故遂不得作长谈，仅择其精者简

* 原题为《蔡孑民先生讲演录》（思想自由）。上面的标题为编订者所加。

略言之，愿诸君一垂听焉。

讲题之采取，系属于感想而得。顷与全校诸君言道德之精神在于思想自由，即足为是题之引。（先生于三会联合演讲之先，复由全校欢迎大会，并丐先生演说，蒙先生首肯，乃以德、智、体三育为同学谈〔讲〕演，词已载入《校风》报。兹以不忍割爱，故复移录之于是篇后，以公同好焉。）①

当兄弟未至贵校之先，每以贵校与约翰、清华、东吴诸大学相联想。今亲诣参观，略悉内情，始知大谬。盖贵校固一纯粹里〔思〕想自由之学校。继以各会宗旨，谅大都一至〔致〕为〔无〕疑。乃闻之姜先生，复知各会宗旨各异，万象包罗，任人选择。若青年会属于宗教的，而敬业乐群会则以研究学术号召，励学会亦复以演说讲演为重。此外各专门学校〔会〕亦各精一术，毫不相妨。此诚可为诸君庆，而兄弟遂亦感而言此矣。

人生在世，身体极不自由。以贵校体育论，跃高掷重，成绩照〔昭〕然。（本岁远东运动会，本校同学以跃高、掷重列名，故先生言如此。）然而练习之始，其难殆百倍于成功之日。航空者置身太空，自由极矣，乃卒不能脱巨风之险。习语言者，精一忘百，即使能通数地或数国方言，然穷涉山川，终遇隔膜之所。是知法律之绳人，亦犹是也。然法律不自由中，仍有自由可寻。自由者何？即思想是也。但思想之自由，亦自有界说。彼倡天地新学说者，必以地圆为谬，而倡其地平日动之理。其思想诚属自由，然数百年所发明刊定不移之理，讵能一笔抹杀！且地圆之证据昭著，既不能悉于〔以〕推翻，修取一二无足轻重之事，为地平证，则其学说不能成立也〔宜〕宜〔也〕。又如行星之轨道，为有定所，精天文者，久已考明。乃幻想者流，必数执已定之理，屏为不足道，别创其新奇之论。究其实，卒与倡天地新学说者将同归失败。

① 括号内为周恩来所加说明，下同。

此种思想，可谓极不自由。盖正〔真〕理既已公认不刊，而驳之者犹复持闭关主义，则其立论终不得为世人赞同，必矣。

舍此类之外，有所谓最自由者，科学不能禁，五官不能干，物质不能范，人之寿命，长者百数十年，促者十数年，而此物之存在，则卒不因是而间断。近如德人之取尸炸油，毁人生之物质殆尽，然其人之能存此自由者，断不因是而毁灭。在昔有倡灵魂论，宗教家主之，究之仍属空洞。分思想于极简单，分皮毛于极细小，仍亦归之物质，而物质之作用，是否属之精神，尚不可知。但精神些微之差，其竟足误千里。故精神作用，现人尚不敢曰之为属于物质，或曰物质属之于精神。且精神、物质之作用，是否两者具备，相辅而行？或各自为用，毫不相属？均在不可知之数。如摄影一事，其存者果为精神？抑为物质、精神两者均系之？或两者外别有作用？此实不敢武断。

论物质，有原子，原子分之又有电子。究竟原子、电子何属？吾人之思想试验，殊莫知其奥。论精神，其作用之最微者又何而属？吾人更不得知。而空中有所谓真空各个以太，实则其地位何若，态度何似，更属茫然。度量衡之短而小者，吾人可以意定，殆分之极细，长之极大，则其极不得而知。譬之时计，现为四句钟，然须臾四钟即逝，千古无再来之日，其竟又将如何耶？伍廷芳先生云：彼将活二百岁。二百岁以后何似？推而溯之原始，终不外原子、电子之论。考地质者，亦不得极端之证验。地球外之行星，或曰已有动物存在，其始生如何，亦未闻有发明者。

人生在世，钩心斗智，相争以学术，鞠躬尽瘁，死而后已，亦无非争此未勘破之自由。评善恶者，何者为善，何者为恶，禁作者为违法之事，而不作者亦非尽恶。以卫生论，卫生果能阻死境之不来欤？生死如何，民族衰亡如何，衰亡之早晚又如何，此均无确当之论。或曰终归之于上帝末日之裁判，此宗教言也。使上帝果人若，则空洞不可得见，以脑力思之，则上帝非人，而其至何时，其竟何似，均不可知，是宗教亦不足征信也。有主一圆〔元〕说者，主二圆〔元〕说者，又有主返原之论者，使人人倾向于原始之时。今之愿战，有以为可忧，有以为思想学术增进之导线。究之以上种种，均有对待可峙，无人敢信其为绝对的可信，六〔亦〕无有令人绝对的可信之道也。

是故，吾人今日思想趋向之竟，不可回顾张皇，行必由径，反之失其正鹄。西人今日自杀之多，殆均误于是道。且至理之信，不必须同他人；己所见是，即可以之为是。然万不可诪张为幻。此思想之自由也。凡物之评断力，均随其思想为定，无所谓绝对的。一己之学说，不得束傅〔缚〕他人；而他人之学说，亦不束傅〔缚〕一己。诚如是，则科学、社会学等等，将均任吾人自由讨论矣。

（周恩来笔录）

《敬业学报》第6期（1917年6月出版）

北京留法俭学会预备学校开学式演说词

（1917 年 5 月 27 日）

今天留法俭学会预备学校行开学式，鄙人愿为诸君略陈同人所以组织斯会与建设斯校之用意。

盖世界动力之公例，常趋于力简而效速之方向。自然现象，两点之间，以直线为最短，故物体之下坠，光线之注射，苟非有特别阻力，必循直线而进行。社会之状态亦然。取火之法，自钻燧而击石，以至于火柴；交通之法，由推轮而大辂，以至于汽车，其用力愈简，其收效愈速，人故乐用之。人类进化之速率，远过于他种动物者，恃乎能学。使吾人生而在一未开辟之孤岛，如鲁滨逊①然，则吾人虽终身劳动，亦仅仅能维持原人之生活而已。今在开化社会，前人之所经验，悉以其成效留贻吾人，使吾人得据以为较进之研究，而有较新之发明，如是吾人其所致力，或仅及前人，或且不及前人，而所得之效果，及转视前人为胜，恃有学也。

顾吾国固有学校矣，何以本会必劝人游学于外国？是亦有故。

① 鲁滨逊：今译鲁滨孙。

吾国学校之数，尚不足满愿学者之需，小学毕业者，或欲受中等教育而不得，中学毕业者，或欲受高等教育而不得，一也。吾国各学校之设备，尚不完全，亦不能悉得适当之教员，毕业之学生，仍不能与外国同等学校毕业生相较，二也。学校以外之设备，如藏书楼、博物院、动植物园、农场、工厂之属，吾国多未建设，不足以供学者之实习而参考，有事倍功半之虑，三也。故吾人不能不劝人游学。

顾吾国游学之风，自曾文正派遣华童百人赴美留学以来，各著名之国，几无不有我国留学生者。同人独提倡留法何故？曰：同人均经留法，于法国教育界适宜吾国学生之点，知之较详，则举所知以介绍于国人。其他留美、留德诸君，各介绍其所知，并行不悖，一也。同人之意，以为绅民阶级、政府万能、宗教万能等观念，均足为学问进步之障碍。所留学之国，苟有此种习惯，亦未始无影响于吾国之留学生。惟法国独无此种习惯，二也。欧美各国，生活程度均高，率非自费生所能堪。法国自巴黎以外，风气均极俭朴，其学校之不收学费及所取膳宿费极廉者，所在多有。得以最俭之费用，求正当之学术，三也。吾国人恒言各国科学程度，以德人为最高。同人所见，法人科学程度，并不下于德人。科学界之大发明家，多属于法。德人则往往取法人所发明而为精密之研究。故两国学者，谓之各有所长则可，谓之一优一劣则不可。吾国学者颇有研究之耐心，而特鲜发明之锐气，尤不可不以法人之所长补之，四也。

至于留学法国，何以必用俭学之法？则因普通留法学生，率循每月四百佛郎之例，而自费生中能出此费者盖寡；即使能出此费，而用俭学法每月仅费一百佛郎，即可以其余三百佛郎供其他三学生之用，费少而成学益多。且不俭之学者，易驰心于外务，以耗其学力；律之以俭，而学益专。此则本会提倡俭学之意也。

至本会所以必设预备学校者，以到法之时，苟于最浅法语，尚未涉及，则起居饮食，诸多不便。又依入境问禁、入国问俗之义，能于未入彼国以前，略谙彼国风习，必有便利之处。又在法虽云至俭，一年尚须费五六百元，而在本国，则在三分之一以下。于预备学校中耗至少之费，而可以得入法时必需之知识，亦计之得者也。本会并已商订同志，于预备学校课程以外，为定期之演讲，将以国语演述学理，而随时写示法语中之专门名词，亦足为到法后读专门书之预备也。

凡同人之所以组织斯会及斯校者，均以力简而效速之主义为准如是。至预备学校之创设，实始于民国元年。其时教育部曾拨借方家胡同一校舍；二年，部中欲以校舍供京师图书馆之用，本校始迁四川会馆；未几，因不堪袁政府之干涉而停办。今幸得民国大学诸君之赞成，而得在此开学，同人深所感谢。适京师图书馆有移往午门之筹备，本会已呈请教育部，仍以方家胡同校舍拨归本会。俟迁入方家胡同后，本会并拟于预备学校以外，更组织一华法中、小学校，按部定中、小校令及规程办理，而外国语则用法语。毕业者，或进本国大学，或赴法留学，均形便利。此又本会已定之计画，可以报告于诸君者也。

《东方杂志》第14卷第9号（1917年9月出版）

在浙江旅津公学演说词

（1917年7月6日）

七月六日为浙江旅津公学举行暑假休业式，承穆校长之召，以同乡资格，得与盛会，极为荣幸。

近日张勋擅行复辟，国本摇动，诸君对之当咸有所感愤，而知其必败。诸君须知，〈由此〉事即可以观有教育与无教育之优劣、新教育与旧教育之胜负。大凡吾人作事，必先审其可能与不可能、应为与不应为，然后定其举止。张勋欲以一家之兵力压制全国，此事之不可能也；以五族共和之国，而归之一姓，此事之不应为也。张勋竟不事先审度，悍然施行，称奴才于竖子之□，甘冒天下之大不韪，此无教育之害也。与张勋同谋之康有为、梁鼎芬辈，亦尝受教育矣，其诗文学术，国人亦颇多尊崇之。然此乃旧教育，故于世界之大势、政体之利弊、国民之心理，未尝稍事研究，胶执旧说，顽固成性，竟与无教育之张勋同作无谋之事，此未尝受新教育之害也。

今之言新教育者，以体育、智育、德育并重，其功效胜于旧教育什百。以言体育，旧时习惯，偏重勤习，而于身体之有妨碍与否，皆所不顾，且以身体与灵魂为二物。人之智慧学术，皆由灵魂出，故重视灵魂，而轻视身体。今经科学发明，人之智慧学术，皆由人之脑质运用之力而出，故脑力盛则智力富，身体弱则脑力衰，新教育之所以注重体操运动，实基于此。

以言智育，旧日习惯，大都偏重墨守，大言不惭，食古不化；今之新教育，每以科学炼其头脑，使为□规则之研究，且就前人研究已到地步，追迹探究，而为更进之发明，不故步自封，不墨守旧说，故能精益求精，日有所发明。

以言德育，旧日每言忠君爱国，若以国属于君者，法之路易十四所谓“朕即国家”，即此意也。故人一举一动，往往就一人一家着想，而乏团体社会之观念。此次复辟运动，皆含此意。今之言教育者，以为国乃万民所共有，非一姓所独擅，故一举一动，往往就万民全体着想，故言德育，每注重于公道。又旧日德育，每偏重于礼而不注重于乐。吾国古代，礼、乐并重，当知乐与德育大有关系。盖乐者，所谓美的教育也。古人每称乐以和众，今学校唱歌，全班学生合和，亲爱和乐之意，油然而生。此亦发扬公德之一作用也。若偏重于礼，则人人拘束，而不相亲近矣。此皆新教育之胜于旧教育者也。诸君来此受新教育，此张勋、康有为所未得享受之福，而诸君享受之。将来学成，必有补时局，不禁拭目望之。

天津《大公报》1917年7月14日

教育工会宣言书

（1917 年 7 月 15 日）

凡人以适当之勤劲，运用其熟练之技能，而所生效果确有裨益于人类者，皆谓之工。我国自昔分职业为士、农、工、商四类，实则工以外三者，亦得以工赅之。农者，树艺之工也；商者，转运之工也；而士，则为教育之工。古之言士者，亦多歧义，如曰学以居位曰士，或曰以才智用者谓之士，皆若以士为仕之预备也者。故汉之经术、唐之诗赋、明清之经义，凡自命为士者，悉借是以为弋取功名之具。其有益于人与否，非所闻也。若是者，不特无关于教育，而亦不得谓之工。

至若士之任教育者，远若孔、孟，近若朱、王，彼其授徒讲学，著书垂后，固不得不谓之教育家。然其本意，在得位行道，以政治家自见，既不见用，不得已而言教育，犹且自居于宾师之位，以大人之学自命，而鄙农圃为小人，此可谓之教育矣，而不得谓之工。

若乃吾侪之所谓教育，则即认为专门工业之一种，习之有素，持之有恒，量所任之职务以取其所需，与其他之工业同例。故吾侪不谓之士，而谓之教育工。

教育既为工业之一种，则不能自外于世界工业进化之通例。工业之进化也，其始有工会，同业之中所借以互相研讨、互相扶植而使之进步者也。其总有一国之总工会，则始有以抗资本家若政治家之压制，而伸其自由权；其总有国际总工会，则足以为人道主义之保障，而渐达于理想之世界。此欧美各国工业家之成绩也。而我国诸工不特总工会尚未成立，无以参于国际工会之列，即一种之工，能组织为适当之工会，以为总工会基础，亦尚未有所闻。吾侪乃集同志之教育工，而组织此会以为倡。

是故，吾侪之责任，不独在本会，而尤在各种理想中之①，盖吾侪所操之业，无不与各种工业有关系。其为普通教育与，即各工业家之预备也；其为专门教育与，则各工业家练习技能或研求理论之所也。故吾会而不发展则已，及其发展，则必有以促各工会之成立，以集合为总工会，而参加于国际工会。

蔡元培手稿

① 原稿此处疑有脱字。

北京大学二十周年纪念会演说词

（1917年12月17日）

本校有二十五周年纪念会之预备，拟出大丛刊三种，业已宣布于日刊。至此次二十周年之纪念会，则临时由学生数人发起，不能多有所点缀。惟有今日之演说会，及预备补刊一纪念册而已。忆鄙人游学德国时，曾遇大学纪念会两次：一、来比锡①大学之五百年纪念会；二、柏林大学之百年纪念会也。其间布置，大同小异，不外乎印刷品、演讲会、爨演大学历史之巡游队、晚餐会等而已。而时过境迁，所遗留者，亦仅有印刷品及记述之演说词耳。然则本校此次以演说会及纪念册为点缀，亦不必有何等不满足之感也。

抑鄙人犹有感者，进化之例，愈后而速率愈增。柏林大学之历史，视来比锡大学不过五分之一时间，而发达乃过之。盖德国二十余大学中，以教员资格（偶有例外）、学生人数及设备完密等事序次之，柏林大学第一，门兴大学第二，而来比锡大学第三也。柏林为全国政治之中心，门兴为全国文学、美术之中心，故学校

① 来比锡：今译莱比锡。

之发达较易也。本校二十年之历史，仅及柏林大学五分之一、来比锡大学二十五分之一，苟能急起直追，何尝不可与为平行之发展。惜我国百事停滞不进，未能有此好现象耳。

惟二十年中校制之沿革，乃颇与德国大学相类。盖德国初立大学时，本以神学、法学、医学三科为主，以其应用最广，而所谓哲学者，包者吾校文、理两科及法科中政治、经济等学，实为前三科之预备科。盖兴学之初，目光短浅，重实用而轻学理，人情大抵如此也。十八世纪以后，学问家辈出，学理一方面逐渐发达。于是哲学一科，遂驾于其他三科之上，而为大学中最重要之部分。近年弗朗福脱新设之大学，遂不设神学科矣。本校当二十年前创设时，仅有仕学、师范两馆，专为应用起见。其后屡屡改革，始有八科之制，即经学、政法、文学、格致、医科、农科、工科、商科是也。民国元年，始并经科于文科，与德国新大学不设神学科相类。本年改组，又于文、理两科特别注意，亦与德国大学哲学科之发达相类。所望内容以渐充实，能与彼国之柏林大学相颉颃耳。

今日承前教育总长范静生先生莅会，范先生为本校创立时之职员，而本年对于大学改组之议，极端赞同，今日已允演说，必能饷吾等以宏论。又本校王长信学长及胡千之、章行严、陶孟和三教授均有演说，而学生诸君，亦有代表一人发布其意见，必皆有纪念之价值。谨先为介绍。

《北京大学二十周年纪念册》(1918 年出版)

法文高等专修馆章程*

（1917 年）

甲、法文高等专修馆总则

一、创设　本馆由北京华法教育会所创设。

二、宗旨　本馆以养成法文及专门学术之人材为宗旨。

三、分科　本馆不仅专授法文，并重他种学科，现分教育、工业两科，他种学科亦得随时添设。

四、资格　本馆学生以在中学或中等专门学校毕业者为合格。

五、专章　凡经①总则所未及者，如学课、毕业待遇、学费、地点、时间等，均由分科之专章规定之。

职教员表：

馆　　　长　蔡元培

主任干事　李煜瀛

师范科干事　顾兆麟

---

* 此件为油印品，经蔡元培修改、点句。

① “经”字被涂去。

工业科干事（兼工科教员） 彭济群

法文教员 李景忠

法文教员 包玉英

法文教员 武定功

法文教员 范静安

工科教员 华南圭

工科教员 史 青

工科教员 徐○○①

演 讲 员 铎尔孟

演 讲 员 孟烈士烈

乙、北城法文高等专修馆工业科简章

一、宗旨 本馆以养成通法文之工业技师为宗旨。

二、学员资格 以在中学或师范、工业等学校毕业者及有同等学力者为合格。

三、课程

法文：读书、文法、会话、译述。

图画：几何画、机械画。

科学：算学、物理、机械、工程。

四、授课时数 每周授课三十小时，实习十五至廿小时。

五、毕业年限 一年毕业，考试合格者发毕业证书。

六、学费 每月二元，预交半年学费，中途退学者，学费概不发还，每年以十个月计算。

七、待遇 毕业后得有证书者，设法介绍至法国入工厂，或充他项职业。（参观留法勤工俭学会说明书。）

---

① “徐○○”被改为“刘朔生”。

八、缺席办法　每年缺席钟点逾授课时数五分之一①者，毕业时不予证书。

九、秩序　本科上课与实业〔习〕在北京大学理科教室，其中一切秩序与定章，诸生皆须遵守。

十、附则　本章如有未完善处，随时修正。

丙、西城法文高等专修馆工业科简章

一、宗旨　本馆以养成工艺技师之法文知识为宗旨。

二、资格　以现在北京专门工业学校第三年级之学生为合格。

三、课程　专授法文，兼重工艺专门名词，使与所习之工学相关应。

四、授课时数　每周十二小时。

五、每周授课时间　由〈下〉午四时半至五时半。

六、毕业年限　一年毕业②。

七、学费　每月一元。每年③预交三个月学费，中途退学者，学费概不发还。

八、待遇　毕业后得有证书者，设法介绍至法国入工厂或充他项职业④。

九、⑤ 缺席办法　每年缺席钟点逾授课时数五分之一⑥者，毕业时不予证书。

十、秩序　本科上课在第三中学，其中一切秩序与定章皆需

① “五分之一”被改为“十分之一”。

② 此句后，加有“考试及格者”发给证书。

③ “每年”二字被删去。

④ 此段原文被涂去，改写如上文。

⑤ 原来的“九、考试每年……”被全部删去。原来的“十”改为“九”，“十一”改为“十”，“十二”改为“十一”。

⑥ “五分之一”被改为“十分之一”。

遵守。

十一、附则　本章如有未完善处，随时修正。

蔡元培修改的《法文高等专修馆章程》油印本

游保定日记

（1918年1月11日）

保定离北京甚迩，有一二故人在彼中学校任事，屡以演说相招，因彼中各校每星期六有演说会也。平日羁于校务，不能往，及年假时践约，以一月五日早车行，十二时抵保定，即赴育德中学校。午后参观省立第六中学校，演说中学校学生，当以科学、美术铸成有自治能力之人格，庶升学后、受放任之待遇而不致堕落。晚间在育德中学演说，提出自由、平等、友爱为德之大纲，而所以育之者，仍不外科学、美术。又以育德中学校学风，尤重勤、俭二字，并说勤、俭之风与自由、平等、友爱尤有密切之关系焉。

六日，午前参观直隶公立农业专门学校，演说世界大势，将由都市的工商联合政策，而转为乡村的农工联合制度，于人类之体魄及品性，皆大有关系。故农业学校学生，当知农业为平民的而非贵族的，实践的而非理论的，进化的而非保守的。故学生在校时，当注重实习，留意普通农人之习惯，庶毕业后得实地施行，而不至以农商部或各省实业厅职务为归宿。

是日，李石曾君亦演说，大意谓：农业之进化与全世界之进化有重要关系；而中国农业之进化，尤与世界农业进化有重要关系。姑举两端言之：（一）生理上之关系。人类当以蔬食为正轨。中国人多蔬食，故农业偏重种植而不尚畜牧，与欧美之务肉食而重畜牧者不同，将来必可推行于世界。（二）组织上之关系。农业非用机械不能进步，而机械非大地主不能置，是一困难。今欧洲各国，有农业组合，既得机械之益，又不受大地主之害，为我国所宜取法云。

午后参观直隶第二女子师范学校，因校长见告，此校以造就“良妻贤母”为鹄，以“诚、敬、勤、俭”四字为校训，故演说时提出“勤、谨”二字。“勤”字分为勤于学及勤于事两项，“谨”字则为不敢放肆、不敢奢华、不敢骄慢三项：无非申明校训以坚学生之信而已。晚游保定公园，即莲池书院旧址。在园中晚餐，座间商定在保定设华法教育会支部。夜回育德中学校，复为高等留法预备班（中学毕业生所组织）说俭学会及勤工俭学会之概略。

七日，七时三十分行，十二时抵北京。

鄙人在保定之经历如此。而七日之《民强报》所载，有所谓“中央政闻社”者，谓鄙人以秘密事件赴保定。不知参观与演说，何所容其秘密也。谨布右之日记以释疑。

蔡元培 志

《北京大学日刊》第43号（1918年1月11日出版）

北京大学进德会旨趣书

（1918年1月19日）

今人恒言：西方尚公德，而东方尚私德；又以为能尽公德，则私德之出入，不足措意，是误会也。吾人既为社会之一分子，分子之腐败，不能无影响于全体。如疾症然，其传染之广，往往出人意表。昔仪狄作酒，禹饮而甘之，曰：“后世必有以酒亡其国者。”遂疏仪狄而绝旨酒。司马迁曰：“夏之亡也以妹喜，殷之亡也以妲己。”子反湎于酒，而楚以败；拿破仑惑于色，而普鲁士之军国主义以萌。私德不修，祸及社会，诸如此类，不可胜数。又如吾国五六年来，政治界、实业界之腐败，达于极端。而祸变纷乘，浸至亡国者，宁非由于少数当局骄奢淫佚之余，不得已而出奇策以自救，遂不惜以国家为牺牲与？《易》曰：“善不积，不足以成名，恶不积，不足以灭身；勿以小善为无益而弗为也，勿以小恶为无伤而为之。”鄙人二十年前，鉴于吾国谈社会主义者之因以自便，名为提倡，实增阻力，因言“惟于交际之间一介不苟者，夫然后可以言共产；又惟男女之间一毫不苟者，夫然后可以言废婚姻”（见《民国野史》乙编《蔡孑民事略》），正此意也。

民国元年，吴稚辉、李石曾、汪精卫诸君，发起进德会于上海。会员别为三等：持不赌、不嫖、不娶妾三戒者，为甲等会员；加以不作官吏、不吸烟、不饮酒三戒，为乙等会员；又加以不作议员、不食肉，为丙等会员。当时论者颇以不作官吏、不作议员二条为疑。然题名入会为甲等会员者踵相接矣。未几，鄙人以事由海道北行，同行者三十余人，李、汪二君亦与焉。舟中或提议进德会事，自李、汪二君外，同行者率皆当时之官吏若议员，群以官吏、议员两戒为不便，乃去此两戒，别组一会，即以同舟之三十余人为发起人，而宋遯初君提议名为“六不会”，众赞成之。又同时发起一“社会改进社”，所揭著者凡三十六条，第一曰不狎妓，第二曰不置婢妾，第十九曰不赌博，第二十九曰戒除伤生耗财之嗜好，犹六不会意也。其后为政潮所激荡，“六不会”若“社会改良社”之发起人，次第星散，未及进行；而进德会之新分子，则间见于上海之报纸焉。

北京自袁政府时代，收买议员，运动帝制，攫全国之公款，用之如泥沙，无所顾惜，则狂赌狂嫖，一方面驱于侥幸之心，一方面且用为钻营之术。谬种流传，迄今未已。鄙人归国以后，先至江、浙各省，见夫教育、实业各界，凡崭然现头角者，几无不以嫖、赌为应酬之具，心窃伤之。比抵北京，此风尤甚。尤可骇者，往昔昏浊之世，必有一部分之清流，与敝俗奋斗，如东汉之党人、南宋之道学、明季之东林。风雨如晦，鸡鸣不已。而今则众浊独清之士，亦且踽踽独行，不敢集同志以矫末俗，洵千古未有之现象也。曾于南洋公学同学会（中央公园）及译学馆校友会（江西会馆）中，提议以嫖、赌、娶妾三戒编入会章，闻者未之注意也。其后见社会实进会规则，有此三戒；而雍君所发起之社会改良会，则专以此三者为条件。吾道不孤，助以张目。惜其影响偏于一隅。既承乏北京大学，常欲以南洋同学会、译学馆校友会所提议而未行者，试之于此二千人之社会。会一年来鞅掌于大体之改革，未遑及此。今改组之议，业已实行。而内部各方面之组织，若研究所、若教授会之属，体育会、书画研究会之属，银行、消费公社之属，皆次第进行。而进德会之问题，遂亦应时势之要求，而不能不从事矣。会中戒律，如嫖、赌、娶妾三事，无中外，无新旧，莫不认为不德，悬为厉禁，谁曰不然？官吏、议员二戒，在普通社会或以为疑，而大学则当然有此（法科毕业生例外）。教育者，专门之业；学问者，终身之事。委身学校而萦情部院，用志不纷之谓何！且或在学生时代，营营于文官考试、律师资格，而要求提前保送，此其躁进，与科举时代之通关节何异？言之可为痛心！古谚曰："人不婚宦，情欲失半。"加特力教之神父、佛教之僧侣，例不婚娶；西洋大学问家，亦有持独身主义者。不婚尚可，不宦何难？至于烟、酒、肉食三戒，其贻害之大，虽不及嫖、赌、娶妾，其纷心之重，亦不及官吏、议员，然而卫生味道之乐，亦恒受其障碍，故并存之。春秋三世之义，治起于衰乱之中，用心尚粗觕，及历升平而至太平，用心乃深而详，故崇仁义讥二名。今仿其例，而重定进德会之等第于左：

甲种会员　不嫖、不赌、不娶妾。

乙种会员　于前三戒外，加不作官吏、不作议员二戒。

丙种会员　于前五戒外，加不吸烟、不饮酒、不食肉三戒。

入会之条件：

（一）题名于册，并注明愿为某种会员。

（二）凡题名入会之人，次第布诸日刊。

（三）本会不咎既往。《传》曰："人谁无过，过而能改，善莫大焉。"袁了凡曰："从前种种，譬如昨日死；以后种种，譬如今日生。"凡本会会员，入会以前之行为，本会均不过问。（如已娶之妾，亦听之。）同会诸人，均不得引以为口实。惟入会以后，于认定之戒律有犯者，罚之。

（四）本会俟成立以后，当公定罚章，并举纠察员若干人执行之。

入会之效用：

（一）可以绳己。谚曰："从善如登，从恶如崩。"吾国人在乡里多谨饬，而一到都会租界，则有放荡者。欧美人在本国多谨饬，而一到外国，则亦有放荡者。社会之制裁，有及有不及也。今以本会制裁之，庶不至于自放。

（二）可以谢人。欧美之学者、官吏、商人，均视嫖、赌、娶妾为畏途；偶有犯者，均讳莫如深。而我则狎妓征优，文人以为韵事；看竹寻芳，公然著之柬帖；官吏商贾，且以是联络感情之一端。苟非画定范围，每苦无以谢人。今以本会为范围，则人有以是等相嬲者，径行拒绝，亦不致有伤感情。

（三）可以止谤。《语》曰："止谤莫如自修。"吾北京大学之被谤也久矣。两院一堂也，探艳团也，某某等公寓之赌窟也，捧坤角也，浮艳剧评花丛趣事之策源地也，皆指一种之团体而言之。其他攻讦个人者，更不可以搂指计。果其无之，则礼义不愆，何恤于人言？然请本校同人一一自问，种种之谤，即有言之已甚者，其皆无因而至耶？既有此因，则正赖有此谤以提撕吾人，否则沦胥以铺耳！不去其因而求弭谤，犹急行而避影也，其又何益？今以本会为保障，苟人人能守会约，则谤因既灭，不弭谤而自弭。其或未灭，则造因之范围愈狭，而求之不难尽多数之力以灭之，岂无望耶？

《北京大学日刊》第49号（1918年1月19日出版）

复陈宝书查钊忠等函

（1918 年 1 月 25 日）

陈、李、张、钱诸君及查君公鉴：

来函及何以庄所作三篇，均悉。昔郭林宗于旅舍中躬自扫除；美国大学生，间有于晨间执洒扫之役，或午、晚间为人侍膳者；日本大学生有于课余散报纸，或拉人力车者。为贫而役，本非可耻。一校之中，职员与仆役，同是作工，并无贵贱之别。（法国教育家多入工会；东方人或以任教育事业者至等于官吏，误也。）不过所任有难易，故工资有厚薄耳。惟何以庄既文理清通，不可没其所长，已调入文科教务处，任缮写之务，酌增月给，借以励其好学之诚，而欢成诸君之美意。且本校对于校役，本有开设夜班之计画。他日刻期开课，尚须请诸君及其他寄宿舍诸君分门教授，必为诸君所赞成。因何以庄事而联想及之，并以闻。

一月二十五日　蔡元培　白

附：陈宝书等来函

敬禀者：

第一寄宿舍丙字号斋役名何以庄，在斋服务，素称勤谨，每于暇时以课作求正，并尝持书乞解。生等以其身为仆役，不辍于学，因询其家世，答称寒困，因而废学，情辞恳恻，闻之慨然。及观其文稿，亦清顺通达，《四书》多能背诵，洵仆从中所仅见。生等仰体先生奖学惠困之心，谨特奉陈钧座，倘蒙俯察，量才拔调，俾任相当职务，以示激劝。想君子成人之美，亦吾师所乐从焉。谨附其所作文稿三篇，乞检阅。

陈宝书、李宗裕、张泽熙、钱王倬、张铸、胡吉甫、梁国常、曹侃、邵福昺、王倬汉、蓝芳、徐棫、姚惠璋、陈邦济、娄恩后、张杰、陈登淮、吴家象、李仲蕃、毕荣光、程体乾、保君建、邢允范、胡庆颐　谨启

附：查钊忠来函

校长先生大鉴：

窃见第一寄宿舍听差何以庄，直隶宛平人，年二十五岁，遭罹困厄，家室萧条，老母待养，迫为贱役。莅事以来，咸称勤谨。二三好事，间问所由，抒词以对，文采斐然。观其尚志安贫，情切梁鸿之操；乐饥茹苦，事殊季布之钳。夫以迹谢飞驰，势居奔走，而核其所造，颇已可观，苟得栽培，正未可量。允宜比美鸾凰，宁使长随燕雀。请传令听差何以庄更衣进见，饬赐亲检，或假以职守，或转令肄业，庶几玉蕴荆山，显于一旦，龟游绿水，乐比长年。素仰子渊能文，谅亦难为责此。私情愤发，贪陈所知，不胜悚惧之至！

七年一月二十三日　查钊忠顿首

《北京大学日刊》第56号（1918年1月16日出版）

大学改制之事实及理由

（1918年1月）

大学改制之议，发端于本年一月二十七日之国立高等学校校务讨论会。其时由北京大学蔡校长提出议案，其文如下。

窃查欧洲各国高等教育之编制，以德意志为最善。其法科、医科既设于大学，故高等学校中无之。理工科、商科、农科，既有高等专门，则不复为大学之一科。而专门学校之毕业生，更为学理之研究者，所得学位，与大学毕业生同。普通之大学学生会，常合高等学校之生徒而组织之。是德之高等专门学校，实即增设之分科大学，特不欲破大学四科之旧例，故别列一门而已。我国高等教育之制，规仿日本，既设法、医、农、工、商各科于大学，而又别设此诸科之高等专门学校，虽程度稍别浅深，而科目无多差别。同时并立，义近骈赘。且两种学校之毕业生，服务社会，恒有互相龃龉之点。殷鉴不远，即在日本。特我国此制行之未久，其弊尚未著耳。今改图尚无何等困难，爰参合现行之大学及高等专门学校制而改编大学制如下：

（一）大学专设文理二科。其法、医、农、工、商五科，别为独立之大学。其名为法科大学、医科大学等。

其理由有二。文理二科，专属学理；其他各科，偏重致用：一也。文理二科，有研究所、实验室、图书馆、植物园、动物院等种种之设备，合为一区，已非容易。若遍设各科，而又加以医科之病院、工科之工场、农科之试验场等，则范围过大，不能各择适宜之地点：一也。

（二）大学均分为三级：一，预科一年；二，本科三年；三，研究科二年。凡六年。

上案经北京高等师范学校陈校长、北京法政专门学校吴校长、北京医学专门学校汤校长、北京农业专门学校洪校长一致赞同，即于同月三十日由各校长公呈教育部请核准。二月二十三日教育部开会议，列席者总次长、参事、专门司司长、北洋大学校长，及具呈各校长。第一条无异议。于第二条，则多以预科一年之期为太短；又有以研究科之名为不必设者。乃再付校务讨论会复议。二月五日校务讨论会开会议决：大学均分为二级，预科二年，本科四年，凡六年；复于三月五日在教育部会议一次，无异议；乃由教育部于三月十四日发指令曰"改编大学制年限办法，经本部迭次开会讨论，应定为预科二年，本科四年"云云。此改制案成立之历史也。

依上案，则农、工、医等专门学校，均当为改组大学之准备。而设备既需经费，教员尚待养成，非再历数年不能进行。而北京大学则适有改革之机会，于是由评议会议决而实行者如下。

（一）文理两科之扩张

大学号有五科，而每科所设，少者或止一门，多者亦不过三门。欲以有限之经费，博多科之体面，其流弊必至如此。今既以文理为主要，则自然以扩张此两科，使渐臻完备为第一义。然为经费所限，暑假后仅能每科增设一门，即史学门及地质学门是也。

（二）法科独立之预备

北京大学各科以法科为较完备，学生人数亦最多，具有独立的法科大学之资格。惟现在尚为新旧章并行之时，独立之预算案，尚未有机会可以提出，故暂从缓议，惟于暑假后先移设于预科校舍，以为独立之试验。

（三）商科之归并

商科依部令宜设银行、保险等专门，而北京大学现有之商科，则不设专门，而授普通商业，实不足以副商科之名，而又无扩张之经费。故于五月十五日呈请教育部，略谓“本校自本学年始设商科，因经费不敷，不能按部定规程分设银行学、保险学等门，而讲授普通商业学，颇有名实不敷之失。现值各科改组之期，拟仿美、日等国大学法科兼设商业学之例，即以现有商科改为商业学，而隶于法科。俟钧部筹有的款、创立商科大学时，再将法科之商业专门定期截止”云云。旋即二十三日奉教育部指令曰“该校请将现有商科改为商业学门、隶于法科一节，尚属可行，应即照准”云云。

（四）工科之截止

北京大学之工科，仅设土木工门及采矿冶金门。北洋大学亦国立大学也，设在天津，去北京甚近，其工科所设之门，与北京大学同，且皆用英语教授，设备仪器，延聘教员，彼此重复，而受教之学生，合两校之工科计之，不及千人，纳之一校，犹病其寡，徒糜国家之款，以为增设他们之障碍而已。故与教育部及北洋大学商议，以本校预科毕业生之愿入工科者，送入北洋大学，而本校则俟已有之工科两班毕业后，即停办工科。（其北洋大学之法科，亦以毕业之预科生送入本校法科，俟其原有之法科生毕业后，即停办法科，而以其费供扩张工科之用。）

（五）预科之改革

大学预科由旧制之高等学堂嬗蜕而来。所以停办高等学堂，而于大学中自设预科者，因各省所立高等学堂程度不齐，咨送大学后，种种困难也。不意以五年来经验，预科一部、二部等编制及年限，亦尚未尽善。举一部为例，既兼为文、法、商三科预备，于是文科所必须预备而为法、商科所不必设者，或法、商科所必须预备而为文科所不必设者，不得不一切课之。多费学生之时间及心力于非要之课，而重要之课，反为所妨。此一弊也。预科既不直隶各科，含有半独立性质；一切课程，并不与本科衔接，而与本科竞胜：取本科第一年应授之课，而于预科之第三年授之，使学生入本科后，以第一年之课程为无聊，遂挫折其对于学问上之兴趣。且以六年之久，而所受之课，实不过五年有奇，宁不可惜？此二弊也。此亦促进大学改制之一原因。改制以后，预科既减为二年，而又分隶于各科，则前举二弊可去。或有以外国语程度太低为言者，不知新章预科，止用一种外国语，即中学所已习者。习外国语积六年之久，而尚不能读参考书，有是理乎？

大学改制，有种种不得已之原因，如上所述，惟未经宣布。又新旧两章，同时并行，易滋回惑。故外间颇多误会，如前数日《北京日报》之法律、冶金并入北洋大学之说，其实毫无影响，又八月三日、四日之《晨钟报》揭载余以智君之《北京大学改制商榷》，其对于本校之热诚，深可感佩，惟所举事实，均有传闻之误。即如引蔡元培氏之言，谓“文科一科，可以包法、商等科而言也；理科一科，可以包医、工等科而言也”，询之蔡君，并不如是。蔡君不过谓法、商各科之学理，必原于文科；医、农、工各科之学理，必原于理科耳。若如余君所引之言，则蔡君第主张设文、理二科足矣，何必再为法、医、农、工、商各为独立大学之提议乎？其他类此者尚多，故述大学改制之事实及理由，以告研究大学学制者。如承据此等正确之事实，而加以针砭，则固本校同人之所欢迎也。

八月五日　北京大学启

北京大学新潮社编印《蔡孑民先生言行录》（1920 年出版）

致北大学生函

（1918 年 3 月 22 日）

学生诸君公鉴：

启者：

本校于春假后开设校役夜班。约计校役在景山东街校舍者九十余人，在北河沿校舍者四十余人，在寄宿舍者六十余人。于景山东街为本校舍及附近寄宿舍之校役开六班，又于北河沿为本校舍及附近寄〈宿〉舍之校役开四班，共十班，分为甲、乙两组，各受业三日，以便互代役务。其课程如左：

国文二时（一时识字及读本，余一时文法、造句）。

算术一时。

理科一时。

修身一时。

外国语一时（英文，或法文，或世界语）。

时间在每晚七时半至九时半。

约计每班教员六人，每人担任一点钟，十班共六十人。欲请诸君各以所长，分任教科。愿任者，务于一星期内函告校长室，注明所任科目，以便开会讨论。

蔡元培

《北京大学日刊》第98号（1918年3月22日出版）

《华法教育会丛书》序

（1918年4月1日）

我国与欧洲之交通，虽远在二千年以前，而交通之频繁，则近数十年事耳。故专学欧语机关，实权舆于清季之同文馆，而广方言馆、译学馆等继之；大抵对于英、法、俄、德各语初无所偏重也。而社会间欧语之接触，则全以通商、传教二事为媒介；商、教二科，以英语国人为最胜，故英语特为广行；而练习英语之书，若教科书也，辞典也，文选也，杂志也，虽或精粗不一，要皆应时势之需要而次第行世；于是习之也易，而传之也广。全国各学校之有外国语者，英文殆占十之七八矣。夫使吾人仅习英语而遂可以环游地球，遍读世界有用之书，与当世贤豪间者上下其议论，则即屏弃他语而竟以英语为我国之辅助语，亦何不可？

虽然，本会同人留法较久，于法语之功用，既有所窥见；而其间多有先曾留学英语、德语诸国，而后至法者，于欧洲各种语言之功用，尝平心而比较之。窃以为法语之重要，实不亚于英语。请言其略，自其应用方面言之，略有四要：

一曰国际团体之习惯。近世各国，于外交上虽各用其本国语，而国际公法之集会，则尚有沿用法语之习惯。且十八世纪顷，欧洲交际社会，几无不以法语为雅驯而通用之。今奥、匈、俄等国尚有此风也。

二曰旅行之便利。吾人游条顿民族诸国，能英语而已足。一至拉丁及斯拉夫民族之范围，则非法语不办。

三曰移民之准备。吾国英语之广行，英、美华侨之多亦为其一因。法国近方欢迎华工，他日侨法之华人，必不亚于英、美也。

四曰科学之应用。近世言科学者，率推法、德两派。法人多创见，德人好深思，两者并要，而创见尤为进化之关键也。

且语言者，输入文化之资具。法国之文化，有特宜于我国者五：

一曰道德之观念。吾国人之言道德也，曰恕，曰仁，曰正其谊不谋其利，与条顿民族之功利论、强权论不能相容。惟法人尊自由，尚平等，常为人道主义而奋斗，与我国同也。

二曰文学、美术之臭味。我国文学、美术，皆偏于优美一派，而鸷重神秘之风甚少。欧人中近此者为拉丁民族，而法人尤其著者也。

三曰信仰之自由。我国教育中，从不参以偏重一教之主义。革命以后，持此尤坚。欧洲各国，普通教育中，有修身而无宗教者，惟法国耳。

四曰习惯之类似。法国人多业小农，善储蓄，和平宽大，无仇视外人之习，均与我国人相类。

五曰俭学之机会。吾国学校，尚未遍设，各种专门学术，不能不资于游学；而游学之费，公私俱绌；费数百金而于三四年间得造成一种专门学术者，以法国为最便，详本会会员李煜瀛君所编之《法兰西教育》，可按而知也。

输入法国文化，既如此其重要，而法语之应用，又如彼其广，是以本会同人尝于北京、保定、天津、上海等处，组织留法俭学会及勤工俭学会之预备学校、法文专修班、法文夜班及兼习法文之孔德学校，以传习法语。而于其间发现一困难之点，则教科书之缺乏是也。本会同人，于是有编辑教科书之计画，自读本、文法、辞典，以至专门科学之书，皆分门担任之，将次第出版，以应传习法语者之需要。冀他日习之易而传之广，不亚于英语，而或尤逾之，则本会同人之所希望也。

民国七年四月一日

《北京大学日刊》第121号（1918年4月26日出版）

北京大学校役夜班开学式演说词

（1918 年 4 月 14 日）

校役夜课，各学校早有行之者。本校开办已二十年，至今日而始能开学，实为抱歉之事。在常人之意，以学校为学生而设，与校役何涉。不知一种社会，无论小之若家庭、若商店，大之若国家，必须此一社会之各人皆与社会有休戚相关之情状，且深知此社会之性质，而各尽其一责任。故无人不当学，而亦无时不当学也。诸位看我年纪，已亦不小，事情亦颇忙，然我当有暇时，尚不废学。本校职员，皆自励于学；学生，则职员助之为学。惟诸位独无就学之机会，未免偏枯。此所以有夜课之设，而且今日特举此郑重之开学式也。

我以为夜课之有益于诸位者有二：

（一）有益于现在之地位。诸位现在所任之事，或在教室，或在图书馆，或在庶务处。能书能算，则于送信购物等事，不致误会；略涉理科，则于搬运仪器、检收药品之事，可有把握；略解外国语，则于外国教员或来宾之往来，易于应对；且略知修身大义，则于卫生之道、勤勉诚实之行，皆能心知其意，而切实行之，必不至有不正之行，取非分之财，亦将不至因境遇之不如人，而酿成神经病。

（二）有益于他种职业之预备。在校之人，既人人与本校休戚相关，自愿其永久在校任事。然事变无常，或以校务之改变，或以本人境遇之关系，有不能不离校者，若仅恃前清时代公馆中门房打杂之普通技能以应，也恐人浮于事，难得相当位置。今受此夜课之教育，知书算则可应用于商店；知理科大意，则改习农工各业，易于见长；若于性之所近，力求进步，亦未尝不可成为学者，为乡村学校教师。此皆有益于诸位者也。故学生诸君，特以就学之暇，为诸位担任教科，他人为诸位尚热心如此，诸位自己对于切身之事，岂不更宜热心？本校开办夜课之始，不能不特设奖励及惩戒之例，以防流弊。然终望诸位人人勤奋，使惩奖之例，竟可废撤，则尤我之所希望也。

《北京大学日刊》第112号（1918年4月16日出版）

读周春岳君《大学改制之商榷》

（1918 年 4 月 15 日）

周君所引定案二条，为校务讨论会所提出者。其后经教育部改定，而于六年九月二十七日，颁修正之大学令，则第一条虽如旧（今之第八条），而第二条则更定为左之第二条、第三条。

第二条　大学分为文科、理科、法科、商科、医科、农科、工科。

第三条　设二科以上者，得称为大学；其但设一科者，称为某科大学。

周君主张增加中学年限，而不以大学设预科为然，固亦持之有故；然吾国中学，虽止四年，而合以前之小学四年，高等小学三年计之，实已为十一年。德国之中学，虽曰九年，而小学毕三年级者，可直入中学，合计实十二年，较我国多一年。法国之中学七年，而小学毕三年级者，亦可直入中学，合计实止十年，较我国乃少一年。其他英、美、日本各国，合中学、小学年级计之，亦大抵不出十二年以上。而德国中学，分为三种，实为大学及高等学校之预备。法国中学，于后三年，分四班，亦即此意。是皆于中学中含两种作用：（一）高等普通学；（二）高等专门教育之预备是也。德、法之中学制，皆兼此两种作用，故年限较长；而我国及日本制，则偏重高等普通学，故年限较短，于大学则特设预科（日本之高等学校，亦即大学之预科）。两者各有所长。鄙意则以后者为最便。盖一国之中，中学之数必远过于大学。入中学者，初不必皆入大学。若编入大学预科之课程于中学，则不便于不入大学之中学生，一也。我国教育尚未发达，各地方之中学，程度至为不齐，编入大学预科课程，毕业后亦往往不能直入大学，反不如设一预科以消息之，二也。中学之经费，出于各地方；大学之经费，出于中央。（其私立者，亦必财力较厚。）于各地方骤增中学延长年限之经费，其縻〔糜〕费较多；而实行之期，不免参差。若在大学保存预科之制，则经费较少，而履行较易，三也。故预科之制，似无改革之必要。惟我国中小学年限，虽较法国多一年，而中学毕业生程度，远不及法国学生。则（一）由我国兴学未久，教授多未合法；（二）由我国人学国文，既较西人为难，而学外国语，则尤难于欧美各国人之互学。既于此二者倍蓰其日力，则他种科学，不免相形见绌也。若仿日本制，延长中学为五年，当能较善。然如德国制，自小学以至大学毕业，不过十六年，而彼国学者，如阿斯佛尔等，尚病其过长，以为于机械的学校中，耗费青年服务社会之日力，至为可惜。而我国现行学制，自小学以至大学毕业，已占十七年，若又增一年，则十八年矣。是否过长，此亦不可不研究者也。

周君又以通常大学专设文、理二科为不然。案此条为鄙人所提议。鄙人之意，学与术虽关系至为密切，而习之者旨趋不同。文、理，学也。虽亦有间接之应用，而治此者以研究真理为的，终身以之。所兼营者，不过教授著述之业，不出学理范围。法、商、医、工，术也。直接应用，治此者虽亦可有永久研究之兴趣，而及一程度，不可不服务于社会；转以服务时之所经验，促其术之进步。与治学者之极深研几，不相侔也。鄙人初意以学为基本，术为支干，不可不求其相应。故民国元年修改学制时，主张设法、商等科者，不可不兼设文科。设医、农、工各科者，不可不兼设理科。是年十月所颁之《大学令》第三条曰："大学以文、理二科为主。须合于下列各款之一，方得名为大学：一，文、理二科并设者；二，文科兼法、商二科者；三，理科兼医、农、工三科，或二科、一科者。"即鄙人所草也。六年以来，除国立北京大学外，其他公立、私立者，多为法、商等科。间亦兼设法科、工科，均无议及文、理二科者。足为吾国人重术而轻学之证。至于兼设文、理、法、工、商各科之北京大学，则又以吾国人科举之毒太深，升官发财之兴味本易传染，故文、理诸生亦渐渍于法、商各科之陋习（治法、工、商者，本亦可有学术上之兴会，其专以升官发财为的者，本是陋习）。而全校之风气，不易澄清。于是，有学术分校之议。鄙人以为治学者可谓之"大学"，治术者可谓之"高等专门学校"。两者有性质之别，而不必有年限与程度之差。在大学，则必择其以终身研究学问者为之师，而希望学生于研究学问以外，别无何等之目的。其在高等专门，则为归集资料、实地练习起见，方且于学校中设法庭、商场等雏形，则大延现任之法吏、技师以教之，亦无不可。即学生日日悬毕业后之法吏、技师以为的，亦无不可。以此等性质之差别，而一谓之"大"，一谓之"高"，取其易于识别，无他意也。然我国曾仿日本制，以高等学堂为大学堂之预备。又现制高等专门学校之年限，少于大学三年或四年。社会上对于"大"字、"高"字，显存阶级之见，不免误会。故鄙人所提于校务讨论会者，不持前说而持一切皆为大学之说，惟于分合之间调剂之。此则以文、理两科为普通大学，而其他各科别称某科大学之主张也。周君主张综合不在一处之各科以为大学，此不独伦敦大学为然，法国之大学亦多如此。在鄙人以为无甚理由。若取其教科之互相补充耶，则如德制之高等工商学校，并不组入大学，而其中有若干科目，任学生互听。盖各校自可有联络之作用，初不在乎综合。若以为增机关增费用耶，则未知各科不在一处之组合，有何等经费可省也？故鄙人以为此皆无虑。惟鄙人虽有前议，且亦得校务讨论会全体之赞同，而教育部终不以为然。故修正大学令，并不指定何科，而仅为“专设一科”若“两科以上”之规定，对于各方面，无不可通。或如周君之意，合六科七科而为一大学，可也。或如元年旧令，设文、理二科，或文、法、商三科，或理工、理医等二科，可也。或如鄙人之议，专设文、理二科，及别设工科、法科等一科，亦可也。或如各种私立大学之专设法、商二科，亦无不可也。使周君见此令，当释然矣。

附录周君原文如下：

大学改制之商榷（致《太平洋》杂志记者）

记者足下：

贵杂志第六期附录载有大学改制纪事。摘其定案，略如下之两层：

一、大学年限定为预科二年、本科四年；

二、通常大学，专设文、理二科，此外如法、医、农、工、商各科，则别为独立之大学，其名为法科大学、医科大学等。

大学教育之振兴，本为当务之急。吾人对于此次改制之举，具有无限同情。特关于改革之方案，私衷尚难苟同。爰列抒所见，就正于时贤。

一、一国教育，由小学而中学，而大学，有连接之关系者。故立学制，必具系统；以言改革，必察全体。今吾国教育制度之全体，果称完全而不应改革乎？仅改大学制度，而不通盘筹算学制全体，局部的改革果能收实效而应时代之要求乎？吾不能无疑。即以中学而论，大学教育，不能不赖中学根柢。使予所忆而不误，则吾国今日中学年限仅为四年。此其于大学教育之基础，不亦太薄弱乎？德国中学，修业年限甚至九年。英国制度，虽未划一，大抵亦不下六年。日本中学五年，而进大学必须再经过三年之高等学校，总计可曰八年。虽以彼此小学修业年限、大学程度之各有不同，其间不无有需酌量之处。然究未有如吾国中学年限之短至四年者。以四年之修业程度，而望其进受大学教育，不谓其根柢太浅，不可得矣？此则吾国学制上之缺陷，当亦留心教育之士所共认也。然当局明知四年中学之不足为大学教育基础，不思于修正全体学制系统，图改良于中学本身，而别就大学上设备，为补苴之计。于是而大学有预科二年之设。夫大学而设预科，以授预备教育，果为得计乎？以予之所知，则英、德、法诸国大学，未闻设有所谓预科。日本今仅私立大学有此，而官立大学皆无此制。近年来大学改革，盛倡于日本。有主废高等而于大学设预科者，其议极少赞同，而以帝国大学当局反对尤甚。苏格兰从前中学教育不完备之时代，大学初年，亦授预科教育。现在美国大学中，亦有所谓 college 者，是亦一种预科。英国教育界大家之前任大法官哈尔典卿于其所著《国民教育论》（*Afterway Problems*, *National Education*, by Haldane）引其例以为遗憾，而促英国之极力注重中学教育焉。盖大学别设预科，多一番设备，即增一重负担。学课性质参差，组织复杂。以一大学专注心力于大学专门教育，犹虞不及，今复委以预备学科，以分其力，不亦大违分功之原则乎？而此外经费之增加，与夫学生多数收容之种种实际上困难问题，犹其次也。

为之说者曰，预科之设，所以救各处送入大学学生程度不齐之弊，而免学生多费时间心力于该科非要之课也。能达此二层重要目的，则预科之得，正可偿其所失。则应之曰，以吾国土之大，教育行政之不划一，各地中学卒业生之程度，自多参差。实则此项现象，在东西先进之国，亦所不免。然岂除设预科以外，即别无法以维持大学教育基础之标准乎？对于各地中学生之投学者，而施以划一之入学考试，即可达此目的。至若第二层，则予以为大学教育基础之各项普通学科，无论于何科大学，皆有同等之必要。即令欲于中稍示区别，则于中学之最后二年，各依所志，分科授课，亦一简便之变通办法，并无俟于大学别设预科也。

二、通常大学，专设文、理二科，以外各科，别为独立大学，果为良制乎？吾亦不能无疑。西文之大学（university），原意为教授高等学术各科之综合体。故言大学，即联想分科。分科无定，多多益善，大规模的集合组织，与分工之原则，相辅而行，现代文明社会之特征也。欧美各邦大学，罕见限于文、理二科。单科大学，其例也绝鲜。德国之各项高等专门学校，亦难引为例证。其程度即令与大学分科相当，彼究未正式居大学之名也。日本学界久有单科大学之运动，然其议亦罕见采行（以予之所知，则至今仅有大阪高等医学校，改为独立医科大学之一例）。今吾国大学改革之案，不以文、理二科之设，视为大学设备之最小限度，而定为大学分科之极限；不以承认有单科大学之例外为足，而定单科大学为通则。不诚过犹不及哉？各科学术，原有联贯。一综合体之中，各科同授，便利殊多。譬如文科与法科，法科与商科，工科与理科，理科与医科、农科，学术有密切之关系。综合则百般便于共通，独单则各须别为设备。是不仅原则上于高等学术研究之利便有关，即行政经费之实际问题，亦大有差异也。若谓“文、理二科有研究所、实验室、图书馆、植物园、动物院等种种之设备，合为一区，已非容易。若遍设各科，而又加以医科之病院、工科之工场、农科之试验场等，则范围过大，不能各择适宜之地点”，则须知吾国地价之廉，公地之多，求一适当之大学地址，未见其为难事；且大学综合各科，亦不必定在一处。例如伦敦大学之所属各科学校，散在四处。日本东京帝国大学虽集中一地，而农科独远在别处，不为病也。今就北京而论，即令原有北京大学校舍，仅办文理二科，而以法政专门学校改为大学法科，医学专门学校改为医科，其他某项专门学校改为某科，但使其隶于一综合体之系中，同属北京大学，则虽各居一隅，仍可收共同组织之效，何所取而必令其完全独立，别成一大学？夫今日欲使大学为一有机体，新于一大学之中，发生各科，事实上究属困难，亦未见其必要。故就已有之专门学校改为大学分科，予亦极表赞同。且以为不惟限于北京大学，即各省设立大学，亦当循此办法，就固有之各项高等专门学校，为机械的结合。至若更进一步而定为单科独立之大学，则窃以为多立名目，增置机关，徒淆听闻，而增经费，殊可不必也。至于文、理二科，专属学理，其他各科，偏重致用之说，亦殊不足为文、理二科与其他截然分立为各独立大学之理由。盖学理致用两者之偏重偏轻，文、理二科与其他科之间，亦仅有程度之差，而无种类之别，集于同一大学，绝无滞碍。又况学理致用两者，本可互有助益，相辅而行者也。

综而言之，大学改制，同时须改良中学。中学年限，至少当为六年。俾普通学科根柢深厚，可以进受大学教育。如以中学毕业生，不必人人入大学，四年现制，别有维持之必要，则无妨两种中学并设：其一，仍旧四年，其他为六年，前者授通常中学教育，后者程度加高，以与大学连接。如并此制而亦以为难行，则中学仍一律维持四年之现制，而增设两年之补习科，以便有志入大学之卒业生，进求高等普通之学科，亦不失为一办法。如是，则大学尽可不设预科，而竭全力以从事于高等专门学术之发达。凡为大学，仍当以包有各项分科、形成综合体制为原则。单科独立大学之认可，仅可偶然作为例外。但各分科不必定由一大学之中，一切从新举办。即由固有之各项高等专门学校，择优改进，并属大学作为分科可矣。复次，大学分科年限，不必一律定为四年。须视各科学术之性质，需要研究时日之长短，分别酌定。例如医科无妨多至五年，至少亦非四年不为功。商科则三年似已可以竣事是也。浅识如予，又无教育经验，诚不敢于此重大问题轻下解决。管见所及，摭拾以陈，冀与留心教育之时贤共商之。

周春岳　民国六年十一月十七日

由苏格兰寓舍上

《新青年》第 4 卷第 5 号（1918 年 5 月 15 日出版）

《北京大学二十周年纪念册》序

（1918年4月27日）

人类之进化所以远速于他种动物者，以其有历史。历史者，能缩若干人、若干时之记忆为一组，因得以是为基础，而更求进步，要不外乎人群之纪念册耳。最久之纪念，得画数百年或千年为一时期，如历史家所谓上古史、中古史、近代史是也。其较短者，则自一年、十年、二十五年，以至百年，均可画为纪念之一期。吾国自虞夏时已有大学之制，见陈教授汉章所作《中国历代大学学制述》。然往昔太学国学，其性质范围，均与北京大学不可同年而语。然则往昔之太学国学，直当以高曾祖称视之。而北京大学本体，则不得不认为二十岁之青年也。吾人当二十岁时，尚未出预备时期，一言一动，影响于社会者无多；至五十以后，业经服务社会，则始有较为重要之关系。故世人之作寿序者，率在五十以上，从未有以二十岁而为之者。社会则不然，往往有一二年间成绩大著，足为纪念，故如各学校、各学会为一周年之纪念者，常有之。本校已历二十年，其间制度之沿革、人才之聚散，在在与吾国进化之程度有关，几有非此小册所能尽，此吾人读之而聊以自慰者。然使以此二十年中欧美各国大学之成绩与吾校相较，则吾人之自惭将如何！往者已矣，伏愿自此以后，本此二十年之成绩而奋进不已，使他日为二十五年纪念时，顿增重大之关系，略可以减吾人之惭而益其慰，则此纪念册之编辑为不虚耳。愿与吾校同人共勉之。

《北京大学日刊》第122号（1918年4月27日出版）

孔德学校教务评议会简则*

（1918 年春）

（一）本会以改进孔德学校教务，使渐即于同人理想中之新教育为宗旨。

（二）本会为华法教育会会员、北京大学教员及学生之父兄中同志者所组织。

（三）本会会务如左：

甲、审定课程。

乙、选定教科书。

丙、选聘教员。

丁、视察教务之进行。

（四）本会每月于第一星期开常会一次，其有特别需要时，得开临时会。

---

* 1917 年 12 月，华法教育会在北京创办孔德学校，蔡元培兼任校长。为促进新教育的实验，组织该校教务评议会，由蔡元培拟订简则，提出评议员名单。原题为《孔德学校教务评议会》。

赞成者签名如左：①

附：教务评议会会员题名（以姓之画数为次）

姓　名	职　务	
丁庶为绪贤	北京大学教员	宣武门外海北寺街
包玉英	同上	东城什方院
沈尹默	同上	
朱逷先希祖	同上	地安门内帘子库
李石曾煜瀛	同上	遂安伯胡同四号
何伊榘尚平	同上	东四北羊尾巴胡同孔宅
胡适之适	同上	南池子
陈独秀	北京大学学长	孟公府箭杆胡同
陈伯年大齐	北京大学教员	地安门内东板桥
马幼渔裕藻	同上	同上
马季明	协和医学院教员	什方院
马隅卿廉	浙江旅津公学教员	天津
徐悲鸿	北京大学画法研究会导师	后门吉祥寺
张申府崧年	北京大学助教	南池子中间
贺培之之才	北京大学教员	东安门外黄土坑
彭志云济群		旧帘子胡同〔?〕
刘半农复	北京大学教员	
蒋梦麟	职业教育社书记长	山〔上〕海江苏省教育会
蔡孑民元培	北京大学校长	东堂子胡同三十三号

---

① 赞成者签名的为钱玄同、陈大齐、刘复、朱希祖、沈尹默、马裕藻、马鉴、蔡元培、顾兆麐、彭济群等十人。此件油印分发，蔡元培在原稿上注明："印至（四）条止，赞成者以下不必印。"

穆穆斋耀枢	天津孔德中学校长	天津
钱玄同	北京大学教员	琉璃厂高等师范学校教员寄宿舍
钱秣陵振椿	同上	
顾梦渔兆熊	同上	东城新开路
顾石君兆麐	京师学务局科长	同上

蔡元培手稿

教育研究会讨论修订教科书问题的记录*

(1918年春)

顾石君君：现行教科书之缺点：（一）材料之缺乏；（二）教授时之困难（程度不合于儿童之心理）。

何尚平君：理科：商务印书馆教科书，材料（时与地）不易得实物；文理太艰深（学生以背诵为事）；学生笔记（教科书所有者不可用）。

朱遏先君：（一）国民教育资料表之重要；（二）教科书之文理太深，陈义太高。国文教科书文理不通者尚少，地理、历史则文理多有不通者。　数字则次序不善。

文法及字典之重要。　选字。先选定材料而后可以选字。先即教科书而以资料表检校之。

张崧年君：小学教科之统一，不可分为各部。编教科书者偏于一方面着眼，故失统一，而彼此不相关应。

---

* 北京孔德学校教务评议会成立后，蔡元培召集全体评议员及部分教员举行教育研究会，讨论修改教科书问题。他主持会议时，亲自作这一讨论记录。原题为《教育研究会记录》。

朱逿先君：此国民教育资料表之所以必要。现行教科书未有此计画，故彼此重复者甚多。

徐悲鸿君：图画：小学生之毛笔画（以毛笔绘于纸），殊不相宜。以象形字为图画之起点，即以垩笔绘于石版。中学之图画教科书，在教育部并不预定系统。一年级尚可用自然画，二年级以上当注重用器画。自然画当注重写生。

马幼渔君：国民教育资料表，当集众而成之，固所赞成。但各种教科书必有互相联络之点，如张君所提出者。

文言之弊，当改为白话，不特初等小学，即高等小学亦然。编时即预备语典。 白话用字，如虚字等，画数较多，可以注音字母代之（助词、介词、连词，副词亦然，如关关雎鸠之属）。

钱玄同君：改国文为国语，教育部中人亦有此议。我以为中等以上亦可用白话，无论理之浅深，均以白话为是。古人用古语，今人自然当用今语，如司马迁改《尚书》以入《史记》之例。或疑白话中词不足用。正惟如此，吾人不可不以白话阐发高深学理，以促白话之进步。中国语言不统一，究以何等语为适用之白话，我以为当采极普通之语，即俗所谓官话者近是，非以其为官之话，而以其为各人牺牲其本省之土音而变成之话也。教科书用此，则语言以渐统一。

通行之小说即此类。惟小说中尚有不习见之字，而教科书必去之。白话与文言同者，不妨采用文言，即之、乎、者、也之类，亦无不可。但教白话以前，不可不授以注音字母，知品音后，始授教科书。教科书字旁均注以字母。如此，则字音必渐统一。我所言却偏于形式，然形式不适，则材式虽适，而亦不免障碍。

沈兼士君：小学教科书用白话，固当。然文言亦不能省。我以为可仿日本之例，于白话以渐参入文言，则白话能进步，因现在之白话，缺点太多。中学以上，有资于古代文明之印证，不能不兼通文言。白话当以能宣诸口者为准。有音无字者，宜求久废不用之字以补之。

陈伯年君：形式之重要，如钱君所说。 我常怀疑儿童于学校中常闻科学之理论，而所好者，乃仍为家中迷信之谈，教科与习惯不相联络，其原因固复杂，而文、言之不一致，必其一端。地理本枯燥之教科，必活用之，始足以引起兴趣，而编者常连用多数之固有名词。

姚书诚君：小学教科书与中学教科书联络之必要。 今之教科书，举修身为例，多取材于外籍，训话尚可，例话则不必何所本。编修身书者，当视国民性之所缺，而以何者补之。 最重要之问题为国文。今之教科书，不能谓为言文一致，在教者已视为浅薄，而学者实尚不能了解。吾人当注重实用之文。家庭并不赞成言文一致，学生读《原道》等文，作摹仿之文，则父兄喜之，否则以为不成文字。 数学书编辑较易，因有西文或日文之书可为模范也。 人以为各种教科书均尚浅显，诚然。然如算术中言买梨几只，在南方或有此语，而北方则以为不成语，故当用最普通之语。历史之事实，为儿童所喜，而其文词，则儿童苦之，故各科均当言文一致。改革教科书，当先定各科之主义，乃编各科要目。

徐悲鸿君：统一语言之法，在扩充高等师范学额，而以一种之标准语教之，如用北京话，则必所言为北京人悉能了解而后已。在国民学校，可用土语；高等小学，则必用标准语。

沈尹默君：以注音字母授小学生，语言之统一最易。惟究选何种语，不易定。只能于语言中去其最鄙俚者，使接近于文字。今日所急须讨论者，即姚君所谓须先定主张，姚君对于各科而言，我谓当从全体着想。此不可不就儿童心理之研究以为根据。如儿童道德意识调查表中，对于“有人侮你，你将如何”……问题，答者多以“让之”为言。如吾国之国民性果如此，则吾人对于此而应取如何如何之方针，此最重要者也。教育者本有改良社会之责任，不可全以循顺社会为事。今之教育，易于教人作伪。商务、中华教科书之缺点，固在材料之缺联络，尤在无主张。教科书无永久不改之理。文理浅显亦是要点，不能以有障碍而不敢用白话。

钱秣陵君：教科书以养成“眼光”为要旨。地理最适于养成儿童之眼光。现行之教科书均不合用。愿介绍较宜之教科书。上海地学研究会所出之高等小学及中国〔学〕教科书，较适宜于养成眼光。讲本国地理，必以外国地理为对照，始能养成世界眼光。

顾石君君：今日会议须定一办法。宜就各部分推一主任，各人就其所属之部，条举其对于现行教科书之意见，而报告于主任，乃定进行之方。

胡适之君：今日之会，所讨论者，或范围太广，或太狭。我以为教科书尚是第二问题，当先定一大方针。如孔德学校者，是否为一试验新教育之机关，果尔，则教育之方针，当以发达个性、养成完全之人为主义，非养成圣贤。修身一科，直可不用。是否能废弃现有之课程表，而采用注重文字以外之教育，而减少时间与年龄①，如西人多用游戏等以代文字等教科之类（如地理、历史之类皆是）。

李石曾君：胡君之意，甚所赞成，而办法却不能不斟酌，如为升学等问题是也。以背诵文字教修身，固属非是，但不必废修身，而改良之，似无不可。修身本实行之事，若活用之，与体操相类，似无害。又旧式之地理、历史，固无用，若以新地学、新史学为教，似亦无害。因胡先生举此三者为例，故附及之。

丁庶为君：教科书以背诵为事，固不可，然亦非不可活用。以理科言之，其学理必以最简单之试验证明之。吾国不但小学、中学，即大学中预科，尚无试验，至本科始有之。其实，自始即当以试验代教科书。就教科书而言，（一）性质，（二）资料，（三）体裁。资料须由各科担任者定之，体裁用白话，甚善。钱先

---

① “龄”字疑为“限”字的笔误。

生所主参用注音字母，甚善。但用字母，不可无字典，且须简单者，学生、教员、编辑者、学生之家庭皆不可少。凡教科书所选及教员黑板所书，均不得出此字典之范围。

沈兼士君：因沈君所言儿童道德，胡君所言废修身，及李君所言改良修身，而发一感想。以为儿童道德之不良，多由于家庭之牵掣。我以为宜于学校中常开家庭恳亲会，由学校与家庭互相讨论，日本多有专书言之。且宜联合本京各小学校教员常相讨论。

朱遏先君：今[宜]所宜先决者，为教科书是否须改良问题。至教授法则可讨论者甚多，恐不及于今日讨论之。

郑际唐君：公立学校与私立者不同，不能自由废止教科书。据蔡先生言，此时值张君在京，可改编教科书。与之商酌改印，似属普通应用之教科书。

胡适之君：我意试验学校不必拘定教育部章程，我等当自由讨论，报告于教育部，以备采用。至所谓废修身、史、地等课者，谓于浅显之国文中包括之。

蔡孑民君：今日所讨论者，约有四问题：（一）教育之根本问题；（二）教授资料；（三）教科书之形式；（四）各科联络问题。

沈兼士君：去“泰”去“甚”之说，甚所赞成。即就商务印书馆课本而言，其中如决非学生所能了解者先去之。

顾石君君：今日所议之教科书，决非专为孔德学校，而为全国各学校计。今日稍不一致之点，即或主张全体改编，或主张就现行教科书而去其“泰”“甚”者。前者非历久不能竣事，后者克期可以奏效。是否两者并行？

徐悲鸿君：今日所提出者，有两大问题：（一）根本问题；（二）文字问题。根本问题，固不易即解决；文字问题，似可早行解决。

李石曾君：根本问题与改良问题，似可分为两时期。如根本问题定于明年暑假后解决，改良问题定于本年暑假后实行。

何尚平君：教科书与讲义皆不妨废，以白话之笔记代之。

顾石君君：小学生并白话之笔记亦不能认识。

钱玄同君：李君所提议之改良问题，即可实行。即以改良之本在孔德校中以油印本应用，虽不能即用注音字，而各种符号，似可采用。

孙继□君：小学有可不用教科书者，如修身等。至小学教科书，当以言近旨远、词约趣丰为贵，而现行之教科书，乃适与之相反。小学国文既以此八字为准，当由文学家全用国语编之。高小学校当以文言与俗语相间。中学仍全用文言。国民课本宜请胡适之先生编之。高小宜由蔡先生以华工讲义之体编之。中学国文，鄙人辑有一本，当就正于诸先生。

蔡元培笔录的会议记录手稿

请于美国退回庚款留学名额中增加北大人选呈

（1918年5月1日）

呈为拟请咨商外交部增加美国退回赔款留学名额选派本校毕业学生前往留学事：

窃维国家富强，恃乎人才，人才陶铸，端赖教育。当教育初兴、学术幼稚之时，欲造宏博之人才，为强国之基础，则派生留学尚矣。

昔美当十九世纪前半，衰弱不振，欧洲列强不以同等国视之。美知转弱为强，非兴教育不可，于是开办学堂，遍立报馆，凡可使教育发达者，无不竭力从事。但卒以人才稀少，虽有大学，未臻完善，爰遣大学毕业生留学德国，冀截德国之长，以补其短。其结果，适如所期，著述发明，迭出不鲜。比年以来，进步尤速，其科学大家，类能独树一帜，以与德国相对峙。此美国假途于留学，以致其富强者也。

十九世纪后半之日本，其国势衰弱，与美国同。而其致强之道，亦与美国无异。在今日虽号称强国而其大学毕业生负笈于海外者，犹陆续不绝，盖非如是不足以进于学术较高之域也。

今中国之积弱十倍于日、美，而科学之不发达，较昔日之日、美尤甚。非我国子弟之资质，出于日、美人之下也，实以学术幼稚，欲求高深，苦无道耳。今者大学虽设有研究所，分门研究，冀达精益求精之域，然创办伊始，诸多简略，欲与欧美抗衡，今日尚不足以语此。故欲求国家富强，促学术发达，资遣学生留学实为当务之急，不可一日缓也。

本校向有派送学生之成例。前清光绪二十九年十一月，资遣学生三十一名赴日留学。三十二年七月，变通进士馆办法，分别资遣毕业学生赴日本留学游历。三十三年二月，复派师范毕业生八名赴英、法、美三国留学。自民国成立，国库奇绌，派生之举，因而停止。此不仅无以鼓励学生，亦且有碍学术发达，诚莫大之遗憾也。

兹为国家前途计，为本校毕业各生前途计，拟请钧部咨商外交部，就清华学校原定留学名额之上，每年酌添二十名，专备本校派遣毕业学生留学美国之用。查清华学校，资出于美国所退还之庚子赔款。美之出此，盖欲栽培我国子弟，至子弟之出自何校，谅勿计也。至外交部为清华主管之部，与清华关系当甚密切，然本校为国立大学，则于本校学生，断不至有所歧视。况本校所请者，只增加二十名额，于清华原额未尝减少，于国家负担不增分文，而于社会国家利益实多，诚一举而数善备也。再本校文、法、理、工四科每年毕业，约计十四班左右，每班以二人或一人计算，二十名之额，似难再减。所有选派本校毕业学生留学美国缘由及其办法，理合呈请钧部鉴核，并咨商外交部核准施行，实为公便。谨呈

教育总长

北京大学校长蔡

《北京大学日刊》第125号（1918年5月1日出版）

新教育与旧教育之歧点

——在天津中华书局“直隶全省小学会议欢迎会”上演说词

(1918年5月30日)

今日承京津中华书局代表之招，得与诸先生晤言一堂，不胜荣幸。中华书局，为供给教育资料之机关；诸君子皆有实施教育之职务。今日所相与讨论者，自然为教育问题。鄙人于小学教育，既未有经验；又于直隶省教育情形，未有所考察，不能为切实之贡献。谨以平日对于教育界之普通感想，质之于诸先生。

夫新教育所以异于旧教育者，有一要点焉，即教育者非以吾人教育儿童，而吾人受教于儿童之谓也。吾国之旧教育以养成科名仕宦之材为目的。科名仕宦，必经考试，考试必有诗文，欲作诗文，必不可不识古字、读古书、记古代琐事。于是先之以《千字文》《神童诗》《龙文鞭影》《幼学须知》等书，进之以四书五经，又次则学为八股文、五言八韵诗，其他若自然现象、社会状况，虽为儿童所亟欲了解者，均不得阑入教科，以其于应试无关也。是教者预定一目的，而强受教者以就之；故不问其性质之动静、资禀之锐钝，而教之止有一法，能者奖之，不能者罚之。如吾人之处置无机物然，石之凸者平之，铁之脆者煅之；如花匠编松柏为鹤鹿焉；如技者教狗马以舞蹈焉；如凶汉之割折幼童，而使为奇形怪状焉；追想及之，令人不寒而栗。新教育则否，在深知儿童身心发达之程序，而择种种适当之方法以助之。如农学家之于植物焉，干则灌溉之，弱则支持之，畏寒则置之温室，需食则资以肥料，好光则覆以有色之玻璃；其间种类之别、多寡之量，皆几经实验之结果，而后选定之；且随时试验，随时改良，决不敢挟成见以从事焉。故治新教育者，必以实验教育学为根柢。实验教育学者，欧美最新之科学，自实验心理学出，而尤与实验儿童心理学相关。其所试验者，曰感觉之阈，曰感觉之分别界，曰空间与时间之表象，曰反射，曰判断，曰注意力，曰同化作用，曰联想，曰意志之阅历，曰统觉，凡一切心理上之现象皆具焉。其试验之也，或以仪器，或以图画，或以言语，或以文字。其所为比较者，或以年龄，或以男女之别，或以外界一切之关系，或以祖先之遗传性，因而得种种普通之例，亦即因而得种种差别之点。虽今日尚未达完全之域，然研究所得，视昔之纯凭臆测者，已较有把握矣。

因而知教育者，与其守成法，毋宁尚自然；与其求划一，毋宁展个性。请举新教育之合于此主义者数端。一曰托尔斯泰（Tolstoy）之自由学校，其建设也，尚在实验教育学未起以前，乃本卢梭、裴斯泰洛齐、弗罗贝尔等之自然主义而推演之者；其学生无一定之位置，或坐于凳，或登于棹，或伏于窗槛，或踞于地板，惟其所欲；其课程亦无定时，惟学生之愿，常以种种对象间厕而行之；其教授之形式，惟有问答。闻近年比利时亦有此种学校，鄙人欲索其章程，适欧战起，比为德所据，不可得矣。二曰杜威（Dewey）之实用主义，杜威尝著《学校与普通生活》一书，力言学校教科与社会隔绝之害；附设一学校于芝加哥大学，即以人类所需之衣、食、住三者为工事标准，略分三部：一曰手工，如木工、金工之类，二曰烹饪，三曰缝织，而描画模型等皆属之；即由此而授以学理，如因烹饪而授以化学，因裁缝而授以数学，因手工而授以物理学、博物学，因原料所自出而授以地学，因各时代各民族工艺若服食之不同而授以历史学、人类学等，是也。三曰蒙台梭利之儿童室，即特设各种器具以启发儿童之心理作用者，是也；吾国已有译本，想诸君已见之。四曰某氏之以工作为操练说，此说不忆为何人所创，大约以能力说为基础。能力者，西文所谓 energy 也，近世自然哲学，以世界一切现象，不外乎能力之转移，如然煤生热，热能蒸水成汽，汽能运机，机能制器；即一种能力之由煤，而热，而汽，而机，而器，递相转移也。惟能力之转移，有经济与不经济之别，如水力可以运机发电，而我国海潮瀑布之属皆置而不用，是即不经济之一端也。近世教育，如手工图画等科，一方面为目力手力之操练，而一方面即有成绩品，此能力转移之经济者也。其他各种运动，大率止有操练，并无出品，则为不经济之转移。若合个人生理及社会需要两方面而研究之，设为种种手力足力之工作，以代拍球蹴球之戏；设为种种运输之工作，以利用竞走竞漕之役；则悉于体育之中，养成勤务之习惯，而一切过激之动作、凌人之虚荣心，亦可以免矣。其他类是之新说，为鄙人所未知者，尚不知凡几，亦足以见现代教育界之进步矣。吾国教育界，乃尚牢守几本教科书，以强迫全班之学生，其实与往日之《三字经》、四书五经等，不过五十步与百步之相差。欲救其弊，第一，须设实验教育之研究所；第二，教员须有充分之知识，足以应儿童之请益与模范而不匮；第三，则供给教育品者，亦当有种种参考之图画与仪器，以供教员之取资。如此，则始足语于新教育矣。

《北京大学日刊》第 150、151 号（1918 年 5 月 30、31 日出版）

《中学国文科教授之商榷》序

（1918年6月4日）

西人常称中学校中之希腊、拉丁为死语，以其不通行于今人喉舌也。吾国之所谓国文，其与普通语之接近，尚不及拉丁语与英法等语之密切。故吾人之学国文，本已难于西人之学死语矣。而西人之学死语也，仍以治活语之法治之，有适当之读本及文法，有适当之教授法，如解剖尸体而佐以种种之图说，尚不难于领悟。若吾人之治国文，则教者之所授，学者之所诵，模范文若干首已耳。而此等模范文，又大率偏于文学之性质，不必悉合乎论理者。于是学者不知其所以然，而泛泛然模仿之，教者亦不言其所以然，而泛泛然评改之，直如取埃及木乃伊而相与为表面之赏鉴，又奚怪乎中学毕业而国文尚在似通非通之境也。夏君宇众有鉴于此，以西人治活语之法，应用吾国之死语，作《中学国文科教授之商榷》一编。其于教者、学者之通病，既为极精确之抉摘，而于是所提出之标准与方法，皆循自然之次序，而语语可以实行。其他若教材排列与各科之联络、教授文法与外国文法取齐进主义，及中学校四年级当增授论理学大纲诸条，尤足矫专己守残之习惯。使中学国文教员能循是而实行之，则中学生国文之进步，决不至如今日之迟缓，可断言也。

北京大学新潮社编印《蔡孑民先生言行录》(1920 年出版)

《国立北京大学分科戊午同年录》序

（1918年6月26日）

中华民国七年，国立北京大学毕业诸君汇刻题名录，以为纪念。以本年二月十一日以后为旧历戊午岁，乃题为戊午同年录，而征词于余。余惟同年录之名，盖起于科举时代，冠以干支亦当时之习惯也。顾科举者，间数岁一举行之，非永久之机关。而科举中式之同年，其素不相识者，恒居大多数也。然而既为同年，则岁时集会，休戚相关，往往历久而不渝。盖人类互助之性，不能无所托，以表现同年者，亦其表现之一机会也。今本校毕业之同年，既有永久机关之母校以为基，而同年诸君，率皆朝夕聚首，互有讲习之关系，近者三四年，远者六七年矣。其情感之挚，必视科举时代之同年为倍蓰，可无疑也。余故不辞而题其端，以为证。

是年六月二十六日　蔡元培

《国立北京大学分科戊午同年录》（1918年出版）

请参加西山旅行队的北大同学述生活经历启

（1918 年 7 月 18 日）

同在一校，觌面或不相识；或相识矣，而不能知其从前之阅历与现在之状况，虽相识如未识也。在山诸君，人数无多，询问较便，爰提出左列诸问题，请逐条作答，无者阙之，随时送鄙人处。俟集有成数，鄙人亦当为诸君述一生之所经历，以增进彼此相识之程度焉。

七年七月十八日　蔡元培

（一）姓名字号

起名之义。如以一字为兄弟行所公用者，又偏旁或有取义等。字为尊长所命与，抑自命之与？别号何义？以有字、号为善与，抑以省之为善与？

（二）乡里

何省？何县？城与？乡与？故乡风景与北京比较何如？与西山比较何如？故乡人情风俗与北京比较何如？

（三）亲属

家世有何特点？父、母俱存与？品性如何？营何职业？兄、弟、姊、妹几人？年各若干岁？在何等学校，或任何等职务？已婚娶与？有子、女若干人？几岁？已订婚与？未婚妻是否在学校？未订婚与？所希望之婚配如何？赞成独身主义者与？

（四）品性

刚与？柔与？敏捷与？精细与？有何等嗜好？有不善之念，能自知之而自制之与？善善之念与恶恶之念，孰为偏胜？常以何事为消遣？

（五）学业

从前所受之教育如何？性所最近者为何种“科学”？平日所最苦者为何种“科学”？毕业后愿任何种职业？

（六）经济

家境如何？现在一年之费，皆家中所供给与？毕业以后，有自费游学或留京研究之能力与？现在一年之费，作如何分配？

（七）对于本校之关系

对于本校不满足之感何在？教员中所最佩服者何人？同学中所最亲善者何人？以何故而亲善之与？入何种会？

（八）入山以来之状况

卫生上、美学上之感想如何？每日之定程如何？于音乐、绘画及其他运动，以何者为最有兴会？

蔡元培手稿

《常识丛书》编辑会简章*

（1918年夏）

（一）本会宗旨，在以国语记述切要之学理与事实而次第传布之，使国内外年长失学者，均有补习常识之机会，故名为《常识丛书》①。

（二）编辑会②，本会发起人均为会员。其不在发起人之列而经发起人认为同志者，亦得陆续加入。

（三）本会所编丛书，分为普通、特别两类：

普通类以普通人所必需之知识为范围，其内容为语典、国语文选、古书今译、中外地理历史、中外风俗记、欧战记事及其他各种科学。

特别类专以国外侨工特别必需之知识为范围。其内容为侨工常识、侨工卫生、侨工历史、侨工组织、侨工小说、工会组织、工人经济等。

---

* 蔡元培邀约胡适、沈尹默、刘半农等人发起编印《常识丛书》。在手订本简章之前，他还草拟了“要点”，绝大部分吸收到本简章各条中。

① 《常识丛书》：“要点”原定为“《常识丛编》”。

② 编辑会：“要点”原定为“编辑部”。

（四）对两类之内容，又区为七部。兹举第一次到会诸人认编者分部如左：

第一国语部（认编者：胡适、刘复、马裕藻、朱希祖、钱玄同、沈尹默）。

第二史地部（认编者：马裕藻、朱希祖）。

第三物质科学部（认编者：丁绪贤、秦汾）。

第四精神科学部（认编者：胡适、蔡元培）。

第五艺术部（认编者：李煜瀛、蔡元培）。

第六闲书部（认编者：刘复）。

第七侨工部（认编者：李煜瀛）。

（五）丛书中各编，由会员推定各部主任，预拟目录，志别先后次序，交各会员分编之。

（六）会外人所编之稿，本会亦得收受，但本会有订正之责。

（七）丛书中每册叶数，自五十叶至百叶（每叶约四百字），用新式句读及插画，并酌量旁注注音字母。

（八）编成各册，由商务印书馆任印。其版权或售或赁，由编辑者临时定之，别与商务印书馆订立契约①。

蔡元培手稿

---

① “要点”中版权后尚有期限一条：“期限——三个月一部，以本年十一月杪为第一次交稿之期限。”未列入本简章。

北京大学一九一八年开学式演说词

（1918年9月20日）

大学为纯粹研究学问之机关，不可视为养成资格之所，亦不可视为贩卖知识之所。学者当有研究学问之兴趣，尤当养成学问家之人格。本校一年以来，设研究所，增参考书，均为提起研究学问兴趣起见。又如设进德会，书法、画法、乐理研究会，开校役夜班，助成学生银行、消费公社等，均为养成学生人格起见。此皆诸生所当注意者。且诸生须知既名大学，则万不可有专己守残之习。一年以来，于英语外，兼提倡法、德、俄、意等国语，及世界语；于旧文学外，兼提倡本国近世文学，及世界新文学；于数、理、化等学外，兼征集全国生物标本，并与法京“巴斯德生物学院”协商设立分院。近并鉴于文科学生轻忽自然科学，理科学生轻忽文学、哲学之弊，为沟通文、理两科之计画，望诸生亦心知其意，毋涉专己守残之习也。

北京大学新潮社编印《蔡孑民先生言行录》（1920年出版）

对傅斯年来函的案语

（1918 年 10 月 8 日）

案：傅君以哲学门隶属文科为不当，诚然。然组入理科，则所谓文科者，不益将使人视为空虚之府乎？治哲学者，不能不根据科学，即文学、史学，亦莫不然。不特文学、史学，近皆用科学的研究方法也。文学必根据于心理学及美学等，今之实验心理学及实验美学，皆可属于理科者也。史学必根据于地质学、地文学、人类学等，是数者，皆属于理科者也。如哲学可并入理科，则文、史亦然。如以理科之名，仅足为自然科学之代表，不足以包文学，则哲学之玄学，亦决非理科所能包也。至于分设文、哲、理三科，则彼此错综之处更多。以上两法，似皆不如破除文、理两科之界限，而合组为大学本科之为适当也。

蔡元培　附识

附：傅斯年来函

论哲学门隶属文科之流弊

校长先生钧鉴：

月来学生对于吾校哲学门隶属文科之制度，颇有怀疑之念，谨贡愚见于次。

以哲学、文学、史学统为一科，而号曰文科，在于西洋恐无此学制。日本大学制度，本属集合殊国性质至不齐一之学制而强合之，其不伦不类，一望而知。即以文科一端而论，卒业于哲学门者，乃号“文学士”。文科之内，有哲学门，稍思其义，便生“觚不觚”之感也。

中国人之研治哲学者，恒以历史为材料。西洋人则恒以自然科学为材料。考之哲学历史，凡自然科学作一大进步时，即哲学发一异彩之日。以历史为哲学之根据，其用甚局；以自然科学为哲学之根据，其用至溥。美国研治科学，得博士位者，号“哲学博士”。英国牛津诸大学，研治哲学得博士位者，号“科学博士”。于是可知哲学与科学之关系长，而与文学之关系薄也。

今文科统括三门：曰哲学，曰文学，曰史学。文、史两途，性质固不齐一。史为科学，而文为艺术。今世有以科学方法研治文学原理者，或字此曰 science of literature（见《赫胥黎杂论集》），或字此曰 philosophy of literature（赫文引他说）。然是不过文学研究之一面，其主体固是艺术，不为科学也。虽然，文、史二事，相用至殷，自通常观之，史书之文，为文学之一部，而中国“文史”一称，相习沿用久矣。循名责实，文、史二门，宜不必分也。返观哲学，于文学绝少联络，不可以文史合科之例衡之。

以为哲学、文学联络最为密切，哲学、科学若少关系者，中国人之谬见然也。盖习文学者，恒发为立〔玄〕想、作玄谈者，每娴于文学，不知文学本质，原属普遍。西洋为哲学者，固恒有文学之兴会，其为科学者，亦莫不然，文学家固多兼诣哲学者，其兼诣科学者，尤不少也。中国文学，历来缺普及之性，独以高典幽艰为当然，又以无科学家，而文士又惯以玄语盖其浅陋，遂致文学与科学之关系，不可得见，反以哲学、文学、史学为三位一体焉。今为学制，宜祛此惑，不宜仍此弊也。

文学与哲学合为一门，于文学无害也，而于哲学则失当。何以言之？习文学者，能谋哲学学科之联络，其运用文学之思想，必不浅陋。然哲学取资于文学处，殊可概见。哲学主知，文学主情，哲学于各种问题恒求其能决，文学则恒以不解解之，哲学于事理分析毫厘，文学则强以感象为重，其本异，其途殊。今固不可谓哲学与文学毫不相干，然哲学所取资于文学者，较之所取资于科学者，固不及什一也。

一年以前，吾校之哲学门，仅可谓为“大清国大学经科理学门”（清季学制，经科有理学门，文科无哲学门），不足当哲学门之名。诚以所授诣者，不为古典之学（classicism），便是怪秘之论（mysticism），何有于哲学？今以教员之选、课程之革，大愈于前矣。然若不出哲学门于文科，入之理科，一般人之观念，犹如昔也。自学生观察所及者言之，同学诸君，以及外人，对于文科之观念，恒以为空虚之府，其志愿入此门者，绝不肯于自然科学多所用心。持是心理以观哲学，本此见识以学哲学，去哲学之真，不亦远乎。今学生所以主张哲学门应归于理科者，不仅按名求实，以为哲学不应被以文科之名也，实缘哲学入之文科，众多误会，因之以生，若改入理科，则大众对之，观念顿异，然后谋哲学与理科诸门课程上之联络，一转移间，精神上之变革，为不少矣。

若就教授上之联络而论，哲学门尤宜入之理科。物理门之理论物理，化学门之理论化学，数学门之天文学、聚数论、微积分，动植物门之生物学、人类学，皆与哲学有亲切之关系。在于西洋，凡欲研治哲学者，其算学认识，必须甚高，其自然科学知识，必具大概。今吾校之哲学门，乃轻其所重，绝不与理科诸门谋教授上之联络，窃所未喻也。

今之文预科，为预备入文学、哲学、史学三门而设，无所区别。试问此三门之预科，固应课程齐一耶？哲学门之预科，则不必然。又同学科，对于预备习文学之人，对于预备习哲学之人，应异其教授范围与其方法。哲学门之预科，其性质当与理科为近，而于文学门预科为远也。

总而言之，为使大众对于哲学有一正确之观念，不得不入之理科。为谋与理科诸门教授上之联络，不得不入之理科。为预科课程计，不得不入之理科。

然如此改革，事实上容有困难。即此兼统哲、理两方面之学长，人选已至不易。必不得已，惟有使哲学门独立为一科，今之文、理两科，变作哲、理、文三科也。若疑哲学一门不能成科，则性质同者，虽万门不妨归之一科，性质介立，虽一门不嫌单独也。

若犹以如此改革牵动学制，非可率然为之者，则学生为最少量之请求，乞分文预科为两类：一为哲学门设者，一为文学、史学门设者。其哲学门预科之课程与教授之范围及方法，应与文学、史学门预科，异其旨趣。

以上所言，不过一时率然想到，恐不尽当。可否之处？乞斟酌。

学生傅斯年谨启　八月九日

《北京大学日刊》第222号（1918年10月8日出版）

在专门以上学校校长会议提出讨论之问题

（1918年10月30日）

（一）关于大学组织之问题

（甲）采用选科制

民国六年十月，教育部召集在京各高等学校代表会议，修改大学规程，时北京大学文科曾提出大学废去年级制、采用选科制议案，当经与会诸代表通过。其后教育部征集改订大学课程，即本此计划。今各科改革草案，均已汇送部中，似宜提出此次会议，参酌下文（乙）项之议案，重行修正，议决后由教育部颁布明令施行。

（乙）大学本科与分科大学

（1）大学本科。本旧规程中文、理两科所列之科目，而益以其他各科之基础科学（例如，医科之解剖学、组织学等，编入生物学门；法科之国家学、法理学等，编入社会学门），为大学本科。融通文、理两科之界限：习文科各门者，不可不兼习理科中之某种（如习史学者，兼习地质学；习哲学者，兼习生物学之类）；习理科者，不可不兼习文科之某种（如哲学史、文明史之类）。变通现有文、理两科各设学长之制。大学本科只设学长一人，由大学教授会开全体大会选举三人，由校长择一人任之，任期为二年，但可以连任。（附大学本科学科编制法草案，从略。）

（2）分科大学。于旧规程中所列举之法、商、医、农、工外，增设美术一门，兼授音乐、图画、雕刻、建筑等美术。法科大学可专授法律，其政治学及经济学各门，可并入大学本科。

又第（八）条问已成立之各大学所设各专门，应如何使适合需要，不使重复。现北京大学之工科并入北洋大学，而北洋大学之法科并入北京大学，即以此故。（下略）

《北京大学日刊》第240、241号（1918年10月30日、31日出版）

《北京大学月刊》发刊词

（1918 年 11 月 10 日）

北京大学之设立，既二十年于兹，向者自规程而外，别无何等印刷品流布于人间。自去年有《日刊》，而全校同人始有联络感情、交换意见之机关，且亦借以报告吾校现状于全国教育界。顾《日刊》篇幅无多，且半为本校通告所占，不能载长篇学说，于是有《月刊》之计划。

以吾校设备之不完全，教员之忙于授课，而且或于授课以外，兼任别种机关之职务，则夫《月刊》取材之难，可以想见。然而吾校必发行《月刊》者，有三要点焉。

一曰尽吾校同人所能尽之责任

所谓大学者，非仅为多数学生按时授课、造成一毕业生之资格而已也，实以是为共同研究学术之机关。研究也者，非徒输入欧化，而必于欧化之中为更进之发明；非徒保存国粹，而必以科学方法，揭国粹之真相。虽曰吾校实验室、图书馆等缺略不具，而外界学会、工场之属无可取资，求有所新发明，其难固倍蓰于欧美学者，然十六七世纪以前，欧洲学者，其所凭借，有以逾于吾人乎？即吾国周、秦学者，其所凭借，有以逾于吾人乎？苟吾人不以此自馁，利用此简单之设备、短少之时间，以从事于研究，要必有几许之新义，可以贡献于吾国之学者，及世界之学者。使无《月刊》以发表之，则将并此少许之贡献，而靳而不与，吾人之愧歉当何如耶？

二曰破学生专己守残之陋见

吾国学子，承举子、文人之旧习，虽有少数高才生知以科学为单纯之目的，而大多数或以学校为科举，但能教室听讲，年考及格，有取得毕业证书之资格，则他无所求；或以学校为书院，媛媛姝姝，守一先生之言，而排斥其他。于是治文学者，恒蔑视科学，而不知近世文学，全以科学为基础；治一国文学者，恒不肯兼涉他国，不知文学之进步，亦有资于比较；治自然科学者，局守一门，而不肯稍涉哲学，而不知哲学即科学之归宿，其中如自然哲学一部，尤为科学家所需要；治哲学者，以能读古书为足用，不耐烦于科学之实验，而不知哲学之基础不外科学，即最超然之玄学，亦不能与科学全无关系。有《月刊》以网罗各方面之学说，庶学者读之，而于专精之余，旁涉种种有关系之学理，庶有以祛其褊狭之意见，而且对于同校之教员及学生，皆有交换知识之机会，而不至于隔阂矣。

三曰释校外学者之怀疑

大学者，“囊括大典，网罗众家”之学府也。《礼记·中庸》曰：“万物并育而不相害，道并行而不相悖。”足以形容之。如人身然，官体之有左右也，呼吸之有出入也，骨肉之有刚柔也，若相反而实相成。各国大学，哲学之唯心论与唯物论，文学、美术之理想派与写实派，计学之干涉论与放任论，伦理学之动机论与功利论，宇宙论之乐天观与厌世观，常樊然并峙于其中，此思想自由之通则，而大学之所以为大也。吾国承数千年学术专制之积习，常好以见闻所及，持一孔之论。闻吾校有近世文学一科，兼治宋、元以后之小说、曲本，则以为排斥旧文学，而不知周、秦、两汉文学，六朝文学，唐、宋文学，其讲座固在也；闻吾校之伦理学用欧美学说，则以为废弃国粹，而不知哲学门中，于周、秦诸子，宋、元道学，固亦为专精之研究也；闻吾校延聘讲师，讲佛学相宗，则以为提倡佛教，而不知此不过印度哲学之一支，借以资心理学、论理学之印证，而初无与于宗教，并不破思想自由之原则也。论者知其一而不知其二，则深以为怪。今有《月刊》以宣布各方面之意见，则校外读者，当亦能知吾校兼容并收之主义，而不至以一道同风之旧见相绳矣。

以上三者，皆吾校所以发行《月刊》之本意也。至《月刊》之内容，是否能副此希望，则在吾校同人之自勉，而静俟读者之批判而已。

《北京大学月刊》第1卷第1号（1919年1月出版）

德国分科中学之说明

（1918 年 11 月 15 日）

近日，北京大学方鉴于文理分科之流弊，提出“文理合并”之议，而中学教育界乃盛传“文实分科”之说，异哉！原中学文实分科说之由来：

（1）由国文教员嫌国文教授时间之不足，而欲减数学若自然科学之时间以补之。

（2）由数学教员嫌数学教授时间之不足，而欲减国文若历史、地理之时间以足之。

为调和两者计，乃有文实分科之说，在清季已试行之。其制盖有数种流弊：

（1）各省竞设文科中学，而实科至少。以实科之设备较普通中学需费更巨，其教员亦非现在高等师范之毕业生不能任。至于文科，则设备之费更简，而科举时代之文人皆可为教员也。

（2）既少实科中学，则专门以上学校之属于文、法、商诸科者，虽不患无可招之生，而理、医、工、农诸科，则合格之生甚少。

（3）文、法、商诸科所招之中学毕业生，科学知识太缺乏，仍为变相的举子，而不适于科学万能之新时代。

故民国元年，教育部取消文实分科之制，而定现行之中学制。在现行中学制所需改革之点固多，而决无恢复文实分科之理。说者动引德国文实分科制以为凭借，不知德之中学，本止文科，其后因时势之需要而增设实科，未几又有文实合科之制。后者已出，而前者未被淘汰，且因一部分人之尽力，前者亦次第改良，有以适应乎时势，故亦随教育之进步而稍有增设，遂使三者得并存于教育界，初非建设之初即规定有此三种也。今先述三种中学教科差别之大略，及建设时期如下：

<table>
<tr><th></th><th></th><th>文科</th><th>实科</th><th>文实科</th><th>新式</th></tr>
<tr><td rowspan="10">教科</td><td>第六级</td><td>拉丁〈文〉开始</td><td rowspan="9">无希腊〈文〉、拉丁〈文〉，而注重于法语、英语、数学、自然科学及图绘</td><td rowspan="9">无希腊文。注重拉丁文，如文科。注重法语、英语、数学、自然科学，如实科</td><td rowspan="3">惟有一种近世外国语（如法国语之类）</td></tr>
<tr><td>第五级</td><td></td></tr>
<tr><td>第四级</td><td>法语始</td></tr>
<tr><td>第三级下</td><td>希腊〈文〉开始</td><td rowspan="6">实科无拉丁〈文〉、希腊〈文〉。文科有拉丁〈文〉及希腊〈文〉。文实科有拉丁〈文〉，无希腊〈文〉</td></tr>
<tr><td>第三级上</td><td></td></tr>
<tr><td>第二级下</td><td></td></tr>
<tr><td>第二级上</td><td>英语始</td></tr>
<tr><td>第一级下</td><td></td></tr>
<tr><td>第一级上</td><td></td></tr>
<tr><td></td><td>其他历史、地理、国语、数学、宗教、自然科学、图绘、体操、唱歌</td><td>余同上</td><td>余同上</td><td>余同上</td></tr>
<tr><td>创始时代</td><td></td><td>中古时代</td><td>一八六〇年</td><td>未详，稍后于实科</td><td>最近</td></tr>
</table>

续表

校数增加率	一八九五年	四三九	一九八	一二八	未详
	一九〇三年	四六八	二六五	一二二	未详

方实科及文实科中学之初设也，其毕业生之资格不能与文科等。文科毕业生，得于大学之神学、哲学、医学、法学四科自由选择；而其他两校毕业生，仅得进哲学科之近世外国语、数学及自然科学等门。及其毕业于大学也，文科出身者，得任各种官吏；而其他两校出身者，以下级官吏为限。文科出身者，得任各种教员；而其他两校出身者，以中学校中一部分之教员为限。及一八九八年及九九年，教育会议之结果，而资格遂以平等，惟非文科毕业生欲入神学、法学两科，须受希腊文或拉丁文之特别试验而已。在实科诸生，以先习近世外国语之故，补习古代语，进步甚速。故佛郎福脱（Frankfort）之新式中学，遂规定先习近世外国语，而于第四年始习古代语；行之卓有成效，而其他都会仿行之，尚名为佛郎福脱式也。

由是观之，德国之中学制，由文科而趋于实科，乃有折中之文实科；由分而合，初不足为由合而分者之凭借也。

且欧式中学，年限较长，含有高等普通及高等预备之两种作用，故佛郎福脱式及法国式皆始合而后分。我国既采日本制，于大学及高等专门学校皆有预科（日本之高等学校，即大学预科），中学年限较短，而偏重高等普通一作用。若分中学为两科，是破坏普通教育之原则矣。今并表法国中学制于下，以备参考。

小学	四年为第十至第七级		
中学		甲　种	乙　种
	第六级	有拉丁〈文〉或希腊〈文〉	无拉丁〈文〉，有两种近世外国语
	第五级		

续表

<table>
<tr><td rowspan="6">中学</td><td></td><td colspan="4">甲种</td><td colspan="4">乙种</td></tr>
<tr><td>第四级</td><td colspan="4" rowspan="2"></td><td colspan="4">自是年起，国语及科学加重</td></tr>
<tr><td>第三级</td><td colspan="4"></td></tr>
<tr><td>第二级</td><td colspan="2" rowspan="2">（子）
拉丁〈文〉、希腊〈文〉</td><td colspan="2" rowspan="2">（丑）
拉丁〈文〉及近世外国语</td><td colspan="2" rowspan="2">（寅）
拉丁〈文〉及较完备的科学</td><td colspan="2" rowspan="2">（卯）
近世外国语及较完备的科学</td></tr>
<tr><td>第一级</td></tr>
<tr><td>哲学数学级</td><td>（天）
哲学</td><td>（地）
数学</td><td>（玄）
哲学</td><td>（黄）
数学</td><td>（宇）
哲学</td><td>（宙）
数学</td><td>（洪）
哲学</td><td>（荒）
数学</td></tr>
</table>

《新青年》第5卷第5号（1918年11月15日出版）

劳工神圣

——在北京天安门举行庆祝协约国胜利大会上演说词

（1918 年 11 月 16 日）

诸君：

此次世界大战争，协商国竟得最后胜利，可以消灭种种黑暗的主义，发展种种光明的主义。我昨日曾经说过，可见此次战争的价值了。但是我们四万万同胞，直接加入的，除了在法国的十五万华工，还有什么人？这不算怪事！此后的世界，全是劳工的世界呵！

我说的劳工，不但是金工、木工等等，凡用自己的劳力作成有益他人的事业，不管他用的是体力，是脑力，都是劳工。所以农是种植的工，商是转运的工，学校职员、著述家、发明家，是教育的工，我们都是劳工。我们要自己认识劳工的价值。劳工神圣！

我们不要羡慕那凭借遗产的纨绔儿！不要羡慕那卖国营私的官吏！不要羡慕那克扣军饷的军官！不要羡慕那操纵票价的商人！不要羡慕那领干脩的顾问咨议！不要羡慕那出售选举票的议员！他们虽然奢侈点，但是良心上不及我们的平安多了。我们要认清我们的价值。劳工神圣！

《北京大学日刊》第 260 号（1918 年 11 月 27 日出版）

对北大学生全体参与庆祝协商战胜提灯会之说明

（1918 年 11 月 28 日）

人者，群性的动物也，不能孤立而生存，动必以群。群有大小，小群常包于大群。大群之休戚，常即为小群以内分子之休戚。学校，群之小者也，不能外于较大之群之国家，尤不能外于最大之群之世界。世界之休戚，国家之休戚随之。国家之休戚，学校之休戚随之。学校之休戚，学生之休戚随之。

世界大战争开始以来，吾国之受其影响何苦，南北战争之延长也，实业之停顿也，金融之恐慌也，皆其征也。其在吾校，则经费之支绌也，书籍仪器之腾贵而缺乏也，游学之困难也，何一非世界大战争之影响。诸生固已身受之而厌苦之。

向使德国竟占胜利，而军国主义横行世界，则我国之命运将如何，其影响于我校者如何，影响于诸生者如何？诸生试以数月前全体赴总统府请愿之事，比例而推想之，恐有什百倍于曩日之恐慌者。

幸而正义果胜强权，协约国竟占最后之胜利。外之既暂纾侵略之祸，内之亦已杀主战之焰，我国已有一线生机。苟世界和平会议中，法国之人权宣言，美总统之媾和条件，果能实行，则限制军备，自由通商，全世界皆有熙熙皞皞之象。以我国人工之众、物产之饶，实业必且大兴。不惟国民均受其福，而教育界之发展，宁可限量。诸生苟果有世界眼光，有国家观念，对于此次协约国之胜利，宜如何欢欣鼓舞。即使仅为本校前途、个人学业起见，亦应抱如何乐观耶！

且学校之中，以课程为第一义。教育部之所以允放假三日者，岂真牺牲此三日中教室、实验室、研究所之课程，以供诸生饮食征逐、逛市场、入剧院、作无聊之消遣已耶？夫亦愿诸生获得较深刻之印象，得以放开世界眼光，促起国家观念。无形之训练，有较二十余时间之课程为重要者，故毅然行之耳。而此无形训练之烧点，即以提灯会代表之。诸生对于此举，宜如何热心，始得不辜负此三日间之所牺牲耶？

且使一校之中，有一二人焉，明知他校全体整齐愉快之状况，而忍使本校不免有缺点焉；又或一班之中，有一二人焉，明知他班全体整齐愉快之状况，而忍使本班不免有缺点焉；此其人即不屑以世界眼光、国家观念等绳之，而第即其对于本校及本班之无情，亦必为同班诸生所不齿。故本校不复为按名稽核之举，而仅记何班是否全到。苟有规避不到者，请本班同学自检举之，然后施以相当之惩戒。同班诸生，决不恕此无情之同学，而为之容隐，此本校职员所深信不疑者也。

北京大学新潮社编印《蔡孑民先生言行录》（1920 年出版）

教育之对待的发展

（1919 年 2 月）

吾人所处之世界，对待的世界也。磁电之流，有阳极则必有阴极；植物之生，上发枝叶，则下茁根荄，非对待的发展乎？初民数学之知识，由一至五而已，及其进步，自五而积之，以至于无穷大，抑亦自一而析之，以至于无穷小，非对待的发展乎？古人所观察之物象，上有日月星辰，下有动植水土而已；及其进步，则大之若日月之组织、恒星之光质，小之若微生植物之活动、原子电子之配置，皆能推测而记录之，非对待的发展乎？

教育之发展也亦然。在家族主义时代所教训者，夫妇、亲子、兄弟间之关系，孝弟亲睦而已。及其进而为家族的国家主义，则益以君臣、朋友二伦，所扩张者犹是人与人之关系。而管仲之制，士之子恒为士，农之子恒为农，工之子恒为工，商之子恒为商，幼而习焉，不见异物而迁。李斯之制，焚诗书百家语，欲学法令者以吏为师。是个人职业教育之自由犹被限制也。进而为立宪的国家，一方面认个人有思想、言论、集会之自由，是为个性的发展；一方面有纳税、当兵之义务，对于国家而非对于君主，是为群性的发展。于是有所谓国民教育者。两方面发展之现象，亦以渐分明。虽然，群性以国家为界，个性以国民为界，适于甲国者，不必适于乙国。于是持军国民主义者，以军人为国民教育之标准；持贵族主义者，以绅士为标准；持教会主义者，以教义为标准；持实利主义者，以资本家为标准。个人所有者，为“民”权而非“人”权；教育家所行者，为“民权的”教育而非“人格的”教育。自人类智德进步，其群性渐溢乎国家以外，则有所谓世界主义若人道主义；其个性渐超乎国民以上，而有所谓人权若人格。

科学研究也，工农集会也，慈善事业之进行也，既皆为国际之组织，推之于一切事业，将无乎不然；而个人思想之自由，则虽临之以君父，监之以帝天，囿之以各种社会之习惯，亦将无所畏葸而一切有以自申。盖群性与个性的发展，相反而适以相成，是谓今日完全之人格，亦即新教育之标准也。持个人的无政府主义者，不顾群性；持极端的社会主义者，不顾个性；是为偏畸之说，言教育者其慎之。

吾友黄郛君著《欧战之教训及中国之将来》，对于吾国教育之计画，有曰：“立国于二十世纪，非养成国民具备两种相反对之性质不可：曰个人性与共同性……今次欧战教训，无论其国民对于国家如何忠实，若仅能待命而动，无独立独行之能力者，终不足以担负国家之大事。年前法国教育家钮渥曾著一论，谓‘从前世人尝有一疑问，谓教育之目的，究系为个人乎，抑为社会与国家乎？如为个人也，宜助长个性之发达，是与共同组织有碍也；如为社会与国家也，宜奖励共同性之养成，是阻止个性之发达也。吾今敢确切答复曰：此后国家之生存，必须全体国民同时具备此两面之资格而后可。故此后教育家之任务，在发见一种方法，能使国民内包的个性发达，同时使外延的社会与国家之共同性发达而已矣。’盖惟此二性具备者，方得谓此后国家所需要之完全国民也。”黄君之言，足以证教育对待的发展之义矣。余惜其仅为国民教育言，一间未达，故广其义，以著于篇，备今之言新教育者参考焉。

《新教育》第1卷第1期（1919年2月出版）

贫儿院与贫儿教育的关系

——在北京青年会演说词

(1919年3月15日)

贫儿院的历史同成效，刘景山先生已讲得很详细了。鄙人对于贫儿院，有一种特别感想，并且有一种特别希望。所以看得这一次的募捐，比较别种慈善事业尤为重要。请与诸位男女来宾讲讲。

贫儿是没有受家庭教育的机会，所以到院。这原是他们的不幸。但鄙人对于家庭教育很有点怀疑。第一层，教育是专门的事业，不是人人能担任的。譬如诸位有一块美玉，要琢成佩件，必要请教玉工。又如有几两黄金，要炼成首饰，必要请教金工。断不是人人自作的。现在要把自家子女造成适当的人物，敢道比琢玉炼金容易，人人可以自任的么？第二层，有子女的人，不是人人有实行教育的时间。男子呢，莫不有一定职业，就每日有一定作工的时间。作工完毕了，还有奔走公益的、应酬亲友的、随意消遣的。请问每日中有多少时间可以在家与他的子女相见？妇人呢，或是就职业，或是操家政，也有讲应酬好消遣的，请问每日中有多少时间可以专心对付他的子女？所以有钱的就把子女交给没有受过教育的仆婢，统统引诱坏了。没有钱的就听子女在家里胡闹，或在街上乱跑。父母闲暇了，高兴了，子女就有不好的事，也纵容他；忙不过来了，不高兴了，子女就有好的事，也瞎骂一阵、乱打几拳。这又是大多数父母的通病了。而且现在的家庭对于儿童可以算好的榜样么？正经的父母不知道儿童性情与成人大有不同，立了很严规矩，要儿童仿作，已经很不相宜了。还有大多数的父母夫妇的关系、兄弟妯娌的关系、姑嫂的关系、主仆的关系、亲戚邻居的关系，高兴了就开玩笑，讲别人的丑事；不高兴了，相骂相打。要是男子娶了妾，雇了许多男女仆，那就整日的演妒忌猜疑的事，甚且什么笑话都可以闹出来。这可以做儿童的榜样么？兼且成年的人爱看的书报与图画，爱听的笑话与鼓词，不免有不宜于儿童的，父母看了听了，可以不到儿童的耳目么？有许多儿童都是受了家庭不好的教育，进学校后很不容易改良。所以我对于家庭教育很有点怀疑。

我们古代的大教育家，要算是孔子、孟子。孔子有一个学生叫陈亢，疑孔子教训儿子总比教训学生有特别一点的。有一日问着孔子的儿子伯鱼。照伯鱼对答的：有一次遇见了他的父亲，问他学了诗没有。他说没有学。他的父亲就说了不学诗的短处。又有一次遇见了他的父亲，问他学了礼没有。他也说没有学。他的父亲就说了不学礼的短处。陈亢恍然大悟，知道君子是疏远他的儿子呢。孟子有一个学生，叫公孙丑，有一日问道："君子为什么不亲自教他的儿子?"孟子答道："办不到。教他必用正道。教了不听，必要怒。怒了便伤了父子的感情。万一儿子想着父亲教我的，他自己也还没有作到，这更是彼此互相责备，更坏了。所以古人用交换法把自己的儿子请别人教，反替别人教他的儿子呵。"照此看来，圣如孔子，贤如孟子，尚且不敢用家庭教育，何况平常人呢？

所以我的理想：一个地方必须于蒙养院与中小学校以外，有几个胎教院、几个乳儿院，都由专门的卫生家管理。胎教院的设备，如饮食、器具、花园、运动场、装饰的雕刻与图画、陈列的书报，都是有益于孕妇的身体与精神的。因为孕妇身体上受了损害，或精神上染了污浊，都要害及胎儿的。乳儿院的设备，必须于乳儿的母亲身体上、精神上都是有益的。要是母亲有了疾病，或发了邪淫、愤怒、悲愁的感情，都是害及乳儿的。有了这种设备，不论那个人家，要是妇人有了孕，便是进胎教院。生了子女，便迁到乳儿院。一年以后，小儿断乳，就送到蒙养院受教育，不用他的母亲照管。他的母亲就可以回家，操他的家政，或营他的职业了。

现在还没有这种组织，运动别人，别人也不肯信。我想先从贫儿院下手。要是贫儿院试办这种事情很有成效，那就可以推广到不贫的儿童了。这是我的第一种希望。

美国大教育家杜威博士，不久要来中国。他创了一种很新的教育主义，是即工即学，是要学校生活与社会生活密接。曾在雪卡哥大学附设一个学校试验过，很有成效。我于民国元年在南京发表一篇《对于教育方针之意见》，曾于实利主义一节中介绍过。去年在天津青年会演讲《新教育与旧教育之歧点》，又介绍过一回。他的即工即学主义，是学生只须作工，一切学理就在作工的时候指点他，用不着什么教科书。我但用贫儿院已设的烹饪、裁缝、木器与地毡四项工作做个比例，就容易明白了。这四项的原料都是动植物，便可以讲生物学。这四项的工具都是矿物作成的，便可以讲矿物学、地质学。作这四项工作的时候，或用热度，或用手力，或用机械，或用电磁，就可以讲物理学。食物的调和，衣服的漂白与渲染，木器的油漆，都与化学有关，便可以讲化学。食物的分量，衣服的尺寸，木器各方面的比例，地毡与房屋的配合，各种原料与工具的购入，各种成绩品的出售，都要计算、记录，便可以讲数学与簿记法。指明原料出产的或成绩品出售的地方，比较各民族饮食、衣服、器具的异同，便可讲地理学与人类学。比较古今饮食、衣服、器具的异同，便可讲历史学。作工要勤，要谨慎，要有进步，要与同作的学生互相帮助。这四项工作以外，有休息，有共同的运动，又有洗濯食器与衣服、整理被褥、洒扫堂室、应对宾客等杂务，便可以讲卫生与修身。就食物的装置、衣服与器具的形式与色彩，可以讲美学与美术。就贫儿已往的苦痛、现在的安乐、将来的希望，也可以讲点哲学。把一切经过的情形，或教习的言语叫各人写出来，便可以练习国文或外国文。诸位看！照此办法还要用什么教科书么？还要聚了几十个学生在教室里面，各人对了一本书，听教习一句一句的呆讲么？但这种学校生活与社会生活密接的组织，不但我们中国人没有肯办的，就是办了，也怕没有人肯送他的子弟来。因为中国人现在还叫进学校作读书，要是到校以后，止有工作，没有读书，就一定不赞成了。现在贫儿院既有工作，何不把上午的读书省却，匀派在工作的时间，来试试杜威博士的新主义呢？要是试了有成效，就可以劝别的学校也来试试。这是我第二种的希望。

我国人不许男女间有朋友的关系，似乎承认“男女间止有恋爱的关系”，所以很严的防范他。既然有此承认，所以防范不到处，就容易闹笑话了。欧美人承认男女的交际，与单纯男子的或单纯女子的，完全一样。普通的交际与友谊的关系隔得颇远，友谊的关系与恋爱的关系，那就隔得更远了。他们男女间看了自己的人格同对面的人格，都非常尊重。而且为矫正从前轻视女子的恶习，交际上男子尤特别尊重女子，断不敢稍有轻率的举动。即如跳舞会是古代传下来的习惯，也是随时代进化，活泼中仍含着谨严的规则；不是为贫儿院筹款，曾在迎宾馆举行一次，诸君曾经参与的么？近来女权发展，又经了欧洲的大战争，从前男子的职业，一大半都靠女子来担任。此后男女间互助的关系，无论在何等方面，必与单纯男子方面或单纯女子方面一样。我们国里还能严守从前男女的界限，逆这世界大潮流么？但是改良男女的关系，必要有一个养成良习惯的地方，我以为最好是学校了。外国的小学与大学，没有不是男女同校的。美国的中学也是大多数男女同校。我们现在除国民小学外，还没有这种组织。若要试办，最好从贫儿院入手。院中男女生都有，但男生专作木工、毡工，女生专作烹饪、裁缝，划清界限，还不是男女同校的真精神。最好破除界限，不论何等工作，只要于生理上心理上相宜的，都可以自由选择，都可以让他们共同操作。要是试验了成绩很好，那就可以推行到别的学校了。

还有一层，中国的戏剧不许男女合演，用男子来假装女子，这是最不自然的。所以扭扭捏捏，不但演剧时不合女子的态度，反把平日间本人的气概都改变了。我不喜观旧剧，对于学生演新剧亦不大欢迎，就是为此。但现在男女尚不能同校，若要合男女学生试演新剧，学生的父母不是要大不答应的么？我以为此事也可由贫儿院先来试办。先就译本的西剧中，选几种悲剧来试演，演得纯熟了，要是开筹款会就可以演给来宾看看，不专靠现在男生的唱歌、女生的跳舞了。要是有几个学生演得很好，就可以作为改良戏剧的起点，不是很有关系么？

以上三端，都想借贫儿院试试男女共同操作的习惯，是我第三种的希望。

我有上述的特别感想与这三种希望，所以看到贫儿院非常重要，尤希望男女来宾竭力替他筹款，不但帮他维持，还要帮他发展呵！

《北京大学日刊》第359、361、362号
（1919年4月23、25、26日出版）

致《公言报》函并答林琴南函*

（1919年3月18日）

《公言报》记者足下：

读本月十八日贵报，有《请看北京大学①思潮变迁之近状》一则，其中有林琴南君致鄙人一函。虽原函称“不必示复”，而鄙人为表示北京大学真相起见，不能不有所辨正。谨以答林君函抄奉，请为照载。又，贵报称“陈、胡等绝对的菲弃旧道德，毁斥伦常，诋排孔、孟”，大约即以林君之函为据，鄙人已于致林君函辨明之。惟所云“主张废国语而以法兰西文字为国语之议”，何所据而云然？请示复。

答林琴南君函如下：

琴南先生左右：

于本月十八日《公言报》中，得读惠书，索刘应秋先生事略。

---

* 此篇及附件，先后发表于《北京大学日刊》第338号（1919年3月21日出版）、《新潮》杂志第1卷第4期（1919年4月1日出版）、《公言报》1919年3月18日及4月1日。

① 北京大学：《公言报》原题为“北京学界”。

忆第一次奉函时，曾抄奉赵君原函，恐未达览，特再抄一通奉上，如荷题词，甚幸。

公书语长心重，深以外间谣诼纷集为北京大学惜，甚感。惟谣诼必非实录，公爱大学，为之辨正可也。今据此纷集之谣诼，而加以责备，将使耳食之徒，益信谣诼为实录，岂公爱大学之本意乎？原公之所责备者，不外两点：一曰“覆孔、孟，铲伦常”，二曰“尽废古书，行用土语为文字”。请分别论之。

对于第一点，当先为两种考察：（甲）北京大学教员，曾有以“覆孔、孟，铲伦常”教授学生者乎？（乙）北京大学教授，曾有于学校以外，发表其“覆孔、孟，铲伦常”之言论者乎？

请先察“覆孔、孟”之说。大学讲义涉及孔孟者，惟哲学门中之中国哲学史。已出版者，为胡适之君之《中国上古哲学史大纲》，请详阅一过，果有“覆孔、孟”之说乎？特别讲演之出版者，有崔怀瑾君之《论语足征记》《春秋复始》。哲学研究会中，有梁漱溟君提出“孔子与孟子异同”问题，与胡默青君提出“孔子伦理学之研究”问题，尊孔者多矣，宁曰覆孔？

若大学教员于学校以外自由发表意见，与学校无涉，本可置之不论。今姑进一步而考察之，则惟《新青年》杂志中，偶有对于孔子学说之批评，然亦对于孔教会等托孔子学说以攻击新学说者而发，初非直接与孔子为敌也。公不云乎？“时乎井田封建，则孔子必能使井田封建一无流弊。时乎潜艇飞机，则孔子必能使潜艇飞机不妄杀人。卫灵问陈，孔子行。陈恒弑君，孔子讨。用兵与不用兵，亦正决之以时耳。”使在今日，有拘泥孔子之说，必复地方制度为封建；必以兵车易潜艇飞机；闻俄人之死其皇，德人之逐其皇，而曰必讨之。岂非昧于“时”之义，为孔子之罪人，而吾辈所当排斥之者耶？

次察“铲伦常”之说。常有五：仁、义、礼、智、信。公既言之矣。伦亦有五：君臣、父子、兄弟、夫妇、朋友。其中君臣一伦，不适于民国，可不论。其他父子有亲，兄弟相友（或曰长幼有序），夫妇有别，朋友有信，在中学以下修身教科书中，详哉言之。大学之伦理学涉此者不多，然从未有以父子相夷、兄弟相阋、夫妇无别、朋友不信，教授学生者。大学尚无女学生，则所注意者，自偏于男子之节操。近年于教科以外，组织一进德会，其中基本戒约有不嫖、不娶妾两条。不嫖之戒，决不背于古代之伦理。不娶妾一条，则且视孔、孟之说为尤严矣。至于五常，则伦理学中之言仁爱，言自由，言秩序，戒欺诈，而一切科学皆为增进知识之需，宁有铲之之理欤？

若谓大学教员曾于学校以外发表其“铲伦常”之主义乎，则试问有谁何教员，曾于何书、何杂志，为父子相夷、兄弟相阋、夫妇无别、朋友不信之主张者？曾于何书、何杂志，为不仁、不义、不智、不信及无礼之主张者？公所举“斥父母为自感情欲，于己无恩”，谓随园文中有之，弟则忆《后汉书·孔融传》，路粹枉状奏融有曰：“前与白衣祢衡跌荡放言，云：父之于子，当有何亲？论其本意，实为情欲发耳；子之于母，亦复奚为？譬如寄物瓶中，出则离矣。”孔融、祢衡并不以是损其声价，而路粹则何如者？且公能指出谁何教员，曾于何书、何杂志，述路粹或随园之语，而表其极端赞成之意者？且弟亦从不闻有谁何教员，崇拜李贽其人而愿拾其唾余者。所谓“武曌为圣王，卓文君为贤媛”，何人曾述斯语，以号于众，公能证明之欤？

对于第二点，当先为三种考察：（甲）北京大学是否已尽废古文而专用白话？（乙）白话果是否能达古书之义？（丙）大学少数教员所提倡之白话的文字，是否与引车卖浆者所操之语相等？

请先察“北京大学是否已尽废古文而专用白话”。大学预科中，有国文一课，所据为课本者，曰模范文，曰学术文，皆古文也。其每月中练习之文，皆文言也。本科中有中国文学史、西洋文学史、中国古代文学、中古文学、近世文学，又本科、预科皆有文字学，其编成讲义而付印者，皆文言也。《北京大学月刊》中，亦多文言之作。所可指为白话体者，惟胡适之君之《中国古代哲学史大纲》，而其中所引古书，多属原文，非皆白话也。

次考察“白话是否能达古书之义”。大学教员所编之讲义，固皆文言矣。而上讲坛后，决不能以背诵讲义塞责，必有赖于白话之讲演，岂讲演之语，必皆编为文言而后可欤？吾辈少时，读《四书集注》《十三经注疏》，使塾师不以白话讲演之，而编为类似集注、类似注疏之文言以相授，吾辈岂能解乎？若谓白话不足以讲说文、讲古籀、讲钟鼎之文，则岂于讲坛上当背诵徐氏《说文解字系传》、郭氏《汗简》、薛氏《钟鼎款识》之文，或编为类此之文言而后可，必不容以白话讲演之欤？

又次考察“大学少数教员所提倡之白话的文字，是否与引车卖浆者所操之语相等”。白话与文言，形式不同而已，内容一也。《天演论》《法意》《原富》等，原文皆白话也，而严幼陵君译为文言。少仲马、迭更司①、哈德等所著小说，皆白话也，而公译为文言。公能谓公及严君之所译，高出于原本乎？若内容浅薄，则学校招考时之试卷、普通日刊之论说，尽有不值一读者，能胜于白话乎？且不特引车卖浆之徒而已，清代目不识丁之宗室，其能说漂亮之京话，与《红楼梦》中宝玉、黛玉相埒，其言果有价值欤？熟读《水浒》《红楼梦》之小说家，能于《续水浒传》《红楼复梦》等书以外，为科学、哲学之讲演欤？公谓“《水浒》《红楼》作者，均博极群书之人，总之非读破万卷，不能为古文，亦并不能为白话”。诚然，诚然。北京大学教员中，善作白话文者，为胡适之、钱玄同、周启孟诸君。公何以证知为非博极群书，非能作古文，而仅以白话文藏拙者？胡君家世汉学，其旧作古文，虽不多见，然即其所作《中国哲学史大纲》言之，其了解古书之眼光，不让于清代乾嘉学

---

① 迭更司：今译狄更斯。

者。钱君所作之文字学讲义、学术文通论，皆大雅之文言。周君所译之《域外小说》，则文笔之古奥，非浅学者所能解。然则公何宽于《水浒》《红楼》之作者，而苛于同时之胡、钱、周诸君耶？

至于弟在大学，则有两种主张如下：

（一）对于学说，仿世界各大学通例，循“思想自由”原则，取兼容并包主义，与公所提出之“圆通广大”四字，颇不相背也。无论为何种学派，苟其言之成理，持之有故，尚不达自然淘汰之运命者，虽彼此相反，而悉听其自由发展。此义已予《月刊》之发刊词言之，抄奉一览①。

（二）对于教员，以学诣为主。在校讲授，以无背于第一种之主张为界限。其在校外之言动，悉听自由，本校从不过问，亦不能代负责任。例如复辟主义，民国所排斥也，本校教员中，有拖长辫而持复辟论者，以其所授为英国文学，与政治无涉，则听之。筹安会之发起人，清议所指为罪人者也，本校教员中有其人，以其所授为古代文学，与政治无涉，则听之。嫖、赌、娶妾等事，本校进德会所戒也，教员中间有喜作侧艳之诗词，以纳妾、狎妓为韵事，以赌为消遣者，苟其功课不荒，并不诱学生而与之堕落，则姑听之。夫人才至为难得，若求全责备，则学校殆难成立。且公私之间，自有天然界限。譬如公曾译有《茶花女》《迦茵小传》《红礁画桨录》等小说，而亦曾在各学校讲授古文及伦理学，使有人诋公为以此等小说体裁讲文学，以狎妓、奸通、争有妇之夫讲伦理者，宁值一笑欤？然则革新一派，即偶有过激之论，苟于校课无涉，亦何必强以其责任归之于学校耶？

此复，并候

著祺

八年三月十八日　蔡元培　敬启

---

① 《北京大学月刊发刊词》已收入本书，此处从略。

附：林琴南来函

鹤卿先生太史足下：

与公别十余年，壬子一把晤，忽忽八年，未通音问，至为歉仄。辱赐书以遗民刘应秋先生遗著，属为题词，书未梓行，无从拜读，能否乞赵君作一短简事略见示，谨撰跋尾归之。

呜呼！明室敦气节，故亡国时殉烈者众，而夏峰、梨洲、亭林、杨园、二曲诸老，均脱身斧钺，其不死，幸也。我公崇尚新学，乃亦垂念逋播之臣，足见名教之孤悬，不绝如缕，实望我公为之保全而护惜之，至慰，至慰。

虽然，尤有望于公者。大学为全国师表，五常之所系属。近者外间谣诼纷集，我公必有所闻，即弟亦不无疑信。或者有恶乎阘茸之徒，因生过激之论，不知救世之道，必度人所能行，补偏之言，必使人以可信。若尽反常轨，侈为不经之谈，则毒粥既陈，旁有烂肠之鼠，明燎宵举，下有聚死之虫。何者？趋甘就热，不中其度，则未有不毙者。

方今人心衰敝，已在无可救挽之时，更侈奇创之谈，用以哗众，少年多半失学，利其便已，未有不糜沸麇唐至而附和之者，而中国之命如属丝矣。晚清之末造，慨世者恒曰："去科举，停资格，废八股，斩豚尾，复天足，逐满人，扑专制，整军备，则中国必强。"今百凡皆遂矣，强又安在？于是更进一解，必覆孔、孟，铲伦常为快。呜呼！因童子之羸困，不求良医，乃追责其二亲之有隐瘵，逐之，而童子可以日就肥泽，有是理耶？外国不知孔、孟，然崇仁、仗义、矢信、尚智、守礼，五常之道，未尝悖也，而又济之以勇。弟不解西文，积十九年之笔述，成译著一百二十三种，都一千二百万言，实未见中有违忤五常之语。何时贤乃有此叛亲蔑伦之论？此其得诸西人乎，抑别有所受耶？

我公心右汉族，当在杭州时，间关避祸，与夫人同茹辛苦，宗旨不变，勇士也。方公行时，弟与陈叔通惋惜公行，未及一送。申、伍异趣，各行其是。盖今公为民国宣力，弟仍清室举人，交情固在，不能视若冰炭，故辱公寓书，殷殷于刘先生序跋，实隐示明、清之季各有遗民，其志均不可夺也。弟年垂七十，富贵功名，前三十年视若弃灰，今笃老，尚抱守残缺，至死不易其操。前年梁任公倡马、班革命之说，弟闻之失笑。任公非劣，何为作此媚世之言？马、班之书，读者几人，殆不革而自革，何劳任公费此神力。若云死文字有碍生学术，则科学不用古文，古文亦无碍科学。英之迭更，累斥希腊、拉丁、罗马之文为死物，而至今仍存者，迭更虽躬负盛名，固不能用私心以蔑古，矧吾国人尚有何人如迭更者耶？

须知天下之理，不能就便而夺常，亦不能取快而滋弊。使伯夷、叔齐生于今日，则万无济变之方。孔子为圣之时，时乎井田封建，则孔子必能使井田封建一无流弊；时乎潜艇飞机，则孔子必能使潜艇飞机不妄杀人，所以名为时中之圣。时者，与时不悖也。卫灵问陈，孔子行；陈恒弑君，孔子讨。用兵与不用兵，亦正决之以时耳。今必曰天下之弱，弱于孔子，然则天下之强，宜莫强于威廉。以柏灵一隅，抵抗全球，皆败衄无措，直可为万世英雄之祖。且其文治、武功、科学、商务，下及工艺，无一不冠欧洲，胡为恹恹为荷兰之寓公？若云成败不可以论英雄，则又何能以积弱归罪孔子？彼庄周之书，最摈孔子者也，然《人间世》一篇，盛推孔子。所谓《人间世》者，不能离人而立之谓。其托颜回，托叶公子高之问难孔子，陈以接人处世之道，则庄周亦未尝不近人情，而忤孔子。乃世士不能博辨，为千载以上之庄周，竟咆哮为千载以下之桓魋，抑何其可笑也！

且天下惟有真学术、真道德，始足独树一帜，使人景从。若尽废古书，行用土语为文字，则都下引车卖浆之徒，所操之语，按之皆有文法，不类闽广人为无文法之啁啾。据此，则凡京津之稗贩，均可用为教授矣。若《水浒》《红楼》，皆白话之圣，并足为教科之书，不知《水浒》中辞吻多采岳珂之《金陀萃篇》，《红楼》亦不止为一人手笔，作者均博极群书之人。总之，非读破万卷，不能为古文，亦并不能为白话。若化古子之言为白话演说，亦未尝不是。按《说文》，演，长流也，亦有延之、广之之义。法当以短演长，不能以古子之长演为白话之短。且使人读古子者，必读其原书耶，抑凭讲师之二三语即算为古子？若读原书，则又不能全废古文矣。矧于古子之外，尚以《说文》讲授。《说文》之学，非俗书也，当参以古籀，证以钟鼎之文，试思用籀篆可化为白话耶？果以籀篆之文，杂之白话之中，是引汉唐之环燕与村妇谈心，陈商周之俎豆为野老聚饮，类乎不类？弟闽人也，南蛮鴃舌，亦愿习中原之语言。脱授我者不以中原之语言，仍令我为鴃舌之闽语，可乎？盖存国粹而授《说文》，可也，以《说文》为客，以白话为主，不可也。

乃近来尤有所谓新道德者，斥父母为自感情欲，于己无恩。此语曾一见之随园文中。仆方以为儗不于伦，斥袁枚为狂谬，不图竟有用为讲学者。人头畜鸣，辩不屑辩，置之可也。彼又云："武曌为圣王，卓文君为名媛。"此亦拾李卓吾之余唾。卓吾有禽兽行，故发是言。李穆堂又拾其余唾，尊严嵩为忠臣。今试问二李之名，学生能举之否？同为埃灭，何苦增兹口舌？可悲也。大凡为士林表率，须圆通广大，据中而立，方能率由无弊。若凭位分势利而施趋怪走奇之教育，则惟穆罕默德左执刀而右传教，始可如其愿望。今全国父老以子弟托公，愿公留意，以守常为是。

况天下溺矣，藩镇之祸，迩在眉睫，而又成为南北美之争。我公为南士所推，宜痛哭流涕，助成和局，使民生有所苏息；乃以清风亮节之躬，而使议者纷纷集，甚为我公惜之。

此书上后，可以不必示复，惟静盼好音，为国民端其趣向，故人老悖，甚有幸焉。愚直之言，万死，万死。

林纾　顿首

附：《公言报》文章

请看北京学界思潮变迁之近状

北京大学之新旧学派……两种杂志之对抗……第三者之调停派学说……三者以外之学者议论……林琴南致蔡鹤卿书

北京近日教育虽不甚发达，而大学教师各人所鼓吹之各种学说，则五花八门，颇有足纪者。

国立北京大学，自蔡孑民氏任校长后，气象为之一变，尤以文科为甚。

文科学长陈独秀氏，以新派首领自居，平昔主张新文学甚力。教员中与陈氏沆瀣一气者，有胡适、钱玄同、刘半农、沈尹默等。学生闻风兴起，服膺师说，张大其辞者，亦不乏人。其主张，以为文学须顺应世界思潮之趋势。若吾中国历代相传者，乃为雕琢的、阿谀的贵族文学，陈腐的、铺张的古典文学，迂晦的、艰涩的山林文学，应根本推翻。代以平民的、抒情的国民文学，新鲜的、立诚的写实文学，明了的、通俗的社会文学。此文学革命之主旨也。自胡适氏主讲文科哲学门后，旗鼓大张，新文学之思潮，亦澎湃而不可遏。既前后抒其议论于《新青年》杂志；而于其所教授之哲学讲义，亦且改用白话文体裁；近又由其同派之学生，组织一种杂志曰《新潮》者，以张皇其学说。《新潮》之外，更有《每周评论》之印刷物发行。其思想议论之所及，不仅反对旧派文学，冀收摧残廓清之功。即于社会所传留之思想，亦直接间接发见其不适合之点，而加以抨击。盖以人类社会之组织，与文学本有密切之关系，人类之思想，更为文学实质之所存，既反对旧文学，自不能不反对旧思想也。

顾同时与之对峙者，有旧文学一派。旧派中以刘师培氏为之首，其他如黄侃、马叙伦等，则与刘氏结合，互为声援者也。加以国史馆之耆老先生，如屠敬山、张相文之流，亦复耀表同情于刘、黄。刘、黄之学，以研究音韵、说文、训诂为一切学问之根，以综博考据讲究古代制接迹汉代经史之轨，文章则重视八代而轻唐宋，目介甫、子瞻为浅陋寡学。其于清代所谓桐城派之古文家，则深致不满，谓彼辈学无所根，而徒斤斤于声调。更借文以载道之说，假义理为文章之面具，殊不值通人一笑。从前大学讲坛，为桐城派古文家所占领者，迄入民国，章太炎学派代之以兴。在姚叔节、林琴南辈，目击刘、黄诸后生之皋比坐拥，已不免有文艺衰微之感。然若视新文学派之所主张，更当认为怪诞不经，似为其祸之及于人群，直无异于洪水猛兽。转顾太炎新派，反若涂轨之犹能接近矣。顷者刘、黄诸氏以陈、胡等与学生结合，有种种印刷物发行也，乃亦组织一种杂志，曰《国故》。组织之名义，出于学生，而主笔政之健将，教员实居其多数。盖学生中固亦分旧、新两派，而各主其师说者也。二派杂志，旗鼓相当，互相争辩，当然有裨于文化。第不言忘其辩论之范围，纯任意气，各以恶声相报复耳。

至于介乎二派者，则有海盐朱希祖氏。朱亦太炎之高足弟子也，邃有国学，且明于世界文学进化之途径，故于旧文学之外，兼冀组织新文学。惟彼之所谓新者，非脱却旧之范围，盖其手段不在于破坏，而在于改良。以记者之愚，似觉朱氏之主张较为适当也。

日前喧传教育部有训令达大学，令其将陈、钱、胡三氏辞退。但经记者之详细调查，则知尚无其事。唯陈、胡等对于新文学之提倡，不第旧文学一笔抹杀，而且绝对的非弃旧道德，毁斥伦常，诋排孔孟，并且有主张废国语而以法兰西文字为国语之议。其卤莽灭裂，实亦太过。顷林琴南氏有致蔡孑民一书，洋洋千言，于学界前途，深致悲悯。兹将原书刊布于下，读者可以知近日学风变迁之剧烈矣。

《公言报》1919年3月18日、4月1日

复张厚载函

（1919 年 3 月 19 日）

缪子兄鉴：

得书，知林琴南君攻击本校教员之小说，均由兄转寄《新申报》。在兄与林君有师生之谊，宜爱护林君；兄为本校学生，宜爱护母校。林君作此等小说，意在毁坏本校名誉，兄徇林君之意而发布之，于兄爱护母校之心，安乎，否乎？仆生平不喜作谩骂语、轻薄语，以为受者无伤，而施者实为失德。林君詈仆，仆将哀矜之不暇，而又何憾焉！惟兄反诸爱护本师之心，安乎，否乎？往者不可追，望此后注意。

此复，并候

学祺

附：张厚载来函

孑民校长先生大鉴：

《新申报》所登林琴南先生小说稿，悉由鄙处转寄。近更有一篇攻击陈、胡两先生，并有牵涉先生之处。稿发后，而林先生来函，谓先生已乞彼为刘应秋文集作序，《妖梦》一篇，当可勿登。但稿已寄至上海，殊难中止，不日即登出。倘有渎犯先生之语，务乞归罪于生。先生大度包容，对于林先生之游戏笔墨，当亦不甚介意也。

又，林先生致先生一函，先生对之，有何感想，曾作复函否？生以为此实研究思潮变迁最有趣味之材料。务恳先生对于此事之态度与意见赐示，不胜企祷。

专渤，敬颂

教祺

学生张厚载　拜启

再，林先生系生在中学时之教师，与生有师生之谊，合并附闻。

《北京大学日刊》第338号（1919年3月21日出版）

致《神州日报》函

（1919 年 3 月 19 日）

《神州日报》编辑部公鉴：

读本月四日贵报“学海要闻”（半谷通信）：“北京大学文科学长陈独秀近有辞职之说，记者往访蔡校长，询以此事，蔡校长对于陈学长辞职一说，并无否认之表示。且谓该校评议会议决，文科自下学期或暑假后与理科合并，设一教授会主任，统辖文理两课教务。学长一席，即当裁去。……则记者前函报告信而有征矣。”此段报告，有数误点：

（一）陈学长并无辞职之事，如有以此事见询者，鄙人必绝对否认之。所谓并无否认之表示者，误也。

（二）文理合并，不设学长，而设一教务长以统辖教务。曾由学长及教授会、主任会议定（陈学长亦在座），经评议会通过，定于暑假后实行。今报告中有下学期之说，一误也。

又，本校现已有教授会十一，各会均推主任一人，共有十一人。而将来之教务长，则由诸主任互推一人任之。今报告中乃云“设一教授主任”，二误也。在陈学长赞成不设学长之议，纯粹为校务进行起见，于其个人之辞职与否，无关系。

（三）贵报上月两次登半谷通信，皆谓陈学长及胡适、陶履恭、刘复等四人，以思想激烈，受政府干涉。并谓陈学长已在天津，态度颇消极。而陶、胡等三人，则由校长以去就力争，始得不去职，云云。全是谣言。此次报告中虚构一陈学长辞职之证据，而即云“记者前函报告信而有征矣”。阅报者试合两次通信及鄙人此函观之，所谓信而有征者安在？

此项谣言，流传甚广，上海报纸，甚至有专电言此事者。惟各报所载，以贵报为最详细，且通信员又引鄙人之言为证，故不能不一辨之。贵报素主实事求是，敢请照载此函，以当更正。

北京大学校长　蔡元培　敬白

《北京大学日刊》第336号（1919年3月19日出版）

欧战后之教育问题*

——在天津青年会演说词

（1919 年 3 月 29 日）

鄙人今日承青年会诸先生之邀，来此讲演，适值大风扬尘，而诸先生仍惠然肯来，鄙人深感诸先生之盛意，尤恕无以副诸先生之望，谨先告罪。

今日演题为《欧战后之教育问题》，本青年会诸先生所预定。此番战争之后，世界各事无不有所改变。教育主义自不能不随之而改变。鄙人意见，以为战前教育偏于国家主义，战后教育必当偏于世界主义。即战前主持教育者，仅欲为本国家造成应用之人材；而战后主持教育者，在为世界养成适当之人物。此战前战后教育主义区别之点也。

请将各国战前教育主义之异点分别言之。

（一）军国民教育

军国民教育重在整齐、严肃，尤在服从。持此主义者，常用

* 此篇除刊载于《北京大学日刊》外，并发表于《东方杂志》第 16 卷第 6 号（1919 年 6 月出版）。

军法部勒学生，而尤时时以尊爱王室之道德勉励之。可以德、日两国为代表。其中最特殊者，为德国大学之学生会。入此等会者，以贵族子弟为多。每会各有中古时遗传之制服及徽帜。初入会者，一切受旧会员之命令。及资格较老，则亦可以命令人，直与陆军学生之入联队相类，时时开会，狂饮啤酒，练习剑术。偶然甲会与乙会小有冲突，则各出选手，约期决斗，胸臂皆加保护，而露其面部，以面部受伤而倒地者为负。此等决斗，为警章所禁，然政府默许之。故德国大学生以面部多有伤痕为荣。其他平民子弟不加入贵族学生会，则相约而为自由学生会。不为酗酒击剑，而以研究学问、励行公益为目的。乃政府反恐其接近社会党而时时干涉之。此可见军国民主义之缺点矣。

（二）绅士教育

绅士教育以养成一部分绅士为目的，所谓 gentleman 是也。得以英国为代表。如剑桥、牛津诸大学，初不以科学为重，而在养绅士之态度，此其最著者。其他各种学校，亦多有此习惯。曾闻有中国留学生，出言偶失绅士体统，其友即与之绝交者。更闻有一中国官费女学生，因其冠不合时式，而受校长之责问者。其不自由如此。

（三）宗教教育

各教会所设学校均以传布教会势力为主旨，固不待言。即欧美政府，自法国而外，亦无不承认各学校有宗教一课。如校中偶有异教徒之子弟，则许其不受此课，而家中别延本教之教员以授之。

（四）资本家教育

欧美各国虽定有义务教育年限，亦多不收学费，以图教育之普及。然此等制度以初等教育为限。其高等教育往往学费甚昂，非素封之家不能使其子弟受此等教育。于是高等教育遂为资本家所专有。而其教育又大抵偏重实利主义，几若人类为金钱而生活者。遂使拜金主义弥漫全国。美国其代表也。

又，各国教育之实况，城市教育每较乡村教育为优，男子教育每较女子教育为完美。又，一国中含有异民族者，则往往欲以一民族同化其他民族，而不许以其本族之语言施教育。如俄国之于芬兰人，德国之于波兰人，日本之于朝鲜人是也。是皆教育上之最不平等者也。

以上所举，均战前之状况也。既经此番大战，教育界实受莫大之教训。例如德之军国主义以全国人民为机械，而供野心家之利用。其始虽若无敌于天下，而卒以寡助之故，渐致失败。国中人民，亦渐悟政府之不良，起而革命。此后德国永无军国民主义之教育，固可断言。而和平会议中，且提议限制军备，废征兵制，则军国民教育之不能容于今日，可概见矣。英国于战争期内，所需受高等教育而有实际的技能之人，甚形不足。教育总长费休氏遂于一九一七年一月十四日提出教育改革案，一九一八年八月已由上、下两院通过。其主义在一面使下级人民之国民教育力求完全，一面又使下级人民之子弟得进而受高等教育。是即改绅士教育为平民教育之主义也。至于宗教教育，虽皆以平等、博爱为言，然其独尊己教、排斥他教之习惯，在昔既酿为战争；而浸入青年脑中，反与平等、博爱之义相违。且各教并列，其所根据者既超乎经验以上，不能以学理证明其是非，则宜循信仰自由原则，俟各人成年以后，自由选择；不宜对未成年之学生，而强以成人之所信仰者桎梏之。故法国已于一九一二年确定教育中不得参入宗教之律。而大战以后，瑞士教育家亦有此种提议。他日必将普及于各国，可无疑也。资本家教育之流弊，一方面促成贫富不平等之阶级，一方面激成社会革命之反动；而此等未受高等教育之平民，即畀以资产，亦不免因自由竞争而陷于劣败之境遇。故根本解决，宜从普及高等教育入手。战前如法国等，虽有平民大学之制，然究居少数，而其制亦未为完备。战后各国，鉴于俄、德两国之阶级战争，必将注意于此焉。

读美国全国教育会所提出教育革新基本计划，极言乡村教育之不可不与都市教育并重。吾友陶孟和君视察日本教育，谓近日趋势注重科学教育，提高女子教育。又如准民族自决主义，若波兰人若捷克斯拉夫人均有自主教育之机会，则同化异民族主义之教育，亦必以渐减杀。是诚教育平等之好现象也。

虽然，平等者，破除阶级而决非消灭个性。从前行阶级制度教育时，重在一级中绝对平等。如美国教育会所举德国教育之劣点，谓“平民学校中，专以种种仪节制度限止之，使养成其服从心、信仰心，与夫惟帝命是听之恶根性……以轧制平民之生活、工作、知力，为一种物质的机械”，是其例也。既破坏阶级制度，则即当解放个人之束缚，而一任其自由发展。盖世界为有机的组织，有特长者不可强屈之以普通。世界有进化的原则，有天才者尤当利用之以为先导。此后新教育，必将渐改年级制而为选科制。又如美国普通学校之大组织与二重学年制，亦渐近选科制，而可以采用者也。

我国昔日之教育制度，多效德、日二国。故清季有“尚武”之条件，今军阀派所办学校，尚有专用军法部勒者。学校之中，苟有教会之人为教员，则往往诱导学生，使之归依宗教。拘守旧学者，又欲定孔教为国教，以规定于学校教科之中。言义务教育，则初级者尚未普及，何论高等？言女子教育，则高等学校既不许男女同校，又不为女子特设。视各国战前之教育，尚远不逮。然则既受此大战之教训，鉴于各国教育界之革新，宜如何奋勉耶？

（陈邦才笔记）

《北京大学日刊》第356号（1919年4月19日出版）

复傅增湘函

（1919 年 4 月 2 日）

沅叔先生左右：

奉读尊札，敬悉一是。情长意殷，感荷无量。此中原委，昨已面陈左右。兹再述其涯略。

敝校一部分学生所组之《新潮》出版以后，又有《国故》之发行，新旧共张，无所缺琦。在学生则随其好尚，各尊所闻。当事之员，亦甚愿百虑殊途，不拘一格以容纳之。局外人每于大学内情有误会之处，然若持《新潮》《国故》两相比拟，则知大学中笃念往昔、为匡掖废坠之计者，实亦不弱于外间耆贤也。

尊示大旨谓《新潮》宜注意者二事：一则因批评而涉意气，二则张新说而悖旧谊。如于二者不加检点，未必不以违背习俗之故，为新机演进之累。明言谠论，甚幸甚幸。元培当即以此旨喻于在事诸生，嘱其于词气持论之间，加以检约。

据《新潮》编辑诸生言，办此杂志之初心，愿以介绍西洋近代有益之学说为本。批评之事，仅属末节。但批评原无可虑，所虑乃在出乎其位，牵及感情之言。《新潮》既以介绍新说为旨，自不必专徇末节之流波，而朴实求学之学生杂志，又为元培对于诸生所要求者。故关于此点，自当如尊示所云，由当事诸生加之意也。

至于持论，间有殊于旧贯者，容为外间误会之所集。然苟能守学理范围内之研究，为细密平心之讨议，不涉意气之论，少为逆俗之言，当亦有益而无弊。《新潮》持论，或有易致骇怪之处。元培自必勉以敬慎将事，以副盛情。

事之方始，真相未明，辗转相传，易滋误解。历日稍久，情实自见。大学兼容并包之旨，实为国学发展之资。正赖大德如公，为之消弭局外失实之言。元培亦必勉励诸生，为学问之竞进，不为逾越轨物之行也。谨布区区，并达谢悃。

敬请

道安

蔡元培谨启　四月二日

（傅斯年代作）

蔡元培书信抄留底

附：傅增湘来函

孑民先生执事：

自《新潮》出版，辇下耆宿，对于在事员生，不无微词，比承过从，获谂尊旨，良用释然。

国学靡敝，士之秀且杰者，谋所以改弦而更张之。笃旧之伦，疾首疚心，为匡掖废坠之计，趋涂虽殊，用心则一。异同切劘，互资进行，尊闻行知，无妨殊轨。近顷所虑，乃在因批评而起辨难，因辨难而涉意气。倘稍逾学术范围之外，将益启党派新旧之争，此则不能不引为隐忧耳。

吾国伦理道义，人群纪纲，镌于人心，濡于学说，阅数百千年。其间节目条教，习惯蜕衍，或不适于现代，亦属在所不免。然而改革救正，自有其道。以积渐整理之功，行平实通利之策，斯乃为适。凡事过于锐进，或大反乎恒情之所习，未有不立蹶者。时论纠纷，喜为抨击，设有悠悠之辞，波及全体，尤为演进新机之累。甚冀执事与在校诸君一扬榷之，则学子之幸也。

鄙意多识蓄德，事属一贯。校内员生，类多闳达，周知海内外名物之故与群治之原。诚能朝益暮习，与时偕行，修养既充，信仰渐著，遵循轨道，发为言论，自足以翕服群伦。若其以仓卒之议，翘于群众，义有未安，辄以滋病，殆有未可。至于学说流裔，如长江大河，支派洄洑，无可壅阏，利而导之，疏而瀹之，毋使溃溢横决，是在经世之大君子如我公者矣。

专肃布臆，并颂

道祺

傅增湘启　三月二十六日

傅增湘致蔡元培函原件

致李石曾函

（1919年4月16日）

石曾先生大鉴：

计上海船行之期，想先生已早抵巴黎矣。兹有奉恳之事如下：

（一）北京大学暑假后须增延法国教习二人：一、专门文学家；一、兼治哲学者。忆曾奉函托访。现据贺培之君见告，其中须有一人能讲授“法国文学史”及“法语史”者。（葛拉耐君，在京见过几次，但不肯留京为教员。）务求早日订定，条件请先生酌之。

（二）前曾有两函奉托代购世界语教科书，今又有一书单，亦请代购，祈属书肆寄来。书价或请代垫，或由书肆直接向大学索取，均无不可。

（三）接有两函，均自法寄先生者，今仍奉上。

（四）运动赔款退还一事，已由北京及上海各教育机关推定先生及陶孟和、郭秉文二君在欧办理。陶、郭已到美洲，不久赴欧。对于英语各国，以郭为代表；对于法语诸国，则当请先生为代表。俟晤后，陶君必能详言之。

（五）山西督军阎百川甚提倡教育。日内特派钱维骐君来京，欲咨送已习法文四年之学生七人赴法勤工俭学，又欲派学生两班来京入预学校（亦预备勤工俭学），川费由公款支付。闻是按道派遣者。彼且有意入会，弟意不如推为名誉会员，请先生提议于巴黎会所，如通过，再正式函告之。此间已劝其在山西设分会，且指定若干中学校加设法文班，大约必可办到。

（六）上海同济校舍充公，颇觉为难。今已商定由法工部局出售，而华法教育会购之，办一中法工业学校。现正由铎尔孟君与法公使商议条件。致法公使一函，即铎君所草者，副本奉览。如在巴黎有可致力处，亦祈进行。

（七）小儿无忌，想已见过。弟愿其暑假中回国，不必再入大学。先生同意否？无忌之意见如何？

（八）寄存通运公司之风琴，已荷寄出否？

（九）中国颇有办高等学会之说。法国各种 Académies① 之历史及办法，如有专书记载者，请留意购寄。Académic francaise② 似为法国最高学会，然似专注重于文字一门，而会员则政治家、军人皆有，未知何故。

专此，敬请

道安

弟元培敬启　四月十六日

蔡元培手札

① Académies：科学院。

② Académic francaise：法兰西科学院。

科学之修养

——在北京高等师范学校修养会演说词

(1919年4月24日)

鄙人前承贵校德育部之召，曾来校演讲；今又蒙修养会见召，敢略述修养与科学之关系。

查修养之目的，在使人平日有一种操练，俾临事不致措置失宜。盖吾人平日遇事，常有计较之余暇，故能反复审虑，权其利害是非之轻重而定取舍。然若至仓卒之间，事变横来，不容有审虑之余地。此时而欲使诱惑、困难不能隳其操守，非凭修养有素不可，此修养之所以不可缓也。

修养之道，在平日必有种种信条：无论其为宗教的或社会的，要不外使服膺者储蓄一种抵抗之力，遇事即可凭之以定抉择。如心所欲作而禁其不作，或心所不欲而强其必行，皆依于信条之力。此种信条，无论文明、野蛮民族均有之。然信条之起，乃由数千万年习惯所养成；及行之既久，必有不适之处，则怀疑之念渐兴，而信条之效力遂失。此犹就其天然者言也。乃若古圣先贤之格言嘉训，虽属人造，要亦不外由时代经验归纳所得之公律，不能不随时代之变迁而易其内容。吾人今日所见为嘉言懿行者，在日后或成故纸；欲求其能常系人之信仰，实不可能。由是观之，则吾人之于修养，不可不研究其方法。在昔吾国哲人，如孔、孟、老、庄之属，均曾致力于修养，而宋、明儒者尤专力于此。然学者提倡虽力，卒不能使天下之人尽变为良善之士，可知修养亦无一定之必可恃者也。至于吾人居今日而言修养，则尤不能如往古道家之蛰影深山，不闻世事。盖今日社会愈进，世务愈繁。已入社会者，固不能舍此而他从；即未入社会之学校青年，亦必从事于种种学问，为将来入世之准备。其责任之繁重如是，故往往易为外务所缚，无精神休假之余地，常易使人生观陷于悲观厌世之域，而不得志之人为尤甚。其故即在现今社会与从前不同。欲补救此弊，须使人之精神有张有弛。如作事之后，必继之以睡眠，而精神之疲劳，亦必使有机会得以修养。此种团体之结合，尤为可喜之事。但鄙人以为修养之致力，不必专限于集会之时，即在平时课业中亦可利用其修养。故特标此题曰"科学的修养"。

今即就贵会之修养法逐条说明，以证科学的修养法之可行。如贵会简章有"力行校训"一条。贵校校训为"诚勤勇爱"四字。此均可于科学中行之。如"诚"字之义，不但不欺人而已，亦必不可为他人所欺。盖受人之欺而不自知，转以此说复诏他人，其害与欺人者等也。是故吾人读古人之书，其中所言苟非亲身实验证明者，不可轻信；乃至极简单之事实，如一加二为三之数，亦必以实验证明之。夫实验之用最大者，莫如科学。譬如报纸纪事，臧否不一，每使人茫无适从。科学则不然。真是真非，丝毫不能移易。盖一能实验，而一不能实验故也。由此观之，科学之价值即在实验。是故欲力行"诚"字，非用科学的方法不可。

其次"勤"。凡实验之事，非一次所可了。盖吾人读古人之书而不慊于心，乃出之实验。然一次实验之结果，不能即断其必是，故必继之以再以三，使有数次实验之结果。如不误，则可以证古人之是否；如与古人之说相刺谬，则尤必详考其所以致误之因，而后可以下断案。凡此者反复推寻，不惮周详，可以养成勤劳之习惯。故“勤”之力行亦必依赖夫科学。

再次“勇”。勇敢之意义，固不仅限于为国捐躯、慷慨赴义之士，凡作一事，能排万难而达其目的者，皆可谓之勇。科学之事，困难最多。如古来科学家，往往因试验科学致丧其性命，如南北极及海底探险之类。又如新发明之学理，有与旧传之说不相容者，往往遭社会之迫害，如哥白尼、贾利来之惨祸。可见研究学问，亦非有勇敢性质不可；而勇敢性质，即可于科学中养成之。大抵勇敢性有二：其一发明新理之时，排去种种之困难阻碍；其二，既发明之后，敢于持论，不惧世俗之非笑。凡此二端，均由科学所养成。

再次“爱”。爱之范围有大小。在野蛮时代，仅知爱自己及与己最接近者，如家族之类。此外稍远者，辄生嫌忌之心。故食人之举，往往有焉。其后人智稍进，爱之范围渐扩，然犹不能举人我之见而悉除之。如今日欧洲大战，无论协约方面或德奥方面，均是己非人，互相仇视，欲求其爱之普及甚难。独立于学术方面则不然：一视同仁，无分畛域；平日虽属敌国，及至论学之时，苟所言中理，无有不降心相从者。可知学术之域内，其爱最溥。又人类嫉妒之心最盛，入主出奴，互为门户。然此亦仅限于文学耳；若科学，则均由实验及推理所得唯一真理，不容以私见变易一切。是故嫉妒之技无所施，而爱心容易养成焉。

以上所述，仅就力行校训一条引申其义。再阅简章，有静坐一项。此法本自道家传来。佛氏之坐禅，亦属此类。然历年既久，卒未普及社会；至今日日本之提倡此道者，纯以科学之理解释之。吾国如蒋竹庄先生亦然，所以信从者多，不移时而遍于各地。此亦修养之有赖于科学者也。

又如不饮酒、不吸烟二项，亦非得科学之助力不易使人服行。盖烟酒之嗜好，本由人无正当之娱乐，不得已用之以为消遣之具，积久遂成痼疾。至今日科学发达，娱乐之具日多，自不事此无益之消遣。如科学之问题，往往使人兴味加增，故不感疲劳而烟酒自无用矣。

今日所述，仅感想所及，约略陈之。惟宜注意者，鄙人非谓学生于正课科学之外，不必有特别之修养，不过正课之中，亦不妨兼事修养，俾修养之功，随时随地均能用力，久久纯熟，则遇事自不致措置失宜矣。

《北京大学日刊》第360号（1919年4月24日出版）

辞北大校长职出京启事

（1919 年 5 月 9 日）

我倦矣！“杀君马者道旁儿。”“民亦劳止，汔可小休。”我欲小休矣。北京大学校长之职，已正式辞去；其他向有关系之各学校、各集会，自五月九日起，一切脱离关系。特此声明，惟知我者谅之。

附：程演生答常惠书

“杀君马者道旁儿。”《风俗通》曰：“杀君马者，路旁儿也。”言长吏养马肥而希出，路旁小儿观之，却惊致死。按长吏马肥，观者快之，乘者喜其言，驰驱不已，至于死。

梁张士简用此意作《走马引》，曰：“良马龙为友，玉珂金作羁。驰骛宛与洛，半骤复半驰。条〔倏〕忽而千里，光景不及移。九方惜未见，薛公宁所知。敛辔且归去，吾畏路旁儿。”

蔡先生用此语，大约谓己所处之地位，设不即此审备所在，徒循他人之观快，将恐溺身于害也。与士简诗意正相合。所以上文曰：“吾倦矣！”自伤之情，抑何深痛！（元培案：引此语但取积劳致死一义，别无他意。）

“民亦劳止，汔可小休。”《毛诗·大雅·民劳》第二章曰：“民亦劳止，汔可小休。惠此中国，以为民逑。无纵诡随，以谨惽怓。式遏寇虐，无俾民忧。无弃尔劳，以为王休。”

蔡先生用此语，盖非取全章之义。所谓民者，或自射其名耳（孑民）。言己处此忧劳之余，庶几可以小休矣。倘取全章之义，则不徒感叹自身，且议执政者也。（元培案：引此语但取劳则可休一义，别无他意。）

常惠君足下：

顷讯蔡先生启事中引用之语，兹已检查明确，希即转示同学。“杀君马”之语，外面误解者亦甚伙，且有望文生义者，谓君者指政府，马者指曹、章，路旁儿指各校学生。若是说去，成何意义？可发一笑。贤者虽明哲保身，抑岂忍重责于学生耶！综观右所条举之书及诗，蔡先生引用此语之本心，读者当可了解矣。足下何日南下？有暇望过我一叙。此答。余不一一。

五月十日　二古白

《北京大学日刊》第 374、375 号（1919 年 5 月 9、10 日出版），

参阅《蔡孑民先生言行录》

告北大同学诸君

（1919 年 5 月 10 日）

北京大学同学诸君鉴：

仆深信诸君本月四日之举，纯出于爱国之热诚。仆亦国民之一，岂有不满于诸君之理！惟在校言校，为国立大学校长者，当然引咎辞职。仆所以不于五日即提出辞呈者，以有少数学生被拘警署，不得不立于校长之地位，以为之尽力也。今幸承教育总长、警察总监之主持，及他校校长之援助，被拘诸生，均经保释。仆所能尽之责，止于此矣。如不辞职，更待何时？至一面提出辞呈，一面出京，且不以行踪告人者，所以避挽留之虚套，而促继任者之早于发表，无他意也。北京大学之教授会，已有成效，教务处亦已组成，校长一人之去留，决无妨于校务。惟恐诸君或不见谅，以仆之去职，为有不满于诸君之意，故特在途中匆促书此，以求谅于诸君。

十日　蔡元培启

《北京大学日刊号外》1919 年 5 月 11 日，参阅《益世报》
1919 年 5 月 16 日

由天津车站南下时的谈话

（1919年5月10日）

得天津确实消息：蔡孑民已于十日乘津浦车南下，登车时，适有一素居天津之友人往站送他客，遇蔡君，大诧异曰："君何以亦南行?"蔡君曰："我已辞职。"友曰："辞职当然，但何以如此坚决?"蔡曰："我不得不然。当北京学生示威运动之后，即有人纷纷来告，谓政府方面之观察，此举虽参与者有十三校之学生，而主动者为北京大学学生，北京大学学生之举动，悉由校长暗中指挥，故四日之举，其责全在蔡某，蔡某不去，难犹未已，于是有焚毁大学、暗杀校长之计画，我虽闻之，犹不以为意也。八日午后，有一平日甚有交谊而与政府接近之人又致一警告谓：'君何以尚不出京，岂不闻焚毁大学、暗杀校长等消息乎?'我曰：'诚闻之，然我以为此等不过反对党恫吓之词，可置之不理也。'其人曰：'不然，君不去，将大不利于学生。在政府方面，以为君一去，则学生实无能为，故此时以去君为第一义。君不闻此案已送检察厅，明日即将传讯乎？彼等决定，如君不去，则将严办此等学生，以陷君于极痛心之境，终不能不去；如君早去，则彼等料学生当无能为，将表示宽大之意，以噢咻之，或者不复追究也。'

我闻此语大有理，好在辞呈早已预备，故即于是晚分头送去，而明晨速即离校以保全此等无辜之学生。”

询以此后作何计画？蔡曰：“我将先回故乡，视舍弟，并觅一幽僻之处，杜门谢客，温习德、法文，并学英语，以一半日力译最详明之西洋美术史一部、最著名之美学若干部，此即我此后报国之道也。我以为吾国之患，固在政府之腐败与政客军人之捣乱，而其根本，则在于大多数之人皆汲汲于近功近利，而毫无高尚之思想，惟提倡美育足以药之。我自民国元年以来，常举以告人。惟提倡美育，必须先输入欧洲之美学及美术史，而至今尚未有注意及此者，我不能不承其乏。”

“我自问颇有研究学问之资格，而不耐〈烦〉剧，办事实非所长。自任北京大学校长以后，校务已日不暇给，而校外各方面之牵帅，又多为半官僚性质之国立大学校长所义不容辞者，忽而开会，忽而演说，忽而征文征序，忽而担任募捐，忽而为会长，忽而为董事，忽而为干事，忽而穿常礼服，忽而穿大礼服，甲处答应，则乙、丙不便推却，一次答应，则二、三次更不便推却，以我所最不耐烦之事，而纷至沓来，又迫以不得不承认，终日忙于应付。不特无暇著书，且无暇读书，而校务亦不免废弛，此我平日所最疚心者。今既有适当之机会可以辞职，此后对于一切学校、一切集会，统统脱离关系，已有一启事在各报馆宣布矣。”

我友曰：“这能保去职后学生不起骚动乎？”蔡君曰：“殆不至有何等举动。我尚有一消息，适忘告君。八日午后，尚有见告，政府已决定更换北京大学校长，继任者为马君其昶。我想再不辞职，倘政府迫不及待，先下一令免我职，我一人之不体面，犹为小事，而学生〈或〉不免起一骚动。我之急于提出辞呈，此亦其旁因也。今我自行辞职，而继任者又为年高德劭之马君，学生又何所歉然，而必起骚动乎？我之此去，一面保全学生，一面又不令政府为难，如此始可以保全大学，在我可谓心安理得矣。”

友曰："君能保此后学生对于外交问题不再有何等运动乎？"蔡君曰："是或难免。然我在七、八等日，已屡与学生之干事部说过，大意谓：'学生爱国之表示，在四日已淋漓尽致，无可复加。此后可安心用功，让一般国民积极进行。若学生中实有迫于爱国之热诚，情不自已者，不妨于校外以国民之资格自由参加，万不可再用学生名义，尤不可再以学校为集会之机关。'我希望学生尚忆吾言也。"（其他问答语从略）

北京《晨报》1919年5月13日

不肯再任北大校长的宣言*

（1919 年 6 月 15 日）

（一）我绝对不能再作那政府任命的校长

为了北京大学校长是简任职，是半官僚性质，便生出许多官僚的关系，那里用呈，那里用咨，天天有一大堆无聊的照例的公牍。要是稍微破点例，就要呈请教育部，候他批准。什么大学文、理科叫作本科的问题，文、理合办的问题，选科制的问题，甚而小到法科暂省学长的问题，附设中学的问题，都要经那拘文牵义的部员来斟酌。甚而部里还常常派了什么一知半解的部员来视察，他报告了，还要发几个训令来训饬几句。我是个痛恶官僚的人，能甘心仰这些官僚的鼻息么？我将进北京大学的时候，没有想到这一层，所以两年有半，天天受这个苦痛。现在苦痛受足了，好容易脱离了，难道还肯投入去么？

（二）我绝对不能再作不自由的大学校长

思想自由，是世界大学的通例。德意志帝政时代，是世界著名开明专制的国，他的大学何等自由。那美、法等国，更不必说

* 此件因从弟蔡元康劝阻，未公开发表。

了。北京大学，向来受旧思想的拘束，是很不自由的。我进去了，想稍稍开点风气，请了几个比较的有点新思想的人，提倡点新的学理，发布点新的印刷品，用世界的新思想来比较，用我的理想来批评，还算是半新的。在新的一方面偶有点儿沾沾自喜的，我还觉得好笑。那知道旧的一方面，看了这点半新的，就算“洪水猛兽”一样了。又不能用正当的辩论法来辩论，鬼鬼祟祟，想借着强权来干涉。于是教育部来干涉了，国务院来干涉了，甚而什么参议院也来干涉了，世界有这种不自由的大学么？还要我去充这种大学的校长么？

（三）我绝对不能再到北京的学校任校长

北京是个臭虫窠（这是民国元年袁项城所送的徽号，所以他那时候虽不肯到南京去，却有移政府到南苑去的计画）。无论何等高尚的人物，无论何等高尚的事业，一到北京，便都染了点臭虫的气味。我已经染了两年有半了，好容易逃到故乡的西湖、鉴湖，把那个臭气味淘洗净了。难道还要我再作逐臭之夫，再去尝尝这气味么？

我想有人见了我这一段的话，一定要把“我不入地狱，谁入地狱”的话来劝勉我。但是我现在实在没有到佛说这句话的时候的程度，所以只好谨谢不敏了。

附：爱蔡孑民者启

右宣言闻尚是蔡君初出京时所草，到上海后，本拟即行宣布，后因北京挽留之电，有友人劝其婉复，免致以个人去留问题与学生所争政治问题，永结不解之缘，故有以有条件的允任维持之电，后来又有卧病不行之电，均未将真意说出。闻其意，无论如何，决不回校也。鄙人抄得此宣言书，觉与北京各报所载启事，及津浦车站告友之言，均相符合，必是蔡君本意。个人意志自由，本不可以多数压制之，且为社会上留此一个干净人，使不与政治问题发生关系，亦是好事。故特为宣布，以备挽留蔡君者之参考焉。

爱蔡孑民者启

蔡元培手稿

复胡适函

（1919 年 7 月 5 日）

适之先生：

由尹默先生处接到前月二十二日的手书，知道贱恙很承关切，感谢得很！弟出京的时候有许多事，没有机会与先生接洽一番，累先生种种为难，实在抱歉得很。手书中十件事，有六件已经解决；其中虽然有可惜的事，只好慢慢的补救，此刻暂且不提。后面没有解决的四件事，请先生照原约办事，弟负完全责任。（即使弟不能回校，亦愿对于继任的校长，要他履行。）中间最急的就是贝得明的半年津贴，弟备一条，致会计课黄君，请转去，属即筹发。卫迩逊的津贴，如第一期已须发给，亦可由会计课寄去。卜思的契约，不久即有人可以签字，只好临时再送；但先生可先安慰卜思君，请其放心。林玉堂君如到京，请与订定，照约帮助。

先生说："因任杜威君演讲的译述，将离去大学。"弟觉得很可惜！望先生一面同杜威作"教育运动"，一面仍在大学实施教育，这是弟最所盼望的！余请尹默先生面达。

专此，并祝

著安

弟培敬白　七月五日

《胡适来往书信选》(中华书局1979年出版)

附：胡适来函*

(1919年6月22日)

孑民先生：

连日见报上登的令弟广告，又接到梦麐兄来信，知先生现有胃病，并有寒热。我们见了，都很关心。此时本不当把大学里的杂事，来扰乱先生的病体。但是大学中有几件事，使我很为难，故不能不向先生一谈；又值尹默先生在南中，可以用面谈补我笔谈的缺点，故不得不趁此时同先生一说。

(一) 已了的契约关系：

(a) 美国人Clark①，由先生签约聘为英文学教员。后因大学动摇，前途不定，此君来电求毁约，仍留日本，我已答应他了。

(b) 赵元任先生(哲学)，因已受美国Cornell大学②之聘，去彼教授，故不能来大学。

(c) 秉农山先生(生物)，因已受南京高师之聘，故不能来大学。此事我已通知水产学校校长了。

(d) 颜任光先生(物理)，因欲去英国剑桥大学再学一年，故

---

* 胡适这封信是寄给正在杭州的沈尹默，托沈面致蔡元培的。他给沈的信说：“尹默兄：附上信一封，请面交孑丈。此信务请交去，因这里面有许多事，不但关系我个人的行动自由，并且与大学的信用有关，故不得不郑重奉托。弟适。二十二夜二时。”(据胡适手札)

① Clark：克拉克。

② Cornell大学：康奈尔大学。

不能来大学。

(e) 陈衡哲女士（历史），前由先生嘱我预聘，并许津贴他学费。后因大学将来的事不能预定，故已为请得续给清华官费一年。大学预约的事，我已告诉他暂行取消了。

(f) 杜威博士（John Dewey）的事，最为使我难为情。我五月十二日到京，十三日收到 Columbia 大学①校长 Butler 先生复先生的去电，说“杜威给假一年”。十五日又得一电，说“前电所给假是无薪俸的假，速复”。两电来后，一个月内，竟无人负责任可以回电，也无人负责任计画杜威的事。袁次长去职后，更无人替我分负责任了。我觉得实在对不起杜威夫妇，更对不起 Columbia 大学。后来那边又来一电，问何以一个月不复电。（我已用私人名义回电了。六月十七日发。）那时范静生先生到京，我同他商量，他极力主张用社会上私人的组织担任杜威的费用。后来他同尚志学会商定，担任六千元。林宗孟一系的人，也发起了一个“新学会”，筹款加入。我又和清华学校商量，由他们担任三千元。北京一方面共认杜威。（以下缺）

胡适手札

① Columbia 大学：哥伦比亚大学。

致全国学生联合会等电

(1919 年 7 月 9 日)

上海全国学生联合会、北京中等以上学校学生联合会、北京大学学生干事部公鉴:

仆出京以后，宿疾屡发，本拟借此息肩。乃迭接函电，并由方、杨、朱、许、蒋、李、熊、狄诸君代表，备述诸君雅意；重以各方面责望之殷，已不容坚持初志。惟深望诸君亦能推爱仆之心，有所觉悟；否则教育前途，必生障碍。非特仆难辞咎，诸君亦与有责焉。元培。佳。

《益世报》1919 年 7 月 14 日

附：北京大学全体学生复电

(1919 年 7 月 10 日)

(杭州) 中国银行蔡谷卿先生转孑民先生鉴:

佳电蒙允不坚持初志，感激之私，无任涕零。自先生翘然南旅，生等夙夜祗惧，茫无所归。不图今兹复得承教君子。旷时废学，惟有痛心。兢兢自守，幸无陨越。此后当益自策励，求学救国，万不至逾越轨范，以贻先生忧。校务万端待理，请即日北上。临电迫切，惟先生命之。北京大学全体学生叩。灰。

《申报》1919年7月13日

复阎锡山函*

（1919 年 7 月 20 日）

百川仁兄先生惠鉴：

前日钱君及预备学生到京，弟适南返①，未及招待，甚为歉仄。闻尊属各节，已由彭志云君分别办理矣。五月六日惠书，迄今始得展读，迟迟不报，尤罪！承赐玉照，俾得朝夕瞻仰，如亲謦欬，曷胜感荷。弟之小照，均在京寓②，稍缓奉上。承赐《山西通志》一部，借知地灵人杰之自来，且作闻政采风之预备，拜领之余，不胜感谢。

敬请

勋安不宣

蔡元培手稿

---

* 五四运动时期，阎锡山派钱委持函率学生到北京，蔡元培适离京南下，直至他决定回任北大校长时，始在杭州写信作复。

① 原句为“弟以患胃病养疴乡里”，经涂改为“弟适南返”。

② 原句为“远在京寓，此间病中又未克摄影”，经涂改为“均在京寓”。

附：阎锡山来函

（1919年5月6日）

孑民仁兄先生惠鉴：

日前接读复函，敬悉先期赴法学生九名，船票代饬购妥，感谢之至。预备学生九十名，刻派钱委带领来京，尚祈转商彭志云先生，定期开学，俯赐训词，俾诸生得听教言，借资启发，尤所盼祷。外尚有法文生二名、德文生七名，可否插班旁听，以宏造就？仍恳维持格外，赐与钱委接洽办法。无厌之求，统希见谅。

敬颂

教祺

弟阎锡山拜启　五月六日

阎锡山手札

致全国学生联合会电

（1919 年 7 月 21 日）

全国学生联合会鉴：

五四以来，学界牺牲极大。现在六条要求①，均有相当解决。务望通电全国学生诸君，一律上课，以慰国民之望。蔡元培。马。

蔡元培发电抄留底稿

① 当时北京各校学生曾向徐世昌政府提出六条要求：（一）拒绝在“和约”上签字；（二）惩办卖国贼曹、陆、章；（三）挽留蔡校长和傅教育总长；（四）撤销镇压学生的警备令；（五）对留日学生被捕事进行交涉；（六）维持南北和议。全国各地学生的要求，基本相同。

告北大学生暨全国学生书

（1919 年 7 月 23 日）

北京大学学生诸君并请全国学生联合会诸君公鉴：

诸君自五月四日以来，为唤醒全国国民爱国心起见，不惜牺牲神圣之学术，以从事于救国之运动。全国国民，既动于诸君之热诚，而不敢自外，急起直追，各尽其一分子之责任。即当局亦了然于爱国心之可以救国，而容纳国民之要求。在诸君唤醒国民之任务，至矣尽矣，无以复加矣！社会上感于诸君唤醒之力，不能为筌蹄之忘，于是开会发电，无在不愿与诸君为连带之关系，此人情之常，无可非难。然诸君自身，岂亦愿永羁于此等连带关系之中，而忘其所牺牲之重任乎？世界进化，实由分工，凡事之成，必资预备。即以提倡国货而言，贩卖固其要务，然必有制造货品之工厂，与培植原料之农场，以开其源。若驱工厂农场之人材，而悉从事于贩卖，其破产也，可立而待。诸君自思，在培植制造时代乎？抑在贩卖时代乎？我国输入欧化，六十年矣，始而造兵，继而练军，继而变法，最后乃始知教育之必要。其言教育也，始而专门技术，继而普通学校，最后乃始知纯粹科学之必要。吾国人口号四万万，当此教育万能、科学万能时代，得受普通教育者，百分之几，得受纯粹科学教育者，万分之几。诸君以环境之适宜，而有受教育之机会，且有研究纯粹科学之机会，所以树吾国新文化之基础，而参加于世界学术之林者，皆将有赖于诸君。诸君之责任，何等重大！今乃为参加大多数国民政治运动之故，而绝对牺牲之乎？

抑诸君或以唤醒同胞之任务，尚未可认为完成，不能不再为若干日之经营，此亦非无理由。然以仆所观察，一时之唤醒，技止此矣，无可复加。若令为永久之觉醒，则非有以扩充其知识，高尚其志趣，纯洁其品性，必难幸致。自大学之平民讲演、夜班教授，以至于小学之童子军，及其他学生界种种对于社会之服务，固常为一般国民之知识，若志趣，若品性，各有所尽力矣。苟能应机扩充，持久不怠，影响所及，未可限量。而其要点，尤在注意自己之知识，若志趣，若品性，使有左右逢源之学力，而养成模范人物之资格，则推寻本始，仍不能不以研究学问为第一责任也。

且政治问题，因缘复杂，今日见一问题，以为至重要矣，进而求之，犹有重要于此者。自甲而乙，又自乙而丙丁，以至癸子等等，互相关联。故政客生涯，死而后已。今诸君有见于甲乙之相联，以为毕甲不足，毕乙而后可，岂知乙以下之相联而起者，曾无已时。若与之上下驰逐，则夸父逐日，愚公移山，永无踌躇满志之一日，可以断言。此次世界大战，德法诸国，均有存亡关系，罄全国胜兵之人，为最后之奋斗，平日男子职业，大多数已由妇女补充，而自小学以至大学，维持如故。学生已及兵役年限者，间或提前数月毕业，而未闻全国学生，均告奋勇，舍其学业，而从事于军队，若职业之补充，岂彼等爱国心不及诸君耶？愿诸君思之。

仆自出京，预备杜门译书，重以卧病，遂屏外缘。乃近有“恢复五四以前教育原状”之呼声，各方面遂纷加责备，迫以复出，仆遂不能不加以考虑。夫所谓“教育原状”者，宁有外于诸君专研学术之状况乎？使诸君果已抱有恢复原状之决心，则往者不谏，来者可追，仆为教育前途起见，虽力疾从公，亦义不容辞。读诸君十日三电，均以“力学报国”为言，勤勤恳恳，实获我心。自今以后，愿与诸君共同尽瘁学术，使大学为最高文化中心，定吾国文明前途百年大计。诸君与仆等，当共负其责焉。

《北京大学日刊》第421号（1919年7月23日出版）

回任北大校长在全体学生欢迎会上演说词

（1919年9月20日）

别来忽忽四个月，今日得与诸君相见，我心甚为愉快。但自我出京以后，诸君经了许多艰难危险的境遇；我卧病在乡，不能稍效斡旋维持的劳，实在抱歉得很。我以为诸君一定恨我骂我，要与我绝交了；不意我屡次辞职，诸君要求复职，我今勉强来了，与诸君相见，诸君又加以欢迎的名目，并陈极恳挚之欢迎词，真叫我感谢之余，惭愧的了不得。

诸君的爱国运动，事属既往，全国早有公论，我不必再加评论。惟我从别方面观察，觉得在这时期，看出诸君确有自治的能力、自动的精神，想诸君也能自信的。诸君但能在校中保持这种自治的能力，管理上就不成问题。能发展这种自动的精神，学问上除得几个积学的教员随时指导，有图书仪器足供参考试验外，没有什么别的需要。至于校长一职，简直可不必措意了。

诸君都知道，德国革命以前是很专制的，但是他的大学是极端的平民主义；他的校长与各科学长，都是每年更迭一次，由教授会公举的；他的校长，由四科教授迭任，如甲年所举是神学科教授，乙年所举是医学科教授，丙年所举是法学科教授，丁年所举是哲学科教授，周而复始，照此递推。诸君试想，一科的教授，当然与他科的学生很少关系；至于神学科教授，尤为他科的学生所讨厌的。但是他们按年轮举，全校学生，从没有为校长生问题的。这是何等精神呵！

我初到北京大学，就知道以前的办法是，一切校务都由校长与学监主任、庶务主任少数人办理，并学长也没有与闻的，我以为不妥，所以第一步组织评议会，给多数教授的代表，议决立法方面的事，恢复学长权限，给他们分任行政方面的事。但校长与学长，仍是少数。所以第二步组织各门教授会，由各教授与所公举的教授会主任，分任教务。将来更要组织行政会议，把教务以外的事务，均取合议制。并要按事务性质，组织各种委员会，来研讨各种事务。照此办法，学校的内部，组织完备，无论何人来任校长，都不能任意办事。即使照德国办法，一年换一个校长，还成问题么？

这一次爱国运动，要是认定单纯的目的，到德约决不签字，曹、陆、章免职，便算目的达到，可以安心上课了。不幸牵入校长问题，又生出许多枝节，这不能不算是遗憾。所望诸君此后，能保持自治的能力，发展自动的精神，并且深信大学组织，日臻稳固，不但一年换一个校长，就是一年换几个校长，对于诸君研究学问的目的，是决无妨碍的。诸君不要再为校长的问题分心，这就不辜负我们今日的一番聚会了。

《北京大学日刊》第443号（1919年9月22日出版）

回任北大校长在全校教职员欢迎会上演说词

（1919 年 9 月 20 日）

最近四个月，校中正值多事，全赖诸先生合力维持，鄙人卧病故乡，不能稍稍分劳，正抱歉的了不得。今日在此相见，诸先生乃又以欢迎为言，并陈过承奖藉之欢迎词，鄙人更加惭愧了。

学校是有机的组织，校中职员，普通语分为教员、职员两部，其实没有一事不互相关联的。不是平日间互相了解，合力进行，那校务早已停滞，还能进行到现在的状况么？

学潮期内，多有仓卒发生的事变，各人观察不同，间生误会，但不过一时现象；一转瞬间，仍是互相了解，合力进行，所以能维持大学，作种种开学的预备，到今日竟能照常开学。

经了这一次经验，平日间不知不觉间互相了解合力进行的习惯，加了一层深刻的印象。此后这种习惯的强度，必更加增，校务的进行必更顺利，这是鄙人敢断言的。鄙人深愿此后校中文牍，不要再循普通语为教员、职员的分别，竟按照规程，普称职员，并名称上界限也破除了。想诸先生也必赞成的。

总之，本校事务，是全体职员共同负责的。全体职员的组织，果然稳固，即有一二分子的变动，为〔如〕更换校长等事，当然不成问题。鄙人今日既感谢诸先生见爱的盛意，尤不敢不把鄙人的感想宣布于诸先生，请诸先生教正。

《北京大学日刊》第443号（1919年9月22日出版）

北京大学第二十二年开学式演说词

（1919 年 9 月 20 日）

今日为北京大学第二十二年的开学日。新到诸生差不多占四分之一。本来旧生所知道的，也当为新生申说大概。况此次学潮以后，外边颇有谓北京大学学生专为政治运动，能动不能静的。不知道本校学生这次的加入学潮，是激于一时的爱国热诚，为特别活动，一到研究学问的机会，仍是非常镇静的。外边流言，实是误会。但是，我们也不可不作“有则改之，无则加勉”的打算。所以，我现在把北京大学的教育方针说说，不但给新生指示趋向，也是为旧生提醒一番的意思。

诸君须知，大学并不是贩卖毕业的机关，也不是灌输固定知识的机关，而是研究学理的机关。所以，大学的学生并不是熬资格，也不是硬记教员讲义，是在教员指导之下自动的研究学问的。为要达上文所说的目的，所以延聘教员，不但是求有学问的，还要求于学问上很有研究的兴趣，并能引起学生的研究兴趣的。不但世界的科学取最新的学说，就是我们本国固有的材料，也要用新方法来整理他。这种标准，虽不是一时就能完全适合，但我们总是向这方面进行。又如图书、杂志、仪器、标本，研究学理上所必不可少的，我们限于经费，虽不能一时购置完善，但也是逐年增加的。且既然认定大学是研究学理的机关，对于纯粹学理的文理科，自当先作完全的建设。我们因文理科尚有许多门类，为经费与地位所限，不能一时并设，所以，乘北洋大学同是国立，同有土木工科、采矿冶金科的关系，把工科归并北洋。即用工科的经费与教室、实验室，来扩充理科的一部分。研究学理，不可不屏除纷心的嗜好，所以，本校提倡进德会，对于嫖赌的恶习，官吏、议员的运动，是悬为戒律的。研究学理，必要有一种活泼的精神，不是学古人“三年不窥园”的死法能做到的，所以，本校提倡体育会、音乐会、书画研究会等，来涵养心灵。大凡研究学理的结果，必要影响于人生。倘没有养成博爱人类的心情、服务社会的习惯，不但印证的材料不完全，就是研究的结果也是虚无。所以，本校提倡消费公社、平民讲演、校役夜班与《新潮》杂志等，这些都是本校最注重的事项，望诸君特别注意。

抑本校很愿多延各国硕学来校讲授，惜机会很不易得。今年适值杜威博士来华游历，本校得博士与哥伦比亚大学校长的允许，得请博士留华一年，在本校讲授哲学，这是很难得的机会。所以，今日特请博士演说，并先为绍介。

《北京大学日刊》第443号（1919年9月22日出版）

北京大学新闻学研究会第一次期满式训词

（1919 年 10 月 16 日）

今日为本校新闻学研究会之第一次结束。本校之有新闻学研究，于中国亦实为第一次。故今兹结束，是可谓为中国新闻学研究之第一次结束。

凡一科学之成立，必先有事实，然后有学理。以无事实，则无经验可言；无经验，则学理亦无由发生。现吾人之新闻学研究会，虽无闳大之印刷机关，似与普通之报馆不侔，故经验亦不能谓之大备。但科学之起，必始于草创，始于简单。今虽为本会之草创时期，然他日固可由周刊，进而办日刊。且经验之不足，又不独吾人为然；即外国大学之新闻科，其成绩亦未能谓为完满。盖新闻为经验之事业，非从事于新闻之人，以其经验发为学理，则成绩终无由十分完满也。

今日本会之发给证书，故亦非谓经验已经完备，不过谓为经验之始而已。新闻事业既全恃经验，此后从事新闻事业之人，能以其一身经验研究学理，而引进于学校中，乃吾所深望者也。

至本会所办之《新闻周刊》，五四以后，因人事倥偬，遂至停刊，余甚惋惜。盖本周刊纯重事实，提要钩元。而且至五四以后，本校与外界接触之机愈多。凡一问题之起，非先有事实之标准，即多费商量，亦无由解决。而吾校所出之《周刊》，能将一国内外之大事，提要钩元，即示标准之意。曩保定某中学校长晤余，曾谓该校学生平时以学课关系，无暇读报。后见本校《周刊》出版，能将事实钩元提要，非常欢迎。五四停版以来，深为本周刊抱憾不置。由此观察，则外间表同情于《周刊》者，大不乏人。故吾甚希望此后《周刊》之能继续出版也。

附：获证书者名单

（甲）获听讲一年证书者二十三人：

陈公博　何邦瑞　谭植棠　区声白　倪世积　谭鸣谦　黄　欣
严显扬　翟俊千　张廷珍　曹　杰　杜近渭　徐思达　杨亮功
章辐贻　傅馥桂　温锡锐　缪金源　冯嗣贤　肖鸣籁　欧阳英
丘昭文　罗汝荣

（乙）获听讲半年证书者三十二人：

李吴桢　陈秉瀚　徐恭典　朱云光　姜绍谟　来焕文　马义述
杨立诚　易道尊　毛泽东　罗璈阶　钟希尹　常　惠　吴世晋
王南邱　鲍　贞　韩荫谷　陈光普　朱存粹　华　超　朱如儒
舒启元　刘德滢　梁颖文　倪振华　杨兴栋　曲宗邦　尉士杰
黄　琴　吴宗屏　高尚德　陈　鹏

《北京大学日刊》第465号（1919年10月21日出版）

杜威六十岁生日晚餐会演说词

（1919年10月20日）

今日是北京教育界四团体公祝杜威博士六十岁生日的晚餐会，我以代表北京大学的资格，得与此会，深为庆幸。我所最先感想的，就是博士与孔子同一生日，这种时间的偶合，在科学上没有什么关系；但正值博士留滞我国的时候，我们发现这相同的一点，我们心理上不能不有特别感想。

博士不是在我们大学说：现今大学的责任，就该在东西文明作媒人么？又不是说：博士也很愿分负此媒人的责任么？博士的生日，刚是第六十次；孔子的生日，已经过二千四百七十次，就是四十一又十个六十次，新旧的距离很远了。博士的哲学，用十九世纪的科学作根据，用孔德的实证哲学、达尔文的进化论、詹美士的实用主义递演而成的，我们敢认为西洋新文明的代表。孔子的哲学，虽不能包括中国文明的全部，却可以代表一大部分；我们现在暂认为中国旧文明的代表。孔子说尊王，博士说平民主义；孔子说女子难养，博士说男女平权；孔子说述而不作，博士说创造。这都是根本不同的。因为孔子所处的地位、时期，与博士所处的地位、时期，截然不同；我们不能怪他。

但我们既然认旧的亦是文明，要在他里面寻出与现代科学精神不相冲突的，非不可能。即以教育而论，孔子是中国第一个平民教育家。他的三千个弟子，有狂的，有狷的，有愚的，有鲁的，有辟的，有喭的，有富的如子贡，有贫的如原宪；所以东郭、子思说他太杂。这是他破除阶级的教育的主义。他的教育，用礼、乐、射、御、书、数的六艺作普通学，用德行、政治、言语、文学的四科作专门学。照《论语》所记的，问仁的有若干，他的答语不一样；问政的有若干，他的答语也不是一样。这叫作是“因材施教”。可见他的教育，是重在发展个性，适应社会，决不是拘泥形式，专讲画一的。孔子说：“学而不思则罔，思而不学则殆。”这就是经验与思想并重的意义。他说：“多闻阙疑，慎言其余，多见阙殆，慎行其余。”这就是试验的意义。

我觉得孔子的理想与杜威博士的学说，很有相同的点。这就是东西文明要媒合的证据了。但媒合的方法，必先要领得西洋科学的精神，然后用他来整理中国的旧学说，才能发生一种新义。如墨子的名学，不是曾经研究西洋名学的胡适君，不能看得十分透澈，就是证据。孔子的人生哲学与教育学，不是曾研究西洋人生哲学与教育学的，也决不能十分透澈，可以适用于今日的中国。所以我们觉得返忆旧文明的兴会，不及欢迎新文明的浓至。因而对于杜威博士的生日，觉得比较那尚友古人，尤为亲切。自今以后，孔子生日的纪念，再加了几次或几十次，孔子已经没有自身活动的表示；一般治孔学的人，是否于社会上有点贡献是一个问题。博士的生日，加了几次以至几十次，博士不绝的创造，对于社会上必更有多大的贡献。这是我们用博士已往的历史可以推想而知的。兼且我们作孔子生日的纪念，与孔子没有直接的关系；我们作博士生日的庆祝，还可以直接请博士的赐教。所以对于博士的生日，我们觉得尤为亲切一点。我敬〔谨〕代表北京大学全体举一觞，祝杜威博士万岁！

《北京大学日刊》第446号（1919年10月22日出版）

国文之将来*

——在北京女子高等师范学校演说词

(1919年11月17日)

今日是贵校毛校长与国文部陈主任代表国文部诸君要我演说，我愿意把国文的问题提出来讨论，尤愿意把高等师范学校应当注意那一种国文的问题提出来讨论，所以预拟了《国文之将来》的题目。

国文的问题，最重要的就是白话与文言的竞争。我想将来白话派一定占优胜的。

白话是用今人的话来传达今人的意思，是直接的。文言是用古人的话来传达今人的意思，是间接的。间接的传达，写的人与读的人都要费一番翻译的工夫，这是何苦来？我们偶然看见几个留学外国的人，写给本国人的信都用外国文，觉得很好笑。要是写给今人看的，偏用古人的话，不觉得好笑么？

从前的人，除了国文，可算是没有别的功课。从六岁起到二

* 此篇曾先后刊载于《北京女子高等师范学校文艺会季刊》1920年春季号，《新生活》1919年第14期，以及《北京大学日刊》。

十岁，读的写的，都是古人的话，所以学得很像。现在应学的科学很多了，要不是把学国文的时间腾出来，怎么来得及呢？而且从前学国文的人是少数的，他的境遇，就多费一点时间，还不要紧。现在要全国的人都能写能读，那能叫人人都费这许多时间呢？欧洲十六世纪以前，写的读的都是拉丁文。后来学问的内容复杂了，文化的范围扩张了，没有许多时间来模仿古人的话，渐渐儿都用本国文了。他们的中学校，本来用希腊文、拉丁文作主要科目的。后来创设了一种中学，不用希腊文。后来又创设了一种中学，不用拉丁文了。日本维新的初年，出版的书多用汉文。到近来，几乎没有不是言文一致的。可见由间接的，趋向直接的，是无可抵抗的。我们怎么能抵抗他呢？

有人说：文言比白话有一种长处，就是简短，可以省写读的时间。但是脑子里翻译的时间，可以不算么？

有人说：文言是统一中国的利器，换了白话，就怕各地方用他本地的话，中国就分裂了。但是提倡白话的人，是要大家公用一种普通话，借着写的白话来统一各地方的话，并且用读音统一会所定的注音字母来帮助他，那里会分裂呢？要说是靠文言来统一中国，那些大多数不通文言的人，岂不屏斥在统一以外么？

所以我敢断定白话派一定占优胜。但文言是否绝对的被排斥，尚是一个问题。照我的观察，将来应用文，一定全用白话。但美术文，或者有一部分仍用文言。

应用文，不过记载与说明两种作用。前的是要把所见的自然现象或社会经历给别人看，后的是要把所见的真伪善恶美丑的道理与别人讨论，都止要明白与确实，不必加新的色彩，所以宜于白话。譬如司马迁的《史记》，不是最有名的著作么？他记唐虞的事，把“钦”字都改作“敬”字，“克”字都改作“能”字，其余改的字很多，记古人的事，还要改用今字，难道记今人的事反要用古字么？又如六朝人喜作骈体文，但是译佛经的人，别创一种近似白话的文体，不过直译印度文与普通话不同罢了。后来禅宗的语录，就全用白话。宋儒也是如此。可见记载与说明应用白话，古人已经见到，将来的人，自然更知道了。

美术文，大约可分为诗歌、小说、剧本三类。小说从元朝起，多用白话。剧本，元时也有用白话的。现在新流行的白话剧，更不必说了。诗歌，如《击壤集》等，古人也用白话。现在有几个人能做很好的白话诗，可以料到将来是统统可以用白话的。但是美术有兼重内容的，如图画、造像等。也有专重形式的，如音乐、舞蹈、图画等。专重形式的美术，在乎支配均齐，节奏调适。旧式的五、七言律诗与骈文，音调铿锵，合乎调适的原则，对仗工整，合乎均齐的原则，在美术上不能说毫无价值。就是白话文盛行的时候，也许有特别传习的人。譬如我们现在通行的是楷书、行书，但是写八分的，写小篆的，写石鼓文或钟鼎文的，也未尝没有。将来文言的位置，也是这个样子。

至于高等师范的学生，是预备毕业后作师范学校与中学校的教习的。中学校的学生虽然也许读几篇美术文，但练习的文不外记载与说明两种。师范学校的学生是小学校教习的预备，小学校当然用白话文。照这么看起来，高等师范学校的国文，应该把白话文作为主要。至于文言的美术文，应作为随意科，就不必人人都学了。

《北京大学日刊》第490号（1919年11月19日出版）

跋《海外中国大学末议》*

（1919年12月8日）

右议吾极端赞成。以法国文化之高，而尚于雅典及罗马各设一校，为国内文学博士深究希腊、罗马文学、史学、哲学之机关；研究年限，在三年以上。又于罗马设美术学校一，为增进建筑、雕刻、图画及音乐等技术之机关，其学额，由国内美术学校毕业生竞争试验而补之。诚取其环境之适宜也。我国现正在输入欧化时代，而各学校之设备既简陋，环境尤不适宜。即如北京大学，恒有人以“最高学府”目之，而图书、标本、仪器之缺乏，非特毕业生留校研究，无深造之希望，即未毕业诸生，所资以参考若实验者，亦多未备。其重要讲座，悬格以求相当之教员而累年未得者，尚多有之。盖内容若是其简陋也。而一言环境，则自旧籍较多之京师图书馆而外，并无阅借新书之所。其他若美术馆、博物院、专门学会、特别研究所等，凡是为研究学术之助者，无一焉。所日日刺激神经者，言论、出版、集会之不自由，官僚、军

---

* 吴敬恒撰《海外中国大学末议》一文，长达一万余字。蔡元培阅后，撰写此跋。

阀、政客及其他不正当营业之诱惑而已。呜呼！以如是内容，如是环境，而侈谈学术，事倍功半，复何待言。今观吴先生海外中国大学之议，岁费四十余万金，而国内大学诸缺点，无不有以补充之，其成效岂可量哉！吴先生历举各种优点，至详至备，吾无以益之；惟举吾所亲历者，相为比较，以证成其义，表示极端赞成之诚意云尔。

中华民国八年十二月八日　蔡元培

《北京大学日刊》第510号（1919年12月12日出版）

在林德扬追悼会上演说词

（1919 年 12 月 14 日）

今天开这个追悼会，是大家可怜他的自杀。林君的自杀，是北京大学生第一个自杀的人。我看林君的行略，也觉得可怜。然而中外自杀的人很多，像中国的妇女，因为他的翁姑或夫婿的虐待，愤而自杀的也很多。还有许多忠臣，不肯事二朝，像明朝的臣子，因明朝亡了，就把自己一家杀光再自杀的也不少。外国人也有因境遇不好而自杀的。还有男女的恋爱，因为不能偿他们的愿而自杀的。像这种自杀的人，外国报纸上时常看见的。不过这种自杀，和林君的不同罢了。我想到两位中国人，他们的自杀，同林君差不多，我如今先说两位的事迹。

一位是杨笃生先生。他在中国没有革命前就想排满。他到日本去做炸弹来实行暗害，不过壳子做不好，他就焦急起来。前清五大臣出洋的时候，有人放炸弹来暗杀他们，这个炸弹，就是杨先生做的，不过里面放点炸药，外面仍旧用药线引火的。后来杨先生到英国去求学，他一心要造炸弹，所以他专心用功物理、化学等科。可惜他从前没有普通知识，他想从极短时间内一齐补完，是很困难的。因为他用脑过度，所以他的脑病就很利害，他就买些补脑剂养养他的脑，但是一面又很用功，因此反而加剧起来。有一次，英国开展览会，陈列许多机器，他就很欢喜，想仔细参观一回，总可以得到点法子。不料里面的东西太多了，他弄得茫无头绪。从此他就大失望了。那时杨先生在利佛浦①，他同住的人看见他头上包着布，实在形容枯槁，憔悴得很。他就想到中国杀死几个满人，虽然拼了一命，也算尽他的心了。但是他的病实在重得很，从利佛浦到中国也等不及，他绝了回国的念头。他既然精疲力尽，想活着也无趣味，就投河而死。那时我在德国，幸亏吴稚晖先生在英国，同几位同志替他料理后事。然而他这一死，倒感动无数同志去继续他的事业，后来炸弹也精巧了，辛亥革命也成功，杨先生的志愿，有人替他达到了。

一位是姚桢先生，对于革命，也很出力的。当日本发布取缔留学生条件的时候，留学生多归国，奔走于革命运动，他就想在中国办一大学，收留这许多留学生。他想中国的学生，何必要到日本去读书。那时候我也在上海。姚先生也来同我商量过，但是经济困难达于极点，他用尽方法总是无效。他想办的就是中国公学，然而总没有能力去开办，他想绝望了，就投黄浦江而死。他这一死，也激动了许多同志，后来居然成功。现在中国公学里面，有大学部，虽停顿一次，幸能重振起来。姚先生的志愿，也有人替他达到了！

这两位先生，都是因奋斗失败而自杀的。林君也因奋斗而自杀，所以同杨先生、姚先生差不多。林君先习化学，后习法律，他的脑筋也未免过敏。他对于五四运动很出力，并且创办国货店——抵制日货根本的方法。这是他的第一层意思。但是他理想的国货店，规模是很宏大的——这种小卖买算不得提倡国货，要自己能够制造出来。但是现在哪里能做到，他就心急得很，等不及慢慢

① 利佛浦：今译利物浦。

的去做了，所以决然自杀，要想刺激他的同志，继续去实行他的计画，所以牺牲自己一身，做发展国货的广告。我想这是他的第二层意思。现在林君已死，不能再活了！只要我们活着的人，努力去振兴国货，达到林君的第二层意思。追悼会虽然已经完了，我们继续去做，是没有完的。追悼是可惜的意义。我们既然可惜他，就要体谅他的志愿，去做完林君没有完的事体。这就是我的希望了。

（陈兆楠记录）

北京大学新潮社编印《蔡孑民先生言行录》（1920 年出版）

北京孔德学校二周年纪念会演说词

（1919年12月）

今日是我们孔德学校第二周年的纪念会，兼且把两年来学生所作的成绩品陈列起来，开个展览会。回想第一周年的纪念会，学生要少一半，成绩品还不够陈列。觉得一年来有点儿进步，是很可喜的。

今日尤可喜的是，学生的家属同我们华法教育会会员到会的很多，而且法国公使的代表雷锐先生、法国领事魏武达先生、上海华法教育会分会干事高博爱先生、北京华法教育会会员贝熙业大夫，都肯到会。照法国风俗，今日是圣诞节，宗教上有一种仪式，法国朋友竟肯腾出时间到我们这个会。这个赞助的热心，是我们很感谢的。

我们这个学校，用孔德先生的姓作标榜，并不是他一个人的学问以外，都不用注意，且并不是就用他的哲学来教授小学生。我们是取他注重科学精神、研究社会组织的主义，来作我们教育的宗旨。为注重科学精神，所以各种教科，偏重实地观察，不单靠书本子同教室的讲授。偏重图画、手工、音乐、运动等科，给学生练习视觉、听觉、筋觉。为研究社会组织，给学生时时有共同操作的机会。就是今日用学生所制造的物品出售，用作图书馆的基本金；而且各室记算招待等事，都由学生若干人合力办事，也是这个作用。即如教授国文，注重白话文，且用注音字母来画一语音，不但给学生容易了解，也是有社会上互通情意较为便利起见。我们这宗教法，不知道对不对。想到会诸君看了我们学生的成绩品，必定有确当的批评，可以告我们。这是我们所最希望的。

北京大学新潮社编印《蔡孑民先生言行录》(1920 年出版)

国外勤工俭学会与国内工学互助团

（1920 年 1 月 1 日）

我们理想的世界，就是全世界的人都能合于“各尽所能，各取所需”的公则。尽所能，便是工；不管他是劳力，是劳心，凡是有益于人类的生存、文化的进步的，都是。所需有两种：一是体魄上的需要，如衣、食、住等是；一是精神上的需要，如学术是。现在有一部分的人，完全不作工；有一部分的人，作了不正当的工。所以，正当的工人不能不特别劳苦，延长他工作时间。而且，除了正当的工人以外，都是靠着特殊的势力，把人类所需的逾量攫取，逾量的消耗。所以，正当的工人，要取所需，常恐不足，就是体魄上的需要勉强得到了，精神上的需要，或者一点都没有。这不是文化的大障碍么？我们要除去这个障碍，就要先来实行工学并进的生活。

我的朋友李石曾君在法国时，曾同豆腐公司的几位工人发起一个勤工俭学会，每月印一篇《勤工俭学传》，我也作过一首序。那时候，世界大战没有结束，法国的工厂很要工人。俭学会的学生，因为家款汇不到，也加上了勤工的性质，到工厂去作工，试验得也很有成效。所以李君回国后，约集同志，又设了几处勤工俭学的预备学校，招中学毕业生，给他预备法语同工艺上的知识，一年毕业，毕业后送到法国去，很受法国工厂的欢迎。后来得了一个消息，说他们还有五百多工作的学生以可安插，兼且与邮船公司商定，这五百学生的船票可以减价。从此，各地方苦学生都想出去。好多是没有预备过的，到了那边，或是脑力太弱，或是法语太浅，或是工艺上知识太缺乏，一时没有适宜的工作，或在法国预备，或别要筹学费，改为纯粹的俭学生，不免生出困难。所以，那边又来了几个电报，说是送去的学生，要体力相当，与预备恰好的，才是稳妥。因而华法教育会重订了勤工俭学生预备赴法章程几条：

（一）凡勤工俭学生愿赴法者，须在中国华法教育会所立之预备学校至少肄业一年。

（二）在各预备学校肄业一年以上之学生，其毕业试验时，各种科目及格，且曾在工厂实习者，须在北京或上海由本会医生检验身体是否可以工作。检验合格者，得向本会报名赴法。

（三）报名时，须交整装费、川费及到法后度日费用等，共银六百元。

这种条件，都是从新得的经验上发生，是不得不然。但是照这种情形看来，留法的勤工俭学生，无论如何尽力扩张，那人数总有限的：（一）因法国工厂不能无限的收容；（二）因一年预备与六百元的费，也不是人人能出。不能不想出弥补此缺陷的方法。

到法国后，可以半工半学，难道在中国不能这样办么？少年中国学会的王光祈君又想了一个“工读互助团”的办法（我的意思，想提议改“读”字为“学”字），在北京已经组织了三处。他的优点是：（一）所作都是小工，可以自由支配，不必仰仗工厂；（二）每人每日作工四时，有许多时间可以求学；（三）设在学校左近，可以到校听讲，不能到校的，专请教员来讲；（四）收入的、消费的，都由团体支配。各人于工作求学之外，不必分心，全凭自己的力量，用极少经费，极简的方法，可以尽作工的责任，达求学的志愿，实行互助的主义。这种便宜的事，恐寻不到第二件啊！我希望全国的苦学生，都在各地方组织起来。我希望全国作工的人，也能用这种方法，达他工余求学的目的。我希望全国有力的人，助成学生、工人，组织这种团体。

自发明这个组织以后，可以到外国去的，就用勤工俭学会办法；不能到外国去的，就用工学互助团办法。劳动神圣，教育普及，真是“取之左右逢其源”了。我所以特在九年一月一日的《时事新报》增刊篇幅上，用极诚恳的意思，为这两团体介绍。

《时事新报》增刊 1920 年 1 月 1 日

工学互助团的大希望

（1920 年 1 月 15 日）

现在各种集会中，我觉得最有希望的是少年中国学会。因为他的言论、他的举动，都质实得很，没有一点浮动与夸张的态度。这个学会的会员，现又发起一个工读互助团，他的宗旨与组织法，都非常质实。要是本着这个宗旨推行起来，不但中国青年求学问题有法解决，就是全中国最重大问题，全世界最重大问题，也不难解决。这真是有大希望的。不过我觉得读字不如学字的好，所以用学字。

请先讲工字，西人有句格言："人不是为食而生活，是为生而食的。"我仿他的语调造一句："人不是为生而工，是为工而生的。"有一种作工的人自己说是"谋生"，仿佛是为生而工的凭据。但这是经济界病的现状，决非全部的人生观。要是人仅仅为生而工，那末，石器时代的工作很可以谋生，何必进而作铜器、作铁器呢？游猎的民族至今生存，何必进而为农业、工业呢？就说是实业的工作都是有益于生存的，何必又进而为纯粹的科学、哲学与美术呢？且如古语"一年之计树谷，十年之计树木，百年之计树人"。人到能作工的时候，断没有再活百年的，为什么要作"百年之计”呢?文学家、美术家的著作往往受同时人的揶揄非笑,直到死后几十年、几百年才受人崇拜,他们为什么要作这一种工呢?试验药品,试验飞艇、飞机,探南北极,到荒僻地方采集博物标本,到野蛮社会考察民族状况,往往失了生命。科学家的新发明,哲学家的新主义,受旧社会反对也往往失了生命,他们为什么要冒险作工呢?所以知道工是人生的天责;出于自然的冲动,决非是为生活的欲望强迫而成的。

人类以外的动物都能作工,昆虫中蜂蚁的工作是程度最高的。但他们一代传一代总是这样,是全靠本能的缘故。又如鹦鹉、鸜鹆也能仿效人言,但他们听一句说一句,不能变化,这还是本能的作用。人的作工是一时有一时的变化,一代有一代的进步。因为人能学,所以学是工的预备,但是学与工有直接的,有间接的,有间接而又间接的。譬如学洗衣,学编织,学烹饭,学刷印,学制造小工艺,学贩卖报纸及坐柜(这都是工读互助团先拟试作的工),是直接的。因这种工作上材料的关系,想研究矿物学与生物学;因动作的关系,想研究力学;因热度色彩与化合化分的关系,想研究热学光学化学;因计算的关系,想研究数学经济学;因视觉味觉的关系,想研究心理学;因美观的关系,想研究美学;因交际的关系,想研究社会学。这是间接的。又如为满足求真的志趣与预备高深的工作,想研究纯粹的科学哲学,为满足审美的兴味与调剂机械性工作的厌倦,想研究文学及图画、雕刻、音乐等美术,是间接而又间接的。在工学互助团中,除每日作工四时外,均可求学,是很方便的。

小工业的时代,各作各的工,成绩总是有限。后来分工细了,工业大大的进步,这是互助的效果。从前劳工与资本家反对,劳工总是失败,后来同业的劳工联合起来,一国中各业的劳工联合起来,各国务业的劳工联合起来,资本家不能不让步了,这也是互助的效果。但是资本家与劳工还是对待,还是互竞,所以工业上还免不了苦况。也有人说贫富不平等的原因，就在教育不平等。一部分的人可以受高等教育，在学术上有点儿贡献，但不是独学便能成功，是靠多少师友的助力。况且学术为公，政治上虽然有国界，学术研究没有国界，所以能达到现在的程度，这是互助的效果。但是研究学术毕竟还是少数，有许多人进了小学不能进中学，进了中学不能进大学，少了许多人研究，学术的发展自然也受了限制了。要是经济的组织大大改变，全世界做成一个互助的团体，全世界的人没有不是劳工，那工作的时间，一定都可以减少，那求学的机会，一定都可以平等，岂不是现在世界最难解决的问题，一切解决，成了最幸福的世界么？

凡事空话总不如实行，大的要从小的做起。要是我们空谈世界主义，一点没有实行的预备，柏拉图的《共和国》发表了已经三千多年，不是至今还没有实现么？现在少年中国学会的工学互助团，是从小团体脚踏实地的做起。要是这种小团体一处一处的布满了，青年求学的问题便可解决。要是感动了全国各团体都照这样做起来，全中国的最重大问题也可解决。要是与世界各团体联合起来，统统一致了，那就世界最重大问题也统统解决了，这岂不是最大的希望么？

《少年中国》第1卷第7期（1920年1月15日出版）

北京大学平民夜校开学日演说词

（1920年1月18日）

今日为北京大学学生会平民夜校开学日，此事不惟关系重大，也是北京大学准许平民进去的第一日。从前这个地方是不许旁人进去的，现在这个地方人人都可以进去。从前马神庙北京大学挂着一块匾，仿佛一块虎头牌一样，人家见着的，都以为这是学堂重地，不得擅入，把他看作全国最高的学府，只有大学学生同教员可以进去，旁人都是不能进去的。这种思想，在北京大学附近的人，尤其如此。现在这块匾已经取去了。

北京大学第一步的改变，便是校役夜班之开办。于是二十多年的京师大学堂里面，听差的也可以求学。从前京师大学堂里面的听差，不过赚几个钱，喊几声大人老爷；现在北京大学替听差的开个校役夜班，他们晚上不当差的时候，也可以随便的求点学问。于是大学中无论何人，都有了受教育的权利。不过单是大学中人有受教育的权利还不够，还要全国人都能享受这种权利才好。所以先从一部分做起，开办这个平民夜校。

“平民”的意思，是“人人都是平等的”。从前只有大学生可受大学的教育，旁人都不能够，这便算不得平等。现在大学生分其权利，开办这个平民夜校，于是平民也能到大学去受教育了。

大学生为什么要办这个平民夜校呢？因为他们自己已经有了学问，看见旁的兄弟还没有学问，自己心中很难过，好像看见一家的弟兄都饿着，许多的兄弟姊妹都还饿着没有饭吃，自己心中就很难过一样，觉得他们很苦，所以就立刻办这个平民夜校。

“一个人不但愁着肚子饿，而且怕脑子饿。”大学生看见许多弟弟妹妹的肚子饿，固然难过；他们看见你们的脑子饿，也是很难过的。因为人没有学问，不认识字，是很苦的一件事，甚至于写封信还要请人去写。要是自己会写，还受这种苦吗？我们有手而不能用，有目而不能见，我们心中一定很难过；我们的脑子饿了，看个电影也不能懂得，又何尝不是一样的苦呢？譬如大学生从小学住到中学，现在又住大学，仿佛已经吃的很多。要是看见旁人没有学问，没有知识，常常受“脑饿”的痛苦，他们自己一定很难过，很不爽快，因为不平，所以愿为大家尽力，开办这个平民夜校。大学生一方面既有这种好意思，住在大学附近的人家，也把他的子弟送去求学，现在竟有四百多人，仿佛肚子饿了要去求食一样。这种意思，实在好极，也算不负了办平民夜校的热心。

办平民夜校的，固然要热心；我对于夜校的学生同家长，还有两层希望：

一、教职员既然拿出全副的精神教我们，我们进去一两天后，觉得没有什么新奇，于是就不去了。要是这样，仿佛也对不起教员的一番热心。

二、住在大学附近的，才有这种特别权利，那些住得较远的，不能享有这种权利的，你们应该觉得很难过，把你们所已知的传达给他们——你们的亲戚或朋友——使他们的子弟也入他们附近的平民夜校去求学。

这都是很要紧的。这也是我所望于办平民夜校的与你们的。

《北京大学日刊》第523号（1920年1月24日出版）

《欧美同学会丛刊》发刊词

（1920 年 3 月 10 日）

古之言竞争者，曰“知彼知己”；言亲善者，曰“人之相知，贵相知心”。言知之不可不普且深也。而知之程度，见胜于闻，故曰“百闻不如一见”，曰“所见不逮所闻”。

海通以来，缩五洲为一邱，虽以吾数千年闭关自大之中华，事事与欧美诸邦生密切关系。自一缕一针之细故，以至于政治风俗之大端，无不东鸣西应，速于邮命。以故欧美人之曾来吾国者，率皆分别调察，陈述意见，以报告于其国人，而为对待吾国之标准。其所生之效果，吾侪固熟睹之，而身受之矣。而我国各方面负责任者，乃尚多懵然于欧美之情势，遇事竭蹶，动失机宜，固由彼辈无集思广益之度量；而曾游欧美者，不以见闻所及，多方介绍，亦不得不分任其咎也。

欧美同学归国者，渐逾千人，散居各地，势不能有所发展。近年北京、天津、上海有同学会之组织，去年更于上海为全国欧美同学会之组织，于是联络感情，交换知识，不复为曩昔之散漫，而服务社会之志愿，亦以群策群力之集中，而稍稍有所借手。递于今兹，乃得以会员之所见，为此丛刊，本补牢顾尤之忧思，为负暄嗜芹之贡献，邦人君子，幸省览焉。

《欧美同学会丛刊》第1卷第1号（欧美同学总会1920年3月10日出版）

北京各大专校长致京畿卫戍司令部函*

（1920年3月25日）

径启者：

前此各校学生游街演讲，致遭拘押，迄未释放，在校各生，群生疑虑。查该生等举动虽属逾越常轨，但揆厥用心，不无可原之处。为此合同函达，请求从宽开释；各校自应力予诰诫，以后不准再滋事端。倘荷俯允，实纫公谊。此致

卫戍司令部

各校公启

附：北京法政专门学校来函

（1920年3月23日）

径启者：

地检厅已有批示，并抄录如别，敬请青睐。即请转致高师、朝阳、中国诸校为荷。此致

---

* 此件署“各校公启”，由蔡元培领衔。

蔡校长

北京法政专门学校谨启　三，二十三

附：地检厅批示一纸

附：京师地方检察厅批

（1920 年 3 月 23 日）

蔡元培等状请将蔡咸章等保释由

具状人　蔡元培等

状悉。查蔡咸章等四十三名，甫于本日由京畿卫戍总司令部解送到厅。所请保释之处，应俟侦查后，再行核办。此批。

三，二十三

《北京大学日刊》第 571 号（1920 年 3 月 25 日出版）

洪水与猛兽

（1920年4月1日）

二千二百年前，中国有个哲学家孟轲，他说国家的历史，常是“一乱一治”的。他说第一次大乱，是四千二百年前的洪水；第二次大乱，是三千年前的猛兽。后来说到他那时候的大乱，是杨朱、墨翟的学说。他又把自己的距杨墨，比较禹的抑洪水、周公的驱猛兽。所以崇奉他的人，就说杨墨之害，甚于洪水猛兽。后来一个学者，要是攻击别种学说，总是袭用“甚于洪水猛兽”这句话。譬如唐宋儒家攻击佛老，用他；清朝程朱派攻击陆王派，也用他；现在旧派攻击新派，也用他。

我以为用洪水来比新思潮，很有几分相像。他的来势很勇猛，把旧日的习惯冲破了，总有一部的人感受痛苦；仿佛水源太旺，旧有的河槽，不能容受他，就泛滥岸上，把田庐都扫荡了。对付洪水，要是如鲧的用湮法，便愈湮愈决，不可收拾。所以禹改用导法，这些水归了江河，不但无害，反有灌溉之利了。对付新思潮，也要舍湮法，用导法，让他自由发展，定是有利无害的。孟氏称“禹之治水，行其所无事”，这正是旧派对付新派的好方法。

至于猛兽，恰好作军阀的写照。孟氏引公明仪的话：“庖有肥肉，厩有肥马，民有饥色，野有饿莩，此率兽而食人也。”现在军阀的要人，都有几百万、几千万的家产，奢侈的了不得；别种好好作工的人，穷的饿死，这不是率兽食人的样子么？现在天津、北京的军人，受了要人的指使，乱打爱国的青年，岂不明明是猛兽的派头么？

所以中国现在的状况，可算是洪水与猛兽竞争。要是有人能把猛兽驯伏了，来帮同疏导洪水，那中国就立刻太平了。

附记：这是蔡先生替北京英文《导报》的特别增刊做的。我们因为这篇文章是现在很重要的文字，很可以代表许多人要说而不能说的意思，故把他的中文原稿登在这里。（适①）

《新青年》第7卷第5号（1920年4月1日出版）

① 适：胡适，当时是《新青年》的轮值主编。

在北京高等师范学校教育与社会社演说词

（1920 年 4 月 15 日）

前几天看到贵校办的图书阅览所和通俗讲演所，我就觉到这是受杜威先生学说的影响。今天开成立会的教育与社会杂志社，想必亦是受着杜威先生的影响，因为他的教育主义即在学校和社会打成一片。方才杜先生所讲的，本他平日所主张的实验主义，事事从脚踏实地做去，很可以供诸君的参考。我是无话可说，只有把老生常谈再谈一回。

贵杂志的宗旨，是改造社会，先改造教育。照此看来，定是现在教育不行，才去改造的。但是现在教育不行之点，是什么呢?依我看来，现在教育不脱科举时代之精神。科举时代的教育，不过得一个便利机会，养成一己的才具，此外都不管了。改立学校以后，一般人对于学校的观念，仍复如此。教育既无改革，社会上一切事业，都是一仍旧贯。因此这种教育不能不改造的。

从“改造教育去改造社会”这句话而论，有两种解说。第一改造教育，以改造将来社会。就是学校里养成一种人才，将来进社会做事。比如现在的国民学校的学生，预备将来做国民；现在的师范生，将来做教师；诸如此类，不必遍举。第二改造教育同时改造社会，就是学生或教员一方面讲学问，一方面效力社会。以前教育，注重第一层，做教员的专门教书，学生专门念书。这几年来尤以去年五月到现在为最，趋重到第二层。学校教育同时影响到社会。杜威先生的教育主张，就是如此。现在各学校创立平民学校、讲演所等等，都是学生在校即效力社会的表现。

从教育着手，去改造社会，改造之点，繁不胜举。但是简单说来，可以归到教育调查会定的两句话“养成健全人格，提倡共和精神”。社会的各分子都具有健全人格，此外复有何求？所以第二句话离不了第一句话。所谓健全人格，分为德育、体育、知育、美育四项。换言之，和自由、平等、博爱的意思亦相契合的。都能自由平等，都能博爱相助，共和精神亦发展了。

现在社会上不自由，有两种缘故：一种人不许别人自由，自己有所凭借，剥夺别人自由，因此有奴隶制度、阶级制度。又有一种人甘心不自由，自己被人束缚，不以为束缚，甘心忍受束缚。这种甘心不自由的人，自己得不到自由，而且最喜剥夺别人自由，压制别人自由，所以不能博爱，不能互助，因此社会上亦不平等不安稳了。倘能全国人都想自由，一方面自己爱自由，一方面助人爱自由，那么国事决不至于如此。要培养爱自由、好平等、尚博爱的人，在教育上不可不注重发展个性和涵养同情心两点。

论到发展个性一层，现在学校中行分年级制度，不论个性如何，总使读满几年，方能毕业，很不适当。因此有人訾学校不如书塾书院。最显而易见的就是国文。我人虽可反驳訾者说学校中科目太多，且教法亦不同。但学校确有不及书院之点。我们知道以前书院院长，或擅长文学，从其学者，能文者辈出；或长经学与小学，从其学者，莫不感化。因为院长以此为毕生事业，院内尚自由研究，故能自由发展。现在学校内科目繁多，无研究余地。所以有人竭力提倡废止年级制，行选科制。又有人如胡适之先生，提倡纯粹自由学校，无一定校所，无上课形式，欲学某科，找得精于某科者为导师，由导师指定数种书籍，自由研究，质疑问难而已。我想这样办法，比现行年级制、划一制可以发展个性。

同情心就是看到别人感受的事情，和自己的一样，彼此休戚相关，互相谅解。所以现行考试制度，最与此点背驰。为争名次之高下、分数之多寡，使同情心日减，嫉妒心大增。同学之间，不肯相互研究。竟有得一参考书籍，秘不告人，以为惟我独知，可以夺得第一，可笑之至。这种考试制度，受科举余毒，有碍同情心，应得改良的。又如体育，本属很平常之事，应有健全之体格，方能从事各种事业，苟能了解此点，无不乐为的。乃竟盛行比赛运动，以为奖励体育，养成抑人我胜之观念，并且造成运动员阶级。这都是抑却同情心的。所以自去年到现在，学生运动，在一校内，往往发生冲突。如甲揭条示攻乙，乙揭条示讦丙。又如此地学生，责备彼地学生，不能援助，彼地学生亦然。其实向同一目的去运动，正宜互相了解，发生同情。攻讦责备，都是无谓。由此可见学校中涵养同情心一层，尚欠注意。

教育改造之点很多，我以为上述二层，发展个性，涵养同情心，要更加注意。

《教育与社会》第1卷第1号（北京高等师范学校教育与社会社1920年4月15日出版）

公布北京大学《研究所简章》布告

（1920年7月30日）

七月八日评议会通过研究所简章，特宣布之。此布。

研究所简章

（一）研究所仿德、美两国大学之Seminar办法，为专攻一种专门知识之所。

（二）研究所暂分四门：

1. 国学研究所。（凡研究中国文学、历史、哲学之一种专门知识者属之。）

2. 外国文学研究所。（凡研究德、法、英、俄及其他外国文学之一种专门知识者属之。）

3. 社会科学研究所。（凡研究法律、政治、经济、外国历史、哲学之一种专门知识者属之。）

4. 自然科学研究所。（凡研究物理、化学、数学、地质学之一种专门知识者属之。）

（三）研究所不另设主任。其研究课程，均列入各系内。

（四）研究所之阅览室，并入图书部。

（五）各学系之学课有专门研究之必要者，由教员指导学生研究之，名曰某课研究，并规定单位数。例如，康德哲学研究、王守仁哲学研究、溶液电解状研究、胶体研究、接触剂研究。

（六）各种研究，在图书馆或试验室内举行之。

（七）指导员授课时间，与授他课同样计算。

（八）三年级以上学生及毕业生，均得择习研究课。

《北京大学日刊》第673号（1920年7月30日出版）

北京大学授与班乐卫等名誉学位礼开会词*

（1920 年 8 月 31 日）

今日为本校第一次授与名誉学位之期，承中外来宾惠然临会，至为荣幸。本校教务会议议决，现在应授与名誉学位者，为班乐卫、芮恩施、儒班、杜威四位先生。但芮恩施先生已经离京。杜威先生在北戴河，须于本校开学后来京。儒班先生去年曾到本校参观一次，不知何时再来。惟班乐卫先生正在北京。今日之会，实专为班乐卫先生而设。儒班先生与班乐卫先生有同国关系，而且班乐卫先生愿为代表，所以亦于今日举行授与式。至芮恩施与杜威两位先生，当俟杜威先生回京后，再定期举行。

北京大学第一次授与学位，而受者为班乐卫先生，可为特别纪念者有两点：第一，大学宗旨，凡治哲学、文学及应用科学者，都要从纯粹科学入手。治纯粹科学者，都要从数学入手。所以各系次序，列数学为第一系。班乐卫先生为世界数学大家，可以代

---

* 此篇除发表于《北京大学日刊》，并刊载于《教育杂志》第 12 卷第 10 号。

表此义。第二，科学为公，各大学自然有共通研究之对象。但大学所在地，对于其他之社会、历史，不得不有特别注重之任务，就是分工之理。北京大学既设在中国，于世界学者共通研究之对象外，对于中国特有之对象，尤负特别责任。班乐卫先生最提倡中国学问的研究，又可以代表此义。所以我以为本校第一次授与学位属于班乐卫先生，不但是北京大学至重要之记念，实可为我国教育界之大记念。

《北京大学日刊》第687号（1920年9月4日出版）

北京大学第二十三年开学日演说词

（1920 年 9 月 16 日）

今日为北京大学第二十三年开学日。回溯去年开学时候，这一年中很有几件重要的事情。我在去年开学时说过："我希望本校以诸教授为各种办事机关的中心点，不要因校长一人的去留使学校大受影响。"但那时已经组织的惟有评议会、教授会与教务会议。一年以来，行政会议与各种委员会均已次第成立。就中如组织委员会、聘任委员会、预算委员会、图书委员会等，都已经办得很有成效，与从前学长制时代大不相同。其余若仪器委员会、审计委员会等，也想积极进行。我们敢信这种新组织试办得很有效果，可以继续办下去；日内就要呈教育部，请他承认。

一年以来，觉得学生方面近来很有觉悟：把从前硬记讲义、骗文凭的陋见渐渐儿打破了，知道专研学术是学生的天职。本校也就循这种方针定了几种办法：

（一）不专叫学生在讲堂上听讲，要留出多少时间，让他自己去研究。把课程表从新整理一番，把几种不要紧的功课、可以让学生自修的，减去了。又预备特筹经费，扩张图书馆。

（二）本校所办的研究所，本为已毕业与将毕业诸生专精研究起见；但各系分设，觉得散漫一点，所以有几系竟一点没有成绩。现在改组为四大部，集中人才，加添设备，当能有点进步。

（三）从前中国研究纯粹科学的人本来不多，不能不假借一点。譬如，请矿物学者讲地质学，请农学者讲生物学或博物学，都是不得已。现在，专门的学者渐渐多了，我们此后聘任教员，总要请专门的，并要请愿意委身教育、不肯兼营他事的。这一学期，已经请到几位，我将为诸君介绍。

（四）除了各种学科必须专门学者而又热心教育的担任外，如有名人讲演的机会，我们也不肯放过。杜威先生已经是请来讲过多少次。从今年起，还要请他留华一年，在本校讲授。法国的社会学者来维勃吕尔先生、数学者班乐卫先生，均不能久留，只能请他讲一二次。英国的罗素先生、德国的爱因斯坦先生，不久都要来华，我们一定也要请他讲演。这种世界著名学者的著作，我们固然可以阅览，但亲听了他讲演以后，更可引起研究的兴味。

以上各种设施，都是为便于学生研究学问起见；但学生一年以来，不但有研究学术的兴趣，兼且有服务社会的热诚，这也是可喜的事。须知服务社会的能力，仍是以学问作基础，仍不能不归宿于切实用功。还有一层，望大家励行自治。诸君多有尽力于平民夜校与平民讲演的，就要能够以身作则。去年以来，尊重人格的观念，固然较从前为发达，然试各自检点，果能毫无愧怍么？以后望注意“自治”二字，人人能管理自己，同学能互相管理，不要如从前样子，定要学监、舍监等来管才好。

今日我所报告的与希望的，不过如此。不日我就要到法国去，我本来预备七月就去，后来因为有事，改在十月。本校的新组织既然完全成立，我暂时离校，没有什么不放心。关于校务，拟暂请蒋梦麟先生代理。今天就乘此机会，与诸君作别。

《北京大学日刊》第695号（1920年9月17日出版）

在北京大学话别会演说词*

（1920年10月20日）

我到大学校，已有三年，中间因事离校多日，现在又要远行了。诸君牺牲了许多时间的功课，开会送我，我实在抱歉之至！

我这次出去，若是于本校不免发生困难，我一定不去。但是现在校中组织很周密，职员办事很能和衷，职员与学生间也都是开诚布公。我没有什么不放心的事了。

我出去的意思有好几层：

本校自民国元年到现在，可算是在试验时代中。近几年校里都有些改革了。都是大战之后，各国大学也有一番改革，大都将少数人所受的高等教育，求他普及，如平民大学、劳动大学等。其余专讲“国家主义”的、守旧的大学校，也不能不改革了。我很愿意知道他们改革的状况。我大约先到法国，再到比国，然后再到德、意等国。凡有可以参考的材料，临时由书信传达。

---

* 这次演说的记录稿，原载于《北京大学日刊》第724号。在辑入《蔡孑民先生言行录》时，蔡元培曾作若干修改。

近几年，国内学术界觉得人才不足，是无可讳言的。我这次要实在的去考查专门学问用功研究的留学生，想法帮助他们，预约他们深造，留待将来校中聘请。一方面也想请外国的教习。从前我们请的外国教习，都是随便由使馆里私人关系请来的，或者所教非所学，或者一意敷衍。这次出去，都要请各大学里大学问家负责替我们介绍。且现代各国学者，如杜威、罗素诸先生，大都很愿到中国来。因为他们关于本国本洲材料，已经搜尽了；都觉得远东风习，很有参考的价值。所以有多少名人要到中国考察，住居一、二年的，我遇见时，都可以预订行期。

本校仪器尚未完备，本可写信到外国去买，但我这次亲自去采办，也觉好些。现在全国没有一样关于美术的东西，说到美学、美术，我们都不敢开讲。这些材料，无论真本或摹本，我都要采集一点。

本校图书馆甚不完全。蒋先生筹划在第一院空地建筑一所大图书馆。但是经费不够，政府不能应给，只好向各方面募捐。华侨方面，时常有信来，要我到南洋去，并且他们也有好些子弟到此地来旁听的。所以我想在回来时，一到英属、荷属……各处去看看，顺便募点捐款。

退还庚子赔款，各国都很有此意，不过因经济关系，他们好多已经列入预算。美国和中国的日亲一日，多半因为退还赔款、开办清华的缘故。前回李石曾先生、陶孟和先生和南京高师的郭秉文先生，在各国曾经谈起过了。我们倘能收回，一面可以扩充国内的高等教育，一面也可以培植留学的人才。他们教我亲自和各国政府再商量商量，这也是我要做的。

里昂中国大学办宿舍和预科，且预备请章太炎先生出去，内里一切情形，他们也教我去看看。比国见了法国这样，也拨了一所房子，给中国人住，与工艺大学甚近；我们正好利用，使一辈勤工俭学的人，又能生活，又能求知识。其他如鲁番大学的恢复、国际大学的建设，都在比国；我也想去考察一番。德国大战之后，教育很有改革，我要再去一回。英、美我尚未到过，这次回来时候，必定从英、美经过，打南洋回国。自今天起，至我回来之日止，这个期内，所有职务，已请蒋梦麟先生代理，诸位可以同他接洽。现在要到湖南去，也许还要回到北京一次。

我对诸位的临行赠言，也不过几句“老生常谈”。第一，望大家要特别注意体育。我们收了体育费，原望让大家自由去运动的，可是二年来尚少效果。诸位何必要做成“书痴”相，弄得曲背弯腰呢？这一层愿大家各就所好，多多运动。历年华北运动会，通知到我们，都没有法子。论人数北京大学最多，为什么一个都没有加入呢？虽然我们并不要在比赛场上出风头，但是有益的运动，我们决不可不练习。

次之，五四而后，大家很热心群众运动、示威运动。那一次大运动，大家虽承认他的效果，但这种骤用兴奋剂的时代已过去了，大家应当做脚踏实地的工夫。这时间父兄可以容我们用功，各方面都无牵制，而且现在校中行了选科制，正给诸君自动用功的好机会，那可自己空耗光阴呢？若是错过，真对不起自己；过了几年，要学也没有机会了。但是并非只管用功，其余一概可以不管。五四后的惟一好结果，是平民教育。乘我们用功的余暇办些学校，教育那些失学的人，就是牺牲光阴，也是值得的。这种事也是脚踏实地的初步。即如现在的调查灾区，也是服务社会的要端。此等事很望不断的做下去！

其次自治。本校学生的自治近来比从前好多了。但是宿舍里、公寓里，也还免不了闹笑话。校外说我们的人很多。即如从前学生会里闹意见，往往丢了正文，两下打笔墨官司，种种揭帖，教人看了难受。要是看的人信了他们的话，那对面的人几乎不能做人了！设身处地，又当如何？我们见了别人的过失，总要用怜爱的意思劝告他，不可骤加攻击。我希望此后诸同学均互相亲爱，厚于责己，薄于责人。

我希望在回来时，得见诸位比现在更有进步！并且谢诸位开会送我的盛意。

（魏建功笔记）

《北京大学日刊》第724号（1920年10月23日出版），
参照《蔡子民先生言行录》校订

何谓文化*

（1920年10月27日）

我没有受过正式的普通教育，曾经在德国大学听讲，也没有毕业，那里配在学术讲演会开口呢？我这一回到湖南来，第一，是因为杜威、罗素两先生，是世界最著名的大哲学家，同时到湖南讲演，我很愿听一听。第二，是我对于湖南，有一种特别感想。我在路上，听一位湖南学者说："湖南人才，在历史上比较的很寂寞，最早的是屈原；直到宋代，有个周濂溪；直到明季，有个王船山，真少得很。"我以为蕴蓄得愈久，发展得愈广。近几十年，已经是湖南人发展的时期了。可分三期观察：一、是湘军时代。有胡林翼、曾国藩、左宗棠，及同时死战立功诸人。他们为满洲政府尽力，消灭太平天国，虽受革命党菲薄，然一时代人物，自有一时代眼光，不好过于责备。他们为维持地方秩序，保护人民

* 蔡元培赴欧美考察高等教育之前，1920年秋，曾应湖南省各界之邀，与罗素、杜威等同往长沙，举行学术讲演会。他作了多次讲演，演说词记录稿在长沙各报披露后，曾由湖南省教育会辑为《学术讲演会名人讲演集》。同年冬，他在赴欧途中，将已发表的记录稿重加修改，寄回北大，由《北京大学日刊》陆续刊载。《何谓文化》是他在湖南的第一次讲演。

生命，反对太平，也有片面的理由。而且清代经康熙、雍正以后，汉人信服满人几出至诚。直到湘军崛起，表示汉人能力，满人的信用才丧尽了。这也是间接促成革命。二、是维新时代。梁启超、陈宝箴、徐仁铸等在湖南设立时务学堂，养成许多维新的人才。戊戌政变，被害的六君子中，以谭嗣同为最。他那思想的自由、眼光的远大，影响于后学不浅。三、是革命时代。辛亥革命以前，革命党重要分子，湖南人最多，如黄兴、宋教仁、谭人凤等，是人人知道的。后来洪宪一役，又有蔡锷等恢复共和。已往的人才，已经如此热闹，将来宁可限量！此次驱逐张敬尧以后，励行文治，且首先举行学术讲演会，表示凡事推本学术的宗旨，尤为难得。我很愿来看看。这是我所以来的缘故。已经来了，不能不勉强说几句话。我知道湖南人对于新文化运动，有极高的热度。但希望到会诸君想想，那一项是已经实行到什么程度？应该什么样的求进步？

文化是人生发展的状况，所以从卫生起点，我们衣食住的状况，较之茹毛饮血、穴居野处的野蛮人，固然是进化了。但是我们的着衣吃饭，果然适合于生理么？偶然有病能不用乩方药签与五行生克等迷信，而利用医学药学的原理么？居室的光线空气，足用么？城市的水道及沟渠，已经整理么？道路虽然平坦，但行人常觉秽气扑鼻，可以不谋改革么？

卫生的设备，必需经费，我们不能不联想到经济上。中国是农业国，湖南又是产米最多的地方；俗语说“湖广熟，天下足”，可以证明。但闻湖南田每亩不过收谷三石，又并无副产。不特不能与欧美新农业比较，就是较之江浙间每亩得米三石，又可兼种蔬麦等，亦相差颇远。湖南富有矿产，有铁，有锑，有煤。工艺品如绣货、瓷器，亦皆有名。现在都还不大发达。因为交通不便，输出很不容易。考湖南面积比欧洲的瑞士、比利时、荷兰等国为大，彼等有三千以至七千启罗迈当的铁路，而湖南仅占有粤汉铁路的一段，尚未全筑。这不能不算是大缺陷。

经济的进化，不能不受政治的牵掣。湖南这几年，政治上苦痛，终算受足了。幸而归到本省人的手，大家高唱自治，并且要从确定省宪法入手，这真是湖南人将来的生死关头。颇闻为制宪机关问题，各方面意见不同，此事或不免停顿。要是果有此事，真为可惜。还望大家为本省全体幸福计，彼此排除党见，协同进行，使省宪法得早日产出，自然别种政治问题，都可迎刃而解了。

近年政治家的纠纷，全由于政客的不道德，所以不能不兼及道德问题。道德不是固定的，随时随地，不能不有变迁，所以他的标准，也要用归纳法求出来。湖南人性质沈毅，守旧时固然守得很凶，趋新时也趋得很急。遇事能负责任，曾国藩说的“扎硬寨，打死仗”，确是湖南人的美德。但也有一部分的人似带点夸大、执拗的性质，是不可不注意的。

上列各方面文化，要他实行，非有大多数人了解不可，便是要从普及教育入手。罗素对于俄国布尔塞维克的不满意，就是少数专制多数。但这个专制，是因多数未受教育而起的。凡一种社会，必先有良好的小部分，然后能集成良好的大团体。所以要有良好的社会，必先有良好的个人，要有良好的个人，就要先有良好的教育。教育并不是专在学校，不过学校是严格一点，最初自然从小学入手。各国都以小学为义务教育，有定为十年的，有八年的，至少如日本，也有六年。现在有一种人，不满足于小学教育的普及，提倡普及大学教育。我们现在这小学教育还没有普及，还不猛进么？

若定小学为义务教育，小学以上，尚应有一种补习学校。欧洲此种学校，专为已入工厂或商店者而设，于夜间及星期日授课。于普通国语、数学而外，备有各种职业教育，任学者自由选习。德国此种学校，有预备职业到二百余种的。国中有一二邦，把补习教育规定在义务教育以内，至少二年。我们学制的乙种实业学校，也是这个用意，但仍在小学范围以内。于已就职业的人，不便补习。鄙意补习学校，还是不可省的。

进一步，是中等教育。我们中等教育，本分两系：一是中学校，专为毕业后再受高等教育者而设；一是甲种实业学校，专为受中等教育后即谋职业者而设。学生的父兄沿了科举时代的习惯，以为进中学与中举人一样，不筹将来能否再进高等学校，姑令往学。及中学毕业以后，即令谋生，殊觉毫无特长，就说学校无用。有一种教育家，遂想在中学里面加职业教育，不知中等的职业教育，自可在甲种实业学校中增加科目，改良教授法；初不必破坏中学本体。又现在女学生愿受高等教育的，日多一日，各地方收女生的中学很少，湖南止有周南代用女子中学校一所，将来或增设女子中学，或各中学都兼收女生，是不可不实行的。

再进一步，是高等教育。德国的土地比湖南止大了一倍半，人口多了两倍，有大学二十。法国的土地，比湖南大了一倍半，人口也止多了一倍半，有大学十六。别种专门学校，两国都有数十所。现在我们不敢说一省，就全国而言，只有国立北京大学，稍为完备，如山西大学、北洋大学，规模都还很小。尚有外人在中国设立的大学，也是有名无实的居多。以北大而论，学生也只有两千多人，比较各国都城大学学生在万人以上的，就差得远了。湖南本来有工业、法政等专门学校，近且筹备大学；为提高文化起见，不可不发展此类高等教育。

教育并不专在学校，学校以外，还有许多的机关。第一是图书馆。凡是有志读书而无力买书的人，或是孤本、抄本，极难得的书，都可以到图书馆研究。中国各地方差不多已经有图书馆，但往往止有旧书，不添新书。并且书目的编制，取书的方法，借书的手续，都不便利于读书的人，所以到馆研究的很少。我听说长沙有一个图书馆，不知道内容什么样。

其次是研究所。凡大学必有各种科学的研究所，但各国为便利学者起见，常常设有独立的研究所。如法国的巴斯笃研究所，专研究生物化学及微生物学，是世界最著名的。美国富人，常常创捐基金，设立各种研究所，所以工艺上新发明很多。我们北京大学，虽有研究所，但设备很不完全。至于独立的研究所，竟还没有听到。

其次是博物院。有科学博物院，或陈列各种最新的科学仪器，随时公开讲演，或按着进化的秩序，自最简单的器械，到最复杂的装置，循序渐进，使人一览了然。有自然历史博物院，陈列矿物及动植物标本，与人类关于生理病理的遗骸，可以见生物进化的痕迹，及卫生的需要。有历史博物院，按照时代，陈列各种遗留的古物，可以考见本族渐进的文化。有人类学博物院，陈列各民族日用器物、衣服、装饰品以及宫室的模型、风俗的照片，可以作文野的比较。有美术博物院，陈列各时代各民族的美术品，如雕刻、图画、工艺、美术，以及建筑的断片等，不但可以供美术家的参考，并可以提起普通人优美高尚的兴趣。我们北京有一个历史博物馆，但陈列品很少。其余还没有听到的。

其次是展览会。博物院是永久的，展览会是临时的。最通行的展览会，是工艺品、商品、美术品，尤以美术品为多。或限于一个美术家的作品，或限于一国的美术家，或征及各国的美术品。其他特别的展览会，如关于卫生的、儿童教育的，还多。我们前几年在南京开过一个劝业会，近来在北京、上海，开了几次书画展览会，其余殊不多见。

其次是音乐会。音乐是美术的一种，古人很重视的。古书有《乐经》《乐记》。儒家礼、乐并重，除墨家非乐外，古代学者，没有不注重音乐的。外国有专门的音乐学校，又时有盛大的音乐会。就是咖啡馆中，也要请几个人奏点音乐。我们全国还没有一个音乐学校，除私人消遣，沿照演旧谱，婚丧大事，举行俗乐外，并没有新编的曲谱，也没有普通的音乐会，这是文化上的大缺点。

其次是戏剧。外国的剧本，无论歌词的、白话的，都出文学家手笔。演剧的人，都受过专门的教育。除了最著名的几种古剧以外，时时有新的剧本。随着社会的变化，时有适应的剧本，来表示一时代的感想。又发表文学家特别的思想，来改良社会，是最重要的一种社会教育的机关。我们各处都有戏馆，所演的都是旧剧。近来有一类人想改良戏剧，但是学力不足，意志又不坚定，反为旧剧所同化，真是可叹。至于影戏的感化力，与戏剧一样，传布更易。我们自己还不能编制，外国输入的，又不加取缔，往往有不正当的片子，是很有流弊的。

其次是印刷品，即书籍与报纸。他们那种类的单复，销路的多寡，与内容的有无价值，都可以看文化的程度。贩运传译，固然是文化的助力，但真正文化是要自己创造的。

以上将文化的内容，简单的说过了。尚有几句紧要的话，就是文化是要实现的，不是空口提倡的。文化是要各方面平均发展的，不是畸形的。文化是活的，是要时时进行的，不是死的，可以一时停滞的。所以要大家在各方面实地进行，而且时时刻刻的努力，这才可以当得文化运动的一句话。

《北京大学日刊》第806号（1921年2月14日出版），参阅蔡元培手稿；
湖南省教育会编印《学术讲演会名人讲演集》（1921年6月出版）

对于学生的希望*

（1920年10月28日）

我于贵省学生界情形不甚熟悉。我所知者为北京学生界情形，各地想也大同小异。今天到此和诸君说话，便以我所知之情形，加以推想，贡献诸君。

五四运动以来，全国学生界空气为之一变。许多新现象，新觉悟，都于五四以后发生，举其大者，共得四端。

一、自己尊重自己

吾国办学二十年，犹是从前之科举思想，熬上几个年头，得到文凭一纸，实是从前学生的普通目的。自己的成绩好不好，毕业后中用不中用，一概不问。平时荒嬉既多，一临考试，或抄袭课本，或打听题目，或请划范围，目的只图敷衍，骗到一张证书而已，全不打算自己要做一个什么样人，自己和人类社会有何关系。五四以前之学生情形，恐怕有大多数是这样的。

---

* 这是湖南省教育会原定请蔡元培讲演七次中的一次，除由该会人员担任记录外，长沙《大公报》特请毛泽东另作记录，供该报自行迅速刊布。

五四以后不同了。原来五四运动也是社会的各方面酝酿出来的。政治太腐败，社会太龌龊，学生天良未泯，便不答应这种腐败的政治、龌龊的社会，蓄之已久，迸发一朝，于是乎有五四运动。从前的社会很看不起学生，自有此运动，社会便重视学生了。学生亦顿然了解自己的责任，知道自己在人类社会占何种位置，因而觉得自身应该尊重，于现在及将来应如何打算，一变前此荒嬉暴弃的习惯，而发生一种向前进取、开拓自己运命的心。

二、化孤独为共同

“各人自扫门前雪，不管他人瓦上霜”，是中国人的座右铭，也就是从前学生界的座右铭。从前的学生，于自己以外，大半是一概不管，纯守一种独善其身的主义。五四运动而后，自己与社会发生了交涉，同学彼此间也常须互助，知道单是自己好，单是自己有学问、有思想不行。如想做事真要成功，目的真要达到，非将学问、思想推及于自己以外的人不可。于是同志之连络，平民之讲演，社会各方面之诱掖指导，均为最切要的事。化孤独的生活为共同的生活，实是五四以后学生界的一个新觉悟。

三、对自己学问能力的切实了解

从前学生，对于自己的学问，有用无用，自己的能力，哪处是长，哪处是短，简直不甚了解，不及自觉。五四以后，自己经过了种种困难，于组织上、协同上、应付上，以自己的学问和能力，向新旧社会做了一变〔番〕之试验，顿然觉悟到自己学问不够，能力有限，于是一改从前滞钝昏沉的习惯，变为随时留心、遇事注意的习惯，家庭啦，社会啦，国家啦，世界啦，都变为充实自己学问发展自己能力的材料。这种新觉悟，也是五四以后才有。

四、计画的运动

从前的学生，大半是没有主义的，也没有什么运动。五四后，又经过种种失败，乃知集合多数人做事，是很不容易的。如何才可以不至失败，如何才可以得到各方面的同情，如何组织，如何计画，均非事先筹度不行。又知群众运动在某种时候虽属必要，但决不可轻动。不害〔合〕时机，不要组织，没有计画的运动，必然做不成功。这种觉悟，也是到五四以后才有的。

凡非常举动，最要审度时宜。譬如用药，要当于病。五四运动初起，北京学生并未预计定要打曹、章、陆，其出此，只是临时的、偶然的。及一度惯〔使〕用，偶然成功。学生不察，又思再试，乃招前门遮路及天津流血之两个失败。后便越做越难。自己内部也发生了问题。反对党方面，亦得了好多防阻之术，或且有人从而利用，冀达暧昧目的。至此，学生界乃大觉悟，知道学生决不是万能，群众运动大不容易，世上的问题也不是这么容易解决。问题解决，还是要有计画，有研究。吾见学生反对山东直接交涉，反对《二十一条》，反对军事协约等等，而于这些事项的内容，甚少明白了解者。吾以为学生宜养精蓄锐，要解决问题，先要研究问题。如北京大学现设"现代政治研究"一科，如山东问题、国民大会问题及其他临时发生之中外重要问题等，拿来研究辩论，求出正当解决途径，以之贡献社会。吾以为像这样的偶发事项，均不要轻易发起运动。要有沉静的预备、精密的打算，然后才有把握去达到我们要达到之目的。（湖南省教育会记录稿漏记了这一段——本书编订者注）

以上是吾所希望于学生界之有第一种觉悟。以下，再说吾所希望于学生界之有第二种觉悟。于此又分五端。

（一）自动的求学

在学校，不能单靠教科书和教习。课堂功课固然要紧，自动自习，随时注意，自己发见求学的门径和学问的兴趣，更为要紧。

（二）自己料理自己的行为

学生对于社会，应知系处于指导的地位，故自己的行为，必应好生料理。有些学生不喜教职员管理，自己却一意放纵，做出种种坏行。我意不要人家管理，能够自治，是好的；不要管理，自便放纵，是不好的。管理规则、教室规则等可以不要，但要能够自守秩序，总要办到不要规则而其收效仍如有规则时或且过之才好。平民主义不是不守秩序。罗素是主张自由最力的人，〈也说〉自由与秩序并不相妨。我意最好由学生自定规则，自己遵守。

（三）平等及劳动的观念

和〔我〕友某君曾说："学生倡言要与教职员平等，但其使令工役，横眼厉色，又俨然以主人自居，以奴隶待人。"我友之言，系指从前的学生。我意学生要与工役及其他知识低于自己的人讲求平等，然后遇教职员之以不平等待己者，可以不答应他。近人盛倡勤工俭学，主张一边读书，一边做工。我意校中工作，可以学生自为。成天读书，于卫生上也有妨碍。凡吃饭不做事专门暴殄天物的人，是吾们所最反对的。脱尔斯太主张从〔泛〕劳动主义，他自制衣履，自作农工，反对太严格的分工。吾愿学生于此加以注意。

（四）注意美的享乐

近来学生多有为麻雀、扑克或阅恶劣小说等不正当之消遣。此固原因于其人之不悦学，尤以社会及学校无正当之消遣为主要原因。甚有生趣索然，意兴无聊，因而自杀者。所以吾人急应提倡美育，使人生美化，使人的性灵寄记〔托〕于美，而将忧患忘却。于学校中可实现者，如音乐、图画、旅行、游戏、演剧等，均可去做，以之代替不好的消遣。但切不要拘泥，只随人意兴所到，适情便可。如音乐一项，笛子、胡琴都可。大家看看文学书，唱唱诗歌，也可以悦性怡情。惟单独没有兴会，总要有几个人以上共同享乐。学校中要常有此种娱乐的组织。有此种组织，感情可以调和，同学间不好的意见和争执，也要少些了。人是感情的动物，感情要好好涵养之，使活泼而有生趣。

（五）社会服务

社会一般的知识程度不进，各种事业的设施，均感痛苦。五四以来，学生多组织市〔平〕民学校，教失学的人以普通知识及职业，是一件极好的事。吾见北京每一校有二三百人者，有千人者，甚可乐观。国家办教育，人才与财力均难；平民学校不费特别的人才与财力，而可大收教育之效，故是一件很好的事。又有平民讲演，用讲演的形式与平民以知识，也是一件好事。又调查社会情形，甚为要紧。吾国没有统计，以致诸事无从根据计画。要讲平民主义，要有真正的群众运动，宜从各种细小的调查做起。此次北方旱灾，受饥之民，至三千多万，赈灾筹款，须求所以引起各方的同情，北京学生联合会乃思得一法，即调查各地灾状，用文字或照片描绘各种灾情，发表于世，乃能引起同情。吾出京时，正值学生分组出发，十人一组。即此一宗，可见调查之关系重要。

以上各端，是吾一时想及，陈述出来，希望学生诸君留意。最后，吾于湖南学生诸君，尚有一二特要商酌之点，述之于次。

一、学生参与教务会议问题

吾在京时，即听见人说，湖南学生希望甚高，要求亦甚大，有欲参与学校教务会议之事。吾于学生自治，甚表赞同。惟参与教务会议，以为未可。其故，因学校教职员对于学校进行，应有一种办法，此办法若参入学生意见，则甚为纷扰。北大学生曾要求加入评议会，后告以难于办到的理由，学生亦遂中止要求。

二、废业考试问题

湖南学生有反对试验之事。吾亦觉得试验有好多坏处。吾友汤尔和先生曾有文详论此事，主张废考。北大、高师学生运动废考甚力。吾对北大办法，则以要不要证书为准：不要证书者，废止试验；要证书者，仍须试验。

吾意学生对于教职员，宜取宽谅的态度，不宜求全责备。只要教职〈员〉系诚心为学生好，学生总宜原谅一番。现在是青黄不接时代，很难得品学兼备的人才啊！吾在教育界当差二十多年了，吾从没有反对过学生。吾只希望学生能有各方面的了解和觉悟，事事为有意识的有计画的进行，就好极了。

（毛泽东记录）

长沙《大公报》1920年10月30、31日，11月3、5、6日

在北京高等师范学校学生自治会演说词

（1920 年 10 月）

今天是贵校第十一周的开学纪念日，又是学生自治会开始成立的第一日。纪念日是每年必有一次，每次纪念的内容不同。这第十一次的纪念，比较第十次更有许多进步的报告，这是可喜的；我以为今日自治会的成立，更是可喜的了。

我们一听到“治”字，就想到有治者与被治者的分别。既有这种分别，两方面便含有敌对的意思。虽是治者方面谋被治者的利益，愿意协助，但因有阶级隔在那里，好事往往也会变成坏事了。

我想学校应守的规则简单的很，不过卫生、学业、品行等等。关系卫生的，如宿舍的清洁、整齐、卧起有一定时刻等事。关系学业的，如按时自修，不旷废功课等。关于品行的，如在学校里不作贬损人格的坏事，在外边能保全自己的名誉，或保全学校团体的名誉。这都简单，人人容易想得到、做得到的。我们既自认是人，尊重自己的人格，且尊重他人的人格，本无须他人代庖。但前人总不放心，必要用人替来管理，由是学校也生了治者——如学监、舍监都是——与被治者的阶级。在治者既像负担了被治者一生人格上的责任，必要一种模范人物，才能胜任。但是这种人才从那里来呢？凡有学校的学监，地位既不及教员的隆重，并且他们的职务又极干燥无味，不如教员还可以增进自己的学问。单是宿舍起卧的时刻，或考试时的监场、检查等等琐事，在有学问、有才能、在社会上能得一个地位的，必不肯来担任。担任的往往因知识才能较差的。请这等人来干，或是死守规则过于严了，因此和学生发生恶感；或是太不守职过于宽了，样样通融；或仅对一部分宽了，又要开罪于他一部的学生。十余年来学校里闹风潮，起因往往都很小的。

学校事情本很简单，学生都可以管，既都让给管理员，学生便不知不觉的把一切学业、自修、卫生清洁种种责任，都交与管理员去做，自己一概可以不管的样子。譬如住在旅馆里的人，公文要件交在柜房，自己就不注意了。学生既是如此，所以种种不规则的事，层见迭出，闹出许多的笑话。有人以为是管理不好的缘故，愈加注意管理，教育部也屡屡下通令。无如依然无效，这实在是有人代为管理的缘故。

现在诸君成立这个自治会，可以把治者与被治者的分别去掉，不要别人来管理了。所以我觉得今日的自治会，关系是重大的很。

况在贵校的自治会，比别校更觉紧要。因为凡人有种奇异心理，就是在一方面吃了亏，要在他方去报复。如作媳妇吃了婆婆的苦，到自己作婆婆时便要报复媳妇。又如下属在上司前吃了亏，就照样去待他下属，这种例很多很多。学生既是被治的，将来出去办学校，当教习，一定也要治人，这正是流毒无穷的了。

诸君是高等师范生，实验这种自治的制度，我想有两方面益处：

（一）纵的方面。诸君自治比被治好的多，都自己试验过了；将来出校，转到中学，或是师范学校，提倡自治，总可以应用，断不至把自己从前所受的弊害，向别的学生图报复了。

（二）横的方面。是五四以后，全国人以学生为先导，都愿意跟着学生的趋向走。如上海、杭州等地的闭市，官厅命令置之不顾，反肯听学生联合会的指挥，是实在的证据。民国从前也曾挂起自治的招牌，但不久就被政府取去。国民因不懂自治，也就任他取去，如今学生实行自治作个先导，我们恁地做，且在平民学校、平民讲演中去劝别人做。平民自治虽比学校复杂些，但由简单做到较复杂方面，由学生传之各地方，一定可以提起国民自治的精神。所以我觉得诸君的自治会成立，更可以作贵校最大的纪念。敬祝学生自治会万岁！北京高等师范学校万岁！

北京大学新潮社编印《蔡孑民先生言行录》（1920年出版）

在燕京大学男女两校联欢会上演说词

（1920 年 10 月）

今日我承司徒校长招与男女两校联欢会。我知道这个会，是为要实行男女同校的预备，我得参与，甚为荣幸，甚为感谢。但秩序单上却派我作北京男校的代表。我要说句笑话，我似不好承认。为什么呢？因为我有几个关系的学校，都不是专收男生的。如在法文专修馆，我是挂名的馆长，馆中有女生两人；在孔德学校，我是挂名的校长，校中一百多学生，女生比男生占多数；我所专任的是国立北京大学，现在也有女生九人。这几个学校，可以叫作男校么？

从前常常有人来问："大学几时开女禁？"我就说："大学本来没有女禁。欧美各国大学没有不收女生的。我国教育部所定的大学规程，并没有专收男生的规定。不过以前中学毕业的女生，并不来要求，我们自然没有去招寻女生的理；要是招考期间，有女生来考，我们当然准考。考了程度适合，我们当然准入预料。从前没有禁，现在也没有开禁的事。"那时考期已过，有各处女生要求到校旁听。我们审查资格后，允许旁听的，已有九人。今年暑假招考，如有女生来应试，一定照男生一样办理。

所以我的本意，似乎不必有男校、女校的分别。但燕京大学，历史的演进，校舍的限制，尚然男女分校，就是北京的学校，事实上大多数是男女分校的，况且今日代表北京女校的毛夫人，已经演说过了。我的不肯承认男校代表，只好算一句笑话。我现在仍遵司徒校长之命，代表北京男校敬致祝贺之意。

北京大学新潮社编印《蔡孑民先生言行录》(1920 年出版)

北京大学校旗图说

（1920 年 10 月）

各国的国旗，虽然也有采用天象、动物、王冠等等图案，但是用色彩作符号的占多数。法国三色旗，说是自由、平等、博爱三大主义的符号，是最彰明较著的。我国国旗用五色，说是表示五族共和，也是这一类。我们现在所定的校旗，右边是横列的红、蓝、黄三色，左边是纵列的白色，又于白色中间缀黑色的北大两篆文，并环一黑圈，这是借作科学、哲学、玄学的符号。

我们都知道，各种色彩，都可用日光七色中几色化成的。我们又都知道，日光中七色，又可用三种主要色化成的。现在通行三色印刷术，就是应用这个原理。科学界的关系，也是如是。世界事物虽然复杂，总可以用科学说明他们；科学的名目，虽然也很复杂，总可以用三类包举他们。那三类呢？第一，是现象的科学，如物理、化学等等；第二，是发生的科学，如历史学、生物进化学等等；第三，是系统的科学，如植物、动物、生理学等等。我们现在用红、蓝、黄三色，作这三类科学的符号。

我们都知道，白是七色的总和，自然也就是三色的总和了。我们又都知道，有一种哲学，把种种自然科学的公例贯串起来，演成普遍的原理，叫作自然哲学。我们又都知道，有几派哲学，把自然科学的原理，应用到精神科学，又把各方面的原理统统贯串起来，如英国斯宾塞尔氏的综合哲学，法国孔德氏的实证哲学，就是。这种哲学，可以算是科学的总和。我们现在用总和七色的白色来表示他。

但是人类求知的欲望，决不能以综合哲学与实证哲学为满足，必要侵入玄学的范围。但看法国当实证哲学盛行以后，还有别格逊的玄学，很受欢迎，就可算最显的例证了。玄学的对象，叔本华叫他作“没有理解的意志”，斯宾塞尔叫他作“不可知”，哈特曼叫他作“无意识”。道家叫作“玄”，释家叫作“涅槃”。总之，不能用科学的概念证明，全要用玄学的直觉照到的，就是了。所以我们用没有颜色的黑来代表他。

大学是包容各种学问的机关，我们固然要研究各种科学；但不能就此满足，所以研究融贯科学的哲学；但也不能就此满足，所以又研究根据科学而又超绝科学的玄学。科学的范围最广，哲学是窄一点儿，玄学更窄一点儿。就分门研究说，研究科学的人最多，其次哲学，其次玄学。就一人经历说，研究科学的时间最多，其次哲学，其次玄学。所以校旗上面红、蓝、黄三色所占的面积最大，白次之，黑又次之。

这就是国立北京大学校旗所以用这几种色，而这几种色所占面积又不相同的缘故。

北京大学新潮社编印《蔡孑民先生言行录》（1920年出版）

我的新生活观

（1920年10月）

什么叫旧生活？是枯燥的，是退化的。什么叫新生活？是丰富的，是进步的。旧生活的人，是一部分不作工又不求学的，终日把吃著嫖赌作消遣。物质上一点也没有生产，精神上也一点没有长进。又一部分是整日作苦工，没有机会求学，身体上疲乏得了不得，所作的工是事倍功半；精神上得过且过，岂不全是枯燥的么？不作工的人，体力是逐渐衰退了；不求学的人，心力又逐渐委靡了；一代传一代，更衰退，更委靡，岂不全是退化么？新生活是每一个人，每日有一定所作工，又有一定的时候求学，所以制品日日增加。还不是丰富的么？工是愈练愈熟的，熟了出产必能加多；而且“熟能生巧”，就能增出新工作来。学是有一部分讲现在作工的道理，懂了这个道理，工作必能改良。又有一部分讲别种工作的道理，懂了那种道理，又可以改良别种的工。从简单的工改到复杂的工，从容易的工改到繁难的工，从出产较少的工改到出产较多的工。而且有一种学问，虽然与工作没有直接的关系，但是学了以后，眼光一日一日的远大起来，心地一日一日的平和起来，生活上无形中增进许多幸福。这还不是进步的吗？

要是有一个人肯日日作工、日日求学，便是一个新生活的人；有一个团体里的人，都是日日作工、日日求学，便是一个新生活的团体；全世界的人都是日日作工、日日求学，那就是新生活的世界了。

北京大学新潮社编印《蔡孑民先生言行录》（1920 年出版）

论国文的趋势及国文与外国语及科学的关系*

——在北京高等师范学校国文部演说词

(1920年10月)

今天承诸君邀来演讲，但是这几日很忙，没有时间预备，恐怕说来没有系统，先请诸君原谅。

今日既是国文学会开会，我提出三个问题：第一，高等师范国文部的国文是什么性质？第二，国文和外国文有什么关系？第三，国文和各科学有什么关系？

国文分二种：一种实用文，在没有开化的时候，因生活上的必要发生的；一种美术文，没有生活上的必要，可是文明时候不能不有的。

实用文又分两种：一种是说明的。譬如对于一样道理，我的见解与人不同，我就发表出来，好给大家知道。或者遇见一件事情，大家讨论讨论，求一个较好的办法。或者有一种道理，我已

---

* 此篇曾刊载于北京高等师范学校《教育丛刊》第一集，题为《蔡孑民先生莅本校国文部演说词》，并辑入《蔡孑民先生言行录》。

知道，别人还有不知道的，因用文章发表出来，如学校的讲义就是。一种是叙述的。譬如自然界及社会的现象，我已见到，他人还没有见到的，因用文章叙述出来，如科学的记述，和一切记事的文章皆是。

美术文又分两种：一种有情的，一种无情的。有情的文章，是自然而然。野蛮人唱的歌，有自然的音调，同说话截然不同；并且混了多少比喻形容的词，决不能拿逻辑去范围他的。后来慢慢发达，就变作诗词曲等等了。无情的又分数种：一种是客套的。我和那个人实在没有什么感情，可是在同一社会，不能不表示同情。如初遇见一个人，不能不说几句客气话。遇见人家有婚丧的事，不能不贺吊几句。中国尺牍上什么“辰维……”“敬请……”，等等，就是此类。一种是卖钱的，如寿序、墓志铭等，作的人同那生的、死的都没有什么关系，可是为自己生活问题，不能不说几句好话。蔡中郎、韩昌黎和现代古文大家的文集里，就有许多是这类的文章。又如书契师爷的笔墨，也是此类。一种是技巧的。作一篇文章，满纸的奇字奥句，故意叫人不认得、不理会。我听人说：有人作文章，作好了以后，拿《说文》上本字去改他。我有一时作八股文，很喜欢用《经传释词》上的古字、《古书疑义举例》上的古句，好像同人开顽笑一样。又譬如作“五言八韵”的律诗，故意用些不容易对的联子取巧，其实一句同一句全不相联。如“月到中秋分外明”，只许用一个“月”，一个“中秋”，又拉了多少“月”和“中秋”的典故填进去。又譬如诗钟，出一个“粉笔”和“袁世凯”，一个“菊”字和一个“静”字，或则分咏，或则嵌字。这种并不是应酬文章，实在不过一种技巧。好像象牙上刻得很精细的花纹，或者一个图章上刻一篇《兰亭序》，实在没有什么好看，不过知道他不容易就是了。

以上所说种种，那一种合于高等师范国文部的国文性质呢？国文部的毕业生，是教中学校或师范学校学生的，这些学生若是专要做文学家的，我们就教他有情的美术文。若是要做技巧家的，我们就教他技巧的文章。若是要学文章卖钱的，我们就教他谀墓文怎么做、寿序怎么做。可是这些学生都是研究学问的，是将来到社会上做事的，因研究学问的必要、社会生活上的必要，我们不能不教他实用文。

学生的国文既应以实用为主，可是文体应该用白话呢，或则用文言呢？有许多原因，我们不能不主张白话。

譬如现在作一篇寿序，自然要做文言，并且要作骈文才好。不然就觉得不容易敷衍了。若是要发表自己的思想、叙述科学的现象，那就是白话有什么不可呢？吴稚晖先生说："文言比白话容易。白话一定要联络，要有条理。若文言，因有一种读惯的腔调，只要读得顺口，便有一种魔力，把似是而非的都觉得是了。"譬如"五言八韵"的试帖诗，可以说是不通的文章；但是我们按着"仄仄平平仄，平平仄仄平"的念去，不觉不通了。又譬如用人名对人名，颜色对颜色的文章，好像美术上图案一样。我们撇兰画竹，不能一笔挨一笔，或者二三笔相同。若是图案就不然，如窗户两扇，一定相同；这边有一盆花，那边一定也要一盆花。北方糊房子的花纸，外国制的地毯，不都是重复的么？从前有一个考试的笑话：一篇文章，从头至尾，都写"之"字。图案的文章，就同这个差不多，所以他没有内容。若是我们要发表自己的意见、叙述科学的现象，那自然不能用没有内容的图案文章了。

并且文学用白话，不是现在中国才发生的。欧洲十六世纪以前，都用拉丁文。就是主张实用科学的培根，也还用拉丁文著书，其他可想而知了。从宗教改革时代，路德等用国语翻译《新旧约》，后来又有多数国民文学家主张国民文学，便一概用国语了。又如德国十八世纪以前，崇尚法语，几乎不认德语有文学上价值；后来雷兴等提倡德语著书，居然自成一种文学了。所以现在科学，就只有动植物、医术上的名词是拉丁文，其余一概不用。我们中国文言，同拉丁文一样，所以我们不能不改用白话。即如我们中国的司马迁，是人人很崇拜的。假使现在有一个司马迁，人就佩服的了不得。可是他作《史记》，不抄袭《尚书》，《尚书》上“钦”字他改作“敬”，“克”字他改作“能”，又改了他的句调。因为他作《史记》是给当时人看的，所以一定要改作当时的白话。后来如程、朱、陆、王的语录，完全用白话，不像扬雄模仿《论语》的样子。因为白话实在能够发表他自己正确的意见。又如后来施耐庵的《水浒》、曹雪芹的《红楼梦》，都不模仿唐人小说，可是他的价值还是不错。所以我们现在不必模仿古文，亦不必作那种图案的文章；凡是记述说明，必要用白话才对。虽现在白话的组织不完全，可是我们决不可错了这个趋势。现在高等师范联合会通过“用国语”一条，这边高师亦有国语班，听说教育部决定中学国文兼采白话文。将来白话文的发达，很有希望了。

第二问题，是国文和外国文的关系。严又陵作《天演论》的序，曾说道：“英国名学家穆勒·约翰有言：欲考一国之文字、语言，而能见其理极，非谙晓数国之文字、语言者不能也。”这可见研究外国语，是很有益于国文的。治国文的人，不能不研究文字源流。试问文字都是从简单的起，为什么“一”“二”“三”的古文，反作“弌”“弍”“弎”呢？我从前也很不明白，后来在法国贝尔惹所著的《古代文字史》中看见秘鲁的绳文，才恍然大悟。他摹了两种绳文：一是在一根木棍上挂了许多平行的绳子。其中几根是有结的，结有大有小①。我国《易经》说：“上古结绳而治”，郑康成的注，说是“大事大结其绳，小事小结其绳”，就是这个绳文的样子了。一是在一根带着粗枝的木棍上挂了许多丝束。丝有红、黄、蓝、绿、紫各种颜色，也有一束中用两种颜色的。

① 原注“参看第一图”，今从略。

有挂在棍上的，也有挂在枝上的①。这带着粗枝的木棍，我们叫作“弋”。“弌”“弍”“弎”等字，就是弋上挂一束、两束、三束的样子，这就是我国的绳文。那时候或者也有画到十几束的，和秘鲁一样。但流传到许叔重时代，止有这三个，所以“四”字下止有古文“卯”和籀文“亖”，便没有从“弋”的了。又如治国文的人，不能不研究文法。但是国文的第一部文法书，便是二十年前马眉叔先生著的《文通》，以前是没有的。马先生因学了法文和拉丁文，把那种文法应用在国文上，才能著这《文通》。要是学国文的人永远不学外国文，怕就永远没有文法书。这不是国文和外国文很有密切的关系么？

第三问题，是国文和科学的关系。我知道高等师范学校，除国文和外国语外，尚有史地、数理、化学、博物等部，这都是科学，都是和国文有重要关系的。我不是说实用文有记述和说明两种么？记述什么？就是科学的现象。说明什么？就是科学的理论。照旧法学国文的人，若是单读几本《唐宋八大家文钞》，便止能作几篇空架子的文。要是多读了《史记》一类的史书，《水经注》一类的地理书，《周髀》一类的数学书，《考工记》一类的理学书，《尔雅》释草、木、鸟、兽、虫、鱼等篇和《本草纲目》一类的博物书，便能作内容丰富的文了。何况新出的科学书和研究科学的方法，比古书丰富得多，岂不更有益于国文么？况科学的作用，不但可以扩充国文的内容，并且可以锻炼国文家的头脑。近代文学家查拉（Zola）主张科学的文学，他因为科学本有两种：一是观察的，如星学等；一是实验的，如化学等，而断定文艺的性质，与实验的科学一样。又如英国最有名的文学家，是莎士比亚（Shakespeare），但有人考出，这些戏剧，全是实验哲学家培根（Francis Bacon）作的。德国最有名的文学家，是鞠台（Goethe），

① 原注“参看第二图”，今从略。

他是治哲学和植物学、动物学，发明生物进化公例的。文学和科学的关系，不是很有证据么？

高等师范学校分了国文、外国语、科学等部，是分工的意义，也是通力合作的意义。既不是互有高下，譬如眼、耳、鼻、舌，各有各的能力，血脉自相贯通，价值也是平等。若说会了国文，就可以菲薄外国文和科学，难道有了眼，就可以菲薄耳、鼻、舌么？我想国文部诸君必不如此，我不过说个笑话罢了。

（周蘧笔记）

北京大学新潮社编印《蔡孑民先生言行录》（1920年出版）

对于师范生的希望*

（1920年11月2日）

在今日看来，无论中外，男女都要受教育，并且所受的教育都要一样的。从前的人以为所学的科学不必相同，有女子须学而男子不应学者，有男子须学而女子不应学者，于是学校有男女之别。社会情形改变，家庭情形亦随之改变：从前只有男子在社会上做事，女子毫不负责任，近年来女子常常代男子做许多社会事业。譬如欧战发生以后，男子都从军去了，女子乃不得不在社会上做事。塞尔维亚的女子也有从军的。照这样看来，男女所做的事应该相同。中国的教育，男女学校不是平行发达：男子有专门学校，有大学校，女子没有，所以北京大学实行男女同学。中国有男子师范、女子师范，但男女师范之分离，并不是程度上的关系，并不是功课上的关系，不过因仍旧习惯罢了。

师范的性质与中学不同：中学毕业后还要升学，师范毕业，就要当教员，师范是为培植将来的小学教员。诸位是将来的教员，不可不注重学校中一切的科学。中学各科有各科的教员，教师或

* 这是湖南省教育会原定请蔡元培讲演七次中的一次。

只教一种科学，小学则不然。小学内常常以一人兼教各种科学，初等小学常以一人兼学校中一切科学，如手工、图画、音乐、体操，所以一个师范生可以办一个小学。师范生的程度，必须各科都好，才能担负这种责任。小学教师正像工人一样，工人的各种器具都完备，才能制造各种东西，小学教师的各种科学都完善，才能得良好的小学教育。所以师范生须兼长并进，不能选此舍彼。

现在的学校多实行选科制，但这种制度只能行之于高等以上的学校，并且学生只有相对的选择，无绝对的选择，除必修科以外的科学，才有选择权。北京大学现行这种制度：如入化学科，有三分之二是必修科，余者可自由选择。又如在每门选一种或几种科学，而不专习某科者谓之旁听生，修业期限无定，学校亦不发毕业证书。学生所选的科学必须经教员审定，因教员知道选何者有益，选何者无益，如走生路，若无人指引，易入歧路。总而言之，高等教育方行选科制，但须教员认定。

普通教育不能行选科制，只可采用选科精神。从前的学生有因一二种科学不及格而降班者，譬如甲长于国文而算术不好，因算术不好降入低年级，使他的国文也不能随高年级听讲。这种办法很不公平。遇了这种情形可用选科的精神，就是甲算术不好，乙国文不好，可令甲乙二人在低年级听算术、国文，其余的科学仍随高年级听讲。普通教育，选科的程度至此为止，普通师范学校当然也是这样。

师范生对于各科的知识，必须贯通，各有心得，多看参考书，参观实在情形，身心上才有利益。怎么叫做师范？范就是模范，可为人的榜样。自己的行为要做别人的模范，所以师范生的行为最要紧。模范不是短时间能成就的，须慢慢的养成。

学校内的规则不许你们这样，或不许你们那样，这是消极的。学生知道这些规则对于我们有益，我情愿遵守，才肯入校。所以学校的规则可说不是学校定的，是你们自己定的。学校的规则如很不方便，可求改良，但不得忽然破坏规则。教室内无规则，就没有秩序，你们当教员的时候愿看见这种情形么？

五四以后，社会上很重视学生，但到了现在，生出许多流弊。学生以自己为万能，常常想去干涉社会上的事和政治上的事。如果学校内有一部分人如此，他部分想用功的人也决不能用功了。欧战以来，各国毕业生有许多当兵者，但未毕业的仍旧求学。不求学专想干涉校外的事有极大的危险。国家的事不是学生可以解决的，学生运动不过要提醒外界的人，不是能直接解决各种问题。所以用不着常常运动。

五四运动发源于北大，当时这种运动，出于势不得已，非有意干涉政治，现在北大的学生决不肯轻易干涉政治上的事。为甚么缘故呢？（一）因学问不充足，办事很困难，办事须从学问上入手，不得不专心求学。（二）觉得中国政治问题层出不穷，若常常干预，必至无暇用工。我出京的时候，他们专心求学以外，只办平民学校，不管别的事情了。

小学教员在社会上的位置最重要，其责任比大总统还大些。你们在学校中如有很好的预备，就能担负这责任，有益于社会真不浅呵！

《北京大学日刊》第815号（1921年2月24日），

参阅湖南省教育会《学术讲演会名人讲演集》（1921年6月出版）

中学的教育*

（1920 年 11 月 3 日）

我在北京的时候，早知道贵校很有声明〔名〕的。今天承贵校欢迎，得与诸君谈谈，很觉快愉。但是因为时间仓卒，没有预备，只好以短时间谈一谈中学的教育。

一般办中学的人，大都两种观念：第一是养成中坚人物，第二是预备将来升学。所谓养成中坚人物的，就是安排他们在中学毕业之后，马上就可以去到社会上做事。其实，中学所得的知识很浅，并不能够应用他去做特殊的事业，纵然可以做一点儿，也不过很平常、平常的，甚至变做一个中等游民，也不稀奇的。除了当当绅士之外，简直无所措手足。所以说，要养成中坚人物很难能的了。

德国的学制，文实分科。中古时代，文科注重拉丁〈文〉、希腊文，以后科学渐渐发明，始趋重理、数各科，并且因为趋重生的文学的关系，所以把拉丁、希腊的死文学通通去掉了。实科注重理、数各科，但是后来也渐渐的趋重哲学、外国文……又有注重医学的。到了后来，还有些学校对文实两种双方并重的，简直

* 这是蔡元培在长沙岳云中学的演说。

可以说是文实科。照这样看起来，学文科的不能不兼重实科的科学，学实科的同时也不能不兼重文科的科学。这样分科的制度，都是想要达到上面所述的那两个目的。

日本的学制，是仿照德国来的，并且把他越弄越笨了。他把中学的目的完全看做养成社会中坚人物，所以在中学的上面有高等学校，为入大学的预备学校。

中国的学制，又纯从日本抄袭出来的，大略与日本相仿佛。因为中学程度不能直接升入大学，所以大学设有预科。但是总计小学、中学的年限共有十一年了，加上大学预科二年，共有十三年，才能达到大学的本科，时间已觉得太长，现在还想在中学加增年限，那就更不经济了。所以有人主张文实分科，但也未见得就是顶好的法子。譬如大学原来是采分科制的，然而现在也觉得不十分便当，想要把他变通，去掉分科制，何况中学呢。比方文科的哲学，离不掉生物学、物理学、化学……因为不如是，那范围就未免太小。学理科的人，也不能不知道哲学，学天文学的人，更加不能不知道数学以及其他科学，况且我们应当具有宇宙观的，所以学实科的人，也要知道文科的科学。当然，学其他科的，除对于所专攻的科学以外，有关联的各科，也要达到普通的程度，不能单向一方进行，所以中学要想文实分科，非常困难。但是，现在已经把国文改为白话，可以免掉专攻国文的工夫，同时可以省得多少时间。外国语一项，普通一般都教些文学书，我以为可以不必专读几本文学书，尽可读些科学读本，如游记……一方面可以学习外国语，他方面可以兼得科学上的知识，把这些所省的时间和精力，去普遍研究科学，年限和分科都不成什么顶难解决的问题了。

外国大学不专靠教科书，常常从书本以外，使学生有自己研究的余地，所以他读的是有用的，是活的科学，毕业以后，出来在社会上做事，狠不费力。但是有一种通病，恐怕无论那国都差不多，所有的教科书，每每不能学完，一方面固然是教员没有统计预算，但他方面还是为着学生没有自己研究的能力，没有自动的精神，所以弄得毕业之后，又不能进大学，简直没有一点事可以干，恰成一个游民。

日本中学是预备做中等社会的人，造成一般中坚分子，倘若自量他的能力不能够入大学毕业，就可不进中学，免得枉费光阴，他便一直入中等实业学校——甲种实业学校，毕业出来，可以独立谋生活，比较我们中国中学毕业生仅仅做一个游〈民〉那就好多了。所以我说中学的目的，只是惟一的预备升学。

但是进中学的时候，自己就要注重个人自修，预备将来可以升什么学校。中学生在修业时代，最紧要的科学有三种，分述如下：

（一）数学。因为我们无论将来是进那一科，哲学或者是文学，通通离不掉数理的羁绊，至于讲到理、数各科，工、农、商科，更不消说了。

（二）外国语。因为中国科学不甚发达，大半都是萌芽时代，要学高深科学，非直接用原本不行，而且在中学时不注意外国语，以后更难了。

（三）国文。我们是中国人，对于本国文字，当然要具有普通的学识，但是不要学什么桐城派、四六文……只要对于日常用的具备和发表自己的思想毫无阻碍就够了。

以上这三种，对于升学很有关系，很须注意。但是都不纯粹靠教室内听听时候所能了事的，还是看各个人自修的功夫何如，所以我很希望诸君在课外还要特别留心才是。

我今天所讲的，不是专指贵校说的，是泛论中学的教育，供你们的参考罢了。

（邓光禹笔记）

长沙《大公报》1920年11月9、10日

学生的责任和快乐*

（1920年11月4日）

今天承贵校欢迎，我是很不敢当的。我昨天到岳云中校演讲，从贵校门口经过，看到贵校规模阔大，听说贵校内容也是很好的，我很想到贵校参观。适逢贵校校长请我今日演讲，使我得与诸君有谈话的机会，我心里是很愉快的，所以我于百忙中，抽出时间与诸君谈谈。

贵校的校名是“兑泽”二字，在先前创办的人，取这两个字，是很有意思的。兑字怎样呢？“兑者说也”，就是学有所得、令人快乐的意思。所以孔子说：“学而时习之，不亦说乎。”就他这句话讲，诸君由小学毕业，继续升入中学，求学的时间没有中断，也算是时习了，自然有许多喜说的事情。孔子又说：“有朋自远方来，不亦乐乎。”孔子当日设教杏坛，三千徒众，都是从远方来的。贵校性质，虽说是由西路公学改变的，这不过是历史上的关系。就教育原理上讲，没有什么界限。现在所有的学生，大概都是从远方来的，朝夕相见，研究各种科学，这是第一层可快乐的

* 这是蔡元培在长沙兑泽中学的演说。

事情。

前几年张敬尧督湘，对于教育摧残殆尽，贵校尚能维持下去，一方面是教职员办事的毅力，他方面是诸位求学的热忱。我是很佩服的。现在张敬尧已去，依我数日的观察，贵省的教育，很有新机，就是先前回去的学生，也都来了。“旧雨重逢，济济一堂”，这是第二层可快乐的事情。孔子所说的话，大概是这个意思。

我再回溯去年五四运动以后，我们一般学子受了这种感触，其中由自觉到觉人的很不少，至若学生去岁干预政治问题，本是不对的事情，不过当此一发千钧的时候，我们一般有智识的人，如果不肯牺牲自己的光阴，去唤醒一般平民，那么，中国更无振兴的希望了。但是现在各位的牺牲，是偶然的、不得已的。若是习以为常，永荒学业，那就错了。还有一层，现在各位为社会服务，这也算是分内的事情，不一定要人家知道，只要求其如何能尽自己的责任，并且不要以此为出风头、沽名誉的器具。纵成〔然〕人家不知道我，我也无须要人知道，这就是孔子所讲的“人不知而不愠”的意思。

上面所讲的是学生的责任和学生的快乐。我还有几句话要奉告诸君的。诸君当此青年时代，到中学读书，今日的学生，就是将来改造社会的中坚人物。对于读书和做事，都要存一种诚心，凡事只要求其尽其在我，不可过于责人。就以学校的设备上讲，或因经济的关系，或因不得已的事故，力量做不到的时候，大家要设身处地想想才好。今天我还要到别处演讲，时间将到了，不能多说，我所贡献各位的，就是这样。

（鼾僧笔记）

长沙《大公报》1920年11月19日

中学的科学*

（1920年11月5日）

今天我到这里来，非常的高兴。只因为我有点毛病，喉已嘶了，不能多讲。但是我有几句话，要贡献于诸位。

现在中学最困难的问题，就是科学。因为中学的科学很烦琐，所以做学生的，应该切实去研究他。前年教育部召集各省中学校校长会议，有主张文实分科的，近又有主张延长一年的，后经我作了一篇文字，将他们议案驳论一番，把他们的主张完全打消了。

文实分科，仅仅德国是这样办法，所以德国的中学，年限有七年的久。我的主见，因为学生在中学校修业，是受充分普通的知识时期，预备升学地步，但是学生常常有这些伪见，习文科者，不愿研究实科，习实科者，也不研究文科，成了偏枯的样子，流弊很多。譬如机器，各部都要具备的，否则运用一定是不灵敏。在中学时候，普通知识既不完全，将来升学必发现有许多困难，所以我当时绝对不赞成。

各国大学，并没设有预科，普通学科，尽在中学时候教完。

---

* 这是蔡元培在妙高峰第一中学的演说。

中国大学，有了两年预科，加长年限也不成为问题。再把各国的学制互相比较，德国的学制，从小学至中学毕业，共计十一年；法国定为十一年；中国大学添了两年预科，从小学至大学预科毕业，较之各国多了一二年，应该各种科学都要教授完备些，但是中学的科目繁多，怎么教得完咧？当教师的，先要把教材和时间支配均匀，拣择各种科学紧要的部分教授；有些容易了解的，教学生自行练习；若单靠教员来教授，那是不能够的。

又西洋各国，中学采严格主义，因为中学皆是年富力强脑力充足的人，可以勉励用功的，在这个时候，立好基础，后来进大学和各种专门学校，那就自然容易，不要加管束也可以的。

中国的学生，自去年五四运动以后，大半都去注意社会上的问题，科学方面，少有人去研究。那么将来的困难，比现在一定多些。长此以往，学生简直没有求学的日子。大家须知道，当欧战极酣的时候，德国危险到了万状，他们国里头的学生，还是安安静静照常用功。这样看来，中国现在社会虽属危险，较他们那时候好多了。你们学生应该尽心研究科学，从根本上作救国的准备，不要作无谓的奔走，因为五四运动是万不得已之举动，可一不可再的。现在北京学生，受了这一番大教训，已有彻底的觉悟，大家都知道我非有学问不能救国。我今天希诸位把科学看重些，切实去研究，对于外界的事情，尽可少管些。这就是我最后的盼望诸位的。

（何元培记）

长沙《大公报》1920年11月11日

在华法教育会欢送会上演说词

（1920年11月16日）

今日我们几个将往欧洲的人，承法、华同志举行如此盛大的送别会，并承法公使惠临主席，赐许多奖励的话，我们光荣得很，感谢得很。

我个人平日感想，以为人类天职，惟有工学两字。英国大哲罗素氏（Russell）说：人有占有的冲动，又有创造的冲动，科学、美术都是创造冲动的出产品。所以人苟不学，便是违反了本性。俄国大哲托尔斯泰氏（Tolstoy）提倡泛劳动主义，说：人类既有脑，又有耳、目、手、足，不但无所事的人等于废物，就是劳心不劳力的人也是偏废，所以人必要作工。但我们中国人口如是之多，给人求学的机会却少的很：研究高深学术的机关，还都没有建设；照例的大学、专门学校等，也非常之少；有了几处，设备既不完全，环境又不适宜。所以我们现在要研究高深学术，不能不到外国去留学。

但留学费巨，不是多人能去。美国退还了一部分赔款，留美学生才多一点。幸赖法国同志的帮助，给我们同人在里昂设一中国大学的计划竟能实现，法国政府捐了一所很大的校舍，又认了每年十万佛郎的经常费，我国总统捐了十万佛郎的开办费，又将十万佛郎的经常费也提到国务会议，这个大学明年春间必可开办了。我们人口这么多，作工机会偏比较得少，有矿不开，有地不造林、筑路，有原料亦不制作工艺品、美术品，到处是失业的人。幸亏法国没有排斥华工的意见，现在尚有几万华工在法作工，兼且都有受教育的机会。介此两者的中间，又有勤工俭学生千余人，也承法国同志帮助，既可作工，又可求学。这种中国方面同志所经营的事业，都很受法国方面同志的帮助，将来的发展未可限量。又加退还庚子赔款照办华法教育的议，也已承法国一部分的议员提出议案，并有重要的政治家表示赞成。将来华法间的关系，必不让于华美，这是可预信的。

我们这次游欧，预定先到法国，必当于上列各事有所尽力，求副诸位的希望。我们又想到这回大战以后，欧洲各国学术上，必有一种特别的发展，又为劳动问题业已特别注意，尤如新设的有一种工艺大学，给人半日作工、半日求学的机会。自由大学废除各种试验，人人可自由听讲，均是我们所要考察的。承法公使给我们几封重要的介绍书，将来考察所及，在法国一定特别便利，回国以后可以报告于诸君。敬举一觞，谢诸君今日盛会，并谢法公使良言。

《北京大学日刊》第748号（1920年11月22日出版）

普通教育和职业教育*

——在新加坡南洋华侨中学演说词

（1920 年 12 月 5 日）

兄弟已经几次到过新加坡了，今天得有机会，和诸位共话一堂，实在荣幸得很！只是今天没有什么预备，所以不能有多少贡献，还望诸君原谅。

在座诸君，大半是学界中人，因此可知这里学校的多了。我今天就把普通教育和职业教育说一说。刚才从中学校来，知道中学内有商科一班，这却是职业教育的性质，不在普通小学校或中学校的普通教育范围以内。

普通教育和职业教育，显有分别：职业教育好像一所房屋，内分教室、寝室等，有各别的用处；普通教育则像一所房屋的地基，有了地基，便可把楼台亭阁等，建筑起来。故职业教育所注重的，是专门的技能或知识，有时研究到极精微处，也许有和日常生活绝不相干的情形。例如研究卫生的，查考起微生虫来，分门别类，精益求精，有一切另外的事都完全不管的态度。这是从

* 1920 年 12 月 5 日，蔡元培出国考察教育，路过新加坡时作此讲演。

事专门学问的特异点。

可是我们要起盖房子时，必得先求地基坚实，若起初不留意，等到高屋将成，才发见地基不稳，才想设法补救，已经来不及了。我刚才讲过普通教育好像房屋的地基一样，所以教育者和被教育者，都要特别注意才是。现今欧美各大学中的课程，非常严重，对于各种基本的知识，差不多不很注意了。为什么呢？因为学生在中小学的时代，早已受了很重的训练，把高深学术的基础巩固了，入大学时自然不觉得困难。若在中小学内，并没有建筑好基础，等到自悟不够时，再要补习起来，那就很不容易了。

因此前年我国审查教育会，把普通教育的宗旨定为：（一）养成健全的人格；（二）发展共和的精神。

所谓健全的人格，内分四育，即（一）体育；（二）智育；（三）德育；（四）美育。

这四育是一样重要、不可放松一项的。先讲体育。在西洋有一句成语，叫做健全的精神，宿于健全的身体，足见体育的不可轻忽。不过体育是要发达学生的身体，振作学生的精神，并不是只在赌赛跑跳或开运动会博得名誉体面上头，其所以要比赛或开运动会，只是要引起研究体育的兴味；因恐平时提不起锻炼身体的精神，故不妨常和人家较量较量。我们比不过人家时，便要在平常用功了。其实体育最要紧的，是合于生理。若只求个人的胜利，或一校的名誉，不管生理上有无危险，这不要说于身体上有妨害，且成一种机械的作用，便失却体育的价值了。而且只骛虚名，在心理上亦易受到恶影响。因为常常争赛的结果，可使学生的虚荣心旺盛起来；出去服务社会，一切举动，便也脱不了虚荣心的气味，这是贻害社会不浅的。不过开运动会和竞技等，在平时操练有些呆板乏味时，偶然举行一下，倒很可以调剂机械作用。因变化常态而添出兴趣，是很好的，只要在心理上使学生彻底明白体育的目的，是为锻炼自己的身体，不是在比赛争胜上，要使他们望正鹄做去。

次讲智育。案我们教书，并不是像注水入瓶一样，注满了就算完事，最要是引起学生读书的兴味。做教员的，不可一句一句，或一字一字的，都讲给学生听。最好使学生自己去研究，教员竟不讲也可以，等到学生实在不能用自己的力量了解功课时，才去帮助他。至于常用口头的讲授，或恐有失落系统的毛病，故定出些书本来，而定书本也要看学生的程度，高下适宜，才对。做学生的，也不是天天到校把教科书熟读了，就算完事。要知道书本是不过给我一个例子，我要从具体的东西内抽出公例来，好应用到别处去。譬如从书上学得菊花，看见梅花时，便知也是一种植物；从书上学得道南学校，看见端蒙学校，便也知道是什么处所；若果能像这样的应用，就是不能读熟书本，也可说书上的东西都学得了。

再现在各学校内，每把学生分为班次，要知这是不得已的办法，缘学生的个性不同：有的近文学，有的喜算术等；所以各人于各科进步的快慢，也不能一致，但因经济方面，或其他的关系，一时竟没法子想。然亦总须活用为妙。就是遇有特别的天才的，总宜施以特别的教练。在学生方面，也要自省，我于那几科觉得很困难的，须格外用功些，那几科觉得特别喜欢的，也不妨多学些。总之，教授、求学，两不可呆板便了。

至于德育，并不是照前人预定的格言做去就算数。有些人心目中，以为孔子或孟子所讲的，总是不差，照他们圣人的话实行去，便是有道德了；其实这种见解，是不对的。什么叫道德，并不是由前人已造成的路走去的意义，乃是在不论何时何地照此做法、大家都能适宜的一种举措标准。是以万事的条件不同，原理则一。譬如人不可只爱自己，于是有些人讲要爱家，这便偏于家庭，或有些人提倡爱群，又偏于群的方面了，可是他的原理，只是爱人一语罢了。故我们要一方考察现时的风俗情形，一方推求出旧道德所以酿成的缘故，拿来比较一下。若是某种旧道德成立的缘故，现在已经没有了，也不妨把他改去，不必去死守他。我刻在中学校看见办有图书馆、童子军等，这些事物，于许多人很适宜，于四周办事人亦无妨害，这便不是不道德。总之，道德不是记熟几句格言，就可以了事的，要重在实行。随时随地，抱着试验的态度。因为天下没有一劳永逸的事情，若说今天这样，便可永远这样，这是大误。要随时随地，看事势的情形，而改变举措的标准。去批评人家时，也要考察他人所处的环境怎样，而下断语，才是。

第四美育。从前将美育包在德育里的，为什么审查教育会，要把他分出来呢？因为晚近人士，太把美育忽略了。按我国古时的礼、乐二艺，有严肃优美的好处。西洋教育，亦很注重美感的。为要特别警醒社会起见，所以把美育特提出来，与体智德并为四育。

美育之在普通学校内，为图工、音乐等课。可是亦须活用，不可成为机械的作用。从前写字的，往往描摹古人的法帖，一点一划，依样葫芦，还要说这是赵字哪，这是柳字哪，其实已经失却生气，和机器差不多，美在那里？

图画也是如此。从前学子，往往临摹范本，圆的圆，三角的三角，丝毫不变，这亦不可算美。现在新加坡的天气很好，故到处有自然的美，要找美育的材料，很容易。最好叫学生以己意取材，喜图画的，教他图画，喜雕刻的，就教他雕刻；引起他美的兴趣。不然，学生喜欢的不教，不喜欢的硬叫他去做，要求进步，很难说的。像儿童本喜自由游戏，有些人却去教他们很繁难的舞蹈，儿童本喜自由嬉唱，现在的学校内，却多照日本式用1 2 3 4 5 6 7等，填了谱，不管有无意义，教儿童去唱。这样完全和儿童的天真天籁相反。还有看见西洋教音乐，要用风琴的，于是也就买起风琴来，叫小孩子和着唱。实则我们中国，也有箫笛等简单的乐器，何尝不可用？必要事事模仿人家，终不免带着机械性质，于美育上，就不可算是真美。

以上四育，都宜时时试验演进，要一无偏枯，才可教练得儿童有健全的人格。

学校教育注重学生健全的人格，故处处要使学生自动。通常学校的教习，每说我要学生圆就圆，要学生方就方，这便大误。最好使学生自学，教者不宜硬以自己的意思，压到学生身上。不过看各人的个性，去帮助他们作业罢了。但寻常一级的学生，总有二十人左右。一位教员，断不能知道个个学生的个性；所以在学生方面，也应自觉，教我的先生，既不能很知道我，最知我的，便是我自己了。如此，则一切均须自助才好。大概受毕普通教育，至少要获得地平线以上的人格，使四育平均发展。

又我们人类，本是进化的动物，对于现状常觉不满足的。故这里有了小学，渐觉中学的不可少。办了普通教育，又觉职业教育的不可少了。南洋是富于实业的地方，我们华侨初到这里的，大多数从工事入手以创造家业。不过发大财成大功的，都从商务上得来。商业在南洋，的确很当注意的，这里的中学，就应社会的需要，而先办商科。然若进一步去研究，商业的发达，必借原料的充裕，那原料，又怎样能充裕呢？不消说，全在农业的精进了。农业更须种种的农具；要求器械的供给，又宜先开矿才行，这又侧重到工艺上头。按我国制造的幼稚，实在不容不从速补救。开了铁矿自己不会炼钢，却将原料卖给别国，岂不可惜；若精了制造术，便不怕原料的一时跌价，因为我们能自己制造应用品出售，也可不吃大亏啦。

照现在的社会看来，商务的发达，可算到极点了，以后能否保持现状，或更有所进步，这都不能有把握。万一退步起来，那么，急须从根本上补救。像研究农业，和开工厂等，都足为经商的后盾，使商务的基础，十分稳固，便不愁不能发展。故学生中有天性近农近工的，不妨分头去研究，切不可都走一条路。

农商工的应用，我们都知道了。但在西洋，这三项都极猛进。而我国自古以农立国，工业一途，亦发达极早，何以到了今日都远不如他们呢？这便因他们有科学的缘故。一个小孩子知识未足时，往往不知事物的源本。所以若击问小孩子，饭是从那里来的？他便说“从饭桶里来的”。聪明些的，或能说“从锅子里来的”。都不能说从田里来的。我国的农夫，不能使用新法，且连一亩田能出多少米，养活多少人，都不能计算出来，这岂不是和小孩子差不多么？故现在的学生，对于某种科学有特别的兴味的，大可去专门研究。即如性喜音乐的，将来执业于社会，能调养他人的精神，提高社会的文化，也尽有价值，尽足自立。做教师的，不妨去鼓舞他们，使有成功。总之，受毕普通教育，还要力图上进，不可苟安现状。若愁新洲没有专门学校，那可设法回国，或出洋去。

我最后还有几句关于女学校的话要说：这里的学校，固已不少，但可惜还没有女子中学。刚才在中学时，涂先生也曾提及这一层。我想男女都可教育的，况照现在的世界看来，凡男子所能做的，女子也都能做。不过我国男女的界限素严，今年内地各校要试办男女合校时，有许多人反对。若果真大众都以为非分校不可，那就另办一所女子中学也行。若经济问题上，不能另办时，我看也可男女合校的。在美国的学校，大都男女兼收，虽有几校例外，也是历来习惯所致。在欧洲还有把一校划分男女二部的，这也是一种方法。总之，天下无一定不变的程式，只有原理是不差的。我们且把胆子放大了，试试男女合校也好。若家庭中父兄有所怀疑时，就可另办一所女子中学，或把男子中学划分二部，或把讲堂上男女座位分开，便极易办到了。这女子中学一事，只要父兄与学生两方面，多数要求起来，我想一定可以实现的。我今日所说的，就是这些了。

（陈安仁、夏应佛笔记）

《教育杂志》第13卷第1号（1920年12月出版）

过新加坡时的谈话*

（1920 年 12 月 5 日）

人人都爱戴学生，敬重学生，然而为什么学生被人此样的爱戴、敬重，而别类人不能呢？因为学生是青年，别人是老年；青年旭日东升，老年暮气沉沉；青年染社会的恶习惯很少，老年人满身都是恶习惯。老年人暮气沉沉，所以觉得事事督〔都〕不能为，人家也因之怨怒深恨。青年人旭日初升，又没有染着社会恶习惯，身心洁白，觉得事事都可以有为，所以人家因之而爱戴、敬重。诸位是青年学生，就要保存这点的好处；而况诸位是南洋青年学生的中心点。那样叫做中心点呢？就是责任最重大，人人都要拿你来做模范，做中心归束点。你好，人家也跟你来做好；你坏，人家也跟你去做坏。你一举一动，都与社会的好坏有莫大的关系。比方南京学校的中心点，就是高等师范；北京学校的中心点，就是北京大学；而南洋学校的中心点，自然是南洋华侨中学。诸位既是中心点的学生，就要时时刻刻怎么样才能够做人家

* 这是蔡元培赴欧美考察教育，途经新加坡时，和南洋华侨中学学生的谈话。

的中心点？去其所以不能做中心点的，就其所以能做中心点的，这就是元培所希望咧。

（周汉光记）

《北京大学日刊》第780号（1921年1月7日出版）

华法教育会通告（一）

（1921 年 1 月 12 日）

元培到法以来，在法勤工俭学生以及学生部任事者，先后向培声述各方面困难情形，及询求解决办法。培观察所及，知由学生事务部组织之不良者半；由于华法教育会、俭学会、勤工俭学会，多有不辨其性质，混为一谈，因而发生误会者又半。今既欲解决一切困难，不得不先辨明此三会之性质。考此三会成立之历史，俭学会最早，成立于民国元年，宗旨以纳最俭之费用，求达留学之目的。勤工俭学会则成立于民国四年六月，以“勤于工作，俭以求学”为目的。自此两会先后成立，来法人数日益增加；同时，法国方面亦多注意中法两国文化之提携，为言欲达此种目的，非特设机关公同集议不可。于是始有华法教育会之组织。是华法教育会为两国文化事业之总机关，俭学会、勤工俭学会不过其事业内之一部分。今则混为一谈，多以为勤工俭学事务，即华法教育会全体之事业，勤工俭学事务办理之不善，尽以委罪于华法教育会。如此误会，是直以华法教育会为勤工俭学会之代名，此实大谬不然者也。欲矫此误，惟有俭学会、勤工俭学会对于华法教育会为部分之分立，由两会学生自行分别组织，华法教育会从旁襄助一切。其组织方法，暂由华法教育会代拟。俟两会成立，种种组织及办事规则，完全由两会学生自行定妥后，此种代拟办法即行作废。如此解决，既免以前之误会，而两会学生自行组织事务所，对于本团体情形观察较周，知悉较切，一切措置，自当胜于今之学生事务部。且学生诸君来法，多富自治能力及新生活之精神，此种办法，尤与诸君心理吻合。所拟方法及说明如下，幸即速行组织，元培不胜厚望焉。

民国十年一月十二日　华法教育会会长蔡元培

附：代拟俭学会、勤工俭学会组织方法及说明

（一）由两会学生各就所在区域，分别调查各本会人数，先期择定就近地址，开筹备会一次，讨论组织事项及定期选举，公决会务通则及办事规章。

说明：

A. 按区域，系指法国著名都会城镇而言，如巴黎、里昂、都尔、蒙达尔尼……

B. 又按现在留法之俭学生及勤工俭学生，几近两千人。如不各就所在区域组织会所，势必有下列各种困难：

（1）两会学生，散处各地，如定巴黎一处为一大会所，在巴黎之两会学生，固无不便之处，而在其他各地学生，势必难免跋涉之劳，时间、经济，两受损失。

（2）此种组织，本为长久之计划，绝非一时的或一次的可比，故两会各就所在区域，以其工作之余暇，办理会务，当无妨碍。如定在一处，非会员常有因赴会务而弃置工作之苦；即会务因会员路途隔远，不能到会，而有停顿之虞。

C. 会务通则及办事规章，两会各依其性质分订，不必相同。

（二）开筹备会日，应再就两会人数分别调查每省若干人。

说明：

按：现在勤工俭学生之无工作者，每月受华法教育会维持费人各百五十元。华法教育会本无基金，又无入款，其付与学生之维持费，均由他处辗转腾挪而来。此种办法，断难持久。而在法学生，无论其为勤工俭学生，或俭学生，常有经济困难，难以维持者。故为长久计，必由各省学生自结为小团体，向本省为经济维持之请求，并对于本省父老子弟，报告留学及工作状况。此种组织，无论对于本省，对于自身，两有裨益。

（三）两会内部，得各组织评议部及干事部。

说明：

评议部讨论关于本会之一切问题及事件。干事部执行评议部议决之各项事件。（注：两会细则，由两会各自订定。）

（四）评议及干事，其选出方法如下：

（1）各区俭学会学生，应各就本区同省学生中各自投票，公举代表二人，一任评议，一任干事。

（2）集同区各省所选之代表，共同组织各该会会务。（注：各区勤工俭学会之评议及干事选出方法，与此方法同。）

兹再列表说明，可互相参考：

巴黎（区）……勤工俭学（会）——
- 直隶省学生代表二人
- 湖南省学生代表二人
- 四川省学生代表二人
- 广东省学生代表二人
- 某某省学生代表二人
- 某某省学生代表二人

（五）评议及干事之选举，用记名投票法行之，以得票最多者为当选。

说明：

选举票格式：

评议＿＿＿＿＿＿ 干事＿＿＿＿＿＿ ＿＿＿＿＿＿举

（六）评议及干事任期，均以一年为限，限满开会另选，得联选联任，但不得过三次。（注：评议或干事任期未满而有辞职者，其办法由两会自订。）

（七）两会学生，应缮具详细履历书，分别交所在区域之俭学会或勤工俭学会存查。

说明：

履历书格式：

民国　　年　月　日　调查												
姓名	别号	籍贯	年岁	已婚嫁否	家庭状况	父兄职业	本身在国内所经历之学校或职业	在法所经历之学校或工作	在法已经几年	国内通信处	在法通信处	备考

注：此表不过举例，如有不合宜，或应更改之处，尽可修改。“在法已经几年”一项，最好于写几年外，标明民国某某年来法，及西元某某年来法。

（八）各区组织之两会，其组织大纲及办事规章，须与他区组织之同会有共同之精神及通则，不得各为风气，出入过甚。

说明：

按：通则须征求各处大多数之意见编制之。又按：各区虽各组会，而对于其他各地同会有联络相通之义务。如甲地俭学会与乙地俭学会有互通声气之必要，以其同为俭学会也。甲地勤工俭学会与乙地勤工俭学会有互通声气之必要，以其同为勤工俭学会也。各地各省分立，所以谋办事之方便；而同时各地又互通声息，所以策全体一致之进行。其甲地某省人与乙地某省人应互相联络，可以类推。

（九）俭学会及勤工俭学会得每年定期各自召集全体大会一次，但若无重要事件，经各区同会过半数之同意，此会即可停集。

（十）俭学会或勤工俭学会于认为与全体有必要时，经三处同会之同意，得连合通告各处，开俭学会或勤工俭学会之全体大会。其全体聚集之会场，得临时商定之。

（十一）各区两会之组织，统限于通告之日起，十五日内完全成立，将组织及通则及办事规章，报告于华法教育会。学生事务部亦定于通告之日起，二十日内宣告取消。

（十二）以前之卫生互济会办法，由各区两会自行商定继续或停止。

（十三）华法教育会对于两会，在能力范围以内，仍有襄助一切之义务。但两会须将其组织通则及办事规章，报告于华法教育会。

（十四）华法教育会与两会间相互之关系，俟两会完全成立后，再行协商会订。

华法教育会油印原件，

参阅周恩来《旅欧通信》（人民日报出版社 1979 年出版）

华法教育会通告（二）

（1921 年 1 月 16 日）

元培前以学生事务部组织不良，亟应改弦更张，曾于本月十二日通告，表明此意，并希学生诸君速即自行组织，以便办理各俭学会或勤工俭学会事务。在学生方面，自当奋作新猷，弥补前失。而在本会方面，一年以来，借贷学生之款，亏空之数甚巨。本会原无基金，又无入款，挪借之术，有时而穷；而告贷之学生，方日增无已；今则亏竭已极，万难为继。惟有竭诚通告：华法教育会对于俭学生及勤工俭学生，脱卸一切经济上之责任，只负精神上之援助。学生诸君，幸勿误会本会之接济有始无终，须知本会既无源源而来之底款，则此与日俱增之接济，何能应付？本会迫于万不获已，拟具以下办法。学生诸君，当能谅解此苦衷，不以逾情之非难见责。元培谨代本会竭诚宣告，除卸经济上之关系，仍当尽其能力所及者，以辅助在法学生诸君，惟谅察焉，幸甚。

民国十年一月十六日

华法教育会会长　蔡元培

附：华法教育会与学生脱卸经济关系办法

（甲）关于俭学生者：

（一）俭学生以前在本会存有款项者，一律自本年二月初十日起，至本年三月十五日止，由该生亲到学生事务部结算清楚（或亲笔函索亦可），本会不再担负保管之责。至其结算之手续及时日，均由学生事务部会计处另自订定，通告办理。其一向请托本会由其存款项下代付学校费用者，一律结至本年二月底止，以后均由学生自理。

（二）俭学生无存款、一向请本会贷付学校费用者，一律结至本年二月底止，以后由该生设法自理。

（乙）关于勤工俭学生者：

（一）现在工厂者，自此通告发出之日起，以后如有辞出工厂情事，本会一律不发维持费。

（二）现在勤工俭学生之在学校者，其请本会贷付学校之费用，一律结至本年二月底止，以后由该生设法自理。

（三）按照学生事务部章程第十二条办法，曾经贷过正月份维持费者，应再贷与一月，至二月底止。以后概不发给。

（四）不在上述二、三项之规定，而现在仍来本会领维持费者，本会概不答复。

华法教育会油印原件，

参阅周恩来《旅欧通信》（人民日报出版社 1979 年出版）

在爱丁堡中国学生会及学术研究会欢迎会演说词

（1921 年 5 月 12 日）

今日与诸君聚会，甚为欢乐。更感激诸君厚意。此次出来的时候，本想在英国多住几天，因为英国教育与别国不同，苏格兰与英格兰又不同。爱丁堡风景著名，大学校更著名，地方清静，气候温和，旅费比较的节省，所以中国留学生在此处很多。从前吾在德国时，就知道此地有学生会，似名苏学会，曾见过两次的会报，是用胶板印的。大约在清季，或民国初年间。今日来此，仍有学生会，更有学术研究会。风景既佳，学校又好，大家联合起来，安心求学，比较在伦敦、柏林、巴黎更佳。所以吾在仓促间，必要到此一游。但是今日又须到丹麦，不能久住。且喜得与诸君聚会，又看过大学校、美术专门、博物馆、古堡、旧皇宫等地，更蒙诸君郑重的招待，何等欣幸！兹奉临别数语，望大家注意。

今日会中有学术研究会，学与术可分为二个名词，学为学理，术为应用。各国大学中所有科目，如工商，如法律，如医学，非但研究学理，并且讲求适用，都是术。纯粹的科学与哲学，就是学。学必借术以应用，术必以学为基本，两者并进始可。中国羡慕外人的，第一次是见其枪炮，就知道他的枪炮比吾们的好。以后又见其器物，知道他的工艺也好。又看外国医生能治病，知道他的医术也好。有人说：外国技术虽好，但是政治上止有霸道。不及中国仁政。后来才知道外国的宪法、行政法等，都比中国进步。于是要学他们的法学、政治学，但是疑他们道学很差。以后详细考查，又知道他们的哲学，亦很有研究的价值。他们的好处都知道了，于是出洋留学生，日多一日；各种学术都有人研究了。然而留学生中，专为回国后占地位谋金钱的也很多：所以学工业，预备作技师；学法律，预备作法官，或当律师；学医学，预备行医。只从狭义做去，不问深的理由。中国固然要有好的技师、医生、法官、律师等等，但要在中国养成许多好的技师、医生等，必须有熟练技能而又深通学理的人，回去经营，不是依样画葫芦的留学生做得到的。譬如吃饭的时候，问小儿饭从那里来的？最浅的答语是说出在饭桶里，进一步，说是出在锅子里，再进一步，说是出在谷仓里，必要知道探原到农田上，才是能造饭的，不是专吃现成饭的人了。求学亦然，要是但知练习技术，不去研究学术；或一国中，练习技术的人虽多，研究科学的人很少，那技术也是无源之水，不能会通改进，发展终属有限。所以希望留学诸君，不可忽视学理。

外人能进步如此的，在科学以外，更赖美术。人不能单纯工作，以致脑筋枯燥，与机器一样。运动、吃烟、饮酒、赌博，皆是活泼脑筋的方法，但不可偏重运动一途。烟酒、赌博，又系有害的消遣，吾们应当求高尚的消遣。西洋科学愈发达，美术也愈进步。有房屋更求美观，有雕刻更求精细。一块美石不制桌面，而刻石像，一块坚木，不作用器，而制玩物，究竟有何用意？有大学高等专门学校，更设美术学校、音乐学校等，既有文法书，更要文学。所建设的美术馆、博物馆，费多少金钱，收买物品，雇人管理，外人岂愚？实则别有用心。过劳则思游息，无高尚消遣则思烟酒赌博，此系情之自然。所以提倡美术，既然人得以消遣，又可免去不正当的娱乐。

美术所以为高尚的消遣，就是能提起创造精神。从前功利论，以为人必先知有相当权利，而后肯尽义务。近来学者，多不以为然。罗素佩服老子“为而不有”一语。他的学说，重在减少占有的冲动，扩展创造的冲动，就是与功利论相反的。但这种减少与扩展的主义，可用科学证明。这种习惯，止有美术能养成他。因为美术一方面有超脱利害的性质，一方面有发展个性的自由。所以沉浸其中，能把占有的冲动逐渐减少，创造的冲动逐渐扩展。美术的效用，岂不很大么？中国美术，早已卓著，不过好久没人注意，不能尽量发展。现在博物馆还未设立，岂不可惜？所以在外国的时候，既然有很好的机会，就当随处注意。不但课余可时往博物馆赏览，就是路旁校侧，处处都有美术的表现。不仅对于自己精神有利益，就是回国以后，对于提倡美术也多有补助。若是此时失去机会，以后就懊悔也晚了。

我知道在爱丁堡的同学对于国内的政治是很注意的。中国现在的政治，可云坏极了，一切大权皆在督军掌握，督军并无何等智慧，不过相互为敌，借养兵之名，去攫金钱就是了。譬如说有一万兵的，其实不过数千，将这空饷运入私囊。仅为金钱之计，实无军队可言，更无威武可怕。惟真正民意，为力最大。凡所喜的，都可实现；凡所恶的，都可铲除。前清因失民意而亡，袁氏因失民意而殁。安福兵力很强，又有外人帮助，但因民意反对，终归溃败。现在人心又恨怨督军，都提倡“废督”。大概督军不久也必消灭。但是最重要问题：督军消灭后，又将何以处之？从前执政都想中央集权，实则中国之大，断没有少数人能集权而治的。现在极要的，是从“地方自治”入手。在各地方设高等教育机关，使人民多受教育，自然各方面事务，都有适当的人来担任。希望诸君专心求学，学成可以效力于地方，这是救国最好的方法。目前国内政治问题，暂可不必分心。

我想诸君必又很注意于国内学生的情形。曾记得革命以前，在上海、天津，以至日本留学界，都有学生作革命的运动。民国成立以后，学生却没有什么重要的表示。前年“山东问题”发生，学生关心国家，代表社会，又活动起来。国人对于学生举动很注重，对于学生议论也很信仰，所以有好机会，为社会作事。不过五四以后，学生屡屡吃亏，中间经过痛苦太多。功课耽误，精神挫伤，几乎完全失败。因此学生发生两种觉悟出来：第一，受此番经验，自知学问究竟不足，于是运动出首的学生，或到外国求学，未出国的，也格外专心用功了。第二，经此番风潮，社会对于学生，都加一番重视。学生自身，也知人格可贵，就大家不肯作贬损人格的事情。所以对于中国学生将来，实有莫大的希望。

再者，诸君在国外有数十同国的学生，时相晤聚，甚为难得。无论所学科目不同，所居地位不同，或所操言语不同，要之大家须彼此爱护。有从国外来，不能说国语的，国内来的同学，可以帮助他们。互相亲爱，互相原谅。这也是很祷祝的一件事。

（于世秀记）

《北京大学日刊》第831号（1921年8月10日出版）

在爱丁堡学术研究会晚餐会上答词

（1921年5月12日）

今日承学术研究会诸君这样郑重的招待，感谢之至。又承刘君过分的奖誉，实在愧不敢当。至于刘君说我此次出来游历的三个目的，我可趁此机会略对诸君报告。

第一，调查欧美大学情形，为中国大学标的。出来时候，本预设一种计画，想在各国印证印证。在潮〔湖〕南宴会上，有人提出地方自治问题。吾曾说地方自治必须有人来治，就要从教育入手。普通人常分教育为高等教育、普通教育两级。有人说："当先办小学，次办中学，后办大学，方是从基础做起。"并且说："中国教育之不进步，即是先办大学的弊病。"实在说起来，若是先办小学，小学的教员又从那来？次办中学，中学的教员又从那来？举一个例来看，学生运动以后，各高等学校多设平民夜校，学生牺牲功夫很多，但是结果很大。这就是因为办理人知识较高的原故。所以说要办好普通教育，必先办好高等教育。所以筹画地方自治，应注重地方教育，就应先设地方大学。德国八千万人口，有二十大学。法国五千万人口，有十七大学。比较起来，我们中国应设几个大学呢？就现在办得到的说，第一，至少一省应设一大学。即取美国制，由各州自行办理。欧洲各国大学，均含独立性质，大略相同。中国人口众多，各省情形不同，更宜如此。第二，教育机关要有统系。即取法国大学区制，由各省设立大学，即由大学办理全省内教育事业。不过法国大学区，以大学校长为关键，即大学校长一方面为大学评议长，一方面为地方教育机关之总理，是也。然全区教育事业，仅以校长一人为互相连贯之关键，尚未尽善。我意应以全区教育之权，归于大学评议会，评议会中可以收容多数人才，一方面办理大学，一方面筹画普通教育事业，必较之现在教育厅成效更多。因教育厅长之人才，至多可抵一大学教授，其他科长、科员等，自然不及厅长。教育厅办事之困难，不问可知。此种意见，游历欧洲各国以后，尚无甚改变。

第二，访求教员。此事非有较久之时间，不易办到。此事分二层：（一）中国留学生研究有得的，可以预订；（二）外国人学识高深、热心讲授的，可以延聘。但因时间匆促，未曾着手。已于外国特别著名学者，如杜威、罗素之流，本亦拟继续访求。从前梁任公君本与法之柏格森氏、德之倭铿氏有约，曾属再与面商。柏氏尚未见，倭氏已谈过，因老不能去，转荐纳陀氏，现托倭氏函询矣。又拟请爱斯泰因君①，曾与面谈，彼现任物理学研究所所长，不能久离柏林，又已有暂往美国之约，一时不能到中国也。

第三，筹款扩充北大图书馆。此问题亦尚未解决。经过南洋，时间很短；又因国内北五省旱灾，希望华侨捐助，未便再以别种捐款事要求之。并且因橡皮跌价，彼地商家颇受损失，更不易一再的要求捐款。所以这件事，在南洋尚未进行。现接美国友人来信，说彼方可以着手，并催我急速过去，到那边，或者有点希望。

① 爱斯泰因：今译爱因斯坦。

我所能报告者，不过如此，请诸君赐教。并谢诸君招待的盛意。祝贵会进步！

（于世秀记）

《北京大学日刊》第831号（1921年8月10日出版）

东西文化结合*

——在华盛顿乔治城大学演说词

(1921年6月14日)

当一九一九年九月间国立北京大学行暑假后开学式，请杜威博士演说。彼说“现代学者当为东西文化作媒介，我愿尽一分子之义务。望大学诸同人均尽力此事”云云，此确为现代的重要问题。其中包有两点：（一）以西方文化输入东方；（二）以东方文化传布西方。

综观历史，凡不同的文化互相接触，必能产出一种新文化。如希腊人与埃及及美瑣波达米①诸国接触，所以产生雅典的文化。罗马人与希腊文化接触，所以产出罗马的文化。撒克逊人、高卢人、日耳曼人与希腊、罗马文化接触，所以产出欧美诸国的文化。这不是显著的例证么？就在中国，与印度文化接触后，产出十世纪以后的新文化，也是这样。

---

* 1921年6月14日，蔡元培在华盛顿参加乔治城大学的毕业典礼，并在该大学校长举行的晚餐招待会上发表这一演说。演说词手稿以白道林信笺二张，钢笔书写。

① 美瑣波达米：今译美索不达米亚。

东方各国输入西方文化，在最近一世纪内，各方面都很尽力。如日本，如暹罗，传布的很广。中国地大人众，又加以四千余年旧文化的抵抗力，输入作用，尚未普及。但现今各地方都设新式学校，年年派学生到欧美各国留学，翻译欧美学者的著作，都十分尽力。我想十年或二十年后，必能使全国人民都接触欧美文化。

至于西方文化，固然用希伯来的基督教与希腊、罗马的文化为中坚，但文艺中兴时代，受了阿拉伯与中国的影响，已经不少。到近代，几个著名的思想家，几乎没有不受东方哲学的影响的。如 Schopenhauer① 的厌世哲学，是采用印度哲学的；Nietsche〔Nietzsche②〕的道德论，是采用阿拉伯古学的；Tolstoy③ 的无抵抗主义，是采用老子哲学的；现代 Bergson④ 的直觉论，也是与印度古代哲学有关系的。尤〈其〉是此次大战以后，一般思想界，对于旧日机械论的世界观，对于显微镜下专注分析而忘却综合的习惯，对于极端崇拜金钱、崇拜势力的生活观，均深感为不满足。欲更进一步，求一较为美善的世界观、人生观，尚不可得。因而推想彼等所未发见的东方文化，或者有可以应此要求的希望。所以对于东方文化的了解，非常热心。

我此次游历，经欧洲各国，所遇的学者，无不提出此一问题。举其最重要者，如德国哲学家 Eucken⑤ 氏，深愿依 Dewey⑥、Russell⑦ 的前例，往中国一游。因年逾七十，为其夫人所阻。近请吾友张嘉森（C. S. Chang）译述中国伦理旧说，新著为《中国人

---

① Schopenhauer：叔本华。

② Nietzsche：尼采。

③ Tolstoy：托尔斯泰。

④ Bergson：柏格森。

⑤ Eucken：倭铿。

⑥ Dewey：杜威。

⑦ Russell：罗素。

的伦理学》一书。法国的数学家 Painlevé① 氏既发起中国学院于巴黎大学，近益遍访深通中国学术的人延任教授。英国的社会学家 Wells② 教授与其同志与我约，由英、华两方面各推举学者数人，组织一互相报告的学术通讯社，互通学术上的消息。欧洲学者热心于了解东方文化，可见一斑了。至于欧洲新派的诗人，崇拜李白及其他中国诗人，欧洲的新派图画家，如 Impressionism③，Expressionism④等，均自称深受中国画的影响，更数见不鲜了。

加以中国学者，近亦鉴于素朴之中国学说或过度欧化的中国哲学译本，均不足以表示东方文化真相于欧美人，现已着手用科学方法整理中国旧籍而翻译之。如吾友胡适的《墨子哲学》，是其中的一种。

照这各方面看起来，东西文化交通的机会已经到了。我们只要大家肯尽力就好。

蔡元培手稿

---

① Painlevé：班乐卫。
② Wells：威尔斯。
③ Impressionism：印象主义。
④ Expressionism：表现主义。

致普特兰函

（1921 年 7 月 13 日）

赫伯特·普特兰馆长

美国国会图书馆

华盛顿

普特兰博士：

自我访问国会图书馆以来，一直希望还能见到您，重叙我们的友谊，虽然这友谊才愉快地开始。由于我能支配的时间太少，匆匆离开华盛顿，这使我感到遗憾。

承蒙您鼎力帮助，美国国会图书馆将为北京大学提供一套完整的国会图书馆卡片。这些卡片将成为我国学者的一个长期而丰富的资料来源，对他们具有持久而重要的价值。我深信，您的无私帮助将有力地促进中美两国知识分子之间的相互了解。

值此离美之际，不能亲自前来向您致谢，并讨论有关卡片运往北京事宜，非常抱歉。我已将此事托付给我校毕业同学袁同礼先生，由他前来与您协商办理。

最后，请允许我代表北京大学，代表无数的将得益于您的慷慨帮助的人，衷心感谢您对中国现代教育事业的关心和支持。

蔡元培

旧金山，加利福尼亚州

1921年7月13日

蔡元培书信英文打字副本（徐正文译，陈光鼎校）

在旧金山华侨欢迎会上演说词

（1921 年 7 月 16 日）

今日兄弟承诸同胞开会欢迎，非常感激。既有国歌表示同国人之互爱及感情，又有甄先生、王女士之音乐助兴。同胞聚首一堂，欢若兄弟，无党派，无意见，诚不可多得之机会。

欧美政党之目的，均在互助，惟办法较异耳。英国保守、自由、进步诸党，在平时亦颇党同伐异，各树一帜；大战后，睹国家前途之危险也，乃组织混合内阁，调融各党意见。中国古诗有曰："兄弟阋于墙，外御其侮。"平日意见，原不要紧，惟外侮至，则宜和衷共济耳。吾国四万万人，在外国者只居少数，倘不合群互助，难免不发生许多困难。况诸君热心爱国，当然希冀国家富强，倘国势衰弱，或国内同胞痛苦，诸君必蹙然不安。英国当危险时，则联合各党，共济时艰。试观今日中国之危险为何如者。

兄弟请先言军队。国家金钱，不用以兴利举废，而为兵所消耗，武人拥兵自雄，杀人盈野，以吾人脂膏，尽充军饷，全不想国家若危，己乌能安，此何故耶？彼等未受教育，眼光太小之咎也。然武人非能单独横行者，旁人若明白，何妨劝他，不听则去之，彼乌能为？然军官与兵往往助行不义者，何也？彼等未受教育，不明大体，稍受恩惠，则报之以身。欧美各国之兵，均系国家的，而非个人的。吾国之兵，则皆是督军、师长之兵，杀人放火，惟命是从，此未受教育之过也。去害国之贼无他法，惟有令恶人受教育，否则恶人愈多，国事将愈不可问。

救国之道，害既应除，利亦宜兴。内政如警察、财政等，外国均办得有条不紊；在中国则亦混乱不堪，此何故耶？自欧战以至和平会开幕，除德意志外，别国均得利益，中国独失败。若言弱国无外交，则和会之希腊代表，何以大有名誉，此其明证也。试观英、日之外交，何等利害，何等敏捷。而吾国之山东问题，至今未决，此又何故耶？两国交锋，全恃军器。德军所以能打破比利时炮台者，赖有克鲁伯大炮及飞机、潜水艇等，此种军器，皆用秘密方法自造。中国则须由外国购买，焉能若人？

军战以后，商战最烈。中国天然物产之富，人所共知。大如矿产、机器，小如电灯、玻璃杯、布帛以及寻常日用之物，都有材料，惟中国人不知自造，以原料售诸外人，而购其制造品，使外人赚两倍钱。中国以农立国，农业之发达，本意中事。顾外国精研地质学，明田地肥瘠之原理及补救之方法，其他如机器、肥料等，精益求精，以此一亩地出产甚多，可供数十人；中国则纯用旧法，专靠人力，偶遇雨旱，饥荒随之，每亩地只能养三四人，是则中国之所以自夸者，亦不若人矣。交通为一国之血脉，美国铁路、电车、地道甚多，农产及制造品易于运输。美国煤油所以用诸中国乡间者，一因其制造精良，二因其交通便利。中国交通困难，虽有制造品，无法运输，以此工商业均不发达。

以上所述诸事，皆需人办，然中国缺乏人才，譬如开天津运河、造黄河桥，以及工厂、招商局，均聘外人为机师或舵工。人才何以缺乏？无教育故也。教育不分党派，即以三育论，任何党派，都喜欢身体强健，无有以体健为不好者。设有二人于此，其一有知识，其一无知识，则有知识者到处受人欢迎，无知识者到处被人厌弃。品行优美之士，如中国所谓不嫖不赌者，各党皆欢迎之，反是则必遭白眼。是三育为众人所主张，而非一党一系之私帜，已无疑义。

教育分普通、专门。所谓普通者，如青年人每年多少日在校读书，多少日在外。至于老年人，则凡图书馆、宣讲所、影戏、调查，随处皆教育。所谓专门者，如矿、农、工、商、法律、政治、外交诸科，均需专门人才或专门技能。至若殚数十年之力，潜究一科，虽平日无所发表，而一旦发明新法或新理，推翻陈旧，使全球食其赐者，亦在专门之列。

旧时大学与中小学校不相连贯，现时趋势则较异。改革最早者，莫如法国。全国划为十七个大学区，每区有一大学总理，不惟管辖该大学，并可管理该区之中小学校。大学与中小校联成一气，大学开会时，中小校教员均可莅会。大学毕业生多为中小校教员。美国大学之办法虽较异，惟亦有打通一气之趋势。例如加省大学有夏科，中小校教员可以往听。从前校外教育，例如〔由〕教育部办理；今则韦士康笙大学有通函教授，凡老年人不能〈来学者〉，发讲义使其自习；远方人不能来校者，则以函授；此外尚有标本及影戏片发往各处。英国乌克斯福大学直接管理邻近之校外教育，排演戏曲须大学鉴定；商店货物有不合道德或卫生者，大学可限制之。

德国古代大学，只有神学、哲学、法学、医学四科。其后弊端丛生，乃将农工各专门学校程度提高，亦给授博士学位，与大学打通一气。法国大学与高等专门初本分离，后乃联作大学。美国办大学较迟，故多采用新法，将有用之专门学问，如计学、新闻学等均包括在内，此大学之所以为大也。

中国办大学不过二十年，比较美国尤迟。当然可采用新法，视世界各国趋势，以定教育方针。用大学为中心点，指导各中小学校，俾有统系。顾中国歹人耗费国家金钱，好事反无力举办。

国立大学只有四个。其中，天津之北洋大学，只有法、工两科。山西大学虽有四科，惟因交通不便，学生亦仅几百人。东南大学新办预科，其幼稚可以想见。美国私立大学很多，共有几百个。中国之私立大学，亦寥若晨星，北京则有中国、民国，上海则有大同、复旦，且经费均感困难。此外则有厦门大学，由陈嘉庚先生独捐四百万，办预科。国立与私立大学情形，略如上述。

力量较大者，惟一北京大学，有三千余学生，一百六十余教授，单独担任全国教育，惟力量有限，而中小学校太多，势难联成一气。因此想出新法数端：（一）学生组织讲演会，逢礼拜日讲演，与中小校教员听；（二）教授创办孔德学校，概用新法，由小学一年始至中学末年止，定为十年；（三）办平民学校，夜间及礼拜日授课，无论男女老幼，均可往学；（四）组织平民讲演团，到处讲演。又办白话书报分发。不宁惟是，北大学生最关心国家大事。前年山东问题发生时，学生怕亲日派政府直接交涉，断送青岛，乃有五四运动，闹得很大。

吾今请言北大优待华侨子弟之法。照北大章程，凡欲入校者，须中学毕业，并应考三门功课，即中文、英文、算学，都有一定之程度。华侨子弟生长外国，英文、算学殊多佳者，惟中文终不及国内学生。北大欲除此障碍，已向教育部立例：凡华侨子弟投考者，中文虽不甚佳，亦准予取录。北大因经费不足，每年只招三百人，而与考者每多至千余人，势不能全数收纳。华侨子弟偶或英、算亦不及格或迟到，甚感困难，乃由大学生办高等补习学校。凡迟到或考不取者，均介绍入校，由毕业生作教员。此外，尚有华侨子弟在外国学校毕业，不谙中国语言文字者。余在荷兰属地，曾遇一华侨，以德文与我谈话，惟其专门学问已成熟，且甚热心，欲以所学贡诸祖国，所未习者，中国言文耳。从前华侨学会曾请北大开一特别班，补习中文，北大慨然允之。

北大担任之事，既为〔如〕此其繁重，惟力量则殊薄弱。教学一事，非如一碗水、历数器而成分不变者。现世界之学术，日新月异，大学教授须年年用功，传授新学；学生亦然。以此读书最为重要。今人之聪明无异古人，而事功胜于古人者，因古人已先立根基也。譬如为山，若因前人之土堆而增之，则成功自易，反之则难矣。譬如一店，若以货物出入单为标准，视何物缺乏而购之，则办理自易，反是则亦难矣。求学之法，夫岂异是？前人已有发明，或走了错路，写出书来，吾辈用其书而研究推索之，所得必富；若另寻新法，或再走错路，则费时多而成功少。不特此也，同时许多学者研究同样之问题，倘能互相观摩，互相切磋，采取他人之经验及发明，以补已之不逮，则事半功倍。譬如商店，必得各地行市报告，而操筹计赢焉，则无往不利。学问亦然，问题也，学理也，已所未能解决者，或他人已解决之；已所未能纠正者，或他人已纠正之。若不管他人之报告及所得结果，而独自苦心研究，浪费光阴，岂不可惜！

由是观之，书报之必不可少明矣。惟个人之财力有限，而书报之卷籍无穷，势不能尽买。然一问题往往需用许多书，而书中关系我之问题者，不过一小部分。若欲全购，欧美教员犹觉其难，中国教员薪资微薄，其苦当更甚。其惟一解决之法，莫若建设图书馆，使大家都可来看。况图书馆之用，不仅限于一隅。譬如北京大学图书馆，不惟北大学生可用，北京人及各省人亦可用，即诸位回国时或外国人欲研究任何问题，亦可径往参考。且图书馆之书籍，永远存在，万古不磨。若有图书馆，则北京大学虽不能留多生，莘莘学子尽可自己研究。似此，则无机会进大学者，亦可养成大学人才，其利益之大，罕有其匹。

兄弟知诸君必问，图书馆既有如许好处，为何不早办耶？此无他，经费问题而已。政府之困乏，诸位皆知之。近日报载，教职员因薪水久未发放，愤而罢工，嗣请教育部拨定经费二十万，分给八校，然犹费几许唇舌，未得实行。若望政府以几十万或百万去办图书馆，此事之尤难者也。北大同人睹此情形，早已觉悟，谓北大非政府立的（government），乃国立的（national），为何只向政府商量，而置全国人于不顾耶！兄弟此次出来，评议会决定，劝海外同胞热心帮助。吾国同胞对于教育事业，向来热心。上海富翁叶澄衷先生曾捐巨款，办澄衷学校；富翁杨景清先生不以一钱遗其子弟，尽将生命所积蓄之十三万，捐办浦东中学；荷兰属地华侨陈嘉庚先生，拥九百万家资，既以五百万办小学、中学及师范，更以其余四百万捐办厦门大学，不足，则以其名义向戚友处募款千万，作基本金，义声大震。

吾等既闻好消息，希望企切。曾印有捐款条件，惟已散完，未能分发诸位。拟在此地再印，或将根据兄弟考察所得结果，加入几条。今请为诸位简括述之：（一）图书馆经费，定为美金百万。如有热心好义之富翁，如陈嘉庚先生一样，单独捐一百万者，即以其大名名图书馆。（二）如有捐十万或二十万者，则估量图书馆一部分之建筑费多少，藏书价值多少，以其大名名之，写作某人书库，永垂不朽。（三）照普通各大团体办法，以捐款多少定照相大小。（四）提〔题〕名或赠纪念章，表示谢意。

爱国之士，固不在此，不过留一纪念，使后人知之而已。兄弟此次经过纽约、费律特尔、波士顿、支加哥①、温哥化②，到处提出此问题，大家郡〔都〕极赞助。三藩市同胞素来热心，定能尽力捐助。兄弟感谢欢迎盛意，并望诸位帮忙。

（唐崇慈记录）

旧金山《大同日报》1921年7月18、19、20、21日

---

① 支加哥：今译芝加哥。
② 温哥化：今译温哥华。

在卜技利[①]中国学生会演说词

（1921年7月19日）

兄弟不会说英语，且在中国学生会谈话，应用国语。但是有许多美国朋友在座，而且诸位都是懂英文的，所以请郭君译成英语。

兄弟今日要报告此次考察结果，将欧美大学组织〔的〕[②] 情形及其特性，与诸位一谈。

在报告以前，略说中国古代教育。中国在西历纪元前，有两个大教育家，一是孔子，一是墨子。孔、墨教育含有三种性质：(一) 专门教育；(二) 陶养德性；(三) 社会教育。孔子有普通学六种，即礼、乐、射、御、书、数。专门学四种：甲，修辞学；乙，伦理学；丙，政治学；丁，文学。孔子主张陶养性情，发达个性。其教人之法，为因材施教。其总的道德主义为中庸，与西哲亚理士多德[③]相似。又极注重社会教育，故其收学生，无年龄界限及职业界限。墨子普通学未详。其专门学分三种：甲，理科，

① 卜技利：Berkeley，今译伯克利。

② 蔡元培在此篇剪报上，用铅笔将“组织”二字改为“的”。

③ 亚理士多德：今译亚里士多德。

内分数学与物理；乙，名学；丙，战斗学。墨子反对军事侵略，而主张防御，提倡建筑城墙，如今日之筑炮台然。可讲一故事以证明之。墨子，宋国人，楚攻宋，墨子率弟子至楚，求勿攻。见楚王后，楚王曰：吾非欲攻宋也，有人为我新造一攻城之机，欲一试之耳。墨子曰：无须攻城，可在室内小试其技，彼攻我守，如何？王之机师公输子许诺。公输子九攻，墨子九破之。最后，公输子乃曰：吾知破汝之术矣。墨子曰：吾亦知汝知破我之术，汝欲将我害死耳；然此亦无用，吾有学生在，彼等皆知防御之术。楚王闻之，乃罢攻。此足证明墨子之专门学可靠。墨子陶养人格之法，主张自己刻苦，博爱众人，并包括社会教育。孔与墨之特点，均在以自己作模范，而不专恃口授。此古代教育之特别处。

由纪元前二世纪至九世纪，中国教育专重文学及考古学。由十世纪至现世，偏重养成人格。以此许多自然科学皆不发达。至近二十年来，中国始办新式大学。初办大学时，注重养成有用人才。兄弟在德、法较久，深悉德、法学制，故亦注重研究学问。中国学校因历史上关系，培养人格，应波〔比〕德、法重。一方面因社会需要，亦不能不并重社会教育，曾由北京大学教授与学生担任科学讲演，及创办平民学校，并发行白话书报，以增进平民知识。遇有国家重大事发生时，普通人民不注意，北大学生乃大声疾呼，为国民先导。

据此次调查结果，兄弟觉得，大学教育应采用欧美之长，孔、墨教授之精神。今请略述欧美学制。德、法大学专重研究学问，德国注重精细分析的研究，法国注重发明新法的研究。英国大学，如乌克斯福及康白尼哲①，重在陶养学生道德，使成为缙绅之士，其方法有二：（一）学校设许多规条，并定监学及罚款，以范围学生，而约束其人格；（二）提倡合群运动，使其将来在社会上有合

① 乌克斯福及康白尼哲：牛津（Oxford）和剑桥（Cambridge）的音译。

群之精神，而不互相倾陷。美国大学之研究学问，与欧洲大学一样，其提倡合群运动，亦与英同，惟无科条约束学生耳。美大学还有两种特色：（一）凡有用学问，如新闻学等，大学都可收入；（二）设夏科与校外教育，即无机会进大学者，亦可来习。

照以上所述之欧美教育新法，与中国古代教授法，兄弟觉得应参酌兼采，包括下列三种：（一）应包罗各种有用学问，及为真理或为求学问而研究的学科；（二）陶养道德，一面提倡合群运动，一面用古代模范人格；（三）中国社会教育很少，应学美国尽量发展。

以上报告，为此次考察结果。至于在美留学生，应利用而不可忽者，有数要点：（一）运动的高兴，中国所短。美国人无论男女老少，对于运动，都兴高采烈。不惟自己运动时如此，即看他人运动，如足球、棒球之类，亦觉极有兴趣。此美国人长处，不可不学。（二）美大学设备最完全，因欧洲经费不如美国之易筹。德国如是，法国亦然。即现代著名之法国克赖夫人①，亦因经费缺乏，苦无试验仪器。美大学以经费充裕，仪器均购置齐备。此种机会不可忽，宜趁时利用，潜心研究。（三）美国人服务社会之精神，不可多得。杜威博士尝言："人家说，美国人爱钱，产出许多大王来。其实，美国人会赚钱，亦会用钱。"其语甚确。譬如某友人在公司赚钱很多，然彼毅然舍去，专作公益事业，已历二十余年，虽赚钱无几，亦觉极有乐趣。中国社会事业，可办者正多，学生应有此种服务精神。以上几层，留学生皆应注意。兄弟所欲言者如是，甚谢诸君盛谊。

（唐崇慈记录）

旧金山《大同日报》1921 年 7 月 22、23 日

---

① 克赖夫人：居里（Curie）夫人的音译。

北大图书馆洛杉矶集捐队办法*

（1921年7月28日）

昨日演说会中，鄙人提出北大图书馆捐款问题，承到会诸君赞同，非常感激。惟鄙人于明晨即离罗省，不能不于诸位侨胞中，推举几位专任募集捐款之事。今用本埠为公益事业集捐旧例，组织集捐队，办法如左：

（一）集捐队凡五队，以“北大图书馆”五字为记号。

（二）每队各先推队长一人、参谋一人如左：

北队	长	黄廷熠先生
	参谋	陈九盛先生
大队	长	刘崇焕先生
	参谋	黄世惠先生
图队	长	谭楷运先生
	参谋	赵　锦先生

---

* 蔡元培在美国洛杉矶考察时，请该地华侨组织集捐队，为北大建设图书馆募捐。此篇系用洛杉矶亚历山大饭店（Hotel Alexandria，Los Angeles）的信笺三张，以钢笔书写。

书队 长　　刘维携先生

　　 参谋　吴济惠先生

馆队 长　　黄传绪先生

　　 参谋　李　麟先生

（三）队员均由队长与参谋自行邀请。

（四）队长与参谋所集捐款，亦适用纪念章程第三款至第十款，惟加倍计算。例如，集款至十万元以上者，队长用第三款，参谋用第四款；五万元以上者，队长用第四款，参谋用第三①款。余以次递推。

（五）队长、参谋及队员均于上条所举纪念法外，凡集款最多或次多之队，当由北大特制金、银等纪念章以酬之。

（六）集款以一个月为期。

蔡元培手稿

① 三：疑为“五”字笔误。

在檀香山华侨招待太平洋教育会议各国代表宴会上演说词

（1921 年 8 月 18 日）

今日承我同胞开此盛会，得与太平洋诸国名人在此欢聚，不胜荣幸。

我想教育家最重要的责任，就在创造文化，而创造新文化，往往发端于几种文化接触的时代。

现在到会诸君，除我们中国一方面当然代表中国文化外，代表印度文化的有印度代表诸君，代表西洋文化的有美国代表诸君；其他各国代表诸君，或接近西洋文化，或接近东洋文化，当无不愿尽力于此事者。吾乘此机会，谨为将来新文化产生预祝。

蔡元培手稿

知识问题

——在檀香山中国学生会演说词

（1921年8月23日）

人之求知识，与生理上之求营养相等。营养者，凭旧有之机体，吸收新养料而消化之，以增加体力，可以作工。非如瓶碟之类，任意装入食物也。人体不同，营养料不能完全相同。个人特性不同，教育者所授与之知识，亦决不能完全相同。现在美国最通行之“知慧测量”法，若能用之极精，即可以决定选择知识之方法。最要者，不可凭一时政党之政策，或一种宗教家之主义为标准而选定之。如德国主张军国主义。旧日教育，在与普通人以一种零星之知识，造成国民为政府应用之器具；不与以综合之观念，是政治家利用之弊。

中国古代对于“知识”的观念，与“记忆”相似。所以用一个“知”字，与认识朋友之意相同。又用一个“识”字，与记得的识字相同。后来有人说：人心同明镜，如不受尘染，一遇外物，自然知其是非真伪。此是两种极端之说，一是偏重经验，一是偏重本能。现在采用折中说，就是认知识是凭着本有的能力，以同化作用，吸收新材料，组成统一的知识。

蔡元培手稿

小学教育采用公共副语议*

（1921年8月）

我们这个太平洋协会，是以太平洋沿岸各国的人民互相友善为目的。为要达这个目的，开各种会议，尤以这一次教育会议为从根本上着手。

我想人与人相遇的时候，本来彼此都存有好意。但是他们若没有方法，把这边的好意，传到那边去，就不免彼此误会，生出许多恶意来了。所以，为解脱误会，达到互相友善的目的，必要给他一种传达好意的器具，就是给他一种公共的语言，这是教育家的责任。

约计太平洋沿岸各国人民的语言，有用英语的，有用西班牙语的，有用葡萄牙语的，有用暹罗语的，有用日本语的，有用高丽语的，有用中国语的，还有用别种语言，如意大利、荷兰、波兰等的。若是于此等语言中，选出一种，要求别种民族学习，是很困难的事；且显有不平等的表示，与协会的宗旨相背。本协会

---

* 1921年8月，蔡元培到檀香山出席太平洋各国教育会议，这是他向大会提出的议案之一。

所以有语言文学教授一条。但互学语文，势难普及。鄙意不如于此等各别的语言〈之外〉，采用一种没有民族、国家界限的语言，作为公同的副助语言。

这个副助语言，除了没有民族与国家的界限以外，还要具一个易学的，就是短时期可以学会的条件。这个条件里面，含着几种性质：一是要一字只有一义，一义只有一字，容易辨别；二要品音没有例外，容易读出；三要文法没有例外，容易联缀。具备这种条件，而世界上现在流行较广的，就是Esperants①。

我愿意提议：由本会劝告与会诸国，于小学校中十岁以上的学生，均教授E.② 语；并用世界语翻译各国书籍。若此议果能实行，我想对于各国人民互相友善的目的，一定助力不小。

蔡元培手稿

① Esperants：世界语。
② E.：Esperants 的简写。

举行太平洋各国联合运动会议*

（1921年8月）

运动会的利益，为教育家所公认的：（一）一时的优胜，全在平日预备，可以提倡体育；（二）个人即以团体的荣誉为荣誉，可以提倡公德；（三）一团体与他团体竞胜，宁正直而败，不肯枉道以取胜，可以矫正政党间或国际间以不正当手段达到一种目的的坏习惯；（四）败的但从自己方面再求进步着想，决不怨尤胜的，可以养成公平的思想与自勉的习惯。因有此等教育上的利益，所以中国古代，以射为普通教育中的一科。希腊人亦注重体操与竞技会。近世如英国牛津、剑桥两大学，尤励行运动会。各国也都有此等组织，并且渐渐推行到国际间。

太平洋沿岸，近有远东运动会，为菲律宾、日本、中国之学生所组织。已举行数次，甚有成效。鄙意可由本会发起，举行太平洋各国运动会，第一年开会于檀香山。其后每年一次，或常在檀香山，或仿远东运动会的例，次第开会于各国。候公决。

---

* 这是蔡元培向太平洋教育会议提出的议案之一。

此举果行，不特太平洋各国国民之体育益增兴会，对于彼此教育界之联络，也是裨益不浅的。

蔡元培手稿

在高丽代表招待太平洋教育会议会员时演说词

（1921 年 8 月）

今日承高丽代表招待，非常感谢！高丽与我们中国关系密切的历史，是人人知道的。当时我们自己也是在黑暗时代，自顾不暇，不能帮助我们的朋友，是我们应该抱歉的，但现在高丽的朋友们经了一番痛苦，很能发愤求进步，我们很替他抱乐观。

诸位止要看波兰人，不是也经过极悲惨的境遇么？在德国治下的波兰人，几乎语言、历史，都要给德国人禁止。然而因为波兰人自己的文化，常有进步，到今日，终能达到民族自决的目的。诸位都知道，今日天文家所用的地动说，是波兰人哥白尼氏所发见的。诸位又都知道，今日科学上最有影响的元子“雷锭”，是波兰人居礼夫人①所发见的。波兰的科学家，在各国大学任教授的颇多。波兰的文学家、音乐家，受各国欢迎的很多。波兰人有这种文化，当然不能常受他民族压制。

我们的高丽朋友呵！要达到民族自决的目的，速创造文化！

---

① 居礼夫人：今译居里夫人。

高丽过去的历史，虽然没有如哥白尼的大发明家，但设使多有几个新的发见家，如居礼夫人的，也一定能格外唤起世界的同情。就是此次太平洋教育会议的各国，对于高丽朋友们〔的〕文化，一定都是很能帮助的。愿高丽朋友速自奋起呵！

蔡元培手稿

在北京大学欢迎蔡校长考察欧美教育回国大会上演说词

（1921年9月20日）

兄弟这次出去，差不多九个多月。这中间学校里出了许多想不到的事情，我在外边，不能同诸位一样的尽责任，诸位偏劳了，不责备我，主席顾先生还赐我许多奖饰的话，实在是不敢当的。不过初次来校，还没有到诸位那边奉访，现在有这个机会大家谈谈，也是很好的。

我这次到外国去考察他们的教育状况，自然要参观他们的教育机关。不过，我们去参观他们，他们也当然要问问我们的教育状况。我们的教育办得如何，我们自己是知道的；但是到了这个时候，也就不能不说几句撑场面的话。尤其是在檀香山的太平洋教育会议席上，各国的代表都要贡献他国内的教育成绩，而我们正是首都国立高等学校陷于破产的时候，使人心里实在难受。但这是过去的事，不必多说他了。

现在，我先说对于此次教育风潮的意见。这种事情是极不幸的，我想在会诸君，一定人人都希望不再发生。不过，要他不发生，只有使政府同别国的政府一样，能够维持预算案的信用，我们才可以安然做事。但是中国的政府，我们向来就知道是不可靠的，如何能希望不再发生此等不幸？所以，平时一定要有点预备，方不致临时失措。现在，我们觉得以前所用的罢课手段，实在牺牲太大了，罢课这么长久，而所收的效果，不过如此，这实是初料所不及的。我以为罢课是一种极端非常的手段，其损失比“以第三院作监狱”及“新华门受伤”还要厉害得多，因为想不到的一时的横逆，例如被狗咬、被疯人打，是无论如何文明的地方都不能免的，不算了不得的耻辱。独有我们惟一的天职我们不能不自己放弃他，这是最痛心的事。教育家认教育为天职，就是一点没有凭借，也要勉强尽他。古代的孔子、墨子，何尝先求凭借？就是二十年前，私立学校，不是有许多尽义务的教员么？现在，我们为教育所凭借的经费而逼到罢教，世间痛心的事，还有过于此的么？

我想已往的算是上了当了，不必再提，现在要研究后来的。我们最好是使他不能再到那样困难的境遇。现在已经上课，总算我们已经有了可以回旋的余地，应该赶紧想办法。我已将半周刊看过一遍，中有主张收归国民自办的，其方法为不纳租税等等。我想这主意是很好的，其方法我想最好是发行教育公债，这债票可以去纳租税，这就是将教育费从由政府间接取得的变成直接向国民取得了。这是我一时想到的，其办法当然是复杂的，须待详细商议。

还有，政府要办所得税，以十分之七做教育经费，引起全国人的反对——即办教育的人亦反对。这实在并非根本反对所得税，是反对由这种政府来办，所以，我想只要有极周密的办法，使这钱不至被政府挪移，完全用在教育或实业上，我们应当赞成的。

我这次出去，有两件任务，就是调查高等教育及为本校图书馆捐款，也可以略略报告。我的考察，于大学外，并及博物院等，用极短时间，经过多数地方，所以没有细细的考察，所得的材料没有读过就寄回北京的，也就不少。一定要用功整理一番，才能为有系统的报告。现在止能略叙我的感想。

从前胡适之先生曾提出提高与普及两语，正可借以形容欧美大学学风的特色。大约欧洲大学是偏重提高的。但就有几千几万学生，并不希望他们个个都成学者，不过给他们一种机会。有研究的能力与兴会的，都可以利用图书馆、试验室，在教员指导之下自由研究，而教员也是不绝的研究。老点的教员，不必教授，也许他支一定俸给继续研究。他们研究有得，自要报告，但并不拘以期限，这是偏重提高的。美国大学最多，大学生亦最多。女生的数，不弱于男生；偶有一二大学，女生比男生还多的。大学的目的，要把个个学生都养成有一种服务社会的能力。社会上需要的技术，不在中等普通学校范围的，都可在大学设科。而且一切文化事业，都由大学包办，如巡回图书馆、巡回影戏片、函授教育等等。在工商业的都会，大学就指导工厂、商业；在农业的州府，大学就指导农人，这是偏重普及的。但欧洲大学教授也有暑期讲习会，或平民大学等，谋知识的普及。美国大学，近来也渐渐注重研究。有几个大学，全以教习与学生共同研究为主旨，还限定学额的。这可见提高与普及，本是并行不悖。

回头看我们自己呢，设备既如此不完备，可以聚而共同研究的人又很少，对于世界科学，还没有什么贡献，可以说是提高么？对于社会，除了少数同学所办的平民夜校及平民教育讲演团而外，也没有尽全体的力替社会做什么事，可以说是普及么？这是我们应当猛省的。

图书馆捐款的事，在美国的北大同学，很肯尽力。我自纽约到檀香山各处，对华侨也屡次演说，承他们各团体的领袖都热心赞同，允代为募集。但现在还无成数，我想能捐到几十万，第一要紧，就是建筑图书馆的新房子，以能免火险为主。这一回罢课时期内，不是有人放火么？因这种房屋作图书馆实在危险得很。

但是几十万元的款，不能全靠国外的华侨，还要在国内募集。我在外即闻本校教职员议决，捐罢课期内一个月的薪水给图书馆，我即以此到处告人，并且旧金山、檀香山的报纸也登载了。我很希望诸位即日实行，有了这个，我们向外人募捐，也格外好开口一点。

我今日想到的，不过这几件事。我谢谢诸位的盛意。

《北京大学日刊》第847号（1921年9月22日出版）

为田瑞三办平民工读学校募捐启事

（1921 年 10 月 7 日）

自五四以后，人人皆知平民教育之重要。即以北京一隅而论，各界继续组织平民工读及补习等学校者纷起，所得效果，斐然可观。所以凡有以组织此等学校求助于各方面者，各方面无不竭诚赞助。盖以多办一校，即社会上多受一校之影响也。

兹《通俗日报》经理田君瑞三，拟于该社内附设平民工读学校一所。惟开办伊始，经费甚难，乃延请同志，组织义务夜戏一台，以所得之款，全充该校基金。田君以此事商之于元培，元培以其有益于社会也，故乐为之助。特为介绍于本校教职员诸先生及同学诸君，请为赞助。聚沙成塔，集腋为裘，该校前途，实受大赐。

除另函奉达外，特先此奉白。

《北京大学日刊》第 860 号（1921 年 10 月 7 日出版）

北京大学研究所组织大纲提案*

（1921年11月28日）

国立北京大学研究所组织大纲

（一）本校为预备将来设大学院起见，设立研究所，为毕业生继续研究专门学术之所。

（二）本所分为自然科学、社会科学、国学、外国文学四门，由大学校长与各系教授会斟酌情形，提交评议会议决设立之。

（三）本所设所长一人，由大学校长兼任。

（四）本所各门设主任一人，经理本门事务，由校长于本校教授中指任之，任期两年。此外，设助教及书记若干人，由所长指任，受本门主任之指挥，助理一切事务。

（五）本所各门所研究之问题及方法，由相关各系之教员共同商定之。

（六）本所原为本校毕业生有专门研究之志愿及能力者而设；但未毕业之学生，曾作特别研究已有成绩者，经所长及各该系教

* 1921年11月28日，蔡元培向北京大学评议会第二次会议提出此案，于1921年12月14日评议会第三次会议通过。

授会之特许，亦得入所研究。

（七）本所各门设奖学金额若干名，每名每年给与国币若干元。此项奖学金之金额及受奖者之名额，及其给与之办法，另以详章规定，提出评议会议决施行。

（八）本组织大纲，得随时由所长提出评议会修正之。

《北京大学评议会议事录》

劝北大学生尊重教师布告

（1921 年 12 月 7 日）

自本学年开课以后，时闻学生诸君，研究学问之兴趣，较前发展，正在忻幸之中。近日乃闻有少数学生，在讲堂或实验室中，对于教员讲授与指导方法，偶与旧习惯不同，不能平心静气，徐图了解，辄悻悻然形于辞色，顿失学者态度。其间一二不肖者，甚至为鄙悖之匿名书信、匿名揭帖，以重伤教员之感情。以大学学生而有此等外乎情理之举动，诚吾人所大惑不解者也。

世界学术进步，教授方法日新月异，本校虽未能于短时期间大事更张，要亦决无故步自封之理。诸君须知教员采用新法，正为诸君容易进步起见，诸君方应欢迎之不遑，又何疑焉？即或诸君中有因方言之隔阂，程度之不及，一时稍感困难，因滋疑惑，亦当于授课之暇，本敬爱之诚，质疑问难，岂宜顺一时冲激，有自损人格之举动耶？

为教员者虽抱有满腔循循善诱之热诚，然岂能牺牲其人格自尊之观念。万一因少数者不慎之举动，而激其不屑教诲之感想，则诸君之损失何如，本校之损失何如？返之于诸君自爱及好学之本心，与爱护母校而冀其日日发达之初志，安耶否耶？

行道之人，偶迷方向，执途人而询之，必致谢词。欧美各国，入肆购物，彼以物来，此以钱往，必互道谢。为教员者，牺牲其研究学术之时间与心力，而教授诸君，指导诸君，所以裨益诸君者，较诸指途、售物，奚啻百倍？诸君宁无感谢之本意，而忍伤其感情耶？诸君学成以后，难保无躬任教员之一日，设身处地，能不爽然？

深望自此以后，诸君对于教员，益益亲爱，益益诚恳，全体同学中，不再发现有不合情理之举动。无则加勉，有则改之，愿诸君各以自检，并于同学间互相劝告焉。

十二月七日

《北京大学日刊》第912号（1921年12月8日出版）

北京大学各种会议进行办法提案*

（1921 年 12 月 14 日）

（一）各行政会议、教务会议、总务会议及其他关于校务之重要会议（如教授会等）之议决案，均须报告校长。

甲、各行政会议之议决案，由校长决定及分配施行。

乙、教务会议议决案，经校长同意后，分配教务长或其他机关施行。

丙、总务会议等之议决案，由校长同意后，分配总务长或其他机关施行。

（二）校中各办事机关，须将经过情形，每月报告校长一次。由校长每年作总报告一次。

（三）各系教授会，每月至少须开会一次，商议各系应行进行事宜。

各教员会，至少每学期开会一次，商议关于各系全体教员应行〈进行〉事宜。

《北京大学评议会议事录》

---

* 此案于 1921 年 12 月 14 日北京大学评议会第三次会议通过。

提议《教员保障案》*

（1922 年 2 月 11 日）

查本校聘设教授之意，要不外欲受聘者专心致意于功课之讲授及学术之研究，此意至善，亦即任教授者之所乐于从事者也。然事每与愿违，盖因尚有使教授不能专心致意者在耳。举其要者，如所任功课之常有变更，及地位之时有摇动，均足减少教授浓厚之兴味，发生不良之影响。如下列意见三条能见诸实行，则本校聘设教授之原意，及教授专心功课与学术之志愿，均可完成矣。

（一）凡已得续聘书之各系教授之辞退，应由该系教授会开会讨论，经该系教授会五分之四之可决，并得校长之认可，方能办理。如该系教授不及五人，应经全体教授可决。但开会时，本人不能列席。

理由：聘请教授时，既须经聘任委员会之通过，主任之赞成，校长之函聘，复有试教一年之规定手续，可谓郑重矣。试教期满，复经续聘，是校中认其能胜任矣。故辞退，特亦应经郑重之手续，

* 此案经北京大学评议会第五次会议通过。其决议："（一）教授之聘任与辞退，均须经评议会之议决；（二）原案第二项，交教务会议讨论。"

不应凭学生之意见，或主任或教务长一人之意见，将其贸然辞退。

（二）各教授应担任何项功课，应由该系教授会开会，公同商定。一经商定后，应始终令其担任。即欲变更，亦须再行开会议决定。

理由：查现行办法，各教授担任何项功课，多由主任一人决定，并不先征本人同意。至近上课时，方由注册部通知。又本年所任功课，虽各方面并无不满意之表示，而至下年时，仍可由主任决定，另换他人担任。此法流弊甚多，撮要列举于后：

（1）各教授所任功课，往往有为本人所不能或不愿讲授者。

（2）通知过迟，遂致搜罗材料、编辑讲义均须仓促从事，本人既深感不便，讲授时又难使听者满意。

（3）功课常有变更，致教授无意于数种学科为特别之研究。

若本项意见能见诸实行，则上列各弊可以免除。一二年后，教授对于学术界必能多有贡献。

（三）各系教授会，应每月至少开会一次。凡本系科目之增减，应开教授会议决，不能由主任或教务长一人决定。

理由：查教授会组织法中，原有“教授会每月开会一次，商议本部应办事宜”，及“凡关于下列诸事（其一即‘本部学科之增设及废止’）本部教授［会］皆有参预讨论之责”。自应切实施行，以收集思广益之效，而免垄断专制之弊。

北京大学评议会抄件

致胡适函

（1922年2月17日）

适之□□：

弟足疾尚未全愈，不能相访；但明日午后研究所国学门委员会第一次开会，当到校，可晤谈也。奉惠书，询弟对于英国退还赔款之意见，适顾先生在此，商定几条：

（一）将来设管理此款之委员会，中国方面必须有教育部与教育界选派之委员，不得如前次美国退款完全由外交部处分。

（二）退款之一部分，用在专门教育：（甲）大学之英国教员讲座，如英文学或其他科学等，但所聘英国教员全由大学自主；（乙）派遣留英学生，但所派遣者须经公开试验；（丙）图书馆购置英文书籍；（丁）博物馆□□□天文台。

其他一部分用在普通教育，即补助有英语课之普通学校。

至于此款不能如美款之办清华学校，不能为香港大学与其他英教士所设之学校所瓜分，闻先生与阿迭斯氏早已谈过，弟等均表同情也。

承索《石头记索隐》第六版自序，奉上，请指正。

敬复，并祝

著祺

弟蔡元培敬启　二月十七日①

《胡适来往书信选》(中华书局 1979 年出版)

① 《胡适来往书信选》将此函列在 1926 年。但是年二月间蔡元培始由欧到上海，未回北大；同时，《石头记索隐》第六版自序作于 1922 年 1 月 17 日，北京大学研究所国学门第一次会议于 1922 年 2 月 18 日举行，故此函应列在 1922 年。

在北京大学研究所国学门委员会第一次会议发言*

（1922年2月18日）

委员长：蔡元培

委　员：顾孟余、沈兼士、李大钊、马裕藻、朱希祖、胡适、钱玄同、周作人。

一、报　告

（1）特别阅览室设立之经过

沈兼士报告：……为谋图书馆及本学门双方事实上便利起见，实非有一特别阅览室不可。现已在四层楼另辟一室，专供普通阅览……前次图书委员会将本学门之提书规则取消，于研究上殊感不便。

李大钊谓：图书委员会对于研究所提用书籍，议决两种办法：（一）复本可借；（二）单本照借书规则办理，限两星期归还。

马裕藻谓：从前研究所尚无特别研究室，图书馆……所以取

---

* 此篇并刊载于《北京大学日刊》第968号（1922年2月27日出版）。

消提书规则。现在可再与商酌。

蔡元培谓：可由本委员会向图书主任声明已设特别阅览室情形，由图书主任提出图书委员会覆议。

（2）歌谣研究会

沈兼士报告：歌谣委员会……已并入本学门。此刻最重要的事情是定音标，及发表已经收集之材料。

（3）考古学研究室

沈兼士报告：考古学研究室已经设立……校长又请罗叔蕴先生为通信导师。以后尚拟组织一考古学研究会……一面与史学系联合，一面还可以和校外古物学会等机关联络。

二、提　议

（1）研究规则

沈兼士提出规则草案，并说明本学门研究应打破学系观念。……

胡适谓：国学门以文字为范围，而不以学科为范围……

沈兼士谓：评议会议决之研究所组织大纲第六条，研究生以本校毕业生及未毕业生之有特别研究成绩者为限。惟新学制规定，似不限于大学一校之毕业生。本所规则应否修改?

蔡元培谓：实在程度相当者，亦不能拒绝，应有规则限制。可照本校未毕业生办法，限于曾作研究、已有成绩者。

胡适谓：组织大纲第六条及研究规则第一条，在“未毕业生”之后，应加“及校外学者”五字。

蔡元培谓：可提出议案，请评议会追加。

结果，议决《研究所国学门研究规则》如左：

（一）凡本校毕业生、有专门研究之志愿及能力者，又未毕业生及校外学者、曾作特别研究、已有成绩者，皆可随时到本学门登录室报名，填写研究项目，有著作者并呈送著作，一并由本学门委员会审查。其审查结果合格者，得领研究证到所研究。

（二）凡本校毕业生及校外学者，不能到校而有研究之志愿者，得通信研究；其报名及审查手续，均照上条办理。

（三）研究生须将关于研究之经过及其成绩，随时报告，以便在本学门所办之杂志中发表或〈印入〉丛书。

（四）研究生遇必要时，可要求本学门主任与有关系之各学系教授会，代请本校教员及国内外专门学者指导研究。

（五）本校教员可以自由入所研究。

（六）本校教员可以提出问题，招集研究生入所指导或共同研究。惟须先期通知。

（七）本学门随时聘请国内外学者为专门讲演。其公开与否，临时定之。

(2) 奖 学 金

奖学金章程，公推胡适起草，俟草就后，再行提出委员会公决。

(3) 杂 志

蔡元培提议：以研究所四学门为基本，每一学门出一种杂志。

决议：由研究所四学门分任编辑，每年每学门各分得三期，页数不拘。月份分配如下：

1、5、 9——国学门

2、6、10——外国文学门
3、7、11——自然科学门
4、8、12——社会科学门
（外国文学门、自然科学门、社会科学门）未成立以前，由各相关之学系分组担任。

国学门公推胡适为主任编辑。

(4) 研究员用纸问题

决议：无论教员、学生，研究时的用纸均应自备。

北京大学研究所国学门委员会第一次会议记事

致李石岑函

（1922 年 2 月 22 日）

石岑先生大鉴：

久不作书，甚歉。承寄示大著《教育独立建议》，已详细读过，周密之至。弟一时竟无可以贡疑处。惟于推行上，最小团体（城、镇、乡教育会）如何能不为旧派塾师所蟠踞（因中学毕业生少而小学教职员多），或有问题耳。弟有《教育独立议》一首，系取法于法之大学区制，在二月份之《新教育》中发表。请指正。

率复，并请

著安

弟元培敬启　二月二十二日

附：李石岑复函

孑民先生大鉴：

尊论极是。旧派塾师蟠踞，自是题中应有之义；但施行之始，困难虽不能免，稍久或渐减耳。且如何方可防制蟠踞之弊，尚不难另设他法。即最小团体，不为旧派塾师所蟠踞，而易以新派，究能不蹈蟠踞之弊与否，似亦有另设他法之必要。故图一种新制之建设，不能不多费几许铁血以求换得之。不知先生以为有当否？尊著《教育独立议》，容拜读后，再以所见呈教也。

李石岑谨复　一九二二，二，二八

《教育杂志》第14卷第3号（1922年3月出版）

教授制大纲（草案）

（1922年2月）

一　每学系，依照本学系的需要，设讲座教授若干人，以学科之名称名之，例如中国文学史教授、中国文学学教授……。

二　讲座教授之外，每学系得设“教授”若干人，其位置略同于美国之助教授；但因本校的习惯，暂沿用“教授”之名，但不加学科之名称。

三　讲座教授，如一时不得其人，宁存缺额，不求充数。

四　讲座教授之聘任，由校长提出，聘任委员会及评议会议决之。

五　讲座教授之薪俸不等，由校长与教务会议依学科之性质，酌量拟定后，交评议会议决。

六　教授之薪俸，另行规定之。

七　讲座教授与教授，皆用聘约。第一次，定一年，续聘约，二年一换。

北京大学评议会抄件

全国教育会联合会议决之学制系统草案评

（1922 年 2 月）

此案全体均所赞成；间有小节目，鄙意不同，约举于下，以备参考。

（一）近年中学教员竞言学科太多，每一科之教学时间恒苦不足。四年后，学生实未达毕业程度，尤以国文、外国语及数学三科为最显而易见。于是，有文、实分科之议。文科减数学之时间以益国文，实科则减国文之时间以益数学。（其他史地与理科之互为增减，视此。）鄙人曾反对之。以现在中学课程中，国文及数学之程度，无论他日研究何种学术，皆已为最低限度，不能再减损也。故以为与其分科，不如改良教科书及教学法，即以史地等为国文之部分，而减少国文读本；以理、化、博物及世界地理、世界史等为外国语之部分，而减少外国语读本是也。今新案虽延长中学为六年，然所谓高级中学者，所以抵现在大学之预科，又或为师范，或为职业。而所以抵现行中学之初级，则减为三年。（说明中虽亦采及“四二制”，然作为例外。）即使采用选科制，而教学时间之不足与程度之太低，可以推知矣。故鄙人以为中学宜以

“四二制”为通则。

（二）高专与大学并立之弊，日本已深感苦痛。我国曾于六年间由北京国立各校会议提案，主张废止高等专门学校一级。凡现有高专，均为改进专科大学之准备。业经教育部承认。今新案既规定设单科者亦得称大学，又规定高专毕业期限亦得至四年，是已与现行大学制相等。而犹存高专一级，殊无谓。

（三）高级中学中既有师范科，大学中既有师范科，而说明中又存师范学校与高等师范学校，亦无谓。此与高专，似皆为迁就现存之学校而存其名。然既今之师范，可照新案改名中学；高专与高师，均可改为专科大学，或并入大学。殊不必为此骈赘也。

（四）现行之乙种实业学校，可并入小学后二年级。现行之甲种实业学校，可并入高级中学。亦当以明文规定之。

《新教育》第4卷第2期（1922年2月出版）

教育独立议

(1922年3月)

教育是帮助被教育的人，给他能发展自己的能力，完成他的人格，于人类文化上能尽一分子的责任；不是把被教育的人，造成一种特别器具，给抱有他种目的的人去应用的。所以，教育事业当完全交与教育家，保有独立的资格，毫不受各派政党或各派教会的影响。

教育是要个性与群性平均发达的。政党是要制造一种特别的群性，抹杀个性。例如，鼓励人民亲善某国，仇视某国；或用甲民族的文化，去同化乙民族。今日的政党，往往有此等政策，若参入教育，便是大害。教育是求远效的，政党的政策是求近功的。中国古书说："一年之计树谷，十年之计树木，百年之计树人。"可见教育的成效，不是一时能达到的。政党不能掌握政权，往往不出数年，便要更迭。若把教育权也交与政党，两党更迭的时候，教育方针也要跟着改变，教育就没有成效了。所以，教育事业不可不超然于各派政党以外。

教育是进步的：凡有学术，总是后胜于前，因为后人凭着前人的成绩，更加一番功夫，自然更进一步。教会是保守的：无论什么样尊重科学，一到《圣经》的成语，便绝对不许批评，便是加了一个限制。教育是公同的：英国的学生可以读阿拉伯人所作的文学，印度的学生可以用德国人所造的仪器，都没有什么界限。教会是差别的：基督教与回教不同，回教又与佛教不同。不但这样，基督教里面，天主教与耶稣教又不同。不但这样，耶稣教里面，又有长老会、浸礼会、美以美会等等派别的不同。彼此谁真谁伪，永远没有定论。止好让成年的人自由选择，所以各国宪法中，都有"信仰自由"一条。若是把教育权交与教会，便恐不能绝对自由。所以，教育事业不可不超然于各派教会以外。

但是，什么样可以实行超然的教育呢？鄙人拟一个办法如下：

分全国为若干大学区，每区立一大学；凡中等以上各种专门学术，都可以设在大学里面，一区以内的中小学校教育，与学校以外的社会教育，如通信教授、演讲团、体育会、图书馆、博物院、音乐、演剧、影戏……与其他成年教育、盲哑教育等等，都由大学办理。

大学的事务，都由大学教授所组织的教育委员会主持。大学校长，也由委员会举出。

由各大学校长，组织高等教育会议，办理各大学区互相关系的事务。

教育部，专办理高等教育会议所议决事务之有关系于中央政府者，及其他全国教育统计与报告等事，不得干涉各大学区事务。教育总长必经高等教育会议承认，不受政党内阁更迭的影响。

大学中不必设神学科，但于哲学科中设宗教史、比较宗教学等。

各学校中，均不得有宣传教义的课程，不得举行祈祷式。

以传教为业的人，不必参与教育事业。

各区教育经费，都从本区中抽税充用。较为贫乏的区，经高等教育会议议决后，得由中央政府拨国家税补助。

注：分大学区与大学兼办中小学校的事，用法国制。

大学可包括各种专门学术，不必如法、德等国别设高等专门学校，用美国制。

大学兼任社会教育，用美国制。

大学校长，由教授公举，用德国制。

大学不设神学科，学校不得宣传教义与教士不得参与教育，均用法国制。瑞士亦已提议。

抽教育税，用美国制。

《新教育》第4卷第3期（1922年3月出版）

运动会的需要

（1922 年 4 月 23 日）

“健全的精神，必宿在健全的身体”，是我们公认的。“人的健全，不但靠饮食，尤靠运动”，这也是我们公认的。运动的必要，本来无疑。我们校内，有个体育会，每个学生都交体育费，就是要人人都有运动的机会。

有了运动，就渐渐儿产出运动会，这是自然而然的事。但距今五六年前，在教育界颇显出一种运动会的弱点：一、每校注意选手，不谋普及；二、这等选手，专门运动，不必尽力于本分的功课；三、专以运动为竞胜的作用，毫不注意于身体的平均发展与是否紧张过度，妨害卫生。这些弱点，不是运动会本身的坏处，乃是提倡运动的人，要牺牲一部分运动员，去传播学校的虚荣的缘故。他的结果，不但这一部分专门运动的被牺牲了，而且多数不配充选手的，反把运动的兴会都牺牲了。我们不忍执行这种牺牲的手段，所以这几年来，不敢用“揠苗助长”的方法来勉强提倡运动会。

但是，运动会的本身实有许多长处：第一，鼓励运动的兴会。人类的行为，不能专靠理智。在理智上，我们固然知道运动的必要，但没有催发兴会的作用，或者鼓励不起来。鼓励的作用，就在运动会。不但素喜运动的人借此加增高兴，不至厌倦；就是不大喜欢运动的人，受了激刺，也可以奋起一点。第二，加增校外同学的社交。一校的同学交换知识，联络感情，自然有很多机会，对于他校的学生就不容易了。偶然如辩论会、游艺会等，固然可以联合各校的学生；但此等机会，愈多愈好，运动会就是最重要的一种。第三，养成公德。团体的荣誉，就是个人的荣誉。宁正直而败，毋诡诈而胜。败则反求诸己，不怨尤，不嫉妒。这种公德，人人能赞成。但不是有许多机会渐渐涵养他，难免不因临时的冲动，阻碍理智的命令。英国牛津、剑桥两大学，用运动会的规则，养成自重急公的习惯，很有成效。我们承认，凡有运动会，都可以有这种成效的。

这么看来，运动会本身，本有许多长处；前几年吾国运动会的弱点，是由利用运动会的人制造出来，不是他本身的坏处，现在也快将绝迹了。

一年以来，本校的学生，偶然与他校学生比赛，还有点成绩，有参加北京、华北、全国各种运动会的准备，特于今日先开一个校内春季运动会。我很信各同学必能利用运动会的长处，避去弱点，所以把我几年来对于运动会的感想说一说。

《北京大学日刊》第1008号（1922年4月23日出版）

出席北京大学教职员大会演说词

（1922 年 4 月 29 日）

今日邀诸位先生在此开会，有四种原因：

（一）报告近日筹画经费情形，并表示个人歉愧的意思。

（二）请举出代表，出席明日的教职员联合会议，挽回前次会议“总辞职”的提议。

（三）请组织“本校教职员互助维持会”。

（四）请组织保卫团。

春假完毕的时候，政府不能于二十五日以前，尽发积欠的经费，已经显而易见了。我们各校长把一百二十万元的九六债票，向各银行活动，也被拒绝了。那时候，交通部郑次长还说他可以把这些债票去抵点款项出来，我们还没有十分绝望。我们退一步，要求他自筹一个月费，又把五十万债票抵出一个月费，于二十五日前先发两个月费。交涉了几次，他说自筹是不可能，债票也决没有五折的价值。我们又退一步，愿把百二十万债票统统交给他，让他去活动。他同中国的银行商量，不行；同西洋的银行商量，又不行；同日本银行商量，又不行。一次一次的来报告，简直是绝望了。我不敢对诸位先生敷衍、搪塞，所以据实报告。但是诸位先生所受经济的痛苦，已经达到极点，我任校长的，还不过这么一种绝望的报告。我个人对于诸位先生的歉仄、惭愧，真非言语所能形容了。

前次二十五日的教职员联席会议，本校与女高师还没有代表列席。六校的代表议决通告，称“三十日十二时以前，不将积欠如数发清，即总辞职以另谋生计”云云。我想联席会议，所以有此通告，不过为逼促政府的一种手段，要他三十日以前一定发出经费。但现在的政府，实在没有受此等逼促的资格，近畿战事一起，更不必说了。现在距三十日的十二时，已不过二十小时，这个时间的发款，绝对无望，我已报告过了。万一三十日午后的教职员联席会议，为履行前次宣言的信用起见，要提议实行总辞职，我觉得很不妥当。因为前次宣言，仅出于六校代表的决议；而且现在时局骤变，与前次开会时，情形大不相同。若加入女高师与本校两校代表，因时局问题，声明不必再有“总辞职”之举，于联席会议的信用，可以毫无损害；若必固持前议，勉强通过，则实行宣告总辞职以后，非得到圆满的条件，不能轻易复职。第三学期，为日业已无多；开〔关〕于学生方面，学科的结束，升级毕业的试验，比较别的学期，尤为重要。若是真要总辞职，政府既不能给我们圆满的条件，又决不能立刻派出许多教职员来接替，一转眼暑期就到了，我们什么对得住学生呢？而且这个时候，辞职以后，不见得就谋到别的生计，也还是闲住着；教职员里面，那会有安心闲住、牺牲学生光阴的呢？照这么看来，就是联席会议勉强通过总辞职的提议，一定有许多教职员，不愿在这个时候辞职。就是为顾全联席会面子起见，承认总辞职名义，也一定要换个名义，仍然照常履行职务的。前次联席会议中，工专代表王茧庐先生已经声明，总辞职后仍以私人资格照常授课。昨日女高师全体教员，又预定了一个学术讲演会的办法。可见总辞职议案通过以后，徒使联席会议负了一个停顿教育的责任，实际上还等于零，这又何苦呢?

在现今经费既然竭蹶，又加以战事的恐慌，北京国立各校忽然有不能不停顿的境遇，或亦难免。但此种停顿，完全应由政府负责。现在教育部已有直接的准备了。前几日各校是为逼促政府起见，曾函告教育总长，提出三条办法：（一）于三十日前发出两个月经费；（二）如第一条办不到，索性以战事及经费的理由，宣告提前放假；（三）如前两条都办不到，请准校长辞职，即派员接替。在我们的希望，固然在第一条。教育总长的传语，也说愿筹第一种办法。但今日午前见了教育当局，知道第一条是无法实行了。要求第三条，他们在此时，实在也没有能力，忽然觅得八个肯任“无米之炊”的校长，所以绝对不行。我们要求他们，三条以内，或者三条以外，总要给我们一个办法，他们既然没有三条以外的办法，又没有实行第一、第三条的能力，必不得已，止好趋向第二条了。在政府肯采用第二条，还不失为诚恳光明的态度。因为政府停顿教育的罪名，在不能按期发费时，早已坐实了。北京国立各校的维持，全在乎我们教职员对于教育的热心。但这种辛苦艰难的维持，只能出于教职员的自动，在教育当局断不能认为当然。若是他们到现在的时局，还要规避停顿教育的责任，空言搪塞，逼到教职员有罢课、总辞职等等举动，把停顿教育的罪名，分在教职员身上，他们的罪就更重大了。教育当局既肯完全负这种停顿教育的责任，我们又何苦提出有名无实的总辞职，去替他们分责任呢？有这许多的理由，所以很愿诸位先生今日就举出代表，加入明日的联席会议，诚恳劝告，不要把总辞职的前议做实了。

昨日在本校教务会议中，我已略略报告上列两条的情形，诸位主任均不赞成总辞职的举动，但要求有一种维持最低生活之组织。议决发起一个本校教职员互助维持会，以按照全体教职员与他们家属的人预备一个月粮食为第一义；其余各种条件，已请顾孟余先生起草，拟请各教授会主任与各部主任会同筹备，想荷诸先生赞成。

从前直皖战争时，本校曾预定以校舍作妇孺救济会的一部分。现在北京公益维持会又提议这件事，本校也已经加入了。将来必不得已时，果有多数妇孺寄住校舍，虽然有军警照料，我们也不能不负保卫的责任。而且本校的书籍、仪器与建筑，也不可以不保护。昨日教务会议议决组织一个保卫团，来执行此事。本校举行春季运动会时，顾孟余先生曾说知识阶层武化的必要，现在不是提倡武化的机会么？南开大学张伯苓校长宣言，南开至少可选出六百人保卫地方；本校人数比南开多一倍，愿加入保卫团的，不应该更多么？现拟请李四光、丁燮林、白雄远诸先生筹备此事，诸位先生愿意加入的请早早通告。

《北京大学日刊》第1018号（1922年4月29日出版）

五四运动最重要的纪念

（1922 年 5 月 4 日）

五四运动，为的是山东问题。山东问题，现在总算告一段落，但是运动的结果，还不能算圆满。必要集股赎路，确有成绩，把胶济路很简单的赎回，其他问题，自然“迎刃而解”了。所以集股赎路是我们最重要的纪念，大家不可不努力。

我常常对人说，五四运动以后，学生有两种觉悟是最可宝贵的：一是自己觉得学问不足，所以自动的用功；二是觉得教育不普及的苦痛，所以尽力于平民教育。这两种觉悟，三年来，很见得与前不同；不能不算是五四运动的纪念。

自动的用功，平民教育，能实行两件或分占了一件，都是不辜负五四运动了。但实行两件或分占一件的究竟有若干人呢？随班听讲，以得到毕业证书为最大目的，现在已经没有这种人了么？听讲以外，听听戏，打打扑克，把时间消遣去了，不肯在公益上尽点义务，现在已经没有这种人了么？怕不但不是没有，而且还是很多。难道五四运动，止要一部分的人做纪念就够了么？

而且现在又是一个特别的时期。

北京国立各校，安徽、江西、湖南等省公立各校，常常为经费问题，闹罢课。不是学生个个觉悟，都能自动的用功，不常要失学么？

现在北京日日听炮声了。北京、保定、天津左近这些地方，已不知流了多少血，死了多少人了。为什么？为几个人争地盘罢了。为什么这些当兵的这么傻，牺牲自己的生命，牺牲许多平民的生命与财产，去替一两个人争地盘？没有受过教育罢了。我们还不觉到平民教育的范围，现在是很小很小，不可不竭力扩张么？

我觉得五四运动，用不着许多夸张的纪念，止要把三件重要的竭力进行：

（一）广集赎回胶济路的股款；

（二）自动的用功；

（三）扩充平民教育。

北京《晨报》1922年5月4日

北京大学欢送一九二二年毕业同学茶话会演说词

（1922 年 6 月 4 日）

今日此会，一方面系为毕业诸君话别，一方面对于集股赎路事，须大家商量。近数年来，我人受时局之影响，以功课言，似不能谓毫无欠缺。然我以为人固不能不有所牺牲，只须视其所牺牲者是否值得而已。例如五四运动，诸君等固受莫大之痛苦，其中有数位，甚至丧失自由。然五四运动之目的为山东问题，今山东问题幸外赖列强之援助，内赖国民之呼号，在华盛顿会议中，已得解决之方法，则亦可以稍慰矣。

故我以为诸君本届毕业，虽于功课方面似不能无所缺憾，然比之已往一二年之毕业者，有二层较为圆满之处：第一，已目睹山东问题之解决。前两届之毕业者，固皆参与五四运动之人，然当其离校时，尚未见其结果若何，心中终有所不足，而诸君见之，此可喜之甚者也。第二，得经过考试之手续。上届毕业生皆未经考试，虽其中有少数人，方以此为庆幸，然我人若一思自小学至大学，读书十余年，乃最后一次之毕业，手续上忽有所欠缺，岂非终身之憾乎？今年虽风潮振荡，几至罢课，然卒能勉强维持，考试完竣，诚大幸也。然上述二事，前者实较后者为更难得。虽此次华盛顿会议对于山东问题之解决方法，国人尚有以为不能满意者。惟以我国今日之国势衡之，终不能不谓差强人意。夫此次我国代表在华盛顿会议席上之所以成功，大半赖国民运动为其后盾。而国民之中，尤以学生为最；学生之中，尤以北京八校为最；北京八校之中，以北大为最。诸君为始终与此事有关系之人，则此次毕业之喜悦为何如耶？

惟山东问题，尚不能谓完全解决。盖山东问题中，最重要者为胶济铁路问题，而胶济铁路，华会议决须备价赎回者也。夫五年之期，为时非远，万一届时不能赎回，则我等前次之牺牲者，将尽付东流，不特无以对自己，无以对同胞，亦无以对世界各国之襄助者。故我以为我等今日一方面固可喜悦，而他一方面倍觉责任之重大，不能不勉力以赴之也。

夫赎路所需，照目下估计，约三千万元，虽日人所估计者为数较巨，然亦不过数千万也。以我国人口之多，若每人负担一元，则可得四万万元之谱。今日世界各国人民负担之税额，莫不甚巨。我国同胞若人负一元，已不算重，而况尚不足一元乎？且此次赎路之款，并非纳税性质，不特有路作抵，抑且有利可收。而此种股款，又非一次交足，有四年宽长之期限（今本校所定为二年半），在此长久期间，分期交纳，事较容易，则此种又尽义务又享权利之举，果何乐而不为乎？

山东问题，关系全国，故五四运动，全国一致响应。然若以五四运动时之精神而言之，则今日学界所负之责任，应比一般之国民为较重；而北京八校之学界，尤应比全国为重；本校同学，尤应比其他七校为重。此今日之欢送会中不能不提出此事。除请诸君各自认股外，并望各携捐册，分头进行，向各处劝募者也。

《北京大学日刊》第1045号（1922年6月6日出版）

致尉礼贤函*

（1922 年 6 月 16 日）

尉礼贤先生大鉴：

日前畅谈甚快。北京大学在德购办仪器事，经贵国公使允许，力与援助，至为欣幸。大学前拟在德购买物理学仪器，曾由大学驻德代表朱骝先（家华）先生向各工厂接洽，迄以价目及付价方法，各厂要求太奢，大学款项有限，未能商议妥协。兹拟恳请先生，由贵国驻京使署一面对于贵国国内关系机关有所主张，如能使大学用德国国内价目购得，自为最善；不然，亦请设法特别通融。至于详细办法，可由贵国国内关系机关与北京大学驻德代表朱骝先先生就近接洽商定。至应购仪器名称、数目，另有详单，兹并奉览。

并祝

著安

〇〇〇敬启　十一年六月十六日

除寄出外，并抄二份。

蔡元培书信抄留底稿

* 尉礼贤：一译卫礼贤，当时德国驻华使馆代办。

致胡适函

(1922年6月22日)

有俄文专修馆学生杨国华，愿转入本校一年级。彼已在预科一年、本年〔科〕一年，学俄文共两年，每星期教授时间，比本校预科两年为多。似不妨准其插班。但须经何等手续？请酌定。

适之先生

元培

蔡元培手札

附：胡适复函

孑民先生：

承示俄文专修馆学生杨国华君愿转入本校本科一年级一节。查考试委员会议决案，本年转学生，皆须与投考一年级同受入学考试。但本年本科不考俄文，颇有困难。似仍须令其应考，俄文另出题专试。

未知尊意如何？

胡适敬启　六月二十三日

鄙意赞同。请由教务处照复杨君。元培①

胡适手札

① 蔡元培在胡适复信后面，加写了这几句话。

美育实施的方法

（1922年6月）

我国初办新式教育的时候，止提出体育、智育、德育三条件，称为三育。十年来，渐渐的提到美育；现在教育界已经公认了。李石岑先生要求我说说“美育实施的方法”，我把我个人的意见写在下面。

照现在教育状况，可分为三个范围：一、家庭教育；二、学校教育；三、社会教育。我们所说的美育，当然也有这三方面。

我们要作彻底的教育，就要着眼最早的一步。虽不能溢出范围，推到优生学，但至少也要从胎教起点。我从不信家庭有完美教育的可能性，照我的理想，要从公立的胎教院与育婴院着手。

公立胎教院是给孕妇住的，要设在风景佳胜的地方，不为都市中混浊的空气、纷扰的习惯所沾染。建筑的形式要匀称，要玲珑，用本地旧派，略参希腊或文艺中兴时代的气味。凡埃及的高压式，峨特的偏激派，都要避去。四面都是庭园。有广场，可以散步，可以作轻便的运动，可以赏月观星。园中杂莳花木，使四时均有雅丽之花叶，可以悦目。选毛羽秀丽、鸣声谐雅的动物，散布花木中间；须避去用索系猴、用笼装鸟的习惯。引水成泉，勿作激流。汇水成池，蓄美观活泼的鱼。室内糊壁的纸、铺地的毡，都要选恬静的颜色、疏秀的花纹。应用与陈列的器具，要轻便雅致，不取笨重或过于琐巧的。一室中要自成系统，不可混乱。陈列雕刻图画，都取优美一派；应有健全体格的裸体像与裸体画。凡有粗犷、猥亵、悲惨、怪诞等品，即使描写个性，大有价值，这里都不好加入。过度刺激的色彩，也要避去。备阅览的文字，要乐观的、和平的；凡是描写社会黑暗方面、个人神经异常的，要避去。每日可有音乐，选取的标准，与图画一样，激刺太甚的、卑靡的，都不取。总之，各种要孕妇完全在平和活泼的空气里面，才没有不好的影响传到胎儿；这是胎儿的美育。

孕妇产儿以后，就迁到公共育婴院。第一年是母亲自己抚养的；第二、三年，如母亲要去担任他的专业，就可把婴儿交给保姆。育婴院的建筑，与胎教院大略相同，或可联合一处。其中陈列的雕刻图画，可多选裸体的康健儿童，备种种动静的姿势；隔几日，可更换一套。音乐，选简单静细的。院内成人的言语与动作，都要有适当的音调态度，可以作儿童的模范。就是衣饰，也要有一种优美的表示。

在这些公立机关未成立以前，若能在家庭里面，按照上列的条件小心布置，也可承认为家庭美育。

儿童满了三岁，要进幼稚园了。幼稚园是家庭教育与学校教育的过渡机关，那时候儿童的美感，不但被动的领受，并且自动的表示了。舞蹈、唱歌、手工，都是美育的专课。就是教他计算、说话，也要从排列上、音调上迎合他们的美感，不可用枯燥的算法与语法。

儿童满了六岁，就进小学校，此后十一二年，都是普通教育时期，专属美育的课程，是音乐、图画、运动、文学等。到中学时代，他们自主力渐强，表现个性的冲动渐渐发展，选取的文字美术，可以复杂一点。悲壮、滑稽的著作，都可应用了。

但是美育的范围，并不限于这几个科目；凡是学校所有的课程，都没有与美育无关的。例如数学，仿佛是枯燥不过的了；但是美术上的比例、节奏，全是数的关系，截金术是最显的例。数学的游戏，可以引起滑稽的美感。几何的形式，是图案术所应用的。理化学似乎机械性了；但是声学与音乐，光学与色彩，密切的很。雄强的美，全是力的表示。美学中有“感情移入”论，把美术品形式都用力来说明他。文学、音乐、图画，都有冷热的异感，可以从热学上引起联想。磁电的吸距，就是人的爱憎。有许多美术工艺，是用电力制成的。化学实验，常见美丽的光焰；元子电子的排列法，可以助图案的变化。图画所用的颜料，有许多是化学品。星月的光辉，在天文学上不过映照距离的关系，在文学、图画上便有绝大的魔力。矿物的结晶、闪光与显色，在科学上不过自然的结果，在装饰品便作重要的材料。植物的花叶，在科学上不过生殖与呼吸机关，或供分类的便利，动物的毛羽与声音，在科学上作为保护生命的作用，或雌雄淘汰的结果，在美术、文学上都为美观的材料。地理学上云霞风雪的变态，山岳河海的名胜，文学家美学家的遗迹，历史上文学美术的进化，文学家美术家的轶事，也都是美育的资料。

由普通教育转到专门教育，从此关乎美育的学科，都成为单纯的进行了。爱音乐的进音乐学校，爱建筑、雕刻、图画的进美术学校，爱演剧的进戏剧学校，爱文学的进大学文科，爱别种科学的人就进了别的专科了。但是每一个学校的建筑式、陈列品，都要合乎美育的条件。可以时时举行辩论会、音乐会、成绩展览会、各种纪念会等，都可以利用他来行普及的美育。

学生不是常在学校的，又有许多已离学校的人，不能不给他们一种美育的机会；所以又要有社会的美育。

社会美育，从专设的机关起：

（一）美术馆，搜罗各种美术品，分类陈列。于一类中，又可依时代为次。以原本为主，但别处所藏的图画，最著名的，也用名手的摹本。别处所藏的雕刻，也可用摹造品。须有精印的目录，插入最重要品的摄影。每日定时开馆。能不收入门券费最善；必不得已，每星期日或节日必须免费。

（二）美术展览会，须有一定的建筑，每年举行几次，如春季展览、秋季展览等。专征集现代美术家作品，或限于本国，或兼征他国的。所征不胜陈列，组织审查委员选定。陈列品可开明价值，在会中出售。余时亦可开特别展览会，或专陈一家作品，或专陈一派作品。也有借他国美术馆或私人所藏展览的。

（三）音乐会，可设一定的会场，定期演奏。在夏季也可在公园、广场中演奏。

（四）剧院，可将歌舞剧、科白剧分设两院，亦可于一院中更番演剧。剧本必须出文学家手笔，演员必须受过专门教育。剧院营业，如不敷开支，应用公款补助。

（五）影戏馆，演片须经审查，凡无聊的滑稽剧、凶险的侦探案、卑猥的恋爱剧都去掉。单演风景片与文学家作品。

（六）历史博物馆，所收藏大半是美术品，可以看出美术进化的痕迹。

（七）古物学陈列所，所收藏的大半是古代的美术品，可以考见美术的起源。

（八）人类学博物馆，所收藏的不全是美术品，或者有很丑恶的，但可以比较各民族的美术，或是性质不同，或是程度不同。无论如何幼稚的民族，总有几种惊人的美术品。又往往不相交通的民族，有同性质的作品。很可以促进美术的进步。

（九）博物学陈列所与植物园、动物园，这固然不专为美育而设，但矿物的标本与动植物的化石，或色彩绚烂，或结构精致，或形状奇伟，很可以引起美感。若种种生活的动植物，值得赏鉴，更不待言了。

在这种特别设备以外，又要有一种普遍的设备，就是地方的美化。若止有特别的设备，平常接触耳目的，还是些卑丑的形状，美育就不完全；所以不可不谋地方的美化。

地方的美化，第一是道路。欧洲都市最广的道路，两旁为人行道，其次公车来往道，又间以种树、艺花，及游人列坐的地方二三列，这自然不能常有的。但每条道路，都要宽平；一地方内各条道路，要有一点匀称的分配。道路交叉的点，必须留一空场，置喷泉、花畦、雕刻品等。

第二是建筑。三间东倒西歪屋，固然起脆薄、贫乏的感想；三四层匣子重叠式的洋房，也可起板滞、粗俗的感想。若把这两者并合在一处，真异常难受了。欧美海滨或山坳的别墅团体，大半是一层楼，适敷小家庭居住，二层的已经很少，再高是没有的。四面都是花园，疏疏落落，分开看各有各的意匠，合起来看，合成一个系统。现在各国都有“花园城”的运动，他们的建筑也大概如此。我们的城市改革很难，组织新村的人，不可不注意呵！

第三是公园。公园有两种：一种是有围墙，有门，如北京中央公园、上海黄浦滩外国公园的样子。里面人工的设备多一点，进去有一点制限。还有一种，是并无严格的范围，以自然美为主。最要的是一大片林木，中开无数通路可以散步，有几大片草地可以运动；有一道河流，或汇成小湖，可以行小舟；建筑品不很多，游人可自由出入。在巴黎、柏林等，地价非常昂贵，但是这一类大公园，都有好几所永远留着。

第四是名胜的布置。瑞士有世界花园的称号，固然是风景很好，也是他们的保护点缀很适宜，交通很便利，所以能吸引游人。美国有好几所国家公园，地面很大，完全由国家保护，不能由私人随意占领，所以能保留他的优点，不受损坏。我们国内，名胜很多，但如黄山等，交通不便，颇难游赏。交通较便的如西湖等，又漫无限制，听无知的人造了许多拙劣的洋房，把自然美缀了许多污点，真是可惜。

第五是古迹的保存。新近的建筑，破坏了很不美观；若是破坏的古迹，转可以引起许多历史上的联想，于不完全中认出美的分子来。所以保存古迹，以不改动他为原则。但有些非加修理不可的，也要不显痕迹，且按着原状的派式；并且留得原状的摄影，记述修理情形同时日，备后人鉴别。

第六是公坟。我们中国人的做坟，可算是混乱极了。贫的是随地权厝，或随地做一个土堆子。富的是为了一个死人，占许多土地。石工墓木，也是“千篇一律”，一点没有美意。照理智方面观察，人既死了，应交医生解剖，若是于后来生理上病理上可备参考的，不妨保存起来。否则血肉可作肥料，骨骼可供雕刻品，也算得是废物利用了。但是人类行为，还有感情方面的吸力，生人对于死人，决不肯把他哀感所托的尸体，简单的处置了。若是照我们南方各省，满山是坟，不但太不经济，也是破坏自然美的一端。现在不如先仿西洋的办法。他们的公坟有两种：一是土葬的，如上海三马路、北京崇文门，都有西洋的公坟。他是画一块地，用墙围着，布置一点林木。要葬的可以指区购定。墓旁有花草，墓上的石碣有花纹，有铭词，各具意匠，也可窥见一时代美术的风尚。还有一种是火葬，他们用很庄严的建筑，安置电力焚尸炉。既焚以后，把骨灰聚起来，装在古雅的瓶里，安置在精美石坊的方孔中。所占的地位，比土葬减少，坟园的布置，也很华美。这些办法都比我们的随地乱葬好，我们不妨先采用。

我说美育，一直从未生以前，说到既死以后，可以休了。中间有错误的、脱漏的，我再修补，尤希望读的人替我纠正。

《教育杂志》第14卷第6号（1922年6月出版）

中华教育改进社第一次年会开幕词

（1922年7月3日）

山东教育界诸先生诚恳招待，竭力赞助，今日开会，又蒙教育部代表、山东省行政长官暨教育厅长光临，本会非常感谢，亦非常荣幸。

中国古有教育，惟不进步。近年来，欧美教育，日新月异，以中国现况较之，实相差远甚。（一）义务教育。欧美义务教育之年限日增，向之望国民教育普及者，今则欲提高至人人有中学及高等知识。中国则四年之国民义务教育，且不能实行，其他如成人教育、盲哑教育，无论已。（二）上进教育。西洋一方普及，一方提高，大学之上，有研究院，罗置图书，广设仪器，供上进者之研究，中国则缺如。此二者乃荦荦大者，其他不如人者，正不知多少也。

现中国教育部、教育厅，皆注意教育，热心提倡。但仅赖行政机关，收效甚小，最要在办教育者自动。中华教育改进社，即合各县教育实行家研究切身问题，共同讨论，共同解决，计画，设施，以谋教育自身之发展。教育改进社所欲解决者有数问题：（一）学制问题。究其是否适合于各地方。（二）方法。昔日所教授者，如理化、历史、地理等科，皆为前人研究之结果，言进程及方法者极少，今当注意方法问题。（三）教育经费问题。今日教育之摇动者，类为经济不足。解决经费困难，实一最大而最要之事。以上三者，本会皆有分组会详细讨论之，但事贵合作，尚希诸君赐教。

《新教育》第5卷第3期（1922年10月出版）

《中华教育改进社第一次年会日刊》发刊词

（1922年7月3日）

我们为什么组织这个中华教育改进社？教育事业范围很广，不能专靠政府所设的几个机关来主持，要全国教育家来共同计划、共同进行。方今全国的省教育会每年开一次联合会，很有许多贡献。但是，所议的多限于普通教育一方面。议决的案，只能送教育部请他采用；自己没有一个永久机关可以执行几件事。教育部组织了一个教育调查会，各方面的都延请几位；而且有一个常用办事的机关，但人数有限。经费全由政府支给；近年政府不能按期发款，诸事都停滞了。我们要有一种改进教育的机关，是固定的，不是临时结合的，是普遍的，不限于一地方一局部的，是纯然社会的，不受政府牵掣的，所以组织这个中华教育改进社。

为什么第一次年会在山东开会？（一）在我国地理上，山东实占重要地位。名山里面最有名的是五岳，五岳里面最有名的是泰山。封禅的遗迹、宗教的传说，都有特别关系。最有名的水是四渎，山东有河、济二渎。国内现有铁路以津浦、京汉为干线，济南是津浦要站。（二）在中国文化上，山东有特别的关系。中国古代文化，全在礼乐；礼乐的完备，是周公的功。所以，古代尊周公为先圣，近人也有说古文家经学是从周公出的。中国最早最大的教育家，是孔子、墨子，古人叫做显学。同这两派对待的是道家，道家又演作法家；《管子》一书，已经有道家、法家的精义。这一回，山东教育界又发起了一个历史博物展览会，又不是与我们研究文化上很有利益的么？（三）最近教育思潮的促进，山东也有特别关系。八年五月，全国学生有一个重大的运动，叫做五四运动。从这个运动以后，学生界有两种觉悟：一是自动的研求学术，一是义务的担任平民教育。我们在教育界办事的人，觉得顺应这个潮流，是我们的天职。但五四运动，是为山东问题而起。现在山东问题，虽然解决了一段，青岛还没有完全归回，胶济铁路的赎款还没有筹齐。五四运动实在还没有完成。我们在山东开会，一定有许多新受的激刺，可以传播到教育界去，加一番促进。

为什么会期中办这个日报？我们这个改进社，自从《新教育》编译社并入后，就用《新教育》作为发表意见的机关。但《新教育》一月出一次，只能用作平时的报告。开会期间，每日有各方面的新事实、新言论，急须发表，所以发此临时的日刊。

《新教育》第5卷第3期（1922年10月出版）

国立大学与省立大学分别设立议*

(1922 年 7 月 3 日)

理由与办法

大学分为国立大学与省立大学两种。

国立大学，为全国高深学术之总枢，全设文、理、农、工、医、商、法、美术、音乐各科，并设大学院及观象台、动植物园、历史美术科学诸博物院等。依元年教育部计划，全国共设五校：除北京大学及南京之东南大学粗具规模、更求完备外，当更设西南大学于广东，西部大学于成都，中部大学于武汉。

省立或区立大学，采法国大学区制，以大学为本省或本区各种教育事业之总机关。于特设高等学术机关外，凡本省或本区各种教育事业之计划、布置、监督，均担任之，即以代现有之教育厅。

各国立大学，当设国立大学联合会，其办法别有议案。

省立或区立大学所设之高等学术机关，先设地质学、生物学研究所，以考求本地原料。设物理学、化学研究所，以促进本地

* 这是蔡元培向中华教育改进社第一次年会所提的议案。

工艺。设心理学、社会学研究所，以考察本地之人情、风俗、历史，而促其进步。设教育学研究所，以指导本地教育家。皆须有相当之实验室、图书馆、陈列所。招大学毕业生为研究员；本省本区人不足，则以他省区之人补充之。延本国宿学为导师，不足则以外国学者补充之。

省区大学，于建设上列各研究所外，得因本地之需要与能力，而设特种研究所与分科大学。

省区大学于本地导师及研究员中，得互推若干人组织本地教育之行政机关。

凡一省中已有国立大学者，其省立大学可设于省城以外之都市。如南京有东南大学，则可设江苏省立大学于苏州；成都有国立大学，则四川省立大学可设于重庆，其他类推。

国立大学之建筑费（各科合设）约五百万元，其开办时之设备费二百五十万元，其经常费每年五百万元（国立大学五所，共开办费三千七百五十万，经常费每年二千五百万元）。

省立或区立大学之开办费：计地质学实验室及研究所（建筑费约十万元，设备费约十万元）二十万元，生物学实验室、陈列所及动植物园等约十二万元（建筑费五万元，设备费约七万元），物理学实验室及研究所（建筑费五万元，设备费八万元）十三万元，化学实验室及研究所（建筑费五十万元，设备费七十万元）一百二十万元，图书馆（建筑十万元，购书十万元）二十万元，共一百八十五万元。其经常费：地质学一万元，生物学四万五千元，物理学一万五千元，化学二十一万元，图书馆二万元，共三十万元。

《新教育》第5卷第3期（1922年10月出版）

中华教育改进社第一次年会告别词

（1922年7月8日）

敬谢本社山东籍社员诸君！

敬谢山东教育界诸君！

敬谢山东军、警、政、绅、商界诸君！

敬谢山东新闻界诸君！

我们中华教育改进社的年会，于今日完毕了。我们虽暂时要与山东告别，但是山东伟大的环境、山东人勤奋的表现，我们社员各留了一种深刻的印象，不但永远不会消失，而且于将来办事上一定有许多好影响。

社员里面，山东籍的社员，对于这一次年会，预备、报告、款待，于社员的普通义务以外，更尽了许多特别的义务。而且他省社员离去以后，山东的社员便要将本社议决的事，在这个开第一次年会的地方，实施起来，给他省的社员作个榜样。所以我们第一感谢的是山东籍的社员。

我们这一回开会，赞成我们的不但社员，山东的教育界，没有一位不是我们的同志，或者把会所校舍借给我们开会与寄宿，或招待我们去参观，或到我们会中来旁听，真没有一位不是本社可以互相提携的同志，我们很感谢山东教育界诸君。

这一回，赞助我们的，不但教育界，山东军、警、政、绅、商各界，都同教育界一样，借给我们会场，到我们会场赐教，约我们谈宴。我们觉得山东各界，没有不认教育为第一大事的，所以这样的为我们尽力，我们很感谢军、警、政、绅、商诸君。

我们开会期间，虽发了这个短期的会刊，究竟传播不广。承济南新闻家，替我们登载议案，或赞助我们，或规劝我们，又款待我们，交换彼此的意见，我们不但赖宣传的助力，尤乐于受诚恳的指导。我们很感谢山东新闻界诸君。

现在我们要与诸君告别了。我们很希望诸君对于我们会议的结果，选出千虑中的一得，提倡施行。尤希望诸君时时赐教。

《新教育》第5卷第3期（1922年10月出版）

《中华教育改进社第一次年会报告》叙

（1922 年 7 月 22 日）

中华教育改进社成立后，曾于本月三日到八日，在济南开第一次年会。到会的教育家三百余人，所收的议案共二百〇七件，在分组会议议决又在大会通过的共一百二十二件，我国教育家的热诚，与将来教育发展的希望，都可以从此看出来了。

但是本社的方面，还觉得有几种不满足的感想：第一，本社成立不过半年，远方的教育家，又有不明了的，或已经明了而不及加入年会的；第二，本社开始征求议案，离开会期间已经很短，各地方教育家想提出的议案，还有不及提出的；第三，分组会议，经本社社员自由分认外，虽经本社延请专门学者加入，但因时间与交通关系，本社不及延请与延请而不及到会的，还是不少；第四，各种议案，在会期间收到的，不及编入第一次议案录。分组会议的记录，虽陆续送到会刊处，为篇幅与时间所限，不能都在大会报告前发布。大会的学术会议，止有三次，各组的报告，不能很详细，不能给会员从容讨论。这都是我们自己感到的缺点。

但是分组会议议决的案，大多数是教育界心同理同的；我们遇有机会，自然可以尽力主张，尽力宣传；而且我们能力所及的，还要尽力实施。至于分组会议未能决议，与大会上保留的案，我们还有补救各种的方法，一是设特殊问题的委员会，是由各组会议提出经大会承认的；二是延长分组会议至明年第二次大会，是大会中有会员提议通过的。这不但可以把现在的悬案渐渐解决，兼且可以讨论新案，备提出明年大会。而最重要的方法，是这个年会报告，把大会情形与各种议案都详细发布出来。到会诸君，固然可以再详细审虑一回；就是未到会的教育家，也可以根据这个报告，恳切的赐教。我很希望这次报告，能引起全国教育家注意。

中华民国十一年七月二十二日　蔡元培

《新教育》第5卷第3期（1922年10月出版）

北京大学季刊编辑员讨论会议决之条件*

（1922年8月1日）

（一）本校发行季刊四种：（1）自然科学；（2）社会科学；（3）国学；（4）文艺。均自本年八月起，每季出一本。每本页数，由各组自定之。

（二）季刊之形式：（1）横行用五号字；（2）纸张要好；（3）封面要美；（4）标点符号要完备。

（三）季刊之体例：（1）附欧洲文字提要；（2）每第四期，附全年索引；（3）页数每一年自为起讫；（4）长篇文必须在一年内登完。

（四）自上列两条外，其他季刊之内容及编辑手续，由各种季刊编辑员自由决定之。

（五）凡编辑员均于本校教授、讲师中延订之。被延订而无暇

* 此篇系蔡元培向北京大学评议会第九次会议（1922年8月1日）提出的议案，原题为《八月一日季刊编辑员讨论会议决之条件》。手稿用直行稿纸三张，以毛笔书写。北大文牍课据以油印分发各评议员及各编辑员。此案经第九次评议会通过，并刊载于《北京大学日刊》第1069号（1922年8月19日出版）。

担任者，须预先声明。

（六）凡编辑员，每年至少缴稿一篇，愈多愈妙。

（七）凡编辑员，由本校赠阅各种季刊。其所缴之稿在某组某期登载，则加赠本组本期之季刊五本。

（八）凡非编辑员而投稿者，编入后赠本期季刊五本。但以所投之稿从前未经发布者为限。

（九）本校设一季刊编辑部，办理各季刊收稿、发稿、通讯等事，即附入《日刊》编辑处。其付印及发行，由出版部办理之。

（十）版权为著作者所有。如有欲转载者，须得本人同意，并须声明由北大季刊转录。

（十一）季刊印刷等费，暂由本校担任。其有收入，存作基金；此基金应如何分配，于每一年终，合各组编辑员讨论之。

附录业已延订之编辑员名单如左（此后续订者补报）：

自然科学组

冯汉叔（主任）　秦景阳　颜任光　丁巽甫　李润章
陈聘丞　王抚五　李圣章　李仲揆　王霖之　谭仲逵
汤尔和

社会科学组

王雪艇（主任）　陶孟和　胡适之　蒋梦麟　朱经农
张竞生　朱逷先　黄黼馨　何海秋　周鲠生　燕召亭
陈惺农　高一涵　张慰慈　李守常　顾孟余　马寅初
陈大齐　陈　源　杨栋林　皮宗石

国学组

胡适之（主任）　沈兼士　马幼渔　钱玄同　蔡孑民
顾孟余　李守常　刘叔雅　单不广〔厂〕　王钟麟
郑　奠　朱逷先　周启明

文艺组

蔡孑民（主任）　沈尹默　沈兼士　胡适之　周豫才

周启明　徐旭生　顾孟余　宋春舫　陈师曾　钱稻孙
叶浩吾　马叔平　萧友梅　杨仲子　张凤举

蔡元培手稿

北京国立八校校长辞职通电

（1922年8月17日）

上海申报馆转各报馆并全国各界鉴：

教育经费，积欠五个月以上。北京国立八校校长暨教职员代表二十一人，根据阁议，并经教育王总长预向交通高总长介绍，允于本日上午在交部接见。讵到部后，始则闭门不纳；继则谈话未终，突来部员多人咆哮怒骂；部长托词赴院，一去不回；宪兵巡警盘诘监视；自朝至暮，毫无效果。似此蹂躏，万难忍受。除胪陈事实、呈请辞职外，特电奉达。蔡元培、李建勋、许寿裳、王家驹、周颂声、俞同奎、吴宗栻、郑锦。筱。

《北京大学日刊》第1070号（1922年8月26日出版）

北京国立八校校长呈总统府、国务院、教育部文稿

（1922年8月19日）

为呈请辞职，恳即派员接替，以专责成，而维教育事：近年以来，教育经费支绌异常，校长等力所能及，无不维持。兹以开学在即，不名一钱，匪特教职员受经济上之压迫，生活不能自由；即学校行政，亦复重受影响，几于停滞。国家财政困难，校长等未尝不深切顾虑，无如积欠已在五个月以上，实无法以应付。曾一再恳请（大部）（教育部）在开学以前，至少发给三个月经费。比蒙（总长）（教育总长）面谕，已由交通部筹得十一万元，并由（总长）（教育总长）另筹十八万元，已敷最近阁议通过之数，惟兹款系向他方面电筹，止有七八成把握，云云。

校长等以为数甚微，勿论尚未确定，即使照付，比之预计数目，相差尚远。此宗款项，本应由交通部负责，爰商请（总长）（教育总长）预向交通总长介绍，订期接谈，经交通部高总长电允，于十七日上午七时至九时在部接见校长并教职员代表。是日上午八时前，校长等及八校教职员代表二十一人，同赴交通部投刺请谒，门者引至中门外之一小室，等候久之，始来谓高总长传

语兮〔分〕班接见，先见校长，后见教职员。佥以为既系同来，自应同见。门者以此回报，寻复来言：总长已不在部，由胡秘书代见，惟仍须分班接见。校长等及教职员代表承认与胡秘书谈话，仍以同见为请。门者导行，不数武，则见中门已紧闭，门以内有卫兵排列，如防寇盗，门者屡呼不应，继复由收发处通电声明，久之，始启门放入，仍由门者导引至内客厅，由胡秘书出见，声言总长已往公府，余以个人资格前来招待。校长等始致道谢之忱，继恳转请总长出见。胡谓总长确不在部。同时，教职员代表以高总长甫言分班接见，何至遽出，因电询总理，昨日高总长既允接谈，今日何以又拒而不见？是否确系他往？奉总理电答谓：与高总长电谈甫毕，现时确在部中。教职员复据此以要求胡秘书，请总长出见。未几，胡秘书传语：总长已回部，请到大堂分别接见。佥谓等候已久，总长又须出席国务会议，一一接见，容未有便，请总长来此公见，并请胡秘书转达。

良久，高总长始出席，谓因事迟延，诸请原谅。语毕，校长等谓：此来系经国务总理兼教育总长之介绍，并得总长允许，来此商榷教育经费问题，不意既到贵部，而总长忽闭门不纳，未稔何故？高总长诿为不知，且谓：或系下等社会之所为。教职员代表谓：总长为一部之首领，不有命令，谁敢出此？且交通部焉有所谓下等社会者？高总长又谓：不知公等来此，是以关门。校长等谓：白昼非夜间可比，同人并非常到贵部，若永远不来，是否由元旦关至除夕？未免笑谈！且此种举动，有伤国家体面，究竟谁为主动之人？应请彻查严究。高总长谓：此事在我自有权衡，不劳过问。校长等谓：虽系贵部内部之事，既然侮辱来宾，不得不请总长负责。同时教职员代表声言：兹事无论总长知与不知，不得不认为侮辱教育界之人格，应请总长有所表示。高总长遂声明歉意，兹遂告一段落。

谈及经费问题，校长等谓：教育经费积欠已五个月。高总长忽插言曰：焉有如许之多？校长等及教职员代表以所欠数目确系如此，而高总长突然否认，均为诧异，因询高总长究欠若干。高谓：昨日已拨给一个月经费，交教育部收领矣。校长问：此一个月经费为数几何？高谓：二十二万。校长问：是否按照新阁议，抑旧阁议办理？高谓：余不知新旧。校长等声明：按照旧阁议，月二十二万，部费不在内；若按新阁议，应为二十九万。既有新阁议，自应以新阁议为准；此二十二万实不敷一月之数。高谓：此款仅拨给八校，与部费无干。时教育部会计科赵科长因公来部，爰商请高总长饬役邀请赵科长出席，当由校长等面询赵科长，此款曾否领到。据言并未领到。高总长即谓大众曰：公事确已办好，何以尚未拨交？旋有该部出纳科长来言：支票业经预备，专候洋员签字，即可照付。校长等一面请赵科长备具印领，以凭领款；并一面声明，兹款奉高总长面属，仅归八校，与部费无干。赵科长去后，校长等及教职员代表均谓：现时虽蒙总长筹得一个月经费，但因前此亏累甚多，不敷尚巨，截至开学之日为止，除本届允发之一个月不计外，预计积欠约有五个月之多，总长有何办法？高总长谓：我尽力去筹。校长等问：截至何时可以筹得若干？因开课有一定期限，不得不预为计画。高问：何时开课？答以九月十一。高谓：开课前必当照付。教职员代表谓：虽系九月十一开课，但九月一号即应开学，能否于开学前付款，以资筹办？高总长毫无难色，立即允于八月三十号以前付款。校长问：拨给之数如何？高信口答曰：如数付清。校长谓：既允如数，不仅校费一项，共需一百十万元，总长能否负责？高总长答言：自应负责，惟此为机关所负之债务，余不过代表机关而已；设届时人的问题有变更，则余即不能负责。佥谓总长之言甚是。

同时，教职员代表向校长等询问：高总长允于八月三十号以前拨清积欠，能否担保？校长等答言：对于高总长个人，极端信任；惟对于事实则否，因前此经过之事实，皆不能使人有相当之信任。高谓：然则将如何？教职员代表声言：可否请总长以书面表示或证明？高允诺，即属教职员起草，草毕，还请高总长阅看，并求改正。高披览一过，谓甚善，即照此缮。同时有人声问：到期如不付，或不能全付时，总长对于今日之言，应如何负责？高谓：自有我负责。教职员谓：如何负法？可否商定，一并记在书面？高谓：可先缮正文，余由我亲自填写。又有主张请高总长派人缮写者，高立即传唤录事，一面亲自在草稿中“如不付或不能全付”字下，写“仍由交通……”，写未竟，突有秘书殷仁、胡光杰等，率领部员多人，蜂拥而来，夺其笔，疾呼曰：汝是否为交通总长，抑教育总长？凭何以交通之款借教育之用？并戟指校长、教职员，疾声厉色谓：此等人是否穷人？彼既能来交通部索薪，我辈亦可向彼等家中索食，戟指顿足，其势汹汹；户以外，且有辱骂不堪入耳之言。高总长止云：由我负责，属该部员等勿噪。讵仍置若罔闻。校长及教职员睹此横逆状态，虽不免愤慨，然皆默无一言，未予计较。卒之，该部员等夺去草稿，并执笔大声疾呼曰：此系交通部之笔，非汝高恩洪所能擅用，必欲用之者，汝可回家自取，此不予汝也。嚷毕，一哄而散，且行且大呼曰：罢工！未几，复来强高总长出席部务会议，谓兹事非汝所应为，应由国务总理签字。高总长顾谓校长、教职员代表曰：我去如何？佥谓自应请去。高总长遂外出，行时犹回顾曰：请稍候，会毕即来。无何，复出席，谓部员不许即行签字，将以此赴国务院与总理一商，诸君愿同去者听，如不去，可先回，容再以书面交付。佥谓愿在部静候，请总长速回。高唯唯，时在上午十时半左右。

讵高总长去后，久无消息。校长等复电询总理，曾否与高总长接洽？总理谓：尚未晤及。因请总理速商见复，比蒙应允。候至下午七时许，仍无消息，一再电询总理，未详所在，并闻高总长先已赴津。教职员代表颇有主张继续久待者，嗣经校长等恳切劝慰，于下午七时许一同出部。

窃思校长等及教职员代表，应交通总长之约而来，始则闭门不纳，继则一去不返，自朝至暮，困守一室，饥不得食，渴不得饮，非特受该部员之揶揄侮辱，兵警梭巡，更番监视，甚至宪兵亦来盘诘，直欲法外示威。校长等为国服务，自信无他，乃至疲精劳神，焦头烂额，而尚得①免于意外之耻辱！在政府感想如何，不能悬揣；而在校长等实不能常任此无足轻重之职务。为此，恳切呈请立予罢斥，另任贤能，庶几教育事业不至扫地以尽。而校长等德薄能鲜，至不得已而辞职，何事哓哓。惟闻高总长及该部二员有种种诬蔑之词，在彼不过为卸责固位之计，而在校长等认为有伤人格，因是不揣冒渎，据实胪陈。除恳请准予辞职外，并祈彻查真相，以明曲直。谨呈

大总统

国务院总理

教育部

八校校长署名② 八月十九日发

《北京大学日刊》第1070号（1922年8月26日出版）

① “得”字恐系“不”字误排。

② 由国立北京大学校长蔡元培领衔。

汉字改革说

（1922 年 8 月 20 日）

汉字的不能不改革，我也早有这种感想，曾于九年六月十三日在国语讲习所，把我在注音字母未规定以前的意见发表过。我今先抄在下面：

“在我个人意见，国音标记，最好是两种方法：一是完全革新的，就是用拉丁字母……一是为接近古音起见，简直用形声字上声的偏旁（就是用声母）来替代一切合体的字。”

我至今还是抱这种见解，而且以为是并行不悖的。我现在分别说明理由。

第一，用拉丁字母的理由

拉丁字母的主张，可以有两种疑问：

（一）为甚么要废现行的楷书，另用拼音字？我的答案如下：

（甲）楷书没有线索，要一个一个的硬记，很不易学。

（乙）楷书是下行的，读时很费目力。各行又是自右到左，写时很不方便！

（丙）楷书的打字机，很不易造，现在通用日本人所造的，字数还是不足，面积已经太大！

若改用拼音字，这三种困难都没有了！

（二）为甚么不就用注音字母，定要改用拉丁字母？我的答案如下：

（甲）注音字母就是画数最少的楷书，还是适于下行的；若改为旁行，与楷书的旁行相似，不好看。

（乙）现今的文词免不了引用或附注外国词句；若用注音字母，与西文相间，也不好看。

（丙）现今的学生，至少要学一种西文；若国文拼音的字母与西文相同，学西文就容易得多。

（丁）注音字母虽然可以造打字机，但用拉丁字母，就可利用英法的打字机，不必别造。

所以我以为：汉字既然不能不改革，尽可直接的改用拉丁字母了！

第二，用声母的理由

（一）为甚么用了拼音字还要学汉字的声母呢？人类是历史的动物，一切言动都离不了他们历史上的关系。不见章太炎所著《新方言》考出各地口语往往合于古字么？不见木工、金工、织工所用的花纹常常有吉寿等字么？而且各种学问，均不能不把从前已有的材料汇集起来，我们这许多的古书，能都用拼音字译出么？将来地底发掘出来的材料一定多有汉字，能不考证他么？所以拼音字普及以后，中学校的高级还不能不学一点汉字，怕得比西人学拉丁文还要重一点呢！但为减除硬记汉字的困难，所以主张第一步但学声母。

（二）甚么是声母？《说文解字》有九千文字。除了象形、指事、会意三类以外，都是形声字。形声字约占总数的十分之九，此外后出的字，更有百分之九十九是形声字。我们把《说文解字》所有的非形声字选出来，有一千二百八十多个（中有二百四十几个是独立的，并不作形声字的偏旁。现在为简便起见，也算在声母里面，因他们也有可以当声母的资格）。减去不常用的“皕”“龘”“犬”“㠯”等，一百九十多个，添上省声字不容易看出的“羔”“哭”“家”“席”等，约三十个，又添上形声字不容易看出声母的“必”“甫”“部”“少”等，约十个，通共不过一千一百多字。

（三）怎么样应用声母呢？

（甲）凡有形声字，都把形一面省去了，但写声母。例如：“桐”“铜”等字，都写作“同”；“竽”“盂”等字，都写作“于”。因为形声字的形，本来性质不齐；即如从“水”从“山”的字，或是通名，或是专名，或是动词，或是静词；但看偏旁，还是不能断定，去了并没有甚么不便。

（乙）省形取声，要把恢复古音作前提。譬如“工”字，在“广韵”是古红切，从“工”的字“红”是户公切，“江”是古双切，照这样读法，工字怎么可以代红、江等字呢？所以一定要恢复古音，不但“女红”可读作“女工”，就是“长江”也要读作“长工”；因为这种汉字课程，专为读书起见，不妨与口语两样。

（丙）编一部完备的字书。字书的体例如下：

子、按古音分部，照最近章太炎、黄侃、钱玄同诸君的意见，分为二十八部。

丑、每部中各声母，按神珙旧例，以喉、舌、唇、齿为次序。

寅、每一声母的后面，按画数多少，列从此得声的字；先列《说文解字》所有的，次列后出的。

卯、每一字必要把古文、籀文、小篆、隶、楷各体按时代列举；钟鼎款识，经名家考定的也可采用。

辰、每一字必要把古代声训、读如、读若与各种反切，都照声音转变的次序列举出来。每部又须列举古韵实例。凡古书异本上文异声近的，也列入此项。

巳、每一字必要先列本义，次引申义，次假借义。

午、凡一字与他字连成一词的，都附载各字的后面。于第一见时，详细解释，于第二见以上，注明第一见的叶数。

未、编各种检字本；或按《说文解字》部首，或按画数，或读音次序。

我想：有了声母的教程同适宜的字书，要学汉字，也就不很难了。

以上是我向来对于汉字改革的两种主张，到今日也还没有改变，所以写出来充国语研究会“汉字改革号”的篇幅。

《国语月刊》第1卷第7期（1922年8月20日出版）

北京国立八校校长致大总统函

（1922 年 8 月 24 日）

大总统钧鉴：

敬启者：

校长等前日晋谒，面承训诲，恳切周详，两次辞呈，未蒙批准，并屡由王秘书传示钧意，谆谆以爱护学生相勉，仰见大总统维护教育之盛情，无任感佩。惟校长等不得已而辞职之原因，业于两次辞呈中，缕缕陈述困难情形，谅荷洞鉴。溯自十七日校长及教职员代表等在交通部横受侮辱以来，已逾七日，国务院及教育部竟成无人负责之状况，不独对于交通部之举动，不闻有何处分，而对于事前校长等所要求最小限度，所谓开学以前发给三个月经费者，亦仍毫不理会。校长等既无唾面自干之大度，尤缺无米为炊之能力，虽期期不愿方大总统之命，而事实如此，义难返顾。方今各校招生之举，业已停顿，数千来京应试之学生，顿起恐慌。即各校旧生，亦以开学无期，非常失望。大总统素以爱护学生为怀，谅不忍其长此迁延，废时失学，敢请俯纳校长等辞职之请，早日派员接替，以专责成，而图进行。谨再上前两次辞呈，敬祈批准。

并祝

公祺

国立北京八校校长蔡元培等谨启

八月二十四日

《北京大学日刊》第1071号（1922年9月2日出版）

湖南自修大学介绍与说明*

（1922年8月）

我对于发展我国教育的方法，主张仿法国制，分全国为若干大学区，一区有一所大学，全区的教育事业都由大学办理。曾在本杂志第四卷第三期所载的《教育独立议》说了一点。

法国本部，面积不满五十四万方公里，人口不满四千万，分作十五个学区（若合爱、伦二州的一区与属地的一区，便是十七区）。平均数是每三万六千方公里、三百六十万人，就成一个大学区了。照这个比例，我们若是用一道作一区，就与法国差不多，但照现在的经济状况，什么办的到呢？就是退一步，按照江苏的江北、江南，浙江的浙东、浙西，分一省作两区，湖南的湘东、湘南、湘西分三区，四川的川东、川西、川南、川北分四区，也还是办不到。所以，不能不暂认一省为一区。还有特别区域与蒙藏等属地，更可由此类推。

但是各省设大学筹备处的，已经不少了，实在开办的还不多。

---

* 此篇除发表于《新教育》杂志外，并刊载于湖南自修大学的《新时代》创刊号（1923年4月10日出版）。

在特别区域与属地，并中学都没有办起来；不但办大学的人没有，就是大学的学生，也还招不到，什么样办大学呢？

我的观察，一地方若是没有一个大学，把有学问的人团聚在一处，一面研究高等学术，一面推行教育事业，永没有发展教育的希望。

大学所以难办的缘故，因为筹备大学的人把他的性质看错了。大学本来以专门研究为本位，所有分班讲授，不过指导研究的作用。我们只看见日本的大学，重在各科讲义，限年毕业，又看见美国的大学，把个研究科别设一级，得了学士的学位后，才可进去，就当大学是以分班讲授为主体，专门研究的有无，可以随便了。那知道欧洲的大学，还是偏重研究。英国牛津、剑桥两大学，听讲的事，很随便，学生全是自己用功。若干学生必有一个专科的导师，应读什么书，应什么样的研究，有什么疑义，研究的有什么结果，都是在师生谈话间随时指导，并不在讲堂上。德、法等国的大学，杂〔虽〕然于分班讲授的形式也颇注重，但每科学问，必有一种研究所。有许多教员，是终身在所研究的。学生程度稍高了，也没有不进所研究的。所以一个大学，若是分班讲授与专门研究能同时并进，固然最好；若不能兼行，与其专做分班讲授的机关，还不如单做专门研究的设备，所费较少，成效更大。

我照我们的经济状况，通盘打算一番。以为分班讲授与专门研究时并行的设备，暂时由北京八校与东南大学、西南大学三方面完全担任起来，于国家税中画出宽裕的经费，给他有完全的设备。不但校中应有的科目，就是校外参考的机关，如博物院、观象台等，也要尽力的建设。至于各省大学，可先设研究所，招国内外大学的本省毕业生来研究，导师可兼请外国学者。最要的是一个完备的图书馆同物理学、化学、地质学、生物学四种实验室。有地质、生物的研究，来发见本地的原料；又有理化的研究，来定应用原料的方法；不但可供教材，并可助实业的发达。有完备的图书馆供哲学、文学、教育学、社会学的研究，一方面实验教育，一方面时时有新的理论去助他，教育的进行，还怕他不顺利么?

特别区域与属地，没有适当的研究生，可由政府主持，招考邻省的大学毕业生来研究。图书馆与实验室，是不可不从速设备的。

我近来读到《湖南自修大学组织大纲》，他的注重研究，注重图书馆、实验室，全与我的理想相合，我欢喜得了不得。他们要我题词，我曾经题了几句文言，如今抄在下面：

吾国教育家，托始孔、墨。孔子以德行、言语、政治、文学，为专门学。墨子虽无所标榜，而自其所著书求之，包有科学、哲学及兵家技巧之学，盖亦由各弟子分门修习者。其后汉师授经，宋儒讲学，科目较隘，形式粗同。有清之季，书院最盛。考据词章之学，率以书院为中心，如直隶之莲池、四川之尊经、浙江之诂经、江苏之南菁、广东之广雅，其最著者矣。近二十年，取法欧美，建设学校，偏重分班授课、限年毕业之制，书院旧制荡焉无存。大学规程，虽有研究所之目，而各地方讲授学术之所，多及专门学校而止。即有大学，亦仅为毕业之准备；至于极深研究之业，未遑及也。不知西方学制，实用精研，并无偏废。希腊哲人，自设学院(academie) 提撕答辩，类似孔墨。今之大学，悉有各种研究所（institut）以资教员、毕业生与高材生之研究。大学以外，又有公立或私立之特别研究所，以资专门学者之研究。初不拘拘于分班限年之制也。方今各省皆有建设大学之议，若广列科目，同时并举，师资既非易得，经费亦难猝筹，成立之缓，半由于此。湖南学者乃有自修大学之创设。购置书器，延聘导师，因缘机会，积渐扩张。要以学者自力研究为本旨，学术以外无他鹄的。合吾国书院与西洋研究所之长而活用之，其诸可以为各省新设大学之模范者与？

吾实在觉得他们自修大学的组织可以为各省的模范。内部的组织法，当然可以随地变通，他们的主义，实在是颠扑不破的。所以，特地郑重的在《新教育》上介绍一回，并且预先叙述我个人的意见，作为说明。

附：湖南自修大学组织大纲

第一章　宗旨及定名

第一条　本大学鉴于现在教育制度之缺失，采取古代书院与现代学校二者之长，取自动的方法，研究各种学术，以期发明真理，造就人才，使文化普及于平民，学术周流于社会。由湖南船山学社创设，定名“湖南自修大学”。

第二章　校董会

第二条　本大学设“校董会”，以校董十五名组织之，负本大学经费上责任，并总持本大学大纲；由学社社员推举。校董因必要，得扩充人数。

第三条　校董会得以校董在本大学所在地者经半数以上之列席开校董会。校董之不在本大学所在地者，得随时陈述意见于校董会，并得托其他校董代表意见。

第四条　由校董会推举校董一人为“驻校校董”，掌握本大学事务之大纲。

第五条　本大学校董会设名誉校董，额无定数；由校董会推举有下列资格之人充任：

一、助款于本大学在五千元以上之人；

二、赞助本大学有甚大劳绩之人；

三、国内外大学及专门学校校长。

第三章　学长及办事员

第六条　本大学设学长一人，由校董会聘请，担任指导学友之自修，考查学友之成绩。

第七条　本大学暂设办事员如下：

一、书记一人，受驻校校董之付托，办理本大学文书、交际及设备各事务；

二、会计一人，受驻校校董之付托，掌管本大学经费之出纳及其使用各事务；

三、图书馆主任一人，受驻校校董之付托，管理本大学图书馆；

四、实验室主任一人，受驻校校董之付托，管理本大学试验室。

第八条　本大学于前条所举之办事员外，因必要，得加设相当之办事员。其职务及人数，临时酌定。

第四章　通信员

第九条　本大学于国内国外重要之各大学、各专门学校及各学术团体，设通信员，担任本大学与各校、各团体间之连络，并注意各校、各团体学术研究之情形及其重要之结果，报告于本大学。

第十条　本大学于国内国外学术昌明之区域（如北京、上海、广州、南京、武昌、巴黎、伦敦、柏林、纽约、莫斯哥①、东京等），设通信员，担任本大学与各文化区域间之连络，并注意各区域内一切重要文化学术之情形，报告于本大学。

---

①　莫斯哥：今译莫斯科。

第十一条　本大学于湖南省内（省城及各县）各重要之中等以上学校并各种学术团体，设通信员，担任本大学与各校、各团体间之连络，并互相介绍其学术。

第十二条　通信员于上列职员之外，得临时托以其他特别职务。

第五章　学　友

第十三条　凡中等以上学校毕业生，不分男女长少，具有自修能力，志愿用自修方法以研究高深学术者，经本大学证明认可，得报名入学。非中等以上学校毕业，而具有与之相等之学科根柢者，经本大学证明认可，亦得入学。但本大学各种特别班学友，不必具备上列资格。

第十四条　本大学学友，分为下列二种：

甲、住校者，为住校学友；

乙、不住校者，为校外学友。

凡住校学友入学，必须经过试验，并自任膳费及杂费。住校学友与校外学友，均享有本大学图书、函授、听讲、集会等研究上之便利。凡学友须于每学期始，纳相当之保证金，于每学期末退还。学友应否缴纳学费，及学费缴纳多寡，临时依所研究之情形规定。

第十五条　本大学学友名额，由本大学斟酌房屋及图书馆设备情形，临时分别规定。

第十六条　本大学学友，有发现下列各项情形之一者，得随时令其退学：

一、无自修能力，对于所认定之学科不能尽心研究，无成绩之表示；

二、假名自修，纷心校外不正当之事务；

三、不能自治，无向上之要求；

四、妨害公众秩序，破坏其他学友及本大学名誉。

第六章 研 究

第十七条 本大学研究之范围，分为下列三类：

甲、科学；

乙、哲学；

丙、文学。

甲、乙、丙三类之详细科目，另行规定。

本大学学友，于甲、乙、丙各科目中，至少须选修一科目。

第十八条 本大学研究之方法，分为下列二种：

甲、单独研究。学友各自制定课程表，对于所选定之学科单独修习。

乙、团体研究，组织各种研究会。关于科学者，如“数学研究会”“心理学研究会”“经济学研究会”等；关于哲学者，如“周秦诸子学研究会”“印度哲学研究会”“罗素哲学研究会”等；关于文学者，如“中国文学研究会”“英国文学研究会”“诗歌、小说，或戏剧研究会”等。由本大学学友因志愿相同分别组织，定期研究完毕。在研究期间，随时开会辩论商榷。各研究会之组织另定。

第十九条 本大学为图研究之便利起见，特设补助方法三项如下：

甲、通函指导。由本大学聘请国立大学教授及其他国内国外学者，担任定期通函指导。其指导之项目如下：

(1) 开示书目；

(2) 指示研究法；

(3) 解释疑问。

乙、特别授课。如外国文一科，本大学得酌量情形，开设“英文”“法文”“俄文”等各专班。此外，如“工人夜学”等各种平民教育，亦得附设。其组织另定。

丙、特别讲座。本大学设特别讲座，随时延请名人担任讲师，到校讲学。

第二十条　本大学为沟通文化、介绍新知，设各种译书会，如“法文译书会”“英文译书会”“日文译书会”等。

第七章　劳　动

第二十一条　本大学学友为破除文弱之习惯，图脑力与体力之平均发展，并求知识与劳力两阶级之接近，应注意劳动。本大学为达劳动之目的，应有相当之设备，如艺园、印刷、铁工等。

第八章　图书馆及试验室

第二十二条　本大学于校内建设图书馆，设置中外各种重要之图书、杂志及新闻纸，以为学友研究参考之用。

第二十三条　本大学于校内建设博物、理化试验室，以为学友实地试验之用。

第九章　成绩表示

第二十四条　本大学学友成绩之表示，分为下列三种：

甲、平时所作之记录及论文；

乙、每一学期届满时所作之论文；

丙、每一科目修习完毕时所作之论文。

第二十五条　本大学学友，每人修学年限无定，以修习一科目完毕为单位；成绩及格者，给予某科目之修学证书（如数学修习完毕，成绩及格，即给予数学之修学证书）。但不要证书者听便。学友经认可，得长期在本大学内研究。

第十章 经 费

第二十六条 本大学经费之大部，系用为建设并充实图书馆及试验室之用。其来源如下：

甲、学社津贴；

乙、公私捐助。

第十一章 校 舍

第二十七条 本大学以湖南船山学社房屋为校舍（长沙小吴门正街）。将来因必要，得扩充房屋，或另行建筑。

第十二章 分院及海外部

第二十八条 本大学因学友研究之方便，于湖南各重要地点设本大学分院。即以长沙本校为第一院。第二院以下，俟经费充足时开办。

第二十九条 本大学之学友，因必要，得设海外部。

第十三章 自治规约及本大纲修改

第三十条 本大学内部生活以“自治规约”规定之。此项自治规约，由驻校校董、学长、办事员与学友共同订定。

第三十一条 本大纲之修改，须得校董会之同意。

《新教育》第5卷第1期（1922年8月出版）

《教育总长交议案》批注*

（1922年9月20日）

（一）学校系统改革案

查现行学校系统，系民国元年临时教育会议议决，经本部采择公布。施行以来，已历十载。兹已时势变迁，不无应行修改之处，爰依次列标准，拟定学校系统改革案如左：

标　准

（一）根据教育原理，参酌世界趋势①，以图教育之进化；

（二）适应地方实际情形，使教育易于普及；

（三）多留伸缩余地，以便各地方酌量举办；

（四）顾及旧制，使教育易于着手。

---

* 1922年9月20至30日，北洋政府教育部召开学制会议，到会78人，蔡元培被推为主席，他对于《教育总长交议案》两件（铅印品），用毛笔在原件上加以批注，并在原件封面上加写：（1）兴办蒙藏教育办法（成立建议案，下同）；（2）现任劝学所长校长暂停选举权案；（3）请教育部组织教材要目编审会案；（4）扩充省视学员额案。但未写出这四项的全文。

① 蔡元培在此处加“并顾及本国情形”一句。

学校系统图

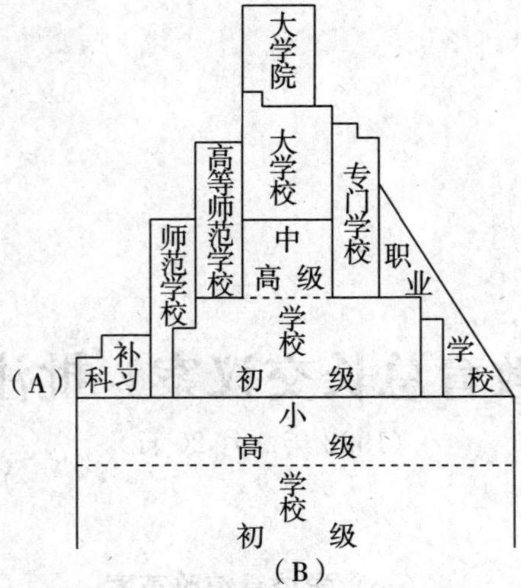

(A) 蔡元培将“补习科”删去。

(B) 蔡元培在初级小学之下，加“蒙养院”。

说　明

（一）小学校修业年限六年，分初、高两级。初级修业年限四年，高级修业年限二年。但依地方情形，得单设初级。①

（二）义务教育年限，定为六年，但依地方情形，得暂以初级修业年限为义务教育年限。②

（三）小学校得斟酌地方情形，为初级毕业生增置职业准备之教育。

（四）小学校应兼设一年或二年之补习科，以备高级毕业生之补习。

（五）各地方应酌设蒙养园，收受满三岁至六岁之儿童。

（六）职业学校学科及期限，得酌量各地方实际需要情形，随

① 蔡元培批注：“但得依地方情形，定为七年。”

② 蔡元培批注：“暂以四年为准，适当时期得延长。”

时订定之。现有之乙种实业学校，得改为职业学校。

（七）中学校修业年限六年，初级中学四年，高级中学二年。①

（八）中学校得依地方情形，单设初级。其前二学年，得并设小学校。

（九）高级中学应与初级中学并设，但于不得已时，得单独设立。

（十）初级中学施行普通教育，高级中学除设普通科外，得分设农、工、商、师范、家事等科。

（十一）高级中学得单设一科或兼设数科，现有之甲种实业学校，得改为高级中学农、工、商等科。

（十二）师范学校修业年限六年，其四年级以上，应酌行分科制。②

（十三）专门学校修业年限四年或五年，初级中学毕业者入之。

（十四）高等师范学校修业年限四年，初级中学毕业者入之。

（十五）大学校修业年限四年或五年。

（十六）大学校合设数科或单设一科均可。其单设一科者，称某科大学校。

专门学校如提高程度，改收高级中学毕业生，其修业年限定为四年或五年者，得改为单科大学校。

高等师范学校如提高程度，改收高级中学毕业生，其修业年限定为四年者，得改为师范大学校。

（十七）专门学校与单科大学校，高等师范学校与师范大学校，均得并设于一校。

① 蔡元培批注："但得依地方情形，定为初三、高三。"

② 蔡元培批注："并得设二、三年师范科，师范讲习所，职业教员养成所。"

（十八）大学院为大学毕业生及具有同等程度者研究之所，年限无定。①

（二）县市乡教育行政机关组织大纲案

查地方教育，本属地方自治事务之范围，特以其关系较为繁重，不可无专司机关以策进行。惟设置此项机关，当顾及地方自治团体之权限，务求于自治有协助之精神，于教育获专责之效益，庶易推行。爰本此义，并参酌现行自治法规，拟定县市乡教育行政机关组织大纲如左：

（甲）县教育行政机关

（一）县设教育局，以局长一人、县视学一人至三人、科员三人至六人组织之。

（二）县教育局长协助县知事处理县教育行政事宜，并考核各普通市、自治区及乡自治区教育事务。

（三）县教育局长由县知事就具有左列资格之一者，推荐三人，呈请教育厅选任。

甲、毕业于高等师范学校或专门以上学校本科，并任教育职务一年以上者。

乙、曾任中等以上学校校长三年以上，或小学校长五年以上者。

丙、曾任教育行政职务五年以上者。

（四）县教育局设董事会，董事定额九人，其选任方法如左：

甲、县知事就县视学中遴派一人。

乙、县参事会依左列标准选举八人：

一、办理教育著有成绩者三人；

① 蔡元培于全文后加批注：“注意四条：选科制，天才，低能与残废，成人补习。”

二、从事实业著有声誉者三人；

三、县参事会参事二人。

（五）选举董事任期，除县参事会参事以参事任期为任期外，其他选举董事均以三年为任期，每年各改选三分之一。

（六）董事会之董事，均为名誉职，但得酌给赴会旅费。

（七）董事会有参议县教育之权，其参议事项如左：

一、本县教育之设施及其改进方针；

二、县教育之预算；

三、县教育经费之筹划及教育财产保管处置方法；

四、县教育局长所提交事件。

（八）董事会开会时，教育局长得出席与议，但不加入表决之数。

（乙）特别市教育行政机关

（一）特别市设教育局，以局长一人、视学二人或三人、科员三人至六人组织之。

（二）教育局长协助市长处理市教育行政事宜。

（三）教育局长由市长遴选三人，呈请教育厅选定，转呈省长委任。

京都市教育局长由市长遴选三人，呈请教育部选任。

（四）教育局长之资格，准用县教育局长之规定。

（五）特别市教育局设董事会，董事定额九人，其选任方法如左：

（甲）由市长就市视学中遴派一人。

（乙）市参事会依左列标准选举八人：

一、办理教育著有成绩者三人；

二、从事实业著有声誉者三人；

三、市参事会名誉参事员二人。

（六）选举董事任期，除市参事会名誉参事员以参事员任期为任期外，其他选举董事，均以三年为任期，每年各改选三分之一。

（七）董事会之董事，均为名誉职。

（八）董事会有参议市教育之权，其参议事项，准用县参事会之规定。

（九）董事会开会时，教育局长得出席与议，但不加入表决之数。

（十）特别市应由教育局酌划分区，每学区设教育委员一人或二人，受教育局长之指挥，办理本学区教育事务。

（丙）市乡教育行政机关

（一）凡普通市、自治区域或乡自治区域，得就本区域划分学区，每学区设教育委员一人或二人。

（二）教育委员辅助市长或乡长办理本学区内教育事务。

（三）市乡教育委员，由市乡自治会就具有左列资格之一者选任之：

甲、曾在师范学校或中等以上学校毕业者。

乙、曾任小学以上教员三年以上者。

（四）普通市教育委员应组织市教育委员会，乡教育委员应组织乡教育委员会，筹议本市、乡教育事宜。

（五）市、乡教育委员会会议时，市长或乡长均得列席与议。

（六）市、乡之教育委员因员数过少不能组织委员会时，其应行会议事项，由市、乡长及教育委员协议之。①

《教育总长交议案》（北京教育部1922年9月铅印，蔡元培批注本）

---

① 蔡元培在文末批："意见书——（一）教育经费不移用；（二）经费由董事会保管；（三）推广特别市之认定，以人口为准；（四）市乡教育委员，由教育局长委任。"

华北大学开校词*

（1922年9月28日）

北京已有好几个私立大学，为什么我们还要办华北大学呢？因为中国人民多的缘故。德、法诸国人民，比中国少，而他们每国高等学校及大学校，总有二十余个或十六七个；美国仅几千万人，而高等学校总有八百，尤以私立为多。著名者如剑桥、牛津、哈佛、耶鲁等，皆为私立大学。何以私立学校，倒比国立的好呢？因为国家虽重教育，总有限制的，不能将全国财力都用在教育方面；而私立学校如有力量的人热心办法，尽可扩张至无限。中国国立大学止有四处，经费又困难，不能多收学生，如能收百人之校，应考者总不下五六百人。现在各省虽有许多学校，亦有不能达入学目的者。至若吾人留学外国，因为外国有名学者，中国是聘不到的；又如博物馆等，中国是无力设备的。然中学毕业的人，未能往外国者，亦尽可在中国各大学念书。本校现在经费很少，只要认真办去，将来很可以扩张，满诸君求学之目的也。

外国大学在社会上能占重要地位，因自己能造成一种学风，

---

* 北京私立华北大学创立时，蔡元培被推为该校校长。

指导社会故也。所以学生对于学风有切肤关系，故要特别注意。现在我们这个华北大学是新的，他校之弊我除之，他校之长我采之，尽可创造新规范也。西洋各国大学与专门学校有不同的地方，专门学校是造成专门人才，应社会之需要；大学则以研究高深学术、满足智识欲为目的。然大学以文科、理科为中心，无论研究那一科，必须以此二科为根基，故教育部民国二年《大学令》如此规定。但大学中体育亦须注重，因为没有强健的身体、振作的精神，决不能有伟大的作为。如牛津、剑桥等大学体育部，设备极完备。诸君如注意运动，本校将来必当筹画为各种运动上之设备也。

《新教育》第5卷第4期（1922年11月出版）

组织北大同学会缘起书

（1922年10月12日）

北大为全国最高学府，开办迄今，二十余年，四方来学者，日益以众。现时人数，将达三千，可谓极一时之盛矣。夫以济济多士，萃集一堂，研究学术，砥砺德业，本互助之精神，作他山之攻错，彼此情谊，实有联结之必要。无如时会迁流，先后既难接洽，精神涣散，新旧每多隔阂。萍水相逢，各不相识，名虽同学，实同路人。精神既不贯注，形势全同散沙。此诚我北大同学之一大恨事也。同人等有感于此，爰拟联合在校与毕业同学暨教职员诸君，组织一“北大同学会”，以为永久机关，借谋北大前途之发展。兹将组织要旨分述如左。

（一）联络感情

北大团体甚多，或以同乡为基础，而有同乡之组织；或以学术事业为基础，而有各团体之活动。然皆局于一部，并非以全体同学之利益、北大前途之发展为标准，而为共同之组织及计划也。甚或各团体间，常少调和之精神；而在校同学与毕业同学暨教职员间，悬隔尤甚，误会滋多。此为联络感情、贯注精神计，不可不组织同学会。

（二）提携事业

我校毕业同学，出外服务，恒不用违其长；亦或怀才莫展。加上社会上恶势力之压迫，坏习惯之熏染，亦间有神抑气沮因而堕落者。如有同学会之组织，则举凡关于职务上之介绍，事业上之互助，在在有强大之助力以为之后盾矣。此又同学会所以有组织之必要也。

（三）改进校务

北大之留学海外者，现已在各地方组织同学会，对于报告校闻、协助校友及本校图书馆捐款之募集，均已积极进行；而国内乃尚无何等组织，以为海外同学会之大本营。对于本校之改良及建设，如图书馆基金之募集、校舍之迁移，以及教授上、训育上之改进，均尚未有共同努力之表示。若能合全体同学与教职员而为有系统之组织，以尽力于本校，则本校前途之发展，必且无量。此亦同学会之不可不速为组织者也。

（四）服务社会

学校为社会之模范、文化之中心。无论对何种问题，直接间接，均能发生最大之影响，五四运动，其明证也。惟北大学生会，则早已无形消灭；凡有关于社会方面之运动，无非临时纠合，权为应付，长此因循，将何以应时变而杜纷纭？且北大同学，服务社会者，日见其多；将来对于社会之改良，实有莫大之关系。此为服务社会计，而同学会之组织，更不容缓也。

综上数端，可见北大同学会实有组织之必要。惟兹事体大，非少数人之能力所可将事。用特建议于全体同学与教职员诸君之前，征求同意。凡赞成组织北大同学会者，请即于各斋院号房签名，公同发起，定期开筹备会议，筹商进行，俾克早日成立，是所祷盼。

发起人 蔡元培及本校同学

《北京大学日刊》第1082号（1922年10月12日出版）

复谷源瑞函*

（1922 年 10 月 15 日）

源瑞兄鉴：

陈冲事，似可先复一函于笃志女学校，告以学生名册中并无此人；但为何人化名，正在查考云云。尊意如何？

专此，并祝

日祉

元培敬启　十五日

蔡元培手札

附：谷源瑞来函

笃志女学校长来函，言：有本校学生陈冲，对于该校的一个女生，写了许多无聊的信，初寄至她家，后寄至校中。顷经受信之女子呈明该校长，该校长转请本校警戒陈冲，告以“此项的注

* 谷源瑞当时是北京大学教务处职员。

意是上等女子所不欢迎的”等情。此信胡适之先生看过，令查明陈冲是何系何年级学生，查明后请校长决定办理——兹经注册部查复，本校学生中无陈冲之名。

窃意陈冲之名或系假名。也许是本校学生，也许非本校学生。陈冲信中既言寄国立北京大学第一院，则欲确查此人为谁，若请收发课设法，或可查得。——故作一信，登《日刊》招领。如有其人，必来取——兹将该校长来函及函内所附之陈冲致该校女生函，一并呈览。

此上

孑民先生

学生谷源瑞　十四日

谷源瑞手札

复周鲠生等函

（1922年10月17日）

逷先、雪艇、士远、巽甫、兼士、润章、鲠生诸先生公鉴：

奉惠书，拟以所收讲义费尽数拨归图书馆，供买学生各种参考书籍之用，甚善甚善，谨当照行。此次征收讲义费，一方面为学生恃有讲义，往往有听讲时全不注意，及平时竟不用功，但于考试时急读讲义等流弊，故特令费由己出，以示限制。一方面则因购书无费，于讲义未废以前，即以所收讲义费为补助购书之款。至所以印成小券，不照他校之规定每学期讲义费若干者，取其有购否自由之方便。彼等若能笔记，尽可舍讲义而不购也。附闻。

并祝

公绥

蔡元培敬启　十月十七日

附：周鲠生等来函

孑民校长先生：

本校讲义印刷费，岁达一万余元；然图书扩充费，为数极微。

现在学校既决定收纳讲义费，我们为学校计，为学生计，谨向先生提议，将所收讲义费，尽数拨归图书馆，供买学生各种参考书之用。此种办法，学校既可增加图书支出，学生亦可减少买书费用。将来学校图书充足，学生外国文程度增高，即可完全废除讲义。是否可行？敬请裁夺。

朱希祖　王世杰　沈士远　丁燮林
李书华　沈兼士　周　览　同启

十一，十，十六

《北京大学日刊》第1088号（1922年10月18日出版）

北京大学十月二十五日大会演说词

（1922年10月25日）

现在我们是经过一回分离，又从新会晤了。大家都有痛定思痛的感想，与假期后开学式不同，这是无可疑的。我这一回的辞职，有多数的人都说我“小题大做”。但是我对于十八日的暴举，实在看得很重大。第一，此等蔑视他人人格，即放弃自己人格的举动，虽极无知识的人，犹所羞为，今竟出于大学的学生。第二，尔日所要求的事，甚为微末，很有从容商量的余地。为什么要用这种蛮横的手段？显系借端生事，意图破坏。第三，二千几百人中，偶然有几个神经异常的人，不算奇怪，但是最少数人有这种异常的计画，为什么竟有一部分的人肯盲从？为什么其他大多数的人都像隔岸观火？事前既不加纠正，临时又毫无制裁；数千人的社会，其中分子，彼此不相关切如此；将来土崩瓦解的状况，可以预推了。我因此很抱悲观，所以决计辞职。

但是经过几日综合各方面的报告，觉得我那第三条感想，不免有神经过敏的地方：（一）因为这一次暴动，发得太骤，同学里面专心用功的人，事前实没有知道，临时又正在上课，对于少数人轨外的行动，实在猝不及防；（二）大多数不赞成暴动的学生，业已签名声明，可以证明那一日的暴动，不过几个人应该负责任了。我既然发见这个条件，而学生又屡来恳留，评议会亦催我复职，政府又不肯派人接替，退回辞呈，我再不回校，似乎有坐视本校破坏的决心。我实在不敢，所以不得不回校。

但是我回校以后，就能保证本校不破坏么？我一个人有多大能力？本校现正在最困难的地位，不是全校同人齐心协力来维持他，怕的终不免有破坏的一日呵！破坏的原因，起于外界的，还容易对付；起于内部的，对付较难。内部破坏的原因，在物质方面的，尚易挽回；若在精神方面，就不可救药了。精神方面的破坏，原因最大的就是感情隔阂。一个物体，若是内部的摄引力受了障碍，他的各部分，受了外界较强的摄引，一定要分解，这是无可疑的。人群也是如此。若是一群里面，大家互相亲爱，就是有彼此不相了解的事，一定可以用很诚恳的态度，把两方为难的情形，比较研究，得到折中的办法；就是一方面的意见，不能不完全牺牲，也一定可以无憾。若是感情有了隔阂了，遇着小小不方便的事，就可以看作有大作用在后面；听了旁人几句挑拨，信为千真万真；还要加上春秋诛意的方法，锻炼周内上去①。敌对的意思日增，良好的感情日消，那就无时无事不可起冲突了。我们若是为维持本校，要使求学的可以安心用功，教授与办事的人，都可以安心图求学者的利便，总要大家保持一种良好的感情，不要多所猜疑，就别的都容易解决了。

我也很知道现代的青年所处的地位，实在困难。外面政治上、社会上空气坏极了，叫人烦闷到极点，就不知不觉的激荡起来。我还记得二十年前革命主义宣传最盛的时候，学生都怀着革命的思想，跃跃欲试，就在学校里面试验起来。说是学生是学校的主

① 原句如此，恐排印有误。

人翁，譬如一国的国民；教职员是学生的公仆，譬如国家的政府；国民可以革政府的命，学生就可以革教职员的命。那时候长江一带，这样试验革命的学校，不知多少。他的导火线都很简单，大半为记分不公平或饭菜不好等小问题，反对一个教员或一个庶务员，后来迁怒于全体教职员，闹到散学。

但是我觉得用学校来比国家，实在有点不对。（一）国家是国民所建设的，国民不满意于本国，不能就离去本国，只好拼命的想改造国家的方法；学校不是学生所建设的，学生不满意于本校，可以改进他校，社会上断不以改造学校完全责备学生。（二）政府的人物，是由国民里面选出的，无论是否胜任，但他们的年龄资格能力等等，在国民里面要寻出与他们同等的或超过他们的一定很多；教职员是不从学生里面选出来的，年龄大半与学生不同，教员的能力，总是以学生不能及的为合格，职员终日不休的办事，又决非学生所耐烦的。（三）国家的岁入，完全由国民缴纳，所以曾有“不出代议士不纳租税”的条件；学校的经费，并不是全由学生出的，将来国家财政充裕，竟可有完全不收学费的一日，断不能以国民的权利移用到学生上。所以我向来觉得学生以对于政府的观念移用到学校里是不可不改正的。现在政治上的失望与改革的热诚，激动人人的神经，又与二三十年前差不多了。学生在学校里面要试验革命的手段又有点开端了。我希望有知识的大学学生，很要细心检点。又近来政治不循轨道，各方面不循轨道的举动，在国会，在国务院，在各种行政机关，都已经数见不鲜；本难怪学生不能不受他们的影响。但是大学的学生，知识比常人为高，应该有自制的力量；作社会的模范，却不好以受外界暗示作护符。我所希望的，就是大家平日都保持良好的感情，有不了解的事，都立刻用开诚布公的意思解决他，不要蓄积起来，生出无数的误会。有事的时候，还要保持冷静的头脑，能画清界限，不为一时的冲动所左右。这不但在学校里面，可以克尽维持的责任，就是离校以后，在社会办事，也一定有益于社会。这是我们痛定思痛的时候，希望大家互相勉励的。

《北京大学日刊》第1091号（1922年10月26日出版）

世界语联合大会开会词

（1922年12月15日）

今日是世界语创造者柴门霍甫博士的生日，我们在此地开会，承中外名人惠临，并承大总统、教育总长均派代表到会，本会光荣之余，觉到前途的希望很大。鄙人谨述几种感想，作为说明开会的缘起。

（一）我们有一种公用语言的要求

柴门博士创造世界语的决心，是因为他所居的地方各种的民族，往往因语言不同，生许多误会，因而至于开战；觉得弭战争、保和平，非有一种公用语言不可；这固然是一种最重要的动机。我们就退一步着想，在平和的范围内，如通商，如旅行，如切磋学术，如互相工作，为了各民族语言不同，不知道生了多少障碍，叫世界上多少好事不能迅速的进步。我们照各种方面看来，都觉得有一种公用语言的必要。

（二）我们所要求的是一种人造的公用语言

世界已经有这许多不同的语言了，我们若是在这里边选定一种，而且选定的标准，是以比较的多数人所习用的，这岂不是可以省却一部分人的改用么？但是人类的联想作用，非常复杂；人类的好胜心，又非常激烈；当着选择的时候，各民族都感到他们的势力荣誉等等，都与语言的被选与否，很有关系，竟可以永无定论。例如学术上从前有一时期，公用拉丁文；国际上从前有一时期，公用法文；后来渐渐儿被各民族的爱国心打破了。若是要用一民族固有的语言，来强迫各民族学习是不成的；就是偶然成功也是不能持久的。所以我们觉得有一种中性的，即人造的公用语言是比较好一点。

（三）在各种人造的公用语言中有选取 Esperanto 的要求

近世纪感公用语言必要的，固然不止柴门霍甫博士；草定的中性言语，也不止 Esperanto。但是经自然淘汰的结果，于各种人造语言中，Esperanto 的习用者已经占大多数。用 Esperanto 著作，或翻译的书报，就数量上论，也不是其他的人造语言所能比拟。我们为顺应趋势，便利学者起见，就要选定 Esperanto。

（四）中国有首先普及 Esperanto 的要求

欧美各民族虽然语言不同，他们的语根与文法还是大同小异；互相学习，尚不觉很为困难。中国的语言与欧美的相去很远，中国人学欧美人语言已经很难；欧美人学中国人语言，尤其难而又难。但中国人口占全人类四分之一，蕴藏的富源这样丰富，演进的文化这样长久。中国人固然很想得欧美人的帮助；而欧美人想得中国人帮助的热心，实在尤为急切。不过因语言不通，但靠少数人的翻译，常生误会，横添阻力。若是中国人都能用 Esperanto，一定可以催促欧美人为了解中国，与中国人交际的目的，大家都去学 Esperanto，免掉学中国语言的困难了。所以我们要求中国先普及 Esperanto。

现在中国各省教育会联合会已经通过师范学校必修 Esperanto 的议案，可算是普及的起点了。本年瑞士的世界语大会，且通过小学均授世界语的议案。我们怎么样催促他实行，与其他一切推行的事情，很希望到会来宾赐教。

北京《晨报副镌》1922年12月22日，

参阅《北京大学日刊》第1137号（1922年12月22日出版）

北京大学成立第二十五年纪念会开会词

（1922年12月17日）

本校自从京师大学堂开办以来，到了昨日，恰恰满足二十四年，今天是二十五年的第一日。本来打算满了二十五年再来开个纪念会，表示我们庆祝的意思。不过，回想从前二十周年的时候，也曾开过一个纪念会，当时抱了种种计划，要想在这五年内积极进行。不料中间经过许多困难，所抱的计划还有不能完全实现的顾虑。今天这个纪念会，是要想振起精神，在这一年内好好的预备一下，在明年开会时果然实现预定的计划，这是今天开纪念会的缘故。

我个人的感想，本校在这二十四年中可分三个时期来说：第一，自开办至民元，十数年中，经过好多波折。这个时期，学校的制度大概是模仿日本的。当开办的时候，北京环境多是为顽固派所包围，办学的人不敢过违社会上倾向，所以，当时学校的方针叫做“中学为体，西学为用”。故教者、学者大都偏重旧学一方面；西学方面不容易请到好的教习，学的人也不很热心，很有点看作装饰品的样子。但是，中学方面参用书院旧法，考取有根底的学生，在教习指导之下，专研一门，这倒是有点研究院的性质。

第二，自民元至民六。民元时，始将经科并入文科，当时署理校长的是严又陵先生，自兼文科学长，其他学长也都是西洋留学生。当国体初更，百事务新，大有完全弃旧之概。教员、学生在自修室、休息室等地方，私人谈话也以口说西话为漂亮。那时候，中学退在装饰品的地位了。但当时的提倡西学，也还是贩卖的状况，没有注意到研究。

第三，自民六至现在。这几年中，因为提倡研究学理风气，以工科归并于北洋，仅设文、理、法三科。又为沟通文理科及采用教授制起见，将学长制取消，设各系教授会，主持各系的事务。最近又由各系主任组织分组会议，凡此种种设施，都是谋以专门学者为本校主体，使不至因校长一人之更迭而摇动全校。课程一方面，也是谋贯通中西，如西洋发明的科学，固然用西洋方法来试验，中国的材料，就是中国固有的学问，也要用科学的方法来整理他。

我现在还有一种希望，就是明年今日：第一，无论如何困苦经营，必定要造成一个大会场，不要再像今天这样在席棚里边开会。还要造一所好的图书馆，能容多数人在里边看书。第二，到明年今日，至少也要有关于世界上最重要最有价值的三部丛书，照二十周年所预定的能印出来。第三，我们学校经过二十四年，还没有一个同学会。现在如戊戌同学已经成立了戊戌同学会，分科毕业同学会也已经成立，今天都有代表到会。希望一年内能组织一个普遍的同学会。

以上三种希望，不过是我们的最低限度，若能有比这更多的成绩，那是更好了。

今天承教育总长、毕业同学都派了代表来，汤尔和博士等也都到会，我们应该表示感谢，并请他们赐教。

（赵仲滨、郁士元记）

《北京大学日刊》第1138号（1922年12月23日出版）

市民对于教育之义务

——在京师市民会的演说词

（1922年12月25日）

听说北京的自治团体，已经发起了几十处，我从没有参与过。因为我听说那些团体，都是为竞争选举权利而设的。独有贵会，据会长张君说，是专尽义务，不争权利，我所以愿意说说市民的义务。市民义务，本来不少，例如公共卫生、贫民生计、破除迷信、提倡互助，都有尽力的要求。我是服务于教育的人，觉得对于教育的义务是第一事。即如公共卫生，必须人人知道卫生的原理，明了卫生的设备，然后可以实行，这非先受一种卫生的教育不可。筹划贫民生计，须提起彼等自立的精神，授以适当的知识与技能，这非使先受一种职业教育不可。又如破除迷信，非受科学教育不可。提倡互助，非受道德教育不可。所以我愿意说说市民对于教育的义务。

我曾经听学务局王画初局长说过，北京学龄儿童约十万人，现有小学五十一所，若将高小与国民分别计算，可称九十余所，仅收容学生三万人。又有私塾五百所，每所以学生二十人计算，约收容一万人。若再增设小学六十所，就可多收容四万学生；再把原有的小学扩张起来，十万儿童，均可进学了。这种增设与扩张的计划，不就是我们应尽的义务么？

而且教育决不是专为儿童而设，凡有年长的人，无论其从前是否进过学校，也不可不给他有一种受教育的机会。例如补习学校、平民大学等。

教育亦并非全靠学校，如演讲会、阅书报室，都是教育，如动物园、植物园、博物院、图书馆、戏院、影戏馆，都有教育的作用。现在北京虽有农事试验场、古物陈列所，范围太小，材料太少。有一个京师图书馆，止有旧书。戏院所演的都是旧戏，没有按照新理想创造的。影戏片也不经取缔。这都是市民应该尽力的。

北京普通学校的经费，向来由中央政府支拨。近因财政紊乱，教育经费或数月不发，致有罢课的举动，并有教职员直接向教育部坐索薪俸的举动，闹了许多笑话。其实此等教育市民子弟的经费，当然由市民分担。若市民有适当的办法，全市民教育经费可完全不受中央财政的影响。这也是我们应当注意的一件事。

《晨报副镌》1922年12月25日

为菲律宾《华侨教育丛刊》题词

(1922年)

近数年来，菲律宾人体育之发达，职业教育之完备，时为我国人所称道。于是教育部遂有派员考察之举，而吾友陈宝泉、蒋竹庄、黄任之诸君皆与于是役焉。夫菲人教育之成绩，既驰誉于我国，则我国侨菲者之教育，势不能不受其影响，而所受影响之程度究何若，此国内教育界所愿闻也。我国侨菲者之教育，即受菲人之影响，而决不能与之雷同，必时时与国内之教育家互相参稽，以不失为我国人之教育，此又侨菲之教育家所渴望也。迩者，菲律宾华侨教育会诸君有《华侨教育丛刊》之编辑，其将不独为侨菲教育界之圭臬，而国内教育界亦借以增多数参考之资料。用特邮寄数语，以表欢迎之意云尔。

在山泉清，出山泉浊。蜕浊渟清，蕴兹空谷。泽芰濡萌，是生芳草。熏习国香，永锡难老。巢由耳熟，屈宋心萌。达人循化，视此佳城。

蔡元培手稿

向大总统辞北大校长职呈

（1923 年 1 月 17 日）

为呈请辞职事：

窃元培承乏国立北京大学校长，虽职有专司，然国家大政所关，人格所在，亦不敢放弃国民天职，漠然坐视。数月以来，报章所记，耳目所及，举凡政治界所有最卑污之罪恶，最无耻之行为，无不呈现于中国。国人十年以来最希望之司法独立，乃行政中枢竟以威权干涉而推翻之。最可异者，钧座尊重司法独立之命令朝下，而身为教育最高行政长官之彭允彝，即于同日为干涉司法独立与蹂躏人权之提议，且已正式通过国务会议。似此行为，士林痛恨！佥谓彭允彝此次自告奋勇，侵越权限，无非为欲见好于一般政客，以为交换同意票之条件耳。元培目击时艰，痛心于政治清明之无望，不忍为同流合污之苟安；尤不忍于此种教育当局之下，支持教育残局，以招国人与天良之谴责。惟有奉身而退，以谢教育界及国人。谨此呈请辞职，迅予派员接替，立卸仔肩。此呈。

《教育杂志》第 15 卷第 2 号（1923 年 2 月出版）

关于不合作宣言

（1923年1月21日）

《易传》说：“小人知进而不知退。”我国近年来有许多纠纷的事情，都是由不知退的小人酿成的。而且退的举动，并不但是消极的免些纠纷，间接的还有积极的努力。

当民国七年南北和议将开的时候，北京有一个和平期成会，我也充作会员。会员里面有好几位任北方代表的，中有一位某君在会中发言道：“诸君知道辛亥革命清室何以倒的这样快？惟一的原因，是清朝末年，大家知道北京政府绝无希望。激烈点的，固然到南方去做革命的运动，就是和平点的，也陆续离去北京。那时候的北京，几乎没有一个有知识有能力的人，所以革命军一起，袁项城一进北京，清室就像‘摧枯拉朽’的倒了。现在的政府也到末日了，且看他觉悟了没有。若是这一次他还是不肯开诚布公的与南方协议，那就没有希望了。我们至少应该相率离京，并家眷也同去。”我那时听了这一番话，很为感动。当局的坏人，大抵一无所能的为多，偶有所能，也是不适于时势的。他所以对付时局，全靠着一般胥吏式机械的学者替他在衙署里面，办财政、办外交等，替他在文化事业上作装饰品。除了这几项外，他还有什么维持的能力呢？所以这班胥吏式机械式的学者，只要有饭吃，有钱拿，无论什么东西，都替他做工具，如俗语说的“有奶便是娘”的样子，实在是“助纣为虐”。他们的罪，比当局的坏人还多一点儿。

八年的春季，华北欧美同学会在清华学校开会，有一部分会员提出对于政治问题的意见，在会场上通过。我那时候就问他们："我们提出去了，万一政府竟置之不理，我们怎么样？我个人的意思，要是我们但为发表意见，同新闻记者的社论一样，那就不必说了。若是求有点效果，至少要有不再替政府帮忙的决心。”我那时候就缕述和平期成会中某君的话告大众，并且申说：“现在政府那一个机关，能离掉留学生？若留学生相率辞职，政府当得起么?”此是我第一次宣传某君的名言。

去年春假，教职员联席会议，因教育经费没有着落，请八校校长出席发表意见。我因前一年从欧美归来，不久即进病院，这一回算是第一次出席联席会议。我那时候声明我的意见，以为教育费不发，教职员无论为教课上进行障碍，或为个人生计困难，止须向校长辞职。若教职员辞职的多了，校长当向政府辞职。我想这种辞职的效力，要比罢课与包围教育当局还大得多，也缕述某君的一番话备他们参考。这是我第二次宣传某君的名言。

但是我个人性情，是曾经吴君稚晖品评过，叫做“律己不苟而对人则绝对放任”。我自己反省起来，觉得他的品评是很不错。我对于某君的名言，虽然极端佩服，但是除前说两次宣传外，偶然于谈话时传述过几次，却从没有用这种主张向何等人作积极的运动，不过为自己向这个方向准备。

我是一个比较的还可以研究学问的人，我的兴趣也完全在这一方面。自从任了半官式的国立大学校长以后，不知道一天要见多少不愿意见的人，说多少不愿意说的话，看多少不愿意看的信。想每天腾出一两点钟读读书，竟做不到，实在苦痛极了。而这个职务，又适在北京，是最高立法机关行政机关所在的地方。止见他们一天一天的堕落：议员的投票，看津贴有无；阁员的位置，禀军阀意旨；法律是舞文的工具，选举是金钱的决赛；不计是非，止计利害；不要人格，止要权利。这种恶浊的空气，一天一天的浓厚起来，我实在不能再受了。我们的责任在指导青年，在这种恶浊空气里面，要替这几千青年保险，叫他们不致受外界的传染，我自忖实在没有这种能力。所以早早想脱离关系，让别个能力较大的人来担任这个保险的任务。

五四风潮以后，我鉴于为一个校长去留的问题，生了许多枝节，我虽然抱了必退的决心，终不愿为一人的缘故，牵动学校，所以近几年来，在校中设立各种机关，完全倚诸位教授为中坚，决不至因校长问题发生什么危险了。

到现在布置的如此妥当，我本来随时可以告退，不过为校中同人感情的牵率，预备到学期假中设法脱离。不意有彭允彝提出罗案再议的事件，叫我忍无可忍，不得不立刻告退了。

罗案初起，我深恶吴景濂、张伯烈的险恶，因为他们为倒阁起见，尽可用质问弹劾的手续，何以定要用不法行为，对于未曾证明有罪的人，剥夺他的自由？我且深怪黎总统的办事糊涂，受一两个人的胁迫，对于未曾证明有罪的人，草草的下令逮捕，与前年受张勋压迫，下令解散国会，实在同一糊涂。我那时候觉得北京住不得了，我的要退的意思，已经很急迫了。但是那时候这个案已交法庭，只要法庭依法办理，他们的倒阁目的已达，不再有干涉司法的举动，或者于法律保障人权的主义，经一番顿挫，可以格外昭明一点，不妨看他一看。现在法庭果然依法办理，宣告不起诉理由了，而国务院乃竟提出再议的请求，又立刻再剥夺未曾证明有罪的人的自由，重行逮捕。而提出者又并非司法当局，而为我的职务上天天有关系的教育当局，我不管他们打官话打得怎么圆滑，我总觉得提出者的人格，是我不能再与为伍的。我所以不能再忍而立刻告退了。

《申报》1923年1月25日

筹办杭州大学的建议*

（1923 年 3 月）

（一）杭州大学，不办预科，专办本科。先就自然学科酌设若干门，兼设哲学门，或附设若干哲学的功课。

（理由）本省现已筹设高级中学，而大学已无办预科之必要。杭州大学经费，一时恐不能十分充裕，与其全办各科，虚有其名，毫无实际，不如先设若干门，设备可较完善。自然科学为我国所最缺乏，亦最所需要，亟宜提倡，故大学以先设自然科学为宜。但自然科学门开办费较大，故只宜酌量经费之多寡，先就自然科学中酌设若干门。学自然科学者，倘毫无哲学上知识，其所见不免狭隘，其造就恐不易深邃。且研究科学，不可不知研究科学的方法，即不可不学论理学。学成毕业之后，不免有若干人出任教育上职务，故不可不略知教育上之原理。本此理由，宜兼设哲学门，或附设若干哲学功课，以便学生进修。

（二）大学开始授课，须在本省高级中学有毕业生之后。

---

* 1923 年，浙江省拟创办杭州大学，请蔡元培、陈大齐、蒋梦麟等为董事。蔡元培与陈、蒋等联名，提出筹办这所大学的几项建议。原无标题。

（三）大学课程四年，前两年授各该门一般的功课，后二年入研究所，作较专门的研究。

（四）设讲座制，并在学制中规定讲座数及以后增设手续。

（理由）现在中国各大学未行此制，以致教员之添聘漫无限制，而校中设备又不与教员人数之增加按比率俱进；其结果，校中大部分之经费为薪水所占，设备简陋，而学问之道，限于口耳之间，欲研究之有心得，难矣。

（五）讲座分三种：正教授、教授、助教授。每门设某种讲座若干，须有定额。各门设研究所。最好各聘一外国专家为正教授，指导学生研究。各门之教授、助教授，以本国人充之，讲授各该门一般的功课，并在研究所指导。教授之外，得聘用讲师及助教。

（理由）我国科学人才尚不甚多，于教授一般的功课，虽绰有余裕，在研究所充当主任者，恐力有不足。外国专家虽亦仅专精一方面，不能精通各该门的各方面，但于所研究之方面，确有心得，足任研究之指导者。惟聘任外国专家时，宜不惜重资，聘任确有学问之外国大学正教授。

（六）学校设备及预算，以一个教室之需要为单位。

（理由）现在中国各大学预算，但分薪水、设备、杂费……诸项，故设备与所授之课目不相称。不知各个教室之需要，以臆度悬测而预算，或备其所不需，或缺其所需，此种办法最不经济。且学术所从出之单位，为一个一个之教室；各个教室之需要备，则全校之学术自能进步。

（七）学校图书、仪器等之设备费，至少须占全校经费百分之四十以上；薪水及行政费，不得超越全校经费百分之六十。

（理由）查德国大学，图书、仪器之设备费为百分之五十，其余各费亦百分之五十，故其大学富于发明学理之机会。我国专门以上学校，薪水一项有占全校经费百分之八十五者；以一般而论，大概占百分之九十以上，甚至有占百分之九十五以上者。吾国高等教育之不振，此其最大原因；本大学当切避之。

（八）教授服务满若干年，须派赴出洋，作专精之研究若干年。

（九）大学设校政会议，议决及执行一切重大校政。教授人数不多时，全体均为会员；人数多时，互选若干人为会员。

（十）校政会议，互推一人为主席，兼充大学校长。一年一任，不得直接连任。凡教授被选为校长时，得于校长任内不授功课。

（**理由**）英国大学校长为荣誉的，推一国中德望隆重之学者为校长，其校政由校中公举之副校长执行之，任期定若干年。美国大学校长为董事会所公举，任期无限。德国大学校长为教授所互选，任期一年。此条采德国制。我国现时采行此制，似甚适宜。我国学校，近来因校长问题而发生风潮者甚多；若以校政会议代行校长职权，则校长不至为众矢之的，亦不至为野心家争夺之目标。

《教育杂志》第15卷第3号（1923年3月出版）

在春晖中学演说词*

（1923 年 5 月 31 日）

兄弟在北京时，经校长时常和我谈起春晖中学的情形，原早想来看看。此次回到故乡，又承五中沈校长邀同来此，今日得和诸位相会，非常欢喜。到了这里，觉得一切都好，所可说的只有羡慕诸君的话。我所羡慕诸君的有三：一是羡慕诸君有中学校可入，二是羡慕诸君所入的中学校是个私人创立的学校，三是羡慕诸君所入的学校有这样的好环境。

中学时代，是人生中最重要的一段。一切身体上、精神上、知识上的基础，都在这时代中学成。就身体上说，我们在这时候，正在发育时期，要想将来有健全的身体去担当社会事业，就非在这时候受正当的体育不可。就知识上说，凡是学问都不是独立的，

* 本文原载《春晖》校刊第 14 期（1923 年 6 月 16 日印行）。蔡元培《日记》云：一九二三年五月“三十一日，偕沈肃文、刘大白往上虞白马湖春晖中学校，晤经子渊、夏丏尊诸君（途中遇薛阆仙，同去）。晚，为诸生演说”。六月“一日，午前九时四十五分，自春晖行，午后五时到家，仍住徐宅”。沈肃文，绍兴五中校长；刘大白，该校指导主任；经子渊，经亨颐，号子渊，时任春晖中学校长；夏丏尊，时任春晖中学教员；薛阆仙，原绍兴中西学堂教员。

譬如我想研究化学，就非知道数学、生物学、物理学等不可。如不在这时候修得普通知识，受到普通教育，将来就不能研求正当的学问。这时期无论在何种方面来看，都是重要关头，如果不让他好好地正当地经过，就要终身受亏。回想我从前和诸君一样年纪的时候，要求入中学而不可得，因为那时候还没有这样的一种机关。虽然读书，也无非延师教读，在家念点经书，作点当时通行的八股文而已。到了现在，身体不好，不能担当什么大事，虽想研究一种学问，可是根底没有，很觉得困难。譬如我想研究哲学，或是什么学科，但因没有数学、生物学、化学等的知识，就无从着手，要想一一重新学习呢，年龄已大，来不及了。这是我所常常自恨的。

中学一面继续着小学，一面又接着高等教育。诸君在小学时，大概都还不过是因了兴味而学习种种事情，对于各科，所得的不过是大约的概括的头绪，并未曾得着过分析的知识的。中学的功课比之小学，较为分析的，将来到了专门大学，那分析将更精细。诸君已入中学，较在小学已更进一境，小学虽不过因了兴味来学习种种，在中学校，却不能只凭兴味，比之在小学时，要用点苦功下去，要格外精细的研究了。至于毕业后，或就去任社会事务，或去升入专门，各有各的一条路，分析将又细密，用力自然将又加多。但只要这时打好了根底，那时也就没有什么困难了。最重要的就是现在。关于各科，要好好地用功；身体要好好地当心，不要把他错过。这时代留意一分，终身就享受一分的利益；自己弄坏一分，终身就难免一分的吃亏。我回想到自己当时不得受中等教育，至今吃了不少的亏，所以对于今日在座的诸位，觉得很是羡慕。诸君生当现在，有中学可入，真是幸福。

现在中学已多，有官立的，有私立的。诸君所入的中学，却是一个个人创立的学校，尤为难得。这春晖中学是已故陈春澜先生独立出资创设的。他何以要出了许多私财来创立这个春晖中学呢？他虽有钱，如果不拿出来办这个学校，试问谁能强迫他，说他不是？可知他的出钱办学，完全出于自己的本心。他因为有感于自己幼时，未曾得到求学的机会，有了钱就出钱办学，使大家可以来此求学，这一层已很足使我们感动了。我们要怎样地用功，才不致辜负他这片苦心？春澜先生出钱办学时，想来总希望得着许多善良的学生，决不愿有坏学生的，我们要怎样地努力作好学生，才不至违反他的希望？我们人类，在生物中，无角无爪，很是柔弱，而能发达生存者，全在彼此互助，只顾一人，是断不能生存的。自己要人家帮助，同时也须帮助人家。譬如有能作工的，就应去帮助人家作工；有能医病的，就应去帮助人家医病。这样大家彼此互助，世界上的事情才弄得好。春澜先生出了这许多钱来办这个学校，于他自己是丝毫没有利益的，虽用了春晖二字做校名，他老先生死了，还自己晓得什么？他的出钱办学，无非要为帮助我们求学，他这样帮助了我们，我们将怎样地学他去帮助别人呢？这校的历史，种种都可以鼓舞我们，勉励我们。诸君得在此求学，比在别校更容易引起好的感想，更多自振的机会，这也是可羡慕的一件事。

春澜先生出钱办学，不办在都会，而办在这风景很好的清静的白马湖，这尤足令人快意。凡人行事，虽出于自己，但环境也是支配人的行为。人受环境影响，实是很大。孟母三迁，就是为此。譬如我们，如果置身于争权夺利的人群中，不久看惯了，也就会争权夺利起来，不以为耻了。此地白马湖四周没有坏的事情来诱惑我们，于修养最宜。风景的好，又是城市中人所难得目睹的，空气清爽，不比都会的烟尘熏蒸。这里所有的东西，在都市里都是难得办到的，或不能办到的。在都市的学校，要觅一个运动场不可得，而此地却有很宽大的运动场，并且要扩充也容易。都市中人要化许多旅费才能领略的山水，而诸君却可朝夕赏玩，游钓任意。诸君要研究生物，标本随时随处可得；要研究地理，随处都是材料；天上的星辰，空中的飞鸟，无一不是供给诸君实际上的知识。此地的环境，可以使得诸君于品格上、身体上、知识上得着无限的利益，我很羡慕。

又，人生在世，所要的不但是知识，还要求情的满足。知识的能力，足以征服自然。现在的电灯，较古时的油灯进步；现在的飞机、轮船、火车，较古时的舟车进步。古人虽有很好的心思，但因为被偏见所迷，以为异国人或异种人是可以杀的，或是可以食的，遂有种种残忍不道的危险。现在知识进步，已逐渐把这种偏见除去了许多了。知识上的进步，可以使人得着安全的生活，现在一切穿的、吃的、用的，都好于从前，一切都比从前危险少而利益多。某事怎么去做才便利，怎么去想法子才安全，这都是从知识上计较打算来的。知识的进步，正无限量，将来还不知道有怎样安全快乐便利的生活可得哩！可是人类于知识以外，还有情的要求。世间尽有许多人们，物质的生活虽已安全舒服，心里还觉得有许多不满意的。一个人虽不能全没有计较打算，但有的却情愿做和计较打算无关系的事，不如此，就觉得不快，这就是爱美的情。人有爱美的情，原是自然而然的。野蛮人拾了海边的贝壳，编串为各种的式样，挂在身上，或于食了动物以后，更在其骨上雕刻种种花样，视以为乐。乡间农人每逢新年，欢喜买几张花纸贴在壁上，有的或将香烟里的小画片粘贴起来。这在我们看去，或以为不好看，但在他们，却以为是很美的。又如有人听唱戏，学了歌，便喜欢仰天唱唱，或是弄弄什么乐器，这都是人类爱美的心情的流露，也可以说是人与动物不同的地方。其实动物中有许多已有爱美的表现，如鸟类已有美音和美羽。美的东西，虽饥不可以为食，寒不可以为衣，可是却省不来。人如终日在计较打算之中，那便无味。求美也和求知识一样，同是要事。古来伦理学者中有许多人将人生的目的，完全放在快乐二字上面，以为人生的目的，无非在快乐。这虽一偏之见，但快乐很是要事，物质的快乐，有时还不能使人满意，最要紧的就是情的满足。人如果只为生存，只计较打算利益，其实世间没有不可做的事。可是在有一种人，自己所不愿的事，无论怎样有利于己，总不肯做；自己所愿做的事，无论如何于物质的生活上有害，还是要做，甚至于牺牲生命，也所不惜。这就是所谓高尚。高尚也是一种美。我们人类不愿做丑事，愿做美事，就是天性爱美的缘故。若只为生存，还有什么事不可做呢？人不能绝对地不顾自己，但也不能绝对地只求利己，有时还要离了浅薄的自利主义，为别人牺牲自己的一部分或是全体，才能自己满足。譬如陈春澜先生出资办学，就是牺牲行为之一，他并不知后来在校求学的是哪一个，于自己有何利益，却肯出资办学，这就是高尚的美行，我们应该学他的。那么我们怎样才会能牺牲自己呢？我们做人，最要紧的是于一日之中，有一种时候不把计较打算放在心里，久而久之，自然有时会发出美的行为来，不觉而能牺牲了。用了计较打算的态度去看一切，一切都无美可得。譬如田间的麦，有人以为粉可充饥，杆可编物、燃火，有人离了这种见解，只赏玩他的叫做“麦浪”的一种随风的波动。又如有人见了山上的植物，以为果可作食品，根可做什么药的，有人却只爱它花的色样或枝叶的风趣。又如有人在白马湖居住了，钓鱼来吃，斫柴来烧，有人却从远远的城市，花了许多钱跑来看看风景，除此外无所求。这两者看法不同，前者是计较打算的，后者是美的。人能日常除去计较打算，才会渐渐地美起来。

美有自然美、人造美两种，山水风景属于自然美，绘画音乐等属于人造美。人造美随处可作，不限地方，如绘画、音乐在城市也可赏鉴的。至于自然，却限于一定的地方才可领略。人在稠密的城市中，难得有自然美，所以住在城市的人，家家都喜欢挂山水画，他们四面找不出好风景，所以只好在画中看看罢了。诸君现在处在这样好的风景之中，真是难得的好机会，我很羡慕。

诸位将来出去到社会上任事的时候，我想必定要回想到白马湖的风景，因为那时必无这样的好山好水给诸君领略了。在这几年中，务必好好地领略，才不辜负了这样的好地方。

以上是我对于诸君所羡慕的三桩事。如前所说，中学时代是终身中关系最重的一段，诸君既入了中学，身体、知识都要趁现在注意留心。这校的历史，足以使诸君发生至好的感想，宜格外自励，不可错过机会。此地有这样的好风景，是别处所不易得的，趁现在有机会要请诸君好好地领略。最要紧的就是现在了。

（王执中、孙立源记录）

绍兴市政协《绍兴文史资料》第4辑

（浙江人民出版社1988年12月出版）

致北京大学教职员函

（1923 年 6 月 24 日）

北京大学教职员诸先生公鉴：

叠奉函电，并承杨、陈、段①三先生代表屈临，晤详一切，具见诸先生维持北大之苦心，与对培个人之挚爱，感愧交并，几非笔墨所能形容。惟君子爱人以德，目前北京政局，视培辞职出京时，不特毫无改良，而黑暗乃倍蓰之，诚非诸先生缮发函电、推举代表之时所能意料及之者。事已至此，培之不能进京，业已不成问题，谅为诸先生所承认矣。对于北大及其他北京国立各校之根本救济，鄙意宜与北京政府划断直接关系，而别组董事会以经营之，已于复北京国立各校教职员联合会一函言其概略，想为诸先生所赞同也。五阅月以来，北大校务，赖评议会维持办理，培辞职已久，本不欲再来饶舌，惟前之辞呈未经政府批准，今之自命政府者，又不足与言此事，值兹学年终始之际，诸先生屡以校中重要行政无人负责为言，谓培今日决不能与北大脱离关系，培

① 北京大学教职员会推派教授陈启修、杨宗伯及职员段子均到杭州，促请蔡元培于赴欧前回北京一行。

不能不有所贡献。窃以为此事根本解决，仍在上述之董事会；董事会未成立之前，拟请教务长、总务长与各组主任会设委员会，用合议制执行校长职务，并请委员会公推主席一人代表全权。照此进行，似无窒碍。合诸先生学理经验之所具，而益以和衷共济之精神，以运用于北京大学积年改进之组织，区区校务，游刃有余。培一人之去就，又何关轻重耶？

诸希鉴亮，敬祝

公祺不宣

蔡元培手稿，

参阅《教育杂志》第15卷第8号（1923年8月出版）

致北京大学学生会函

（1923年6月24日）

北京大学学生会诸君公鉴：

前承赐电，并承代表李骏君屈临舍间，携示诸君公函，见爱之挚，为之感泣。当日李君见语，北京政府颇有改良之兆，如果实现，务请进京一次，以慰诸同学之悬望。培尔时对于诸君之诚恳，与代表者之亲切，义不能无所感动，爰答以政局如有清明之端绪，则我于赴欧以前，一度进京，亦无不可；想李君早已报告于诸君矣。不意李君离绍兴不数日，而北京政局大变；不特于李君所预言之改良绝对无望，而黑暗倍蓰于培辞职出京之时。诸君爱人以德，既蒙挚爱，决不以进京责培矣。

北大校务，以诸教授为中心。大学教授由本校聘请，与北京政府无直接关系，但使经费有着，尽可独立进行。《传》曰："天下自乱，春秋自治。"《诗》曰："风雨如晦，鸡鸣不已。"此大学同人之责也。考北大经费每年七十余万，北京政府之不足以言，既已彰著，鄙意宜别组董事会以维持而发展之，已具复北京国立各校教职员联席会一函。

但董事会未成立以前，不能责诸教授为无米之炊，似可以学生诸君暂任之。姑以二千五百人计，若每人任筹三百元，即可得七十五万。较之香港大学学生岁需八百元者，尚不及半，似不为苛求也。培以为电报政策，群众运动，在今日之中国，均成弩末。诸君爱国爱校，均当表示实力，请于维持母校一试之。谨贡所见，作为临别赠言，幸诸君采纳焉。

　　祗祝

公祺不宣

《教育杂志》第 15 卷第 8 号（1923 年 8 月出版）

致北京国立各校教职员联席会议函

（1923年6月24日）

北京国立各校教职员联席会议诸先生公鉴：

前奉惠电，敦促回京，见爱之挚，至深感荷。培之出京，本以北京为政治界恶浊空气所弥漫，不能再受，不得已而出此。今之恶浊，视五阅月以前，奚啻倍蓰，洵非诸先生发电时所能意料。事已至此，培不能进京，已不成问题。诸先生爱人以德，必能容恕也。

北京政府破产之势已成，而政客官僚摧残教育之计划且方兴未已。国立八校当此危险时代，若不急筹高等教育独立之良法，势必同归于尽。诸先生素抱维护八校之热诚，鄙意似宜及此时机，由八校教授会公推全国最有信用之人物，组织一北京国立八校董事会，负经营八校之全责。凡八校维持现状及积渐扩张之经费，均由董事会筹定的款。且对于中央或地方担任拨款，各机关切实监督，定期交付，不使有挪用或拖欠之余地。而各校校长宜先由各本校教授会公推，再由董事会聘请，不复受政府任命，以保独立之尊严，而免受政治之影响。如此事果有端倪，则培以旧日同事之关系，虽远适异国，力所能及，不敢不尽。否则，来日方长，吾辈日日疲精力于应付现状，而终不免有同归于尽之叹，培不敏，不敢再与闻兹事矣。竭诚奉告，用备甄采。

敬谢关注，祇祝

公祺不宣

《教育杂志》第15卷第8号（1923年8月出版）

《浙江省立第一师范学校毒案纪实》题词

（1923年6月）

一师是近时我们浙江最负盛名的学校，校中同人正在兢兢业业求保持这种盛名而更求进步的时候，忽然受了一个极大的打击，就是本年三月十日数百人晚餐中毒一案。这一案，病的二百十三人，死的二十四人，病的现虽治好，而死的不可复生，不能不算是空前惨劫。然而一师同人，自此案发生以来，竟能超出“当局者迷”的习惯，用科学家冷静的头脑，注全力于补救的方法，不作无谓的张惶，不起无理的猜疑，于短时期间，疗病送死，诸事办妥，遂得照常上课；固然赖官厅与社会各方面的助力很多很多，然而一师同人的适应，确是中心点。“天助自助者”，若一师同人不能自助，一师以外的人，所尽的力，不知道要减去多少效果呢。一师所以享盛名的缘故，即此也可“窥见一斑”了。

但人类的生存，是为将来，不是为已往的。若不能为将来尽力，即使已往有多大功业，从今以后，也就算宣告破产了。我现在对于一师同人，觉得对毒案上还有一个很大的责任。

刑法上的报复主义，早已取消了。即杀一惩百的旧观念，也已不能成立了。犯罪学的任务，在研究罪人所以〈犯〉罪的原因，求一彻底的救济。这次毒案的罪人，现在差不多公认是毕和尚、钱阿利、俞尔衡三个人了。我们用普通心理去观察，觉得不安得很。毕、钱两人贪了几百元的预约，竟肯害这许多人吗？岂不知吃饭中毒，必先究煮饭的人，竟敢以身试法吗？这样的大恶同大愚，是情理中所能有的吗？俞尔衡因挪用自治会公款，被同学所窘，岂不知错在自己，而竟仇视全体同学吗？即使一时糊涂，有仇视的意思，究不是不共戴天的仇，竟要害他们的生命吗？即使起了谋害的恶意，岂不知吃饭中毒，必究煮饭的人；一经讯究，断没有替主使者死守秘密的决心，肯冒这个险吗？他岂不知能筹还所亏自治会的款，诸同学必不至再有什么苛求，尽可以许酬毕、钱两人的款，移作正用，竟要作为谋害的工具吗？若说他并未预备此款，不过是欺诱毕、钱二人的手段，是他既无端要害许多同学，又要害毕、钱两人，究竟有什么目的呢？这样的大恶同大愚，又岂是情理中所能有的吗？所以这个惨案，还是一个疑案，毕、钱、俞三人究竟是否此案的真正罪人，尚待法庭判决。若三人是真正的罪人，我上面提出几个问题，已经很费研究了。万一法庭审判的结果，所谓真正罪人不是这三人，而别有主动的人，也还是可以生出许多疑问。我现在提出几个问题，是不管罪人是谁，都是免不了的。

（一）是否因现在军阀横行，往往为一个极微末的目标，为想占点地盘，或想挣点家私，或想报复个人的私怨，不惜轻启战端，盈城盈野的杀人。或克扣军饷，激成兵变，把变兵乱杀一番就完事。觉得牺牲多数生命，达一个小小利己的泄愤的目标，是到处树着模范的，所以引起普通人的传染症？

（二）是否因实业并不发展，生活程度日高，多数人不能靠正当职业图生存，强的作土匪，杀人，放火，绑票，攫取生活资料，弱的赌博，进交易所，买发财票，不管他损人利己，也不管他人已两损，姑且试他一试。几乎人人都有行险侥幸的心理，所以演出这种土匪与投机家两种心理相参杂的订贿毒人案？

（三）是否因贫富阶级的差别，极贫的人尽力作工，还不能赡养身家。我们这些教育界的人，虽然不十分挥霍，然而“出必车，食必鱼”，“饭来开口，茶来伸手”；他们替我们拖车的、送信的、做饭的、零星服役的，都是苦人。我们不但不能替他们全体设法，就是对于直接服役的人，也不能给他充分的工食，有时还要挑剔他们，侮辱他们。他们有点觉悟了，竟像俄国阿志跋绥夫所写工人绥惠略夫的主张，以为除了他们同辈以外，都是他的仇人，都是可杀的。所以遇到一种机会，竟不惜“聚而歼之”，就是他们不得已而以身为殉，也所不惜吗？

至于社会上有这种大恶的现象，我们应什么样引导爱情，有这种大愚的人物，我们应什么样普及知识，那更是应有的责任了。

这些都是现今社会上重大的问题，就没有一师的惨案，我们也应当时时注意的。但是因为一师的问题，更引起我种种感想。所以写在《毒案纪实》的上面，请一师同人想想，更望读《毒案纪实》诸君都想想。

《浙江省立第一师范学校毒案纪实》

（浙江省立第一师范学校1923年6月出版）

闻方君瑛自尽志感

（1923 年 7 月 25 日）

余之识女士也，始于民国二年。是时，余偕眷属寓巴黎左近科仑布之华侨学会，而女士则自蒙达尼来。询知女士为余友方雨亭先生之姪。雨亭先生曩在北京，与余时相过从，恂恂然长者也。及一行作吏莅吾浙，兴利除弊，以干练著，殆所谓寓精明于浑厚者与。余初见女士粹然诚恳婉娩之态度。谭仲逵先生为余言女士留法近况，则于求学以外，抚爱弟妹，且抚爱友人之子女，亦犹是诚恳婉娩之态度也。然而女士之历史，则曾投身于黄花岗七十二烈士之役，曾投身于刺清摄政王之役，其激烈为何如者。余于是益因女士而返想雨亭先生不置。夫色厉内荏，孔子比之穿窬，其卑劣诚不足道。若乃性有温激，表里如一，则诚不失为君子矣。然而温和之过，或见义而不为，激烈之过，或无的而放矢，则于常变之际，失事机而乱大谋者，良复不鲜，素位而行义之与比，如女士者，可以风矣。

古之妇学，有德言容工诸目，当有专门教授之组织。其后普通女子，率于家庭间转相传授，其涂径较隘，亦偶有读书、吟诗、作书画者，以希为贵，率过自矜异骛声华，致招“无才是德”之诮。自女校渐兴，教育本期普及，而力不能入校者尚多，幸得入校而毕业，则往往蔑视彼不能入校者，曾勿之哀矜而转以长傲，盖犹有往者才子名士之遗习焉。女士在国内受教育甚久，民国纪元以来，留法十一年，研究师范，循序渐进。今年膺执信学校之敦请而归国。汪精卫先生为余言，女士所学甚精进，而常歉然不自足，有若无，实若虚，如女士者，可以风矣。

乌呼，女士死矣！既束装将由上海赴广州服务于执信学校，乃竟于启行前一日，不胜其厌世之感念而自尽，岂特执信学校之不幸，实全国教育界之不幸也。前一年，女士在法曾于散步中为摩脱车所撞而仆地，伤脑甚剧，虽疗治有效，而头痛时作。归国后，常甚苦之。遗书以社会罪浊、力不能挽为自尽之主因，盖当神经衰弱之际，又受环境上种种之刺激，遂绝望而出此也。

昔吾友杨笃生先生，热诚革命，而欲取径于暗杀，乃习制炸弹，既得造药法，而苦于弹壳之不中用，乃自研物理、机械之学，以早年偏攻文学，理科之基础知识不满足，事倍而功半。脑力不赡，则服磷制之补脑药以促之，因而得头痛疾。在英留学，入机械展览会，冀有所得，而不能悉了解，愤愤，头痛益剧，遂自沈于利物浦以死。其遗书言，甚欲归国杀一二满人而以身殉之，然途远病剧，迫不及待，云云。乌呼，女士之迫不及待，其亦犹杨先生与。杨先生愤汉族之陵夷，不及见革命之成而先死；女士愤社会之恶浊，亦不及待改良计划之实施而先死。心理之冲激，半亦生理之压迫致之。我辈后死者，慎无以精神一到何事不成之自信力，而致忽于生理哉！

蔡元培手稿

在留英学生退款兴学会及留英工商学共进会欢迎会上演说词

（1924 年 3 月 30 日）

今日留英学生退款兴学研究会暨留英工商学共进会在此开会欢迎，愧不敢当。鄙人此次应召来伦，得与诸君聚谈，甚为忻幸。

工商学共进会本为旅大问题而组织，延至今日，成为永久之会。退款兴学研究会专为庚子赔款问题而组织，是为临时特别之会。合两会联合开会，实有共同之旨趣。人生日日在解决问题中。问题有通常者，有特别者。如作工、营业、读书，乃诸君之通常问题，如罢工、佛郎跌、学费停，乃诸君之特别问题，皆可分别解决之。然如日本《二十一条》要求，则为凡中国人利害所关，此又为工商学三界及其他各界共同之特别问题，当联合解决之。更以吾个人言，在国内办理学校，来欧洲考察教育，是通常问题。前日来英，今日到会，是特别问题。然问题从环境而生，吾侪在英国所得到之问题，不必与在中国一样。譬如工商学三种问题，在国内犹属通常，在国外则属特别，是通常、特别，乃相对而非绝对。凡关系吾全国利害之问题，工商学三界均当研究解决之方，如庚子赔款问题，其为特别性质而关系全国，与旅大问题等。或谓此款退还后用于教育，似于工商两界无关，斯言误否，甚易判断。则试问各界之人有一日不学者乎，殆无有也。作工者无日不羡人之工资优厚，而思所以模仿之，经商者无日不慕人之营业发达，而思所以效法之，是亦学，是亦教育。可见人无一日不学，无一日不受教育，非仅读书为学，为教育。想诸君亦以为然也。

英国以工商立国，而工商以学为根据。吾国工商两界人处此工商业极发达之英国最久，耳濡目染，直接受其工商教育之影响。学生除专习工商者外，多受英国文化教育，而亦间受其工商教育之影响。诸君试思吾国工商界何以不及英国，英国工商界何以如此之盛，两相比较，自知其故。英国工商业之发达，正由工商教育而来，其年代颇远，其历史颇长，商业以工业为本，工业又以理化及其他各科学为本。今欲将英国工商业盛况移植到中国，非从根本下手不可。昔有一笑话，对于饭之来源，最浅者只知饭从饭桶而来；稍进知饭由米成，从米仓而来；更进始知米从田间而来，有谷种、人工肥料之关系。发达工商而不提倡科学，是犹仅执饭桶、米仓以求食也。现在须放阔一步，发展高等教育。高等教育所需要者，一为人才，一为资料。有人才而无资料，则虽有良师，犹如巧妇难为无米之炊。设使商无资本，工无器械，其感受苦痛，亦与此同。图书、仪器、标本，皆资材之最重要者，而亦最为糜费。国内办高等学校，国外派留学生，均为造就人才之方法。顾国内最缺乏者为理工科各种标本、仪器及其进化之成绩，此项布置不完备，则教育无可凭借。同一作工、经商，在国外者往往比在国内者所得之智识为多。学生亦然。凡国内毕业者，必须出外留学数年。正以外国有种种有系统标本仪器可观，使知识丰富而有条理。诚欲在国内发展工商教育，第一须知原料之种类，第二须知机器之构造，则博物院大有设立之必要。例如自然历史博物院，陈列动植矿各种标本，皆按进化次序。科学博物院，陈列各种机器，亦由简单而复杂。此可以供给参考之资料，兴起研究之人才，需费虽多，为效实大。伦敦有此两大博物院，度其基金不下数百万磅，吾侪非得一巨款自设相类之博物院不可。英国应退还之庚子赔款，约计一千一百万磅，最好以大部分办博物院，以小部分办工商学校、图书馆及派遣留学生。此为吾个人对于英国退款用途之意见，愿与诸君商之。

鄙人认工商学会之问题有通常性质，当以通常意见贡献；研究会之问题有特别性质，当以特别意见贡献。工商学会为永久之会，可日日贡献意见；研究会为临时之会，则供意见之机会有限，故今日所谈稍稍偏重研究会方面。此番由法来英，本专为庚子赔款一事。嗣后愿对工商学会续有所贡献。所言有不合处，请诸君指正。

《北京大学日刊》第1475号（1924年5月21日出版）

处理退还庚款备忘录

（1924 年 4 月 15 日）

对大家所关心的庚款分配问题，谨提出以下建议：

一、此款的主要部分应用来建立一所大型和奖励性的科学院。该院可由两个部分组成：一个部分陈列有关阐明物理、化学等科学各个发展阶段和工艺演变过程的各个不同阶段的各种机械、模型和图表；另一部分用来显示出植物、动物群的情况，最后导致人类学。

二、该款的另一部分用来资助我国某些著名的大学或工学院，专门用于建立或扩展诸如生物、纺织、工程、化学、医学、农业及林业等特殊的科技系科。

三、该款的又一部分分配给我国某些国立大学，用于购置研究英国科学、艺术及文学方面的设备工具。同时还应从其中拨出一些专款作为基金，用于：（1）聘任教授；（2）购买这些科目所需的图书及工艺品；（3）为研究生设置奖学金。

四、此款的又一部分可作为基金专款，用作派遣我国大学和工学院的教师或毕业生去英国大学和工学院学习的费用。

五、其中一小部分可作为邀请英国学者来华研究中国文学和中国哲学等学科的费用。

六、一小部分可用于购回陈列于大英博物馆的中国艺术品，但这不包括以前被拿走的那些没有什么价值的物品。

七、此款的一部分用于英、中两国间互派教授进行学术交流，即用于：

（甲）邀请英国名教授来我国大专院校讲学。

（乙）派遣我国名教授去英国讲授我国的文学、哲学、艺术或英国人民感兴趣的课题。

附注：任何国家退还庚款一事，都将被认为是对我国慷慨友好的表示，将受到我国人民的一致赞赏。我国教育家建议，在贯彻执行上述建议过程中，特别是在贯彻执行第一项建议过程中，将建立一所纪念英国这一极其友好行为的永久性的纪念馆。它将用来表示树立了一种崇尚科学与工艺的精神。当该院完善地配备了实验室以及其他研究设备之后，它将成为一个大型的资料与研究中心。在目前情况下，我国政府还难以独立地提供这些必需的东西。如蒙英国政府合作，为满足我国教育事业的迫切需要，在这方面给予巨大帮助，我国人民将极为感谢。

我出国前，曾有一段时期担任中华教育改进社的董事长。该社在济南和在其他地方举行的年会上，对庚款问题作了较其他问题更为仔细的考虑。最后，代表全国各地区的社员大会一致通过下面几点意见：

（1）中国能够，而且应当承担自己的初等及中等教育的建设。因此，一致认为中央和地方政府应筹措为达到这一目的所需的普通教育基金。

（2）任何国家退还的庚款都应作为特别基金，加以储存，用于特定的目的。

（3）英国退还的庚款，如果可能，应主要用于一个重大的目的，即为理论科学和应用科学的研究提供种种设备。

在前面说到的七点建议中，社员大会特别强调第一项建议。第三、四项建议也是该社社员大会原先提出的，现在已订出细则。

更有进者，我所提出的，不仅仅是我个人的意见，而且也代表全国的一致意见。我深信所有关心这个问题的朋友，都将会慎重考虑这些意见。

伦敦中国教育推进会编印《庚子赔款与中国教育》(*Boxer Indemnity and Chinese Education*)(赵念渝译，许凤岐校)

附：同题异文

(1924 年 4 月 29 日)

一、以百分之九十设一科学博物院，其中分两部分：一部分陈列理化学及工艺进化标本，略如 South Kensington 中之 Science Museum①；一部分陈列自然历史进化标本，略如 Natural History Museum②。

理由：(一) 退还赔款，为退款国极大之善意，不可不有一种永久的、普遍的大建设，以为退款国与吾国特殊友好之纪念品。(二) 我国欲振发国民努力文化之精神，不可不亟营大规模之文化事业；而财政竭蹶如此，非经长时期之整理，决不能筹出巨款；允宜乘退还赔款之机会，而以较巨之款经营之。(三) 文化事业，为世界主义的，与国民教育之关于国权者不同；不至因有退款之关系，而生主客间关于权限问题之纷议。十一年中华教育改进社在济南开会时，由汤尔和君提出此种意见于该社之全国教育筹款委员会，讨论后，公认为适当。并议定一种条件，其〔某〕国所

① South Kensington 中之 Science Museum：南肯辛顿之科学博物馆。
② Natural History Museum：自然历史博物馆。

退之款，即以建设与某国最有关系之文化事业。如法国退款，建设美术院；意国退款，建设天文台；英国退款，建设工商博物院之类。鄙意商业以工业为基础，工业以自然科学为基础，故本教育改进社建设工商博物院之原议，而依照伦敦博物院习惯，即称为科学博物院，而包含工艺于其中。

二、以百分之八为国立各大学中设立英国文史学讲座之基金。其中除教员俸给外，如购置英国图书及美术品，津贴优秀的研究生之费，均特别规定之。

三、以百分之二为派遣大学教员与毕业生留英研究公费的基金。

第二、第三之两款，亦教育改进社原议所有，但小有增改。

《北京大学日刊》第1457号（1924年4月29日出版）

致罗素函

（1924 年 7 月 15 日）

英国皇家学会会员、尊敬的伯兰特·罗素阁下，

惠勒先生并爱特金斯先生转交，

悉尼街一号，

伦敦，S. W. 3

阁下：

四月访英时，您尚在美国，承罗素夫人在各方面给予帮助。这次访问后，当能进一步取得您对中国教育事业的同情。

离英赴柏林前夕，我致函感谢罗素夫人对我及我的夫人在伦敦逗留期间的热情款待（并向您致以良好的祝愿）。经罗素夫人介绍，我会见了一些令人尊敬的英国朋友，他们的亲切会晤使我甚为感动。我相信，如果没有这种热情赞助，我很难了解到英国官方人士、学界权威和众议员对庚子赔款问题的意见。我利用这次机会，同他们就这个问题进行了初步的但却是十分认真的讨论，我在听取他们意见的同时，也提出自己的意见，供批评指正。

我十分高兴地从伦敦的中国留学生中得知，工党执政后，您曾经就庚款问题致函首相，这使我寄希望于您这位中国的伟大友

人致力于借教育挽救处于危难中的古老文明。我和我的同胞衷心欢迎您的重要步骤——甚至在工党政府还没有赞同我们的观点之前就采取您认为行之有效的办法来促使他们理解。英国政府在一项提交议会的议案中，决定将赔款基金给予我国教育事业，这一对英中关系的明智措施正是您倡导的结果。目前，还需通过互相了解来推进这项政策，以期取得直接而有效的结果。鉴于您已了解我们的目标，有必要向您阐明详细的观点。

但是，令人不安的是英国报纸对我国教育工作者意见的歪曲。今天的中国一致同意将庚款用于振兴教育，这在动乱年代极为难得，意义重大。国家的希望寄于此，决非寄于任何政治灵丹。同时，我感到，由众议院最近的辩论可以看出，我们的要求——更多了解教育家们对庚款问题的观点——在英国几乎毫无基础。据悉，英国政府拟成立咨询委员会以调查庚款基金的分配方法，其成员皆由外交部遴选。如此说属实，也没有理由不邀请资深的教育家或著名学者参加。我无意低估财政部某些工党朋友的努力，但也愿表达教育家们广泛持有的看法，即行将成立的委员会不应排斥杰出的人士。这不仅是中国人民的强烈期望与愿望，而且将大大有利于两国合作的前景。现在我提出下列建议，请考虑：

（一）我们希望英国政府指定的委员会应邀请学术界素负盛名的、对教育作出杰出贡献的和声望卓著的人士参加，如您，H. A. 贾尔斯教授，格雷姆·华莱士教授，H. G. 威尔斯先生，迈克尔·赛德勒爵士，伦纳德·伍尔夫先生等。

（二）为使基金分配有效地用于教育，须派遣一个由上述委员会成员或其他人士组成的代表团来华调查教育状况。我们欢迎预定派遣来华的代表团，它有可能对我们的教育提供保证，即使收效甚微而使人失望，中国人民也不会抱怨的。鉴于该代表团同一般外交行动有本质差别，因此对代表不列颠这样一个伟大民族的赴华人员的挑选应予以极大的重视。

我衷心希望能获得您全力支持，并请允许中国人民将您视为自始真诚关心这一教育运动的第一人，此运动在中国各方面发展中无疑会取得成功。

目前，我正在布鲁塞尔度假，本月底将去海牙出席美洲民族问题的国际会议。我和您分别已三年了，希望以后再次访英，同您更深入地讨论庚款问题，以及您的访美见闻、中国现状等。由于中、英文书刊极少有关中国教育界的报道，我已通知中国教育改进社在伦敦的社员送给您拙作一份《关于处理庚子赔款备忘录》。

蔡元培　谨启

中华民国公使馆转布鲁塞尔

1924年7月15日

蔡元培书信英文打字副本（赵念渝译）

在里昂市爱友市长招待会上演说词

（1924 年 10 月）

今日承爱友市长与儒班校长招待，得与贵地政治家、教育家、工商家晤聚，并承军政长 Marjouler①、省长 Canal② 列席，又承班乐卫总理特自巴黎来此，鄙人荣幸之至！感谢之至！

鄙人常觉中国与法国，在欧洲各国中，有特别关系。中国初译欧文，以法文为主，故固有名词，多从法音，如奥国京城，自号维痕（Wien），而中国译作维也纳（Vienné）；瑞士都城之人，自名其国曰斯伐痴（Schweiz），而中国译作瑞士（Swise），即其例也。又中国人用西文著书，当以陈季同君之法文小说为最早。至西人翻译中国之书，亦以法人为最早而最多。如昔之儒里盎君（Julien），近之沙凡君（Chavanne），即其例也。

鄙人又常觉中国与里昂，在法国各都会中，又有特别关系，即欧人名中国为 Chine，始自罗马时，说者谓即丝字之译音；是中国对于泰西，实以丝业为代表，而里昂为法国丝业最盛之都会，是也。丝虽不过商业之一种，然因售丝之故，而以其入款转购他种商品，

---

① Marjouler：马儒勒。

② Canal：卡奈尔。

即有各种工商业之关系。又为改良丝质起见，渐与动植物学、理化学及其他各种自然科学生联带关系。为加美丝的制品起见，渐与各种美术生联带关系。为丝业交易上互相信用互相援助起见，渐与心理学、社会学及其他各种精神科学生联带关系。由一种商品上特别关系，而引起学术上文化上种种特别关系，实必然之势也。

中法两国学术上文化上之关系，除上述译书一事外，以法国人研究中国学问之机关及中国留法学生两端为最著。前一事，在巴黎大学、法国学院（College de France），固建设已久。而里昂大学，亦早有此讲座，且在商会中亦有特别课程。今日在座之古郎（Courant）教授，可为代表。后一事，则陈季同君殆可为留法学生最早之一人，其留法时期，恐在四十年以前。近三十年，则有吾友李煜瀛君、夏循垍君等。李君发起俭学会与勤工俭学会，留法人数渐多；又发起华法教育会，而招待留法学生之机关，渐趋周密。今日在座之穆岱（Montel）议员，可为代表。留学里昂者，十年前即有在织染学校毕业之杨芳君，近年有已回国之何鲁君等，及今日在座之褚、□、宋诸君等，及在 Lysée 与 College 预备诸君，人数在六十人以上，可谓盛矣。

而最重要之一事，则为最近经营之里昂中法大学。此事经李煜瀛君提议后，教育界则有儒班总理、若梭郎副总理、雷宾学长、古郎教授及大学评议会诸君赞成；在政治界，则爱友市长、穆岱议员助力，并承军政长、省长与商会诸君、新闻界诸君赞成。于是拨给校舍，指拨常年费之议，经法政府允许；担任常年费之议，亦经中国政府允许，而此校遂得成立。现在校章已提出里昂大学评议会，校舍修理将竣，已电告李煜瀛君刻期招考学生，先送来校补习。本年十月间必可正式开学。此校学生，以有志研究专门学术者为限。将来在此校（下缺）。

蔡元培手稿

中国现代大学观念及教育趋向*

（1925年4月3日）

在古代中国，文明之根一直没有停止过它的生长，尽管关于这方面的历史记载极少。进行高等教育的机构早在两千年前就出现了，那时称之为“太学”。随后，又从这一初步形式，逐步演变为一种称之为“国子监”的教育制度。它包括伦理教育、政治与文学教育。现在看来，这是必然的发展，并且随着这一发展而增设了包括写与算等更多的学科。但增设的这些科目，在钦定的学校课程中，是无足轻重的。数百年来，教育的目的只有一项，即对人们进行实践能力的训练，使他们能承担政府所急需的工作。总之，古代中国只有一种教育形式，因此，其质与量不能估计过高。

晚清时期，东方出现了急剧的变化。为了维护其社会生存，不得不对教育进行变革。当时摆在我们面前的问题，是要仿效欧洲的形式，建立自己的大学。当这些大学建立了起来并有了良好

---

* 此篇系蔡元培在欧洲时应世界学生基督教联合会（World's Student Christian Federation）之请而作，由陈剑翛译为英文。

的管理以后，就成为一支具有我们自己传统教学方法的蓬蓬勃勃的令人称誉的力量。初时的大学，也曾设置了与西方大学的神学科相应的独立的经科。这些大学推行的总方针，还是为了要产生一个于政府有用、能尽忠职守的群体。

随着一九一二年民国的成立，它把政府的控制权移到了民众手中——在大学内部也体现了这种新的精神。最早奏效的改革，是废除经科，从而使大学具备了成立文、理、医、农、工、法、商等科的可能性。作为上述这项方针的结果，一批大学建立了起来，几乎所有这些大学都完全或基本上贯彻了政府关于教育方面的指示。迄今为止，在北京（首都）有国立北京大学，在天津有北洋大学，在太原有山西大学，在南京有东南大学，在湖北有武昌大学，以及在首都还有其他一些大学，所有这些大学，皆直属中央政府，经费由中央政府拨给。最近，几所省立大学也相继宣告成立，其他一些则正在筹建之中。直隶的河北大学、沈阳的东北大学、陕西的西北大学、河南的郑州大学、广州的广东大学以及云南的东陆大学，都有了良好的开端。其他各省也都在积极筹建它们本省的大学。一些以办学有方而著称的私立大学，如天津的南开大学和厦门的厦门大学，也是值得一提的。至于那些已获得政府承认的学院，更是不计其数。尽管这些大学所设系、科各不相同，但都有同样的组织形式。它们的目标，不仅在于培养人们的实际工作能力，还在于培养人们在各种知识领域中作进一步深入研究的能力。

下面请允许我以一所具体的大学，即我非常熟悉的国立北京大学的一些情况来对我所谈的加以印证。

众所周知，这所大学由于她的起源及独特的历史而具备较完善的组织系统。根据目前的发展趋势和方向，我们很自然地能预见到未来的进展。但是，这种发展趋势和方向的主要特点究竟是什么呢？对此我想说明如下：也许说明整个问题的最简捷的方法，是回顾一下近几年的改革过程，这些改革对北大的发展是有重大意义的。在一九一二年，曾制定了一项扩充北大所有学科的系科计划，但后来鉴于某些系科，例如医科和农科等，宜于归并到其他一些对此已具有良好设备条件的大学中去，因而放弃了这一计划。在考虑了这些情况以后，北大确认对它最必要的，是设置文、理、工、法等科。就这样，北大以这四科发展到一九一六年，成为教育界有影响的组成部分。接着，为了有利于北洋大学和北京工业专门学校，北大又把工科划了出去，以便与上述两校取得协作。随后，不但在国立北京大学，而且在全国范围都发生了一个巨大的变化，那就是：有着众多系科的旧式“大学”（名符其实的“大”学）体制逐渐衰亡，单科（或少数几科）的大学在更具体的规模上兴起。这个变化的最终结果，现在尚无法预测，但就目前而言，其效果是创立了易受中央和地方政府资助的特殊的大学教育形式。由于这个变化，高等教育机构则可能由几个或仅仅一个系（这里所说的“系”与美国大学的“学院”一词同义）组成。

一九二〇年，北大按旧体制建立的文、理、法科被重新改组为以下五个部：

第一部　数学系，物理系，天文系。

第二部　化学系，地质系，生物系。

第三部　心理系，哲学系，教育系。

第四部　中国语言文学系，英国语言文学系，法国语言文学系，德国语言文学系以及行将设置的其他国家的语言文学系。

第五部　经济系，政治系，法律系，史地系。

其他正在考虑开设的系，将按其性质分别归入以上五个部。

当时之所以有这样的改变，其着眼点乃是现行大学制度急需重新厘订，以便适应国家新的需要。此外，还有如下几点原因：

1. 从理论上讲，某些学科很难按文、理的名称加以明确的划分。要精确地限定任何一门学科的范围，不是一件轻而易举的事。

例如，地理就与许多学科有关，可以属于几个系：当它涉及地质矿物学时，可归入理科；当它涉及政治地理学时，又可归入法科。再如生物学，当它涉及化石、动植物的形态结构以及人类的心理状态时，可归入理科；而当我们从神学家的观点来探讨进化论时，则又可把它归入文科。至于对那些研究活动中的事物的科学进行知识范围的划分尤为困难。例如，心理学向来被认为是哲学的一个分支，但是，自从科学家通过实验研究，用自然科学的语言表达了人类心理状况以后，他们又认为心理学应属于理科。摆在我们面前的，还有自然哲学（即物理学）这个专门名词，它可以归入理科；而又由于它的玄学理论，可以归入文科。根据这些情况，我们决定不用“科”这个名称，尽管它在中国曾得到广泛的承认，但我们却对这个名称不满意。

2. 就学生方面来说，如果进入一所各科只开设与其他学科完全分开的、只有本科专业课程的大学，那对他的教育将是不利的。因为这样一来，理科学生势必放弃对哲学与文学的爱好，使他们失去了在这方面的造诣机会。结果他的教育将受到机械论的支配。他最终会产生一种错误的认识，认为客观上的社会存在形式是一回事，而主观上的社会存在形式完全是另一回事，两者截然无关。这将导致自私自利的社会或机械社会的发展。而在另一方面，文科学生因为想回避复杂的事物，就变得讨厌学习物理、化学、生物等科学。这样，他们还没有掌握住哲学的一般概念，就失去了基础，抓不住周围事物的本质，只剩下玄而又玄的观念。因此，我们决心打破存在于从事不同知识领域学习的学生之间的障碍。

3. 现在，我们再看看北大的行政组织。当时的组织系统尽管没有什么人对之有异议，但却存在着很大的问题。内部的不协调，主要在于三个科，每一科有一名学长，唯有他有权管理本科教务，并且只对校长负责。这种组织形式形同专制政府；随着民主精神的高涨，它必然要被改革掉。这一改革，首先是组织了一个由各个教授、讲师联合会组成的更大规模的教授会，由它负责管理各系。同时，从各科中各自选出本系的主任，再从这些主任中选出一名负责所有各系工作的教务长。再由教务长召集各系主任一同合作进行教学管理。至于北大的行政事务，校长有权指定某些教师组成诸如图书委员会、仪器委员会、财政委员会和总务委员会等。每个委员会选出一人任主席，同时，跟教授、讲师组成教授会的方法相同，这些主席组成他们的行政会。该会的执行主席则由校长遴选。他们就这样组成了一个双重的行政管理体制，一方面是教授会，另方面是行政会。但是，这种组织形式还是不够完善，因为缺少立法机构。因此又召集所有从事教学的人员选出代表，组成评议会。这就是为许多人称道的北京大学“教授治校”制。

如上所说，北大的进步尽管缓慢，但是从晚清至今，这种进步已经是不可逆转的了。这些穷年累月才完成的早期改革，同大学教育的目的与观念有极大的关系。大学教育的目的与观念是明确的，就是要使索然寡味的学习趣味化，激起人们的求知欲望。我们决不把北大仅仅看成是这样一个场所——对学生进行有效的训练，训练他们日后成为工作称职的人。无疑，北大每年是有不少毕业生要从事各项工作的，但是，也还有一些研究生在极其认真地从事高深的研究工作，而且，他们的研究总是及时地受到前辈的鼓励与认可。这里，请允许我说明，北大最近设置了研究生奖学金和其他设施。我们中国自古以来就以宣扬和实践“朴素的生活，高尚的思想”而著称。因此，按照当代学者的看法，这所大学还负有培育及维护一种高标准的个人品德的责任，而这种品德对于做一个好学生以及今后做一个好国民来说，是不可缺少的。

为了对上面所提到的高深研究工作加以鼓励，北大还采取了以下一些措施：

（甲）强调教授及讲师不仅仅是授课，还要不放过一切有利于自己研究的机会，使自己的知识不断更新，保持活力。

（乙）在每一个系，开始了由师生合作进行科学方面及其他方面的研究。

（丙）研究者进行学术讨论有绝对自由，丝毫不受政治、宗教、历史纠纷或传统观念的干扰。即使产生了对立的观点，也应作出正确的判断和合理的说明，避免混战。

为了培养性格、品德，还采取了如下一些措施：

（甲）制定体育教育计划：（1）每年进行各种运动技能比赛。与外界举行比赛和其他的室外比赛，吸引了所有的北大师生，其水准可与西方相比。足球、网球、赛马、游泳、划船等活动同样令人喜爱。（2）可志愿参加某些军训项目，特别是童子军运动正在兴起。

（乙）为培养学生对美术与自然美的鉴赏能力，成立了雕塑研究会和音乐研究会。

（丙）学生们利用课余时间在学校附近的文盲及劳工社会服务，深受公众的赞赏。其中最突出的是在乡村地区开展平民讲习运动和对普通市民开办平民夜校。学生们通过这些活动，极大地促进了自己的身心发展。

当中国的青年一代在思想上接受了新的因素之后，他们对政府与社会问题的态度就变得纷繁复杂了。他们热情奔放地参加一切政治活动，这已在全国各地不同程度地表现出来。这种学生运动虽然是当代所特有的（如巴黎与哈瓦那所报道的那样），但在中国的汉代及明代历史上已早有先例。它只是在近几年中采取了更为激烈的反抗形式而已。学校当局的看法是，如果学生的行为不超出公民身份的范围，如果学生的行为怀有良好的爱国主义信念，那么，学生是无可指责的。学校当局对此应正确判断，不应干预学生运动，也不应把干预学生运动看成是自己对学生的责任。现代的教育已确实把我们的学生从统治者的束缚中解放了出来。总的来说，这场活跃的运动已经在我们年青一代的思想中灌注了思想、兴趣和为社会服务的真诚愿望，从而赋予他们以创造力和组织力，增强了领导能力，促进了友谊。但是，这也可能使学生本身受害，危及他们已取得的进步。学校当局正是基于这点才以极大的同情与慈爱而保护他们。

上述的概括，可能已足以说明中国大学教育的总的趋向，这是从我在北大任职期间的个人经历中总结出来的。至于中国教育的发展，特别是目前教育的发展，可能还存在其他倾向；即使在北大，这些带有倾向性的改革，不论其是否起了作用，我们认为它还是很不完善的。更确切地说，我们的改革与实验，使我们确信我们的大学目标与观念仍然是很不成熟的。

蔡元培论著英文打字副本（赵念渝译，许凤岐校）

向世界教育会联合会提出的提案（要点）*

（1925 年 7 月 25 日）

（一）胎教院与育婴院的试验。大意谓现在自幼稚院以至大学，教育制度渐备，而又有淑种学以为根本上改良人种之预备。然自受胎以后，至入幼稚院时期，除所设家庭教育以外，注意者尚少。拟采中国周代胎教之制，设胎教院以安置孕妇。又生儿童后，母亲得携儿住于育婴院，至入幼稚院为止，院中设备，均以调养性情为主。

（二）脱离宗教教育。宗教各宗并立，永不别黑白而定一尊。宜俟成年人自由选择，始合于信仰自由之主义。不宜于幼年时代。

蔡元培提案抄留底稿

---

* 1925 年 7 月 20—28 日，世界教育会联合会在英国爱丁堡举行第二次大会，中华教育改进社推蔡元培前往出席。他因事未能赴会，准备了演说词及提案，由陈宝锷（剑翛）带往大会，原题为《世界教育会两提案》。

中国教育的历史与现状*

——在世界教育会联合会第二次大会上演说词

（1925年7月25日）

今天下午，我荣幸地承大会邀请，要我就我和我的同事所代表的国家的教育问题作一次演讲。我国是这个世界联合会的创始和热情支持的国家之一。这是一次来自全球各地教育界著名代表的会议，会议将讨论大家共同关心的问题。在前几次会议中，经过紧张频繁的小组讨论之后，我并没有想到各位要向我了解些什么。虽然我是东方教育界负较高责任的人，但我以为各位最好还是听取专家们讲一些大家共同关心的问题。我今天要讲的，说不上是什么专门演讲，而只不过是以报告的形式向各位谈谈我对中国教育的过去与现状的一点看法而已。

早期的个别教学制

直到不久以前，中国只重视一种个别教学形式，即与现代教

* 这是蔡元培准备在世界教育会联合会第二次大会上发表的英文演说词，由陈剑翛在7月25日的全体会议上代为宣读。

育家们称之为单一个别教学相类似的一种教学形式。其不同之处，只在于这些学校在京城由国家主办，在其他地区则由各省和乡村主办而已。

进行这种个别教学的高等学校，早在两千年前就出现了，当时称之为“太学”。以后在此基础上又演变为“国子监”的一种教育体制。在“国子监”讲授的是伦理、政治和文学。在这种学院中，如同其他学校一样，班级由教师管理，而学生则接受单独的授课。这种教育形式，看来正是孔子、墨子时代那种单纯由私人讲学的形式的必然发展。孔、墨时代的这种与古希腊学院相当的私人讲学形式，在当时教育界中是颇为突出的、有影响的组成部分。即使在最近的二百年中，这类学校仍可以说是具有一种深远的教育意义。我们在源于早期学院而来的王阳明书院（大学）中，在源于古代教育发展而来的清朝的颜元（习斋）书院中，可以发现其显著的影响。尽管这些制度已经过时，但是我认为它们的历史对当前许多尚未解决的问题仍有所启示。

古代教育的优点

这些古代教育制度的优点，可以简单概括如下：

（1）注重道德伦理的教育和个人修养。

（2）提倡在任何环境与条件下，可以由个人自由钻研学问。

（3）可以因材施教，教学不致因班级中有落后学生而受到影响。

缺点方面

除有上述优点外，还存在着一些缺点，以下几点特别需要提一提：

（1）我国古代学校的课程，过分重视人文学科，特别是文学、考据学等。我国早期的教育制度实际上只重视个人修养的尽善尽美，重视培养个人的文学才能，而不注重于科学方面的教育。

(2) 我国古代的教育目标，主要是使少数人毕生攻读，使他们能顺利通过朝廷举办的各种考试，而考试则是读书人入仕的唯一途径。至于就平民文化而言，它并没有普及教育的明确目标。

最近的变化

清朝末年，即距今约二十五年间，东方发生了迅速的变化，教育为维持其社会生存也不得不作出相应的改革。当时我们面临的问题是：仿照欧洲的方法创办学校，从最基本的幼儿园到大学。

先谈国立学校。我国的国立学校起初都是书院式的，后来逐步转变，先采用日本的教育体制，继而采用德国和法国的，现在则采用英美制。国立学校经过适当的整顿以后，已成为知识界中一种既保持了传统的教育方法而又具有生命力与吸引力的力量。各种学校都开有各种课程，并颁布了以鼓励学生学习为目的的新的升留级和毕业考试制度。

一九一二年，在我负责教育部期间，经过多次教育会议，推行了义务教育。与儿童入学人数增长的同时，我们还设法使那些超龄学生以及从未上过学的人获得学习机会，尽管起初的速度是缓慢的。在各种学校推行的总方针，不单单是培养人们的实践能力，而且还培养人们对知识、技能进行高深研究的能力。这样，人们便有一种希望，而且会不断进步。

革新急需的教育

自本联合会在美国旧金山开会以来，我国进行了一系列的教育改革。

我国已清楚地意识到只有按新的教育制度对年轻的一代进行教育，我国古代文明的发扬光大才可能成为现实。

下面我要谈一下近两年来我国在这方面的活动和取得的进展，

这是值得各位注意的。

科学教育的发展

(1) 首先，我想指出的是重视科学教育。这是近年中国教育的一个显著特点。一九二二年，美国的孟禄博士来华访问，他的考察结果和我们许多人对我国科学教育中存在缺点的看法是一致的。

经孟禄博士的推荐，应中华教育改进社的邀请，美国辛辛那提大学的推士博士来到中国，协助改进我国数学、物理、化学等科的教学方法。第一期培训理科教师的暑期进修班于一九二四年在北京清华大学开办，目前在南京东南大学举办的是第二期。在西方理工科教学中发挥了巨大作用的各种科学仪器、设备与模型，现在也已由上海商务印书馆进行了大量的改进并使之标准化。

教会学校的发展

(2) 我要讲的第二点，是对我们有影响的教会教育。据最近统计，在浸礼会所办学校中入学的学生总数，目前已接近三十万。受到天主教教会学校培养的学生人数，约有二十万五千余人。现在有迹象表明，在这类学校中的学生人数有明显增长的趋势。

可是我们看到，一有教会学校开办，就要宣扬某种宗教教义，就产生新的效果，造成新的影响，从而与我国传统教育相抵触。中国的教会忽视了中国的历史、文学及其他重要的学科，正自行建立另一套与中国国家教育制度相并行的教育制度。不过总有一天会证明，这种教育制度是为中国的国家教育制度所不能相容的。

宗教教育的危害性

此外，虽无明文规定，但中国的教育家们几乎一致反对对青少年进行宗教教育。孩子们天性十分单纯，很容易受到成年人的影响和塑造。同时我们的孩子们的生活环境和传统习惯是非宗教性的，如果我们尊重他们的权利，我们就应该采用这样一种方法来教育他们，即给他们以养成独立思考能力所必需的知识与智力。

民众教育运动

（3）我要讲的第三点，是我国民众教育运动。一九二三年，中华教育改进社的年会在清华大学召开，会议计划成立一个开展扫盲运动的全国性组织。运动立即得到了全国各地的支持与合作。这个运动的宗旨之一，就是要在其教与学中采用白话。如今不仅主要的杂志、报纸和小说，而且连主要的艺术、哲学和社会科学的著作都是用白话文出版的。

两百万学生

因而仅两年间，在普及班上课的学生人数已达约二百万人。不需很久，我们就能在中国看到一个一方面是实行义务教育，另一方面是对文盲课以税款的完善的教育制度。但是，运动的倡导者们也并不因此存在这样的幻想——企图在我们这一代人中就消灭整整两亿文盲。

图书馆在发展

（4）现在让我们来看看中国图书馆事业发展的情况。在我国周朝时就有图书馆了，不过学校里的图书馆只是近来才有的。到今年，拥有较好的现代化设备的大学图书馆已达十二个。在我国代表前来欧洲参加这次大会时，我国正在成立一个全国性的图书馆协会。这个协会的宗旨是为了建立更多的图书馆，为了探求管理图书馆的更好方法并吸引更多的一般读者和高级读者来利用图书馆。我国的图书馆正不失时机地积极工作，以期获得更大的成就。还有一些图书馆正争取获得美国的援助，希望能从对美庚子赔款中得到拨款，来建立更多的公共图书馆。

学生问题

现在请大家允许我谈一下中国的学潮问题，不过我并不是想在这里引起争论。中国的学潮是与中华民族争取自由的运动紧密相连的，而自由问题则是当前的一个具有广泛性迫切性的世界问题。

我们都在这里讨论如何通过学校教育促进国际和平，可是在会外有谁响应我们呢？根据中国的现状，我认为我们应该开始制订计划以促进国际友好，在国与国之间加强相互了解和谋求公平的待遇。

深刻的变化在发展

在中国，至少也有四至五亿人民，由于受现代教育的影响，由于受到正义、人道主义崇高信念的鼓舞，在他们中间不断激起思想变革。女士们，先生们！虽然在二十世纪中还不能看到这个运动的全部结果，但它的发展，必将深刻地改变欧洲和美洲一般对中国所持有的政治见解。

谈到学生，我的声明也曾谈到现代教育的确把我们的学生从权威的束缚下解放出来。由于这个新运动对中国青年一代产生的影响，现在他们对一切政治问题的看法已变得复杂多样了。

中国古代就有学生运动

虽然目前的学生运动有其当前的时代特征（如同来自巴黎、哈瓦那和别的地方的报告所表明的那样），但中国远在汉朝、明朝就有学生运动了。从教育家的观点来看，如果学生以一个公民的身份，抱着真诚的信念与对爱国主义的正确理解进行活动的话，就不能说他们全都是错误的。

培养了理想

除了这些以外，由于这个生气勃勃的运动把为社会服务的理想、兴趣和希望灌输到青年们的心中，从而培养了他们的组织和管理才能，锻炼出领导能力并树立了集体观念，这场运动使学生获得了无可估计的效果。

灵活公正地管理学生

但是，运动的发展，也同样有可能使学生本身及他们已获得的进步受到损害，这是一个既复杂又冒险的问题。为此我们的教育工作者应满腔热忱地去关心、爱护学生，公正地对待每个学生的同时，努力探索一些灵活的管理方法，旨在使他们能冷静地思考问题，从而获得更大的进步。

我深信各位在座的教育家，一定会以一种不偏不倚的态度来认识到促进世界和平事业的生命力与价值，并以一种宽宏与公正的精神，为这项国际性事业找到更好的措施。的确，通过学校教育工作来促进世界和平，是教育的一个十分重要的问题，再没有任何问题会有这样艰巨、这样重要了。

蔡元培《中国教育的历史与现状》(*Chinese Education*：*Its Present and Its Historical Condition*，北京先驱出版社1925年所印英文专刊)

(徐正文译，陈光鼎校)

致英国庚款委员会函

（1926 年 3 月 20 日）

庚款委员会诸先生鉴：

闻诸先生正在征集各方意见，为将来分配用途之准备。鄙人敬陈所见，以备参考。鄙人于一九二四年在伦敦时，曾对于庚款用途发表意见，以两原则为前提：

（一）以庚款的全数，办理一种大规模的事业，为永久纪念。

（二）此大规模的事业，必为中国教育上目前所最需要者。

鄙人又认中国教育上目前所最需要者，为科学的教育，故主张以庚款全部办一科学博物院，包有陈列、试验、演讲、研究、编印图书杂志等事，以一部分为开办费，而以一部分为继续维持及积渐扩张之基本金。

现虽事隔两年，而鄙人之主张如故。惟有当声明者三事：

一、博物院之名，易使人疑为偏重陈列，而忽于研究、推行等事，拟更名为科学院。

二、既注重科学教育，而以大规模的科学研究院为大本营，对于各地方研究科学的机关，自有助其发展之同情。应以一部分庚款为各地方科学机关之补助。

三、对于各地方高等教育机关，酌拨科学讲座与研究生公费额与派遣留英学生之基本金，而此类研究生，包括在本国研究与到英国留学两类。

右列意见，如蒙诸先生采纳，甚幸。

蔡元培　一九二六〈年〉三月二十日

蔡元培手稿

十五年来我国大学教育之进步

（1926 年 10 月 10 日）

每年国庆日，必有许多悲观的论述。说是民国成立以来，军阀这样专横，政客这样腐败，因而使人民这样困苦，毫无真正民国的现象。国庆日不是可庆而是可吊的，我也何尝没有这种感想。然而国民的责任，一方面固然要握有政治实权，整理全国；一方面又要从社会上尽力，使文化逐渐增高。现在我国的人民，自卫自治的能力，尚未充实，不能立刻夺回政权于军阀政客之手而自行处理，固然有愧于民国国民的资格，然而社会事业，这十五年中，却有显著的进步。我不用说别的，只要把大学教育进步的状况说一说，就可以证明了。

就数量上说，元年，惟北京、山西各有国立大学一所。各省公立的，止有高等学堂，如今的大学预科，没有大学。私立大学，除教会所设者外，没有预料。到了现在，在北京国立的，增了师范、女师范、医科、农科、工科、法政、女子等大学，虽其间有仅足当大学之一科的，而终不能不认为独立的大学。又素有美国大学预备科〈之称〉的清华学校，已扩为大学。在江苏与广东，增了东南与广州两大学。天津的北洋、上海的南洋与同济，均扩为大学了。在上海又增了一个政治大学。省立大学，在云南、陕西、四川、湖北、湖南、河南、山东、直隶、奉天等处，都已成立。浙江、安徽，也有成议。私立的，在北京有中法、朝阳、中国、民国、华北、平民等之十所。在上海，有复旦、大同、中国公学大学部、大夏、光华等等之十所。在福建，有厦门大学。总算起来，有八十几所。虽其中程度不及大学而冒用大学之名的很不少，然而名副其实的，只要有四分之一，也就十倍于民国元年了。

就内容上说，仅就名副其实的大学说一说，有几种是认为进步的优点：（一）从前大学，科目甚不完备，求曾在大学毕业之人来任大学教员，已苦于不易得，不得已仍以旧时代所谓学者充之。现今在国内外大学毕业的，岁有增加，除了一部分对于学问有十分兴趣，愿委身于教育者外，就是热心办事的学者，也因没有相当的事业可以担任，而愿尽力于教育界，所以各大学延聘教员，尽有选择余地，而教员也很自重，不肯敷衍了事。（二）从前大学，以教员印发讲义，而在讲堂上照讲义演述一遍，便称尽责。并且这种讲义，年年如此，永不修增，学生领了讲义，就算得了学问，不要笔述，也不要备参考书，不要做实验的工夫。现在的大学，注重于图书仪器的设备，教员对于所教的学科，不断的继续研究，因而每次必有增加的新材料，且督率学生，尽自行试验自行参考的义务。所以较善的大学，必有较完备的实验室与图书馆，不光是空空洞洞的几个讲堂了。（三）从前大学，还是科举的变相，所望于学生的，是毕业后可以供政府的任用。学生也抱了一种升官发财的目的而来，只要熬到毕业年限，骗到一张毕业证书，就可以别图发展。平日本来无需特别的用功，至于讲堂上课以外，更没有什么需要了。现在知道大学对于学生，不但传授学术，更有养成人格的义务。所以于指导学生切实用功以外，还有各种体育、美育的设备，辩论演说的练习，游历调查的组织，以引起学生自尊人格、服务社会的精神。就这几点看来，不能不说今日的大学，比十五年前已经进步得多了。

还有一事，值得特别标举的，是现在大学渐共趋于设立研究所之一途。因大学的责任，本不但在养成一种人才，能以现在已有的学术，来处理现在已有的事业，而在乎时时有新的发现与发明，指导事业界，促其进步。所以大学不但是教育与指导学术于学生的机关，而实在是教员与学生共同研究的机关。民国元年，教育部所定的大学规程，本有研究所一项，而各大学没有举行的。国立北京大学于七年间曾拟设各门研究所，因建设费无从筹出，不能成立。十年议决，归并为自然科学、社会科学、国学、外国文学四门。而国学门即于十一年成立。五年以来，其中编辑室、考古学研究室、明清史料整理会、风俗调查会、歌谣研究室、方言调查会等，已著有不少的成绩，所著录研究生之十二人，也已有十二人贡献心得的著作。其他若地质学系、物理学系等，虽未立研究所名义，而教员研究所得，已为社会所推许。最近两年来，清华大学已设立研究院，而厦门大学也有国学研究所的组织，这尤是大学教育进步的明证。

古人说："国于天地，必有与立。"立国之本，在实业与教育，而教育负有养成实业人才的任务。所以教育进步，确为国民进步的符验。没有好的小学，就没有好的中学生；没有好的中学，就没有好的大学生。所以有人说，小学没有办好，就不必设中学，中学没有办好，就不必设大学，这固然有一方面的理由。然而大学教育不好，就没有办中等教育的人才，中等教育不好，就没有办初等教育的人才，不也是有理由的吗？我是最接近于大学教育的人，所以由大学教育的进步，而推想教育界全体的进步；又由教育进步而推想实业的进步。只要从此进步不已，那政治、军事上的纠纷，是没有不可以解决的。我想过了几年，我们的国庆日，一定可以达到不可吊而可庆的程度。

《申报》1926年10月10日国庆纪念增刊

爱国女学二十五周年纪念会演说词*

（1926 年 12 月 1 日）

今日爱国女学校二十五周年的纪念节，我不能亲来祝贺，抱歉得很。今把我要说的话写出来，请内子养浩代我说一说。

诸位看着本校有这许多学生，学科这样完备，校舍也这样宏敞，而且建筑校舍的地基也已经规定，不久就可以着手建筑，将以为本校是向来这样容易发展的。殊不知二十五年前初建设的本校，实在简陋不堪。

当民国纪元前十年顷，我与前继室黄仲玉结婚后，同来上海，寓新马路登贤里。那时候，林少泉先生偕他的夫人与他的妹子宗素女士由福建来上海，而通电反对大阿哥的经连山先生有意提倡女学。曾于吾寓中开会一次，到会的女士，除林氏两位外，有韦增佩、增瑛姊妹，吴弱男、亚男姊妹，薛锦琴、陈撷芬诸女士；男子除林、经二先生外，有蒋智由、陈梦坡、吴彦复诸先生。于是有开办女校的计画。到这一年的冬季，就由我与蒋、陈、林、

* 1926 年 12 月 1 日，爱国女学二十五周年纪念会时，蔡元培撰写此篇，由夫人周养浩到会代为宣读。

吴诸先生开办这所女学校了。尔时，又由蒋先生介绍乌目山僧，因彼是罗伽陵夫人的代表，愿出点捐款，助我们成功。

开办的时候，所有学生，都是发起人的眷属，教员就是发起人。公推蒋先生任校长，不到一个月，蒋先生要往日本游历，把校长的职务卸给我了。到第二年的正月，年纪大一点的旧学生，都不能来；我们招了几个小学生，只请了一位专任的教员，其余的功课，我与仲玉担任了。等到南洋公学散学以后，组织一个爱国学社。学社的名，就是从本校推用过去的，因为那时候，本校的发起人已经同别的学者组织了一个中国教育会，本校与爱国学社，都作为中国教育会所办的事业。尔时，学社设在泥城桥，从吴稚辉先生的劝告，把本校移到学社左近。于是社中学生的姊妹，竞来就学，学生人数渐多。中国教育会的会员，来任教员的也较多，如王小徐先生的数学，叶浩吾先生的史学，吴稚辉先生、蒋竹庄先生的国文，钟宪鬯先生的理科，都是不可多得的好教员。

爱国学社解散后，我辞了本校校长，请钟宪鬯先生继任。适逢张竹君女士到上海，宣传女子职业的重要，提倡手工，本校增设手工班，招特别学生，来学者及数百人。后来，张女士拟自立手工学校，学生有去此就彼的。钟先生辞职，中国教育会仍令我任校长，我的从弟国亲，同乡何阆仙先生、吴丹初先生都来帮助。办了一年多，我要回绍兴办学务公所，又辞职。嗣后，经徐紫虬先生、蒋竹庄先生、徐固卿先生、宋侠公先生与季融五先生的继续经营，才有现在的盛况，较之我从前办理的时候，真不可同日而语了。我深喜本校现在的光荣，并祝将来不断的发展。

《上海爱国女学校二十六周年纪念刊》(1927 年 12 月出版)

读书与救国

——在杭州之江大学演说词

(1927年3月12日)

今天承贵校校长费博士介绍，得来此参观，引为非常的荣幸！贵校的创设，有数十年的悠久历史，内中一切规模设备，甚是完美，不用说，这个学校是我们浙江惟一的最高学府，青年学子，不必远离家乡，负笈千里，即可求得高深学问，这可不是我们浙江青年的幸福吗？

我看贵校的编制，分文、理二科，这正合西洋各大学以文、理为学校基本学科的本旨。我们大家晓得，攻文学的人，不独要在书本子里探讨，还当受大自然的陶熔。是以求学的环境，非常重要。请看英国牛津大学和美国哥伦比亚大学①，他们都设在城外风景佳绝之地；因此，这两个学校里产生的文学巨子，亦较别校为多。贵校的校址，负山带河，面江背湖，空气固是新鲜，风景更属美丽。诸位求学于如此山明水秀之处所，自必兴趣丛生，收事半功倍之效。所以我很希望你们当中学文科的人，能多多造成

---

① 美国哥伦比亚大学并非在城外风景绝佳之地，恐记录有误。

几位东方之文学泰斗。

印度文明，太偏重理想，不适合于二十世纪的国家。现在是科学竞争时代，物质万能时代。世界上的强国，无不是工业兴隆，对于声光化电的学问，研究得至微至细的。什么电灯啦，电报啦，轮船啦，火车啦，这些有利人类的一切发明，皆外人贡献的。我们中国就是本着古礼“来而不往，非礼也”的公式，也应该有点发明，与世界各国相交换才是。这个责任，我希望贵校学理科的诸位，能自告奋勇地去担负起来。

现在国内一般人们，对于收回教育权的声浪，皆呼得非常之高，而我则以为这个时期还没到。试问国立的几所少数学校，是否能完全容纳中国的学生，而使之无向隅之憾呢？中国目下的情形，是需要人才的时候，不应该拘执于微末之争。至云教会学校的学生，对于爱国运动，很少参加，便是无爱国的热忱，这个见解更是错了。学生在求学时期，自应惟学是务，朝朝暮暮，自宜在书本子里用功夫。但大家不用误会，我并不是说学生应完全的不参加爱国运动，总要能爱国不忘读书，读书不忘爱国，如此方谓得其要旨。至若现在有一班学生，借着爱国的美名，今日罢课，明日游行，完全把读书忘记了，像这样的爱国运动，是我们所不敢赞同的。

我在外国已有多年，并未多见罢课的事情。只有法国一个高等学堂里，因换一教员，同时有二人欲谋此缺，一新派，一旧派，旧派为保守党，脑筋旧，所以政府主用新人物，因此相争，旧派乃联络全城的高等学校罢课。当时西人认为很惊奇的一回事。而我国则不然，自五四以后，学潮澎湃，日胜一日，罢课游行，成为司空见惯，不以为异。不知学人之长，惟知采人之短，以致江河日下，不可收拾，言之实堪痛心啊！

总之，救国问题，谈何容易，决非一朝一夕空言爱国可以生效的。从前勾践雪耻，也曾用“十年生聚，十年教训”的功夫，而后方克遂志，所以我很希望诸位如今在学校里，能努力研究学术，格外穷理。因为能在学校里多用一点功夫，即为国家将来能多办一件事体。外务少管些，应酬以适应环境为是，勿虚掷光阴。宜多多组织研究会，常常在试验室里下功夫。他日学成出校，为国宣力，胸有成竹，临事自能措置裕如。一校之学生如是，全国各学校之学生亦如是，那末中国的前途，便自然一天光明一天了。

（王裕凯笔记）

《知难》周刊第 2 期（1927 年 3 月 12 日出版）

提请变更教育行政制度之文件

（1927年6月7日）

（一）国民党中央政治会议咨文

为咨行事：

第一百〇二次政治会议，准蔡委员元培提出教育行政委员会呈文一件，请变更教育行政制度，以大学区为教育行政之单元，区内之教育行政，由大学校长处理之。凡大学，应设研究院，为一切问题交议之机关。特拟具大学区组织条例八项，及大学行政系统表，请核议施行等语。当经决议：由国民政府核议施行①。相应录案，并检奉原呈附件，咨请查照办理。此咨

国民政府

中央执行委员会政治会议

十六年六月七日

① 1927年6月27日，中央政治会议第109次会议，正式通过试行大学区案。

（二）请变更教育行政制度呈

呈为呈请变更教育行政制度，以一事权，而利教育事：

窃职会鉴于吾国年来大学教育之纷乱，与一般教育之不振，其原因固属多端，而行政制度之不良，实有以助成之。教员勤于诲人者已不多得，遑论继续研究，欠薪累累，膏火不继，图书缺略，设备不周，欲矫此弊，自宜注重研究之一端。凡大学，应确立研究院之制，一切庶政之问题，皆可交议，以维持学问之精神，此制度之宜改良者一也。一般教育之行政机关，簿书而外，几无他事。其所用以为判断之标准者，法令成例而已，不问学术根据之如何，于是而与学术最相关之教育事业，亦且与学术相分离，岂不可惜？自宜仿法国制度，以大学区为教育行政之单元，区内之教育行政事项，由大学校长处理之，遇有难题，得由各学院相助以解决之，庶几设施教育得有学术之根据，此制度之宜改良者又一也。本以上两要旨，兹特拟具《大学区组织条例》八项、《大学行政系统表》，一并呈上，是否有当，统祈核示祇遵。谨呈

国民政府

教育行政委员会

附：大学区组织条例

一、全国依现有之省分及特别区，定为若干大学区，以所在省或特别区之名名之，如浙江大学、江苏大学等。每大学区设校长一人，总理区内一切学术与教育行政事项。

二、大学区设评议会，为本区立法机关。

三、大学区设秘书处，辅助校长，办理本区行政上一切事务。

四、大学区设研究院，为本大学研究专门学术之最高机关。院内设设计部，凡省政〈府〉关于一切建设问题，随时可以提交

研究。

五、大学区设高等教育部，设部长一人，管理本部各学院，及其他大学，及专门学校，及留学事项。

六、大学区设普通教育部，设部长一人，管理区内公立中、小学校，及监督私立中、小学教育事业。

七、大学设扩充教育部，设部长一人，管理区内劳农学院及关于社会教育之一切事项。

八、大学区评议会、秘书处、研究院、高等教育部、普通教育部、扩充教育部之组织与职权，别定之。

九、本条例经国民政府核准后，暂在浙江、江苏等省试行之。

附：大学行政系统表

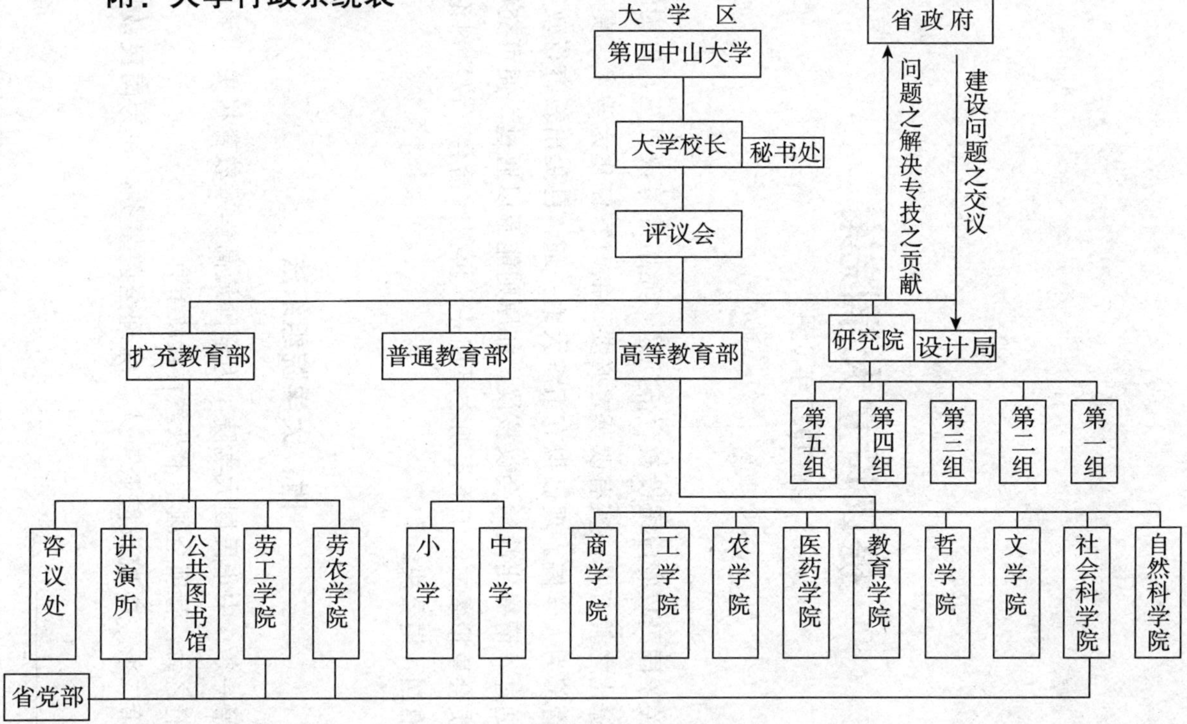

舒新城编《近代中国教育史料》第四册（中华书局 1933 年第 3 版），参阅《国民政府公报》第 7 号（1927 年 7 月 1 日）、第 8 号（1927 年 7 月 11 日）

提议设立大学院案*

（1927 年 6 月）

关于国民政府应添设教育部问题，元培等筹议再三，以为近来官僚化之教育部，实有改革之必要。欲改官僚化为学术，莫若改教育部为大学院。现已拟有组织大纲一通，已提出教育行政委员会通过，请提出政治会议核议。如原则能予以通过，便可交法制委员会草拟条文，于下星期之星期一，再提政治会〈议〉讨论。是否有当，请公决。

附：大学院组织法

第一条　中华民国大学院，为全国最高学术教育机关，承国民政府之命，管理全国学术及教育行政事宜。

第二条　本院设院长一人，综理全院事务，并为国民政府委员。

---

* 此案经国民党中央政治会议第 105 次会议议决，任命蔡元培为大学院院长。其组织条例，交法制委员会修订，于 6 月 27 日正式通过。

第三条　本院设大学委员会，议决全国学术上教育上一切重要问题。

第四条　大学委员会，由各学区中山大学校长、本院教育行政处主任及本院院长所选聘之国内专门学者五人至七人组织之，以院长为委员长。

第五条　本院设秘书处，置秘书长一人，秘书若干人，承院长之命，办理本院事务。秘书长兼任大学委员会秘书。

第六条　本院设教育行政处，置主任一人，处员若干人，承院长之命，处理各大学区互相关联及不属于各大学区之教育行政事宜。

第七条　本院设中央研究院，其组织条例另定之。

第八条　本院得设劳动大学、图书馆、博物院、美术馆、观象台等国立学术机关，其组织条例另定之。

第九条　本院于必要时，得设学术上及教育行政上各项专门委员会，其组织条例临时订定之。

第十条　本院办事及议事细则另定之。

第十一条　本法自国民政府公布之日施行。

《教育杂志》第19卷第7号（1927年7月出版）

附：中华民国大学院组织法草案①

第一条　中华民国大学院为全国最高学术②机关，承国民政府之命，管理全国③教育行政事宜。

---

①　此篇系教育行政委员会负责人员起草，经蔡元培详加修改，再由他提交国民党中央政治会议讨论。

②　蔡元培在此处加“教育”二字。

③　蔡元培在此处加“学术及”三字。

第二条　本院设院长一人，由①国民政府委员兼任之②。

第三条　本院设大学委员会，会议关于本院一切事宜③。

第四条　大学委员会由院长就有下列资格者，聘请若干人为委员组织之，以院长为委员长（国民政府任命）。

（一）各学区中山大学校长；

（二）各部主任；

（三）其他富有教育经验之学者④。

第五条　本院设秘书长一人，秘书若干人，组织秘书处⑤，承院长之命，办理本院事务。秘书长兼任大学委员会秘书。

第六条　本院设教育行政部，内⑥置主任一人，部员若干人，辅助院长，处理不属于各大学区及各大学区互相关联之教育行政事宜。

第七⑦条　本院得设中央研究院及⑧劳动大学、图书馆、博物院、美术馆、观象台等国立学术机关，其章程另定之。

第八⑨条　本院于必要时，得设立学术基金委员会等⑩项专门

---

① 蔡元培将“由”字改为“兼任”二字。

② 蔡元培删去“兼任之”三字。

③ 蔡元培将“本院一切事宜”改为“全国学术上、教育上一切重要问题”。

④ 蔡元培将此条改写为：“大学委员会由（一）各学区中山大学校长，（二）本院教育行政部主任，（三）本院院长所选聘之国内著名学者组织之，以院长为委员长。”

⑤ 蔡元培将此句改为“本院设秘书处，置秘书长一人，秘书若干人”。

⑥ 蔡元培删去“内”字。

⑦ 蔡元培将“七”改为“八”，另立“第七条，本院设中央研究院，其章程另定之”。

⑧ 蔡元培删去“中央研究院及”六字。

⑨ 蔡元培将“八”改为“九”。

⑩ 蔡元培将“学术基金委员会等”改为“学术上及教育行政上各”十字。

委员会，其章程另①定之。

第九②条　本院办事及议事细则另定之。

第十③条　本法自国民政府公布之日施行。

蔡元培修改草稿

① 蔡元培将“另”改为“临时”二字。
② 蔡元培将“九”改为“十”。
③ 蔡元培将“十”改为“十一”。

在晓庄师范学校演说词*

（1927 年 10 月 2 日）

今天承陶校长及诸位同学欢迎，感激得很！前次诸位要我到此地来演讲，后来因为事务繁忙，致未果行，非常抱歉。我对于现在，真是挂着一个空的董事长的牌子，因为第一件，此地校里很重要的原则，教法、学法、做法合一，我就没有做到。不过我极相信此法是有至理，而且是很自然的。比如雏燕的能够飞，一方面老燕子要教雏燕飞，雏燕看见老燕的怎样飞法，于是就效着做同样的飞法，终于雏燕亦能飞了。在这一件很小的事内，就可以看出教、学、做是应当合一的。又如小猫要学大猫捕鼠，大猫一定要做捕鼠的姿势给小猫看，这也是寓有教、学、做应当合一的原理在里边。我们小的时候，说话、跑路和其他做的事情，父母并不是认真的要来教我们做，把说话和跑路当作一种功课，不过因为有父母在旁边说话、跑路，我们就在自然而然的中间受父母的暗示，同化而学会了。这也可以知道教、学、做是应当合一的。

---

* 此篇为记录稿，原题为《蔡董事长训词》。

中国学校开创得最早，在舜的时候，已经有学校了。不过从前的私塾学校里所教的是些四书五经，和家庭的生活实在是格格不相入的。这种便是以前私塾的坏处。诸位现在在此所读的书，都是以每月的生活为根据的，这种制度实是现代教育方法中最好的一种。当我出洋到德国的时候，杜威先生恰在芝加哥开办一个学校，这个学校一切功课，也是根据于实际生活的，从实际生活上讲到世界一切的学问。我的小儿进了法国的一个农业学校。平常的农业学校，都是空口讲而不实习的。但该校却和普通的不同，该校学生都能穿木头的鞋子，能够锄地挑粪。小儿在该校毕业出来时，身体比从前好得多了，头脑里关于从前给习惯所熏染成的一切不平等思想也都除掉了。于此可见，教、学、做合一是很有功效的，不过我在当时是很觉得，而没有将他结合成教、学、做合一的思想。

中国目下最重要的问题，便是经济了。我们睁眼一看，便看见许多不做工、不劳力的，所享的权利反多；终年劳动者所享反少。所以现在的理想，对于农人，便须耕者有其田，那便可减少许多关于田主与佃户间的纠纷与不平等。对于工厂、商店，现在都是厂主与店主得利多，而厂工与店伙得利少，这也是一种不平等的事。我们以后须使工人自己做工厂的股东，把工人与厂主打成一片，分不出一点不平等的痕迹来，商店也是如此。

中国农人占全国国民总数的最多数，所以我们现在要想改良一切制度，都应当在农人的头上做起。现在诸位到此，都抱有大志研究乡村教育，这是我所非常赞同的。不过我不能和诸位共同生活，我是很抱歉的。但我在旁边总当极力帮助诸位成功，敬祝诸位努力。

程本海《在晓庄》（中华书局 1930 年出版）

在南京特别市教育局演说词

（1927 年 10 月 30 日）

本日承市教育界诸君欢迎，极感愉快。教育事业重要，已为各方所公认。但教育程度，愈高愈妙，故由小学而中学，而大学，而研究院。惟欲高级教育昌明，则非使低级教育良好不可，所谓基础教育是。小学教育不良，则中学教育必不佳，大学更不能问，遑云研究院。若然，则普通教育实为各级教育之根本。中国新教育事业，迄今不过三十年。在此三十年，而至今日，吾人能否指出某一校能满意，结果无论任何学校，均似太不完备。但如何而能良好，而能满意？言及于此，则非先有良好模范与榜样不为功。南京为首都之区，即榜样场所，此地能将教育办理完美，则他省亦受良好之影响；反之则足影响地方教育之不良。余言至此，余认为今日之首都，普通教育职员实负非常之责任。今日就余所知所觉者，认为人人对教育确有三点应特别注意，兹分别述之，以资贡献。

（一）养成科学头脑

余所谓养成科学头脑者，不但养成几许科学家，而实希望教育家，无论何地何时，对于任何事件，均以科学眼光观察之，思考之，断定之。余意任一事之结果，自己相信，决不盲从，务以科学有条理的方法去应付，然后方能不说乱话，不做错事。总理所著之《三民主义》《建国大纲》等，皆依社会现象与国家环境，本科学手腕与各方法而著成。诸位信任三民主义，亦非强迫的与盲从的；盖凭科学方法观察之结果，而信任之，服从之。国民政府现设大学院，院中设中央研究院，院中各种学科，如天文、地理、历史、教育、心理、美术、哲学等，皆依科学方法研究之，探讨之。研究之人，专召集各大学区之大学教授及大学高材生等。中小学生，虽无研究此高深学科之能力，但亦须慢慢养成此种科学头脑，以待将来之用。

（二）养成劳动习惯

人之动作，非仅凭脑，脑部之外，尚有手足。苟只凭用脑力研究学问，而不劳力，则身体上不能获得平均之发达，以致年龄愈大，脑力愈衰。劳力者一字不识，仅以力量工作，有如蜂、蚁，结果恐永无进步。是故研究教育事业，必须脑力、劳力同时互用，否则不能有良好结果。一般文学家，往往有特殊脾气，其原因，即系脑与力不能并用，身体发达不平均，致有此种流弊。孔子所谓应洒扫应对进退，即劳动之意。而今日学校中运动，本劳动之本旨。他如猫在幼时，常以爪为游戏，即将来捕鼠之预备工作；幼女抱小儿，即将来为人母之预备工作；凡此种种，均劳动之意也。至此，余乃忆及从前杜威博士在希腊办一师范学校，不上课，只作工。同时即利用此机，以运用教授方法。其所做工作，如缝衣、烹调、造饭等。而此种工作，必需调味料、动植物及布匹丝棉等。于是植物学、动物学、地理学、历史学、物理学、几何学、卫生学、化学等课程，随之而出。进一层言，脑力与劳动同时并进之好处，非独养成身体发达之平均，而最大关键，乃在打破劳动阶级与智识阶级之界限。现在上海办一劳动大学，内分两部：一部招收一般高级工业校毕业生入肄业，以工厂为学业，为生活；

另设劳工补习班，以灌输相当智识给一般劳工。浙江亦有劳农学院，半工半读；乡间设夜班，或冬季班；凡此种种，均系实现教育之劳动习惯也。

（三）提倡艺术兴味

人生由小而长，而老，而死，苟无艺术之调和，则一世生活，真无兴趣之可言。孩提之童，信口歌唱，即美术上之天籁以□。教育方面之艺术，并不限于课程范围内，课程之外，如举动谈话，亦有美术兴趣。而美之重要条件，在复杂与条理。今有一物，外观建筑极为美观，但内部一无所有，殊少兴趣。又如南京之夫子庙，组织固复杂，但太散漫，亦不甚好。美术事业，重在合各派于一炉而支配之。如金陵大学、金陵女大、燕京、协和等大学，其建筑外观，均为宫殿式，所谓东方艺术；而内部则以西洋美术方法组织之。美术事业，又重在改良自己之固有者及改造环境现象为一要义，不能盲从，更不可强人盲从。苟仅知描写模仿，而不知创造，则不配称之曰美术家。故艺术兴味，确为教育上第一要义。

以上三点，望到会诸位深思之。

蔡元培演说词记录稿

提议教育经费独立案*

（1927年12月22日）

窃维教育为国家根本，伏读总理手定国民党政纲对内政策第十三条云：厉行教育普及，以全力发展儿童本位之教育，整理学制系统，增高教育经费，并保障其独立。足征教育经费独立之重要。方今东南底定，北伐进展，已渐入建设时期；而最关国本之全国教育，尤须急起直追，尽量发展。职部、院遵从遗训，谨守党纲，已将学制系统分别厘订，并筹备教育银行，指拨各项附税，充作基金，为增高教育经费之预备。惟细查全国教育经费，种类繁多，数目复杂，若任其散漫无稽，不加清理，于独立精神相去尚远。职部、院往复筹商，拟请钧府通令全国财政机关，嗣后所有各省学校专款，及各种教育附税，暨一切教育收入，永远悉数拨归教育机关保管，实行教育会计独立制度；不准丝毫拖欠，亦不准擅自截留挪用；一律解存职院，听候拨发。如此，则教育经费与军政各费完全划分，经济公开，金融巩固，全国教育永无废弛停顿之虞。即将来整顿护

---

* 此案经国民政府委员会第26次会议决议通过。

充，亦得随时通盘筹划，不致徒托空言，束手无策。党国前途，实利赖之。

是否有当，请

公决

孙 科

蔡元培

《国民政府委员会议事记录》（油印本）第315卷

《大学院公报》发刊词

（1928 年 1 月）

民国纪元以前，管理学术及教育之机关曰学部；民国元年，改为教育部；依教育一辞之广义，亦可以包学术也。顾十余年来，教育部处于北京腐败空气之中，受其他各部之熏染；长部者又时有不知学术教育为何物而专骛营私植党之人，声应气求，积渐腐化；遂使教育部名词与腐败官僚亦为密切之联想。此国民政府所以舍教育部之名而以大学院名管理学术及教育之机关也。

大学院成立以来，所努力进行者凡三。

一曰实行科学的研究与普及科学的方法

我族哲学思想，良不后人，而对于科学，则不能不自认为落伍者。虽曾自夸为罗盘、火药、印刷术之创造者，然而今日西洋人所用之罗盘，其复杂为何如？彼等所用之弹药，其猛烈为何如？彼等所流行之印刷术，其敏捷为何如？其他可由此类推。且不但物质科学而已，即精神科学，如心理学、美学等，社会科学如社会学、经济学等，在西人已全用科学的方法，而我族犹囿于内省及悬想之旧习，科学幼稚，无可讳言。近虽专研科学者与日俱增，而科学的方法，尚未为多数人所采用，科学研究机关更绝无仅有。

盖科学方法，非仅仅应用于所研究之学科而已，乃至一切事物，苟非凭借科学，明辨慎思，实地研究，评考博证，即有所得，亦为偶中；其失者无论矣。本院为实行科学的研究与普及科学的方法起见，故设立中央研究院，以为全国学术之中坚；并设科学教育委员会，以筹划全国科学教育之促进与广被。

二曰养成劳动的习惯

现今世界之大问题，在劳心者与劳力者对待。前者对于人人所必需之生产品，常有不劳而获之机会；后者则过劳而所获乃无几，至不足以赡其生。不平之鸣，随在皆是；仇视惨杀之局，亦由是酿成焉。欲救其弊，在使劳心者亦出其力以分工农之劳；于是劳力者得减少其工作之时间，而亦有劳心之机会。关于生产之农工业，人人皆须致力；关于科学美术之文化，亦人人皆得领略。阶级既泯，待遇自然平等，而仇视惨杀之祸消矣。本院是以直接设劳动大学，其中有高等、中等班，使平日偏重劳心之学者，兼为劳力之工作；有工农夜校，使平日偏重劳力之农工，亦有劳心之课程。至于普通中、小学校，亦将列劳动于课程之中，养成其习惯；并将采用大学委员会李石曾委员之说，仿征兵制，使每一学生，于中学毕业后，有服劳一年以上之义务焉。

三曰提起艺术的兴趣

希腊之苏格拉底，吾国之王阳明，皆以为即知即行，而孔子有“民可使由之，不可使知之”之言，孟子有“终身由之而不知其道者众”之言，此孙中山所以有“行之非艰，知之维艰”之学说也。然而知杀人为罪恶者，或不能临时而容忍；知航空之理论者，或不敢冒险而飞行，何哉？感情兴奋之时，非理智所能调节；感情沉滞之时，非理智所能活泼也。孰调节之？孰活泼之？曰艺术。艺术者，超于利害生死之上，而自成兴趣，故欲养成高尚、勇敢与舍己为群之思想者，非艺术不为功。本院是以有艺术教育委员会，负计划全国艺术教育之责，并直接设立音乐院；明年将开美术展览会；其他若美术学校、美术馆等，亦将次第成立焉。

本院主义上之注意点既如上述，其组织上亦多与旧式教育部不同。其最要之一点，即大学委员会，此委员会以各国立大学校长、本院教育行政处主任及本院所推举专门学者五人至七人组织之，以本院秘书长为秘书。委员会有推荐本院院长及讨论学术上、教育上重大方案之权。以学者为行政之指导，此亦以学术化代官僚化之一端也。

本院公报将付印，因记大学院之特点，以告读者，即以充公报之发刊辞。

《大学院公报》第1卷第1期（1928年1月出版）

提议以俄英退还庚款充教育基金案*

（1928年2月1日）

窃查教育文化为一国立国之根本，而科学研究，尤为一切事业之基础。本党总理以知难行易学说倡导天下，卒能实现国民革命。今全国军事告终，训政开始，一切有关国计民生之建设，均应次第进行，而训练专门人才，充实研究机关，尤为当务之急。

近年各国立大学及研究院，因受军事影响，经、临各费，皆感困难，重以金贵银贱之风潮，一切外来图书、仪器，及建筑材料之代价，约增加至百分之五十左右，即使预算之经费可得，衡诸金价已不啻暗打六折，故国内建设之呼声虽高，而学校及研究机关，反露萧条窘迫之象；不求真知，何来实况？当训政建设开始之时，似应为各国立大学及研究院妥筹建设经费，以促进科学之应用，与专家之养成，庶训政之基础，得以确立。

按照总理遗训及本党政纲，各国退还之庚子赔款，均应拨作教育基金。查俄、英两国庚款，除特别指定用途外，俄款每年约余六百万元，英款之拨作铁道建筑费者，第一批如假定为三百万

* 提案人为蔡元培、戴传贤、李煜瀛、吴敬恒。

镑，年息以至少之五厘计算，每年亦可得二百万元。今拟从以上两款中，每年提出五百万元现款，以之担保，可发行一千万元之教育文化建设公债，三年之内，完全可以清偿本息。此项公债专充补助国立大学及研究院购置图书仪器及建筑屋馆之用。公债发行及基金保管，仍由财政部主持。至于公债之分配，则由大学院组织委员会担任。如是则国库之负担不增，而大学及研究机关，在最短期中，可有相当之建设与发展。树人励学，百年大计，海内视听，必为一新。

是否有当，敬请

公决

国民党中央政治会议秘书处油印议案

提议免收学杂费案

（1928年2月14日）

昨日据国立第四中山大学学生来院请愿，略称：向在国立大学肄业，每年用费至多不过三百元。近因学校增收各费，则已非三百五十元不办；负担加重，半途废学者，因而日多；是于先总理教育平民化之主张，违反实甚。况广州、武昌、杭州之中山大学，均属免除杂费，何以于本校独异？本校学生一切费用，即使完全交足，亦不过四五万元；而本校国库支出，则每年达百七十五万元，两相比较，微乎其微。为此全体请愿钧院，俯念学生等经济状况之困难，毅然实行先总理教育平民化之遗训，准予免除学费、杂费，并要求学校即日上课云云。除请求上课一节，应由本院与该校当轴酌办外，所请免费一节，不无理由。惟事关全国教育，应如何统筹全局，以免学生之困难，而谋教育之普及。

用特提出政治会议，敬请

公决

中华民国大学院院长蔡元培

二月十四日

（许寿裳代作）

国民党中央政治会议第128次会议记录（油印件）

在大学院所发废止春秋祀孔旧典的通令

（1928年2月18日）

为令遵事：

查我国旧制，每届春秋上丁，例有祀孔之举。孔子生于周代，布衣讲学，其人格学问，自为后世所推崇。惟因尊王忠君一点，历代专制帝王，资为师表，祀以太牢，用以牢笼士子，实与现代思想自由原则及本党主义，大相悖谬。若不亟行废止，何足以昭示国民？为此，令仰该厅、校、局长，转饬所属，着将春秋祀孔旧典，一律废止，勿违。此令。

《大学院公报》第1年第3期（1928年3月出版）

全国教育会议开会词

（1928年5月15日）

今日为全国教育会议开会之期。当全国尚未完成统一之期，而大学院已举行此种会议，有二原因：一以吾国教育界之统一，素未经何种势力之阻阂；二则以教育上有许多重大问题，非采取全国教育家之意见，未易解决也。方今军事正在进行，交通未全恢复；诸先生不辞劳苦，远道莅临，此间同人，无任欢迎。南自云、贵，北自陕、甘，均有代表到京参加，足以表现全国教育界一致之精神。预料此次会议，必可得良好之结果。但因新都初建，一切物质上之设备多未周全，招待来宾，诸多简慢，尚望诸先生原恕！

当大学院成立之初，鄙人对于教育方针，曾经提出三点，认为今后亟须努力进行者：一，提倡科学教育，一方面从事科学上高深之研究，一方面推广民众的科学训练，俾科学方法得为国内一般社会所运用；二，养成全国人民劳动的习惯，使劳心者亦出其力以分工农之劳，而劳力者亦可减少工作时间，而得研求学识机会，人人皆须致力于生产事业，人人皆得领略优美的文化；三，提起全国人民对于艺术的兴趣，以养成高尚、纯洁、舍己为群之思想。简言之，使教育科学化、劳动化、艺术化。

但上述三项，不过表示今后办理教育应行特别注意之点。至于目前亟须解决之实际问题，不知凡几，甚愿于此次会议中，征求诸先生之高见。

例如三民主义，为今日教育上训育之标准；而一方面受过激派之附会，一方面又受保守派之利用。在学校教育上，应如何按学生程度，次第熏陶？在社会教育上，应如何按照个人地位，分别指导？此为今日所应先决之问题。

又如五四运动以来，各地学生竞为爱国运动。当政府与民众立于互相反对之地位，民众中之年长而更事多者，又不敢为纠正政府之表示；学生迫于爱国之热诚，起而承其乏，诚出于不得已。然救国之道，非止一端；根本要图，还在学术。多数学生，狃于奔走国事之成绩；且因而干涉校务，规避考试：得失是否相偿，已成问题。至于今日，铲除恶政府之责任，既为数十万之党军所担负；而十六省以内之行政，又悉受党部之指挥，付托有人。为学生者，正可潜心修业，以备他日之大用。即就昭雪国耻而言，亦当以励行军事教育，研讨时事，为正当之准备。应如何挽回积习，导入正轨，此为全国教育家所不能不特别注意者。

近日教育界对于教员拣选，一方面见为供过于求，而一方面则又见为求过于供。供过于求之现象，常见于地位较高、待遇较优之学校，而呈互相倾轧之状；专习师范者以纯粹科学家为不适于师资，而专精学术者又以教育职业家为太偏于方式。不宁惟是，在同种人才之中，又或因某校同学之关系，而联为一系，以与他系相竞争。至于乡村教育，则往往不得资格相当之教员，而以不学无术者充之。欲挽救此种矛盾状况，一方面似应设立教员研究所，使不任教职者有研究或补习之机会，以与现任教职者相更代；而对于乡僻之教育事业，当优其任事者之待遇以奖进之。应如何计划而实施，亦一重要问题。

增高教育经费，并保障其独立，此为总理所定之政纲，决不能以财政统一之口号打破之者也。然筹自何方？以何法保障之？应合全国与定觏若画一之制，抑就地方情形，各行其是？亦为有待讨论之一端。

民国元年，教育部病各省所立高等学堂程度不齐，不能同时升入大学，爰有废高等学堂而就大学增设预科之规定。然自是以后，各省富于学术之人才，不免为大学所吸引；而本省别无何等机关以搜罗之，遂使教育事业，日趋于平凡。七八年前，各省以自设大学相竞，固不免人才经济两感缺乏；然未始非延揽人才之一法。鄙人当时曾有各省大学应先设研究院及试行大学区之提议，去年浙江及江苏已次第行之。浙江因大学本部尚在组织，未曾充分试验；江苏又因旧有东南大学与教育厅对待之故，一时尚未能化尽町畦，故试验之成绩，尚未到可以报告之时期。然鄙人深信此制之教育，甚愿与诸先生共商榷之。

其他重要问题，多有提案，将于大会中次第提出讨论。鄙人谨于开会之始，代表大学院表示欢迎之诚意，并列举个人感想所及之几点，希望诸先生注意！

大学院编《全国教育会议报告》（商务印书馆 1928 年出版）

全国教育会议闭会词

（1928年5月28日）

本会议曾于开会以前，预定今日闭会：诚以各会员均有专责，不能久留此间，以餍我辈时时请教之愿望也。后见议案甚多，恐非八次大会所能了，因增列大会三次；而且对于各组审查会之报告及说明，力求简要。自此以后，进行甚为敏捷。至于今日，觉得必应讨论之案，均已议有头绪，仍得按原定日期宣告结束。诸会员顾全大体，于发表个人意见之余，守服从多数之律，使会议有此成绩，深可感佩。

此次提出各案，分为三民主义教育、教育行政、教育经费、高等教育、普通教育、职业教育、科学教育、体育、艺术教育、社会教育、出版物、改进私立学校等十二组，总计有四百余案。成立者，有三百三十七案；合并其内容相近者，尚得一百三十案。对于教育上重要问题，几乎网罗无遗。例如，教育宗旨确定以三民主义为标准；教育机会均等，不但厉行义务教育，而且推广民众补习教育，不问男女、长幼、贫富、天才或低能、城市或乡村、满蒙回藏或汉族、国内居人或海外侨民，务使教育普及；提倡劳动及生产；科学教育与艺术教育并重；体育之特别注意，并注意于国技之应用；教育经费之增加，及其独立之保障；图书馆之普及与图书馆学之提倡；中小学校补充读本之编辑；社会娱乐之改良：均有详密之讨议。为适应时势需要起见，则有军事教育之实施、国耻教材之编入、国货提倡之办法等案。对于师范教育、女子教育及小学不用文言文等特殊问题，亦皆于反复辩论之后，得有决议。而学生自治会条例与学生参加民众运动标准两案，则因其须经中央党部之核准，特由本会推举代表三人，往党部说明。诸会员对于议案之周密而慎重，可以概见。至于议决之案，有即请大学院以通令发表者，如各省师范学校应特别注重国语训练，各级学校多设免费学额等。有应由大学院设委员会者，如中小学课程标准起草委员会、义务教育委员会等。有须由大学院会同其他各机关办理者，如会同军事委员会，协定军事教育各项细则；会同内政部、工商部，呈请中央公布专以万国权度通制为本国适用权度等。有请交与中央研究院者，如采用周历、开办昆虫研究所等。要之大学院对于此次议决各案，必先整理一番。其中如有两案相抵触者，今日已在大会议决，以后案为准。其确可施行者，缓急先后之间，大学院尤不能不加以考虑。惟此次会议以时期颇短，提案甚多，且无余晷请各地方代表报告各省教育现状。一切议案，固冀其有闭门造车、出门合辙之美；而造而不合者，亦难保其必无。将来大学院于推行之际，如遇有一二地方形格势禁之案，自不能不与以变通。例如中山大学及两广教育厅所提各案，在会议中已酌加修正；然据戴季陶先生迭次函电，屡称此案两粤已决定实行，务请全案通过，如两广状况依原案试办，亦何必以修正案绳之？又如中学校男女分校分部一案，虽经大会议决，然浙江中等教育试行男女同校制，并无流弊，亦何必强令分校？诸如此类，不能固执也。

此次会议诸君，不但对于议案之热诚深可佩服，而于其他议案以外之举动，亦有足述者。例如为济南事件，致电于国际联盟及美国总统，可以见爱国之概。而且，对于中国科学社及工程学会之发展，各代表愿提议于本省当局各自拨款补助，对于殉国的教育大家高仁山先生之子女，特为捐集教育费，尤足见急公好义之诚意也。

元培以此次对于诸位会员表无限之感谢。而此次会议期时，承党部、政府及其他各机关恳挚殷勤招待；承筹备员、提案委员及诸干事夙兴夜寐，努力于会务；又承宁、沪新闻记者特别关切，辟专栏以载之，使会议内容得迅速传布于全国：皆吾人所永不能忘者也。敬于会议完成之期，敬致谢意。

大学院编《全国教育会议报告》（商务印书馆1928年出版）

复张元济函

（1928 年 6 月 8 日）

菊生吾哥大鉴：

前奉惠书，以电影与性学之害，宜属教育会议诸君注意，甚感甚佩。因会议已将结束，未能具案提出；曾于谈话时，分别属托，彼等均表同情也。

检查电影事，别种议案中，已有涉及者。惟此次会议，竟无关涉性教育之案，故性学无正式禁条；然大学院必当随时取缔也。

夏衍岑前辈在宁，亦时见，如有相当之位置，必为尽力。请勿念。

敬复，并祝

俪祺

弟元培敬启　十七年六月八日

蔡元培手札

附：张元济来函

（1928年5月17日）

鹤庼吾兄同年惠鉴：

违别兼旬，时局变易，荩筹劳瘁，伏维起居安善，至为驰念。阅报知中央教育会昨已开幕，并读演词，忧深虑远，真老成谋国之苦心，钦仰奚似。

窃有陈者，近来上海有数事，于社会教育最有关系，而影响于青年者尤大。

其一曰电影，大都来自美国，其情节不外诲盗与诲淫。偶赁数椽，便可开演。今且推行及于内地，取资极廉，故人皆趋之若鹜。冥冥中，我少年品性，不知被破坏几许矣。

其一曰性学，冒哲理之名，仍行诲淫故技，报章广告，几于盈篇累幅，观其出品之多，可决其销路之广。昔时会审公廨尚有时示禁淫书，今则寂无所闻，未知何故。

以上二事，若不严加取缔，窃恐积极上谋教育之发达，消极上导教育于破产。何不于此大会之时，严定检查及禁遏方法，各省教育专家经过一番讨论，异日各归其乡，必能切实施行。此不能不有望于我兄之登高一呼矣。

专此布达，祇颂

台安

杏佛先生均此致意。

弟张元济顿　五月十七日

张元济致蔡元培手札

致李宗仁函

（1928 年 7 月 13 日）

德邻主席大鉴：

日前武汉大学筹备委员李四光、周鲠生两君来，言及武汉大学筹建新校舍，希望先生赞助，托为转达。弟以在宁晤面，不得详谈此事之机会，爰为函陈之。

国立武汉大学，预定为中部之学术中心，而原有校舍及设备，均不足以成一完备之学术机关，故今夏筹备之初，曾由筹备委员会建议，于洪山附近另建新校舍，并充实图书仪器等设备，预计建筑设备费约需百万元至百五十万元。此项建议呈报大学院，弟极端赞成，当即批准，并指定李四光、麦焕章诸君为建筑设备委员会委员，开始计划。

惟此项临时费，势不能不就地筹拨。李君等在武汉时，曾商之政治分会及鄂省政府诸公，均表赞成，并允援助。如荷先生鼎力主持，筹款当更易生效。

弟明知武汉方面财政困难，裁兵一切，需费正大，而犹代武汉大学为此特别请求者，实因有鉴于大学教育为建设事业中最基本之一项。广东、广西既投巨款以兴大学，武汉为中部重镇，向亦为文化学术之中心，感觉此项需要更切。政治分会诸公如肯慨然于万难之中，拨出上项临时费，以树立武汉大学永久不拔之基，岂惟武汉一隅之光荣，先生等所以间接造福于全国学术文化者，亦匪浅鲜矣。

敬布区区，至希裁察。尚有未尽之处，当由李君等面陈。

专此，顺颂

党祺

弟　蔡元培

（李四光代作）

蔡元培书信抄留底稿

附：李宗仁复电

（1928 年 8 月 1 日）

蔡院长鉴：

元电暨来函均奉悉，关于筹备国立武汉大学事，敝会两次开会讨论，并函知刘树杞列席陈述意见，议决：对于贵院拟聘之筹备主任刘树杞及王世杰等八委员，均经同意。筹备费每月三千元，令本会财政委员会在两湖国税项下照拨；暂以前武昌中山大学第一院为校址；每月额定经常费五万元，自八月起，并由财委会在两湖国税项下拨付，不另支开办费。再刘主任增推陆士寅、张健为筹备委员，公决：俟电询贵院后，再行转知。如何？即希见复是荷。李宗仁叩。东。印。

李宗仁复蔡元培原电报

说青年运动

（1928 年夏）

青年是求学时期。青年运动，是指导青年于求学以外，更为贡献于社会的运动。这种运动有二类：一是普通的，一是非常的。

普通的运动，如于夜间及星期日合设民众学校，于假期中尽有益社会之义务；如中央党部列举的“识字运动”“造林运动”等。这类运动，不但时间上无碍于学业，而经验上且可为学业之保证，于青年甚为有益。非常的运动，如“五四”及“三一八”等完全为爱国心所驱迫，虽牺牲学业，亦有所不顾，这是万不得已而为之的。

青年的学业，为将来事业的准备，目前牺牲了一分学业，将来事业上不知要受多少的损失。孙中山先生所以能创立主义，领导革命，固仗天才，尤凭学力。我们读孙文学说、实业计划及三民主义的演讲等，很可推见他博学而深思。现在我们袭孙先生的余荫，想把极应建设的事业，刻期实现，很觉得有点困难。这完全是由于人才不够，就是因为我们这一辈人在青年时代，大半没有切切实实的用功，现在就想补习，也来不及了。一个人成为废物，还是小事，把全民族的事业耽误了，关系何等重大。既往不咎，来日大难，将来的事业，全靠现代青年去担任。一般青年若不以前一辈人为前车之鉴，而仍旧不肯好好的求学，到将来担任事业的时候，也同我们一样的无能。那时候国际情形，比现在还要紧张，怕的中华民族，真的陷于万劫不复的地步了。学业既这样重要，所以非有关于国族存亡的大问题，断乎不值得牺牲的。若是为小小问题，如与一二教员伤了感情，或为学校改换名称，要增加经费或校舍等，就认为运动的题目，因而罢课游行，甚至毁物伤人，都所不惜，这就完全失了青年运动的本义了。愿现代青年注意！

蔡元培手稿

《全国教育会议报告》序

（1928年8月2日）

十七年五月十五日，中华民国大学院召集全国教育会议于首都，与会者各部、各省区、各特别市代表，及特聘专家，凡七十余人，会期为两星期，议案四百余事，凡教育上之重要问题，多得正当之解决，盖革命以来之举，所以集思广益，立国家之大本者也。

会既毕，由大学院辑为报告，以决议为主，宣言、会章、会务等，均录入之，以十余人之力，费时匝月，成数十万言，是亦慎重其事者矣。

报告书之作，往往在表示既往之成绩，而此编则重在为将来实施教育之蓝本。盖全国教育会议之既往成绩，虽不可观，然多数仅为具体之建议，且有仅表示意思并无具体办法者，固有待于最后决定，及将来之采择施行也。故此编之作，目的在备大学院拟为施行教育之资料，且供教育者阅览，而知全国教育家共同趋向之所在，他日更举行全国教育会议者，亦可于是参考与借镜焉。

训政开始，教育事业正待发端，全国教育会议者犹欲建筑全国道路，集工程师而设计之，其所成就，特草案之一部分，自未必尽慊国人意也。国人阅此报告，必有是非之者，然理之所在，即公意之所在，苟所是非，不背乎理，则陈之大学院，大学院必准是以行，初不必拘守成议；即参加全国教育会议诸君子，余知其亦必翕然服理而无间言也。

报告既成，余序其编辑要义如此，并以己意告国人，亦欲国人扶助教育，以使我国教育尽量发展而已。

一七，八，二　蔡元培

大学院编《全国教育会议报告》（商务印书馆1928年出版）

在大学院拟定中华民国教育宗旨*

（1928 年 8 月 17 日）

中国国民党以三民主义建国，应以三民主义施教。从前所颁布之教育宗旨，自不适用。今特仰遵总理遗教，根据教育原理，订定中华民国教育宗旨如左：

恢复民族精神，发扬固有文化，提高国民道德，锻炼国民体格，普及科学知识，培养艺术兴趣，以实现民族主义。

灌输政治智识，养成运用四权之能力；阐明自由界限，养成服从法律之习惯；宣扬平等精义，增进服务社会之道德；训练组织能力，增进团体协作之精神：以实现民权主义。

养成劳动习惯，增高生产技能，推广科学之应用，提倡经济利益之调和，以实现民生主义。

提倡国际正义，涵养人类同情，期由民族自决，进于世界大同。

《大学院公报》第 1 年第 9 期（1928 年 9 月出版）

---

* 此件经全国教育会议通过，由大学院报送国民党中央政治会议，其呈文为第 110 号。

《同济大学二十周年纪念册》序

（1928年9月）

我国医术与工艺之应用，既数千年，积久经验，自有独到之处。然不得最新之科学以为基础，则进步殊缓，与并世各国相较，自愧不如。是以最近数十年，有新式医学校、工学校之建设。其时规模较大之工业学校有南洋、北洋两公学，均采美国式。又各地方时设医学及工业专门学校，大抵用日本式。美、日之高等教育，均受德国影响，而日本尤甚。医、工两科，则德国之教学法，尤全世界所推许也。

同济学校，发端于德人所设之医学校及其所扩张之医、工大学校。民国六年以后，始为我国自立之学校。初称专门，及十一年而改为正式之大学，以至于今。距创设之期，盖已二十年矣。此二十年中，科目之增置，程度之提高，校舍之迁移，设备之更迭，不知经几多次之挫折，而卒能维持，以迄于今。兹且就学业上观察之，无退化而有进步，非由当局之恒心与毅力，何以致此。

去岁，国民革命军既抵上海，留德同学张仲苏先生来长斯校，对于应兴应革之事，悉心擘画，以备施行。越一年，而值斯校成立二十年之纪念会。开会以后，发行纪念册，以表示继往开来之志愿，吾知该校所拟之计画七端，必能于最短期间，次第实现，以完成吾国最新式之医工大学也。爰题数语于册端，以为左券。

中华民国十七年九月

蔡元培

《国立同济大学二十周年纪念册》(同济大学 1928 年出版)

致马裕藻函

（1929年9月23日）

幼渔先生大鉴：

前阅照〔报〕载，北大学生会有开罪于先生之言论，先生愤而辞国文系主任，疑为不确。后晤百年先生①，询知事出有因。学生会本不应有此种举动，先生可以置之不理。弟前晤学生代表时，会〔曾〕剀切劝告，彼等亦以为然。故弟函中有“对于学校当局，设身处地，知其难处，勿轻发无责任之言论，以取快一时，而妨碍全局”等语，即为此等事而发。彼等既无反响，即可证其觉悟。愿先生不咎其既往，勿再耿耿。弟一时不能回校，承百年先生决然离考试院，而来校主持，感佩无已。想先生对于百年先生之热诚，必不忍不为之助。务请慨然允任国文系主任，协力进行。弟不久必当来平，从先生之后，一同尽力也。

专此奉求，并祝

著祺

弟蔡元培敬启　九月二十三日

《北京大学日刊》第2243号（1929年9月30日出版）

---

① 百年先生：陈大齐，号百年。时代理北大校长。

教育事业的综合

（1929 年 10 月 7 日）

西湖博览会，为中国希有之举，开幕了几个月，我没有来过。今天因为是教育的宣传，特地到杭州来，可以见鄙人对于教育方面的诚意。

浙江的教育，从革命军到杭州来了以后，办教育的，以前是大学校长蒋梦麟先生，现在是教育厅长陈布雷先生，都是向来钦佩的，可以放心的。浙江的教育，因为历来地方安定的缘故，所以比别省好得多，而且办理的人是我所佩服的，所以没有不满意的点。我所要贡献的，是教育事业的综合，有三点。

第一，不要忘了中小教育与大学教育打成一片

浙江试行大学区制的计划，本意是要中小教育和大学合在一起。大学区制，试行的只有浙江、江苏、河北三省。河北没有开办，江苏已经办而没有成绩，浙江是有成绩的，但是因为他方面的关系，也连带的取消。我想大学区制度虽然取消，而浙江大学依然存在，精神上仍可联络。我们晓得法国有十四个大学，德国有二十个大学，照比例上言，中国每省可以办四个大学。北平、上海私立大学很多，常常感觉到经济和人才不足，所以我绝不主张多办大学。民国元年的时候，因为各省高等学堂的程度不齐，成绩不好，取消高等学堂，改办大学预科。虽然成绩比较好一点，但是一省没有一个最高的教育机关可以吸收学者，关于本省的建设没有倚傍，于是每省办大学的动机起。我曾提议，此等省会大学，可先开办研究科，一面授研究生以高深的学问，一面叫他们应用学术于本省的工作，但是没有实行的。现在浙江大学已有文、理、农、工等学院，其中学者，对于中小学校，可以助力的必不少。我很希望主持中小教育的人，能与大学职教员协力，以发展全省的教育。

第二点是教员的任用与训练，不可不通盘计划

现在浙江应办的学校，不知有多少。有志愿受教育的，亦不知有多少。但是学校很少，受教育的只占百分之二十，一般要受教育的，无学校可以收容，所以教育不普及；一方面，热心教育的人，同等资格，同等学力，同等志愿，而因为人浮于事，不能人人皆有服务于教育的机会。我意，可以仿照征兵制中现役兵与后备兵分别班的办法，其初，甲部分出去服务，而乙部分则留省研究；一两年后，研究者出去服务，而服务者回省研究。如是，则正在办事者不至于无进步；而尚无职务者，亦可为他日办事之准备，不至有猜忌倾轧的行为。

第三点是以学校为中心点，而把一切特殊教育事业都归纳进去

建设伊始，百废待举，今日要办甲事，设一机关，明日要办乙事，又设一机关，不特人才经费都不经济，而且权责既分，于彼此相关的事项，往往互相牵掣或互相冲突。就教育上言，如党义教育、社会教育，以及检查私塾、改良风俗等事，虽非学校教育所包含，而未尝不可利用学校为出发点。学校的建筑、设备、人才，都可以利用。美国人往往于假期中，利用学校办理特殊教育，可以仿行。若能集中一切教育事业，都以学校为根据，仿佛从前乡村有集会娱乐，均以社庙为根据的样子，则一切教育事业互相贯通，且经费与人才集中于学校，学校亦不至现在的枯窘了。

以上三点，都从综合方面着想，谨以贡献于吾浙江之教育家。

《西湖博览会总报告书》(大东书局1931年出版)

致教育部教育方案编制委员会函

（1929 年 10 月 23 日）

径启者：

顷接朱冲涛、张维新两君来函，主张编制教育方案中，增加盲哑教育，并附来呈大部原文，祈转为函请云云。盲哑为无告之民，自当本博爱之精神，予以受教育之机会；朱、张二君所持理由，甚为正当，尚望诸先生注意及之。倘能编入教育方案中，实全国盲哑青年之大幸，诸希酌察是荷。

此致

教育部教育方案编制委员会诸先生

蔡元培敬启　十月二十三日

蔡元培书信抄留底稿

《北京大学三十一周年纪念刊》序

（1929年11月20日）

北京大学到现在有三十一年的历史了。这三十一年内，名称改了几次，内容与外延的广狭改了几次，学风改了几次，到了第三十一年，在党治之下，值教育部新改大学条例，又值北大名称与关系屡次改变而终于恢复。自此以后，又将有一时期可以专心致志于按部就班的进展，而不致轻易摇动。

但我以为北大同人，若要维持不易动摇的状态，至少应注意两点。

一、要去尽虚荣心，而发起自信心

有一部分的人，好引过去的历史，北大的光荣，尤以五四一役为口头禅；不知过去北大中差强人意之举，半由于人才之集中，半亦由于地位之特别。盖当时首都仅有惟一之国立大学，故不知不觉中当艰难之冲，而隐隐然取得领袖之资格，而所谓贪天功以为己力之嫌疑，亦即由此而起。今则首都既已南迁，一市之中，大学林立，一国之中，大学更林立。北大不过许多大学中的一校，决不宜狃于已往的光荣，妄自尊大。要在有日进无疆的自信心，不凭借何等地位，而自能崭然露头角。

二、要以学术为惟一之目的，而不要想包办一切

从前在腐败政府之下，服务社会者又不可多得，自命为知识阶级的大学，不得不事事引为己任。若就求学的目的说起来，牺牲未免太多。然在责无旁贷的时期，即亦无可如何。今则政府均属同志，勉为其难；宣传党义、运动民众等事，又已有党部负了专责。我们正好乘党政重任尚未加肩的时候，多做点预备的功夫，就是多做点学术上的预备。若此刻早已纷心他事，荒弃学业，他日重任加身，始发不学无术的悔恨，就无及了。所以应守分工的例，不想包办一切，而专治学术。

若全校同人均能了解这两点，则北大的进步，将无限量。否则抱万能之愿，而无一得之擅，前途就可想而知。愿这次参与北大三十一周年纪念诸君，更深切的注意。

中华民国十八年十一月二十日

蔡元培

《国立北京大学三十一周年纪念刊》（1929 年出版）

致李四光等函

（1930 年 1 月 17 日）

○○①先生大鉴：

径启者：

顷接青岛大学图书馆函称“本大学图书馆，拟先置备三种图书：（一）普通参考图书（如字典、年鉴、百科全书等）；（二）各科学生参考时所不可少之书；（三）各种杂志期刊。兹请开列书名赐掷，以便采办”等语。该大学设立图书馆，正在筹备期间，我辈自宜有相当之匡助。兹拟关于□□学书籍，请先生费神分别开列，除以国文著译者外，其英、法、德、日及其他外国语原文书志，均可列入。务希拨冗办就寄下，俾便转寄，无任心感。

专布，顺颂

台绥

蔡元培敬启　一月十七日

蔡元培书信抄留底稿

---

①　见附（一）名单。

附：致中央研究院文书处便条

（一）

青岛大学图书馆来函，加首尾送各研究所，请分别开列，并声明各种文，国文、英、法、德、日，均可列入：

地质	李仲揆	语言	赵元任
物理	丁巽甫	历史	陈寅恪
化学	王季梁	考古	李济之
法制	王云五	经济	杨杏佛
工程	周子竞	社会	陈翰笙
天文	余青松	心理	唐擘黄
气象	竺藕舫	教育	许季茀

（二）

致傅孟真函：

关于历史、语言、考古三类……除分别函托陈、赵、李三主任外，并请就近主持云云。

蔡元培手稿

中国公学校长问题通告

（1930 年 5 月 20 日）

自从十七年四月底，我们把中国公学交给胡校长，到于今两年多了。两年多的中公，无论以学生的人数上、思想上，都有很大的发展，无论何人，都承认现在的中公，是中国较好的大学，这是胡校长两年多在中公的努力。我们很佩服胡校长这样的努力，很希望今后中公因胡校长的努力，能有更大的发展，以中国较好的大学，发展到世界著名的大学。但是，我们知道胡校长有比经营一个世界著名大学更大的事业要他去做，在那几部国内外期望十年的大著作要他写成，所以我们虽再三强留他，然亦常常允许他找人继任。

本年一月十二日，校董会第四次席上，胡校长辞职，推马君武先生继任。马先生是中公的创办人，是二十三年前中公的总教习，是二十年来著名的科学家，是教育界的老前辈，是中国思想革命的领导者。胡校长要把中公交给他，好让自己专力写成那几部大著作，要他来继任，要他来保证胡先生去后的中公充分发展；因此，我们认定，“胡走必须马来，马不来，胡不许走。”后来，马果不来，我们更不能不强留胡校长。

“三月十二日”，胡校长“开始写定中古哲学史”，到了五月三日，“五十日写成十万字”。他说：“三四个月可以成书两册。”我们看见他“五十日写成”的“十万字”，听见他三四个月“成书两册”的计划，不能不把这个可以中断他写二三十万字大著作的计划的中公校长问题，赶快解决，让他在“明年一月赴美讲学”以前，专心结束这部国内外人期望十年的世界名著及其他著作。因此，我们在五月五日校董会临时席上，帮同胡校长劝马先生允许继任。因此，我们批准胡校长五月三日的辞职书，推马君武先生为校长。

我们很感激马先生强疾赴会，席上接受我们的推选。我们深信，马校长手里的中公，和在胡校长手里一样，可以充分发展，以国内较好的大学，发展到世界著名的大学。胡校长约定，本月十九日（星期一）上午十一时，在吴淞中公大礼堂举行马校长就职典礼，届时我当代表校董会，欢迎马校长，谢谢胡校长。

中国公学校董会代理董事长蔡元培　十九年五月

《新闻报》1930年5月20日

劳动大学的意义及劳大学生的责任

——在国立劳动大学演说词

(1930年6月16日)

(甲)劳动的意义

劳动是对人类做点有益的事情。劳动的主要的部分是工和农。农人养蚕、造林、培养天然种子而获得其生产;工人改造自然生产的性质,适应人类的需要。两者都从事于有益人类的事业。没有他们工作,人类便不能生存。中国古时,或分士、农、工、商四阶级。管子所谓士之子恒为士,农之子恒为农,工之子恒为工,商之子恒为商;那时阶级极严,士为特别受教育的人。现在教育普及,农、工也要受教育,所以士的阶级可以不要。商人运输货品,运送货品,亦是劳动的工作,也是工的一种。正当的商人,只处于转送货品的地位,决不能垄断居奇,投机买卖;现在社会制度不良,所以还有这种现象存在。可是这四个阶级,归纳起来,只有农、工两类,所以农、工便是劳动。

(乙)劳动教育的意义

农、工为劳动的主要者。农、工是人民生活所系的。中国本是农业国,以农为最好。工的方面,中国发达也很早,二千年前已有《考工记》。他们虽然未受教育，但他们制造得很好，也能应人类的需要。到了现在，因为人口增多，旧的方法不能满足人类的需要，于是世界上有了一种新的方法。这种新方法的原则，是出力少而生产多，不费多大的力量，而使增多的人口能够满足需要。这种方法，也是永远在进步的。要学习这种新方法，而且要不断的加以改良，所以要劳动教育。从前老圃、老农，为孔子所不及，可见他们并非没有教育的。但是工场的学徒，从前不施以任何教育，这是因为方法简单，容易学得；现在有了机械，方法复杂，不是从前那样教法可以学到，所以必须施行教育。

（丙）劳动大学的意义

自从中国采用外国制度而后，就有甲种农业学校、工业专门学校及大学的农科和工科等。这种学校，本系学理与实际并重的，但到了中国后，就变了性质。跑到工、农学校去读书的人，专以书本为事，不做实际工作，他们更一变而为士了。农人的子弟，一进学校而后，回到家里便看不起他们的父、兄；工人的子弟，也是一样。他们一出学校，便去做管理工、农的事，或竟做与工、农毫无关系的事。因此，那时〔对于〕教育行政委员会诸先生提议创办劳动大学为先例。劳动大学虽然说与工业专门学校不无相同，然而也可以说是一个革命。他们的功课，专门注意于实际工作，课堂工作不过是辅助而已。其最高级为大学，大学毕业也可得和其他大学相同的学位。但是，不希望学生出去作技师，希望他们能够去做实际工作。要打通从前专门以指挥工人为事的工程师，使能实际做工。那么，我们为什么要办大学呢？因为我们现在必须采用世界新法，这是一层。但现在需要日增，方法必须改新。采用他国的新法而加以应用，还不够；我们更须负责发明。大学的目的，即在能够应用固有方法，而又进而发明，以供给社会的需要。有钱的人〈向〉来读书可以不劳动，现在他们既然肯劳动，来做实际工作，我们当然欢迎他们。所以劳动大学的学生，并不限于农和工。

（丁）劳动大学生的责任

劳动大学用意，即是学生要实际工作，做工即是唯一的劳动。诸位同学在此读书，在进校以前，必须立志做实业〔际〕工作，尤其是工院方面。从前此地是模范工厂，本来就有很多的工厂，将来能够工厂都开办完全，使各人都能做一点工。各个同学都能做工，人人都须工作，是最高的理想。将来社会改造，必在于这一点，学校生活便是这一点的开始。而且，一切发明都是从实际做工而得，所以劳工学院的同学，应该脚踏实地的去做，要功课及格，第一便是要做工。将来全国要设劳动大学，各处都要办学校，那时必定要请此地学生去做指导。如果现在没有做过工，则将来如何指导呢？所以现在必须努力工作，使将来有了基础。如果现在不做工，将来必定没有基础，一切实习必归失败，都不能切实，所以现在必须切实做工。

还有一层，劳动大学的学生享有特殊权利，外面的人便很妒忌，都说劳大学生享有很多利益，如清朝的贵族一样；那我们可以回答他们：我们是生产的，学校要我们做工，我们便有生产，我们既然尽了义务，我们当然享有权利。我们可以这样对他们解释。反过来，我们如果专在读书用功，而不去做实际工作，如旧式农业学校和工业学校一样，便不对了。

劳大学生的责任在做工，不但工院、农院如此，社会科学院的学生也应如此。社会科学院的学生，应该努力于世界现在正在要解决的社会问题，即生产、分配的问题。在我们的理想，将来世界只有农、工，所以农、工问题，即社会问题。劳动大学要办社会科学院，是因为要养成实际知道农、工困难问题的人，能够走入农、工群众中与他们一道，应用所学的原理，为其同业工人解决一切问题，定政策，设方法，改善他们的生活状况。所以社会科学院的学生也应该做工。

我们现在可以下一个结论说：劳动大学系以劳动为立脚点，以劳动为基铸〔础〕，不论何院、何科，都须劳动。我们每天须自己检阅，今天有否劳动，并且在校如此；出校以后，也须自己检点，终身如此，方不负劳动大学及政府培植的苦心。希望诸位各自努力，各自检点，不要负了现在供给诸位的劳动群众才好。

《中央周报》第106期（1930年6月16日出版）

《近代教育学说》序

（1930年7月15日）

自从达尔文的进化论流布以后，各种科学，都脱离了宗教的羁绊，逐渐的向着光明的道路走去，蔚成大观。从前所视为洪水猛兽的、不经之谈的，到了那时，都奉为金科玉律。教育一科，亦随着社会的潮流，大加刷新。但时代逐渐变迁，社会逐渐进步，此等刷新以后的学说，到了近代，又有不能使一般学者满意之点，不能不更求刷新。而一般教育学者，亦本此精神，谋教育怎样的可以满足人类向上的倾向与继承社会生命的使命。欧美学者，关于新教育之著作，几不可以屈指数。今读马复、李若泉二君所译美国鲍特之《近代教育学说》一书，其学说之精博，立论之正确，洵不愧为近代教育学上一大贡献。此书的优点有三：（一）以平民主义为出发点，很合乎我国民族之需要；（二）根据行为派的心理学，讨论教学上的一切根本问题，得到教学上一种最新的科学方法；（三）综合近代各种教育学说，指示出一条正确的途径，完成其教育家的使命。兹当出版之期，为缀数语，以介绍于教育界。

蔡元培　一九，七，一五

鲍特《近代教育学说》（马复、李若泉译，世界书局1930年出版）

全国职业教育讨论会开会词

（1930年8月1日）

今天中华全国职业教育讨论会在此开会，我们为什么要开这个会呢？因为现在教育的方式，趋于职业化，职业教育上的问题，亟待讨论。

本来教育是为了职业而设的。古代大学分四科：（一）神科；（二）医科；（三）法科；（四）哲学科。神科毕业者为牧师，医科毕业者为医生，法科毕业者为法官，以哲学科为三科之预备科。后来才将教育、文艺等从哲学中化分出来。并因单有大学而无中学，颇感困难，于是设立中学；又因只有中学而无小学，亦感困难，于是又设立小学，学制于以成立。从这样情形递次改进，也可见得是为了职业才发生现在新的教育方式。现在固不必以每种教育都是为职业的，不过因为教育与职业实在是有密切关系，不能分画太甚。人受了教育，在社会上还是服务的，所以职业教育极为重要。

本年国民会议曾议决教育的设施方针。现在的教育，就是照着这个方向在计划进行。但有两点须注意：（一）学生在学校毕业后，是不是具有担当职业的能力？现在所办的学校是不是很确当？

（二）受教育的人是否能够得到职业？现在因学校的学生与职业界的需求不相应，一方人才无用，他方有事无人，所以办职业教育要能应社会的需要。

今天到会诸位，是在各地担任不同的职业教育的，各人把自己的经验发表，一定可以得到好的结论，可以帮助教育行政机关所进行的事情。希望各位尽量发表意见，而后能得到很好的结论。

《教育与职业》第128期（1930年9月出版）

袁希涛追悼会开会词

（1930年9月29日）

……先生任普通教育司长，继任次长，先后十年，所任教育部之行政，能一线相承。先生为人切实，诚能动人。后往西洋考察教育，勤求西洋教育之精神。归国后，致力于义务教育，笃信力行，至老如一日。先生习矿学，好美术，尝派学生徐悲鸿留学西洋，今且成名矣。袁先生以治科学，好美术，故一生不为物诱。不幸与世长辞。最要之纪念，即在继续袁先生之志愿及事业而扩大之。此到会诸君所共有之感想，而亦今日开会之本旨也。

予与袁先生有同寅之雅，论交可称莫逆。犹忆曩年供职教部时，深资臂助。五四学潮陡起，大有风雨满城之势，教部适当其冲，颇难应付。幸赖袁公周旋其间，奔走各方，不辞劳瘁，学潮卒以平复。他若同济大学之收回国有，几经交涉，始达目的，凡此皆先生主持之力也。旋先生以不惯政治生活，辞职出洋，曾往欧美先进诸国，考察教育维新事宜。归国后抒述心得，公之同好，洋洋数十万言，语皆中肯。此种好学不倦之精神，与夫鞠躬尽瘁之志愿，诚足以模范千古，而垂诸不朽也。

《时事新报》1930年9月29日

《中国教育行政大纲》序

（1930 年 12 月）

教育行政为教化行政之一端，其原理之范围颇广。首举教育行政机关，凡中央地方机关之组织，行政者之素养，各项会议及委员会属焉；次为学制，评论其体系、程度、规模及学校之设立者；又次为各种教育，评论其初等、中等、高等以及特别教育之根本问题；又次则及于各科之教育，如学科、训育、体育诸问题皆隶于此；最后则为督导与规画，于督学制度、教师之训练待遇、学校经济等，一一考察，究其利弊而促其进行。此其范围也。

张君季信，研究教育行政有年，搜罗材料，致力甚勤，虽详略互见，而大致咸备，有具体之叙述，为根本之评批，其裨益于教育行政者实非浅鲜。此书成于民国十七年，两年以来，吾国教育行政制度及教育方案，已略有修正，如试行大学区制之停止、中央教育行政机关之改组、确定教育经费之计划等。此类事实，若能采入而论断之，以为补编，则益臻完美矣。

中华民国十九年十二月

蔡元培

（许寿裳代作）

张季信编著《中国教育行政大纲》（商务印书馆 1934 年出版）

中国公学校长问题谈话

（1930年冬）

学生代表问：前日报载，蔡先生亲至昆明路马君武私宅，敦促其到校办公，是否？

蔡氏答：马先生家内，我是去过的，不过是说明校董会此次准他辞职的原因，并不是敦促他到校办公。

问：校董会是否维持原案？

答：校董会的决议案当然维持，决没有自己决议，又自己推翻的。

问：现在校董会既已准马先生辞职，推于先生继任，那么，在理论方面，在事实方面，都是应当归于先生掌管中公了。加以于先生已经到中公正式宣布维持秩序，何得马君武仍用校长名义发出布告，代表团又大布特布，说是马校长复职，到底是怎样？

答：代表团说的、做的，都可以作算，那么，还要校董会干什么？马先生到校，是他自己去的，也是没有交卸以前当然的事。

问：代表团何以干涉学校行政，时而逐某教员，时而逐某职员，弄得满城风雨，对否？

答：学校当局应负完全责任。

继该代表等即请董事长速即敦促于校长到校视事。蔡氏答：于先生能够来，我们当然是很欢迎。但于先生为国家大事，不能分身。我们要找一位新的校长，现在尚没有找到。你们始终避免冲突，爱护学校，这是很好的一桩事体。校董会已完全明白了。不过你们今天回去以后，还是要劝同学安心上课。校董会的开会问题，你们可以不管。

陇西约翰编《蔡元培言行录》（上海广益书局1932年出版）

大学教育

(1930年)

大学教育者，学生于中学毕业以后，所受更进一级之教育也。其科目为文、理、神学、法、医、药、农、工、商、师范、音乐、美术、陆海军等。前五者自神学以外，为各国大学所公有。惟旧制合文理为一科，而名为哲学，现今德语诸国，尚仍用之。农、工、商以下各科，多独立而为专门学校，如法国之国立美术专门学校（Ecole Nationale et Speciale des Beaux Arts）之类；亦或谓之高等学校，如德国之理工高等学校（Techniche Hochschnle）之类；或仅称学校，如法国百工学校（Ecole Polytechnique）之类；或单称学院，如法国巴士特学院（L'institut Pasteur）之类。用大学教育之广义，则可以包括之。我国旧仿日本制，于大学以下，有一种专门学校，如农业专门学校、医学专门学校之类。虽程度较低，年限较短，然既为中等学校以上之教育，不妨列诸大学教育之内。惟旧式之高等学校，后改为大学预科，而新制编入高级中学者，则当属于中学之范围，而于大学无关焉。

吾国历史上本有一种大学，通称太学；最早谓之上庠，谓之辟雍，最后谓之国子监。其用意与今之大学相类；有学生，有教官，有学科，有积分之法，有入学资格，有学位，其组织亦颇似今之大学。然最近时期，所谓国子监者，早已有名无实，故吾国今日之大学，乃直取欧洲大学之制而模仿之，并不自古之太学演化而成也。

欧洲大学，在拉丁原名，本为教者与学者之总会（Universitat Magrotrorum et Scholarium），其后演而为知识之总汇（Universitat Litterarum），而此后各国大学即取其总义为名。欧洲最早之大学，为十二、十三世纪间在意大利、法兰西、西班牙诸国所设者；十四世纪以后，盛行于德语诸国，即专设神学、法学、医学、哲学四科者是也。其初注重应用，几以哲学为前三科之预科。及科学与文哲之学各别发展，具有独立资格，遂演化而为文、理两科。然德语诸国，为哲学一科如故也。拿破仑时代，曾以神学、法学、医学为养成教士、法吏、医生之所，因指文、理科为养成中学以上教员之所。各国虽不必皆有此种明文，而事实上自然有此趋势。所以各国皆于中学校以外，设师范学校，以养成小学教员；而于大学外，特设高等师范学校，以养成中学教员者，不多见也。法国于革命时，曾解散大学为各种专门学校；但其后又集合之而组为大学，均不设神学科，而可设药科；惟新自德国争回史太师埠之大学，有天主教与耶稣教之神学科各一，为例外耳。法国分全国为十七大学区，大学总长兼该区教育厅长，不特为大学内部之行政长，而一区以内中小学校及其他一切教育行政，皆受其统辖焉。其保留中古时代教者与学者总会之旧制者，为英国之牛津、剑桥两大学。牛津由二十精舍（College）组成，剑桥由十七精舍组成。每一精舍，均为教员与学生共同生活之所。每一教员为若干学生之导师，示以为学之次第，而监督之。学生于求学以外，尤须努力于交际与运动，以为养成绅士资格之训练。

大学教员有教授、额外教授与讲师等，以一定时间，在教室讲授学理。其为实地练习者，有研究所、实验室、病院等。研究所（Seminal或作 Tuotitut）大抵为文、法等科而设，备有图书及其他必要之参考品。本为高等学生练习课程之机关，故常有一种课程，由教员指定条目，举出参考书，令学生同时研究，而分期报告，以资讨论。亦或指定名著，分段研讨，与讲义相辅而行。而教员与毕业生之有志研究学术者，亦即在研究所用功。如古物学、历史学、美术史等研究所，间亦附有陈列所，与地质学、生物学等陈列所相等；不但供本校师生之考察，且亦定期公开，以便校外人参观。至于较大之建设，如植物院，动物院，天文台，美术、历史、自然史、民族学等博物院，则恒由国立或市立，而大学师生有特别利用之权。实验室大抵为理科及农、工、医等科而设；然文科之心理学、教育学、美学、言语学等，亦渐渐有实验室之需要。病院为医科而设，一方面为病人施治疗，一方面即为学生实习之所也。此外，则图书馆亦为大学最要之设备。

欧洲各国大学，自牛津、剑桥而外，其中心点皆在智育。对于学生平日之行动，学校不复干涉，亦不为学生设寄宿舍。大学生自经严格的中学教育以后，多能自治，学校不妨放任也。惟中古时代学生组合之遗风，演存于德语诸国者，尚有一种学生会。每一学生会，各有其特别之服装与徽章，遇学校典礼，如开学式、纪念会等，各会之学生，盛装驱车，招摇过市，而集于大学之礼堂，参与仪式焉。平日低年级学生有服役于高级生之义务，时时高会豪饮，又相与练习击剑之术。有时甲会与乙会有睚眦之怨，则相约而斗剑，非剺面流血不止，此等私斗之举，为警章所禁；而政府以其有尚武爱国之寓意，则故放任之，与牛津、剑桥之注重运动者同意也。然大学人数较多者，一部分学生，或以家贫，不能供入会费用；或以思想自由，不愿作无意识举动，则不入中古式之学生会，而有自由学生之号。所组织者，率为研究学术与服务社会之团体。大学生注重体育，为各国通例；美国大学，且有一部分学生，特受军事教育者。不特卫生道德，受其影响，而且为他日捍卫国家之准备。吾国各大学，近年于各种体育设备以外，又有学生军之组织，亦此意也。

大学有给予学位之权。德语诸国，仅有博士一级（Doktor）。学生非研究有得，提出论文，经本科教员认可，而又经过主课一种、副课两种之口试，完全通过者，不能得博士学位，即不能毕业。英语诸国，则有三级：第一学士（Bachelor of Arts），第二硕士（Master of Arts），第三博士。法国亦于博士以前有学士（La Licence）一级。大学又得以博士名义赠与世界著名学者，或国际上有特别关系之人物。

大学初设，惟有男生。其后虽间收女生，而入学之资格，学位之授予，均有严格限制。偶有特设女子大学者，程度亦较低。近年男女平权之理论，逐渐推行，女子求入大学者，人数渐多；于是男女同入大学及同得学位之待遇，遂通行于各国。

大学行政自由之程度，各国不同。法国教育权，集中于政府，大学皆国立，校长由政府任命之。英美各国，大学多私立，经济权操于董事会，校长由董事会延聘之。德国各大学，或国立，或市立，而其行政权集中于大学之评议会。评议会由校长、大学法官、各科学长与一部分教授组成之。校长及学长，由评议会选举，一年一任。凡愿任大学教员者，于毕业大学而得博士学位后，继续研究，提出论文，经专门教授认可后，复在教授会受各有关系学科诸教授之质问，皆通过，又为公开讲演一次，始得为讲师。其后以著作与名誉之增进，值一时机，进而为额外教授，又递进而为教授，纯属大学内部之条件也。

大学以思想自由为原则。在中古时代，大学教科受教会干涉，教员不得以违禁书籍授学生。近代思想自由之公例，既被公认，能完全实现之者，厥惟大学。大学教员所发表之思想，不但不受任何宗教或政党之拘束，亦不受任何著名学者之牵掣。苟其确有所见，而言之成理，则虽在一校中，两相反对之学说，不妨同时并行，而一任学生之比较而选择，此大学之所以为大也。大学自然为教授学生而设，然演进既深，已成为教员与学生共同研究之机关。所以一种讲义，听者或数百人以至千余人；而别有一种讲义，听者或仅数人；在学术上之价值，初不以是为轩轾也。如讲座及研究所之设备，既已成立，则虽无一学生，而教员自行研究，以其所得，贡献于世界，不必以学生之有无为作辍也。

受大学教育者，亦不必以大学生为限。各国大学均有收旁听生之例，不问预备程度，听其选择自由。又有一种公开讲演，或许校外人与学生同听，或专为校外人而设，务与普通服务之时间不相冲突。此所以谋大学教育之普及也。

《教育大辞书》（商务印书馆1930年出版）

美　育

（1930年）

美育者，应用美学之理论于教育，以陶养感情为目的者也。人生不外乎意志；人与人互相关系，莫大乎行为；故教育之目的，在使人人有适当之行为，即以德育为中心是也。顾欲求行为之适当，必有两方面之准备：一方面，计较利害，考察因果，以冷静之头脑判定之；凡保身卫国之德，属于此类，赖智育之助者也。又一方面，不顾祸福，不计生死，以热烈之感情奔赴之；凡与人同乐、舍己为群之德，属于此类，赖美育之助者也。所以美育者，与智育相辅而行，以图德育之完成者也。

吾国古代教育，用礼、乐、射、御、书、数之六艺。乐为纯粹美育；书以记述，亦尚美观；射、御在技术之熟练，而亦态度之娴雅；礼之本义在守规则，而其作用又在远鄙俗；盖自数以外，无不含有美育成分者。其后若汉魏之文苑，晋之清谈，南北朝以后之书画与雕刻，唐之诗，五代以后之词，元以后之小说与剧本，以及历代著名之建筑与各种美术工艺品，殆无不于非正式教育中行其美育之作用。

其在西洋，如希腊雅典之教育，以音乐与体操并重，而兼重文艺。音乐、文艺，纯粹美育。体操者，一方以健康为目的，一方实以使身体为美的形式之发展；希腊雕像，所以成空前绝后之美，即由于此。所以雅典之教育，虽谓不出乎美育之范围，可也。罗马人虽以从军为政见长，而亦输入希腊之美术与文学，助其普及。中古时代，基督教徒，虽务以清静娇俗，而峨特式之建筑，与其他音乐、雕塑、绘画之利用，未始不迎合美感。自文艺复兴以后，文艺、美术盛行。及十八世纪，经包姆加敦（Baumgarten，1717—1762）与康德（Kant，1724—1804）之研究，而美学成立。经席勒尔（Schiller，1759—1805）详论美育之作用，而美育之标识，始彰明较著矣。（席勒尔所著，多诗歌及剧本，而其关于美学之著作，惟 *Brisfe über die ästhetische Erziehung*，吾国"美育"之术语，即由德文之 ästhetische Erziehung 译出者也。）自是以后，欧洲之美育，为有意识之发展，可以资吾人之借鉴者甚多。

爰参酌彼我情形而述美育之设备如下：美育之设备，可分为学校、家庭、社会三方面。

学校自幼稚园以至大学校，皆是。幼稚园之课程，若编纸，若粘土，若唱歌，若舞蹈，若一切所观察之标本，有一定之形式与色泽者，全为美的对象。进而至小学校，课程中如游戏、音乐、图画、手工等，固为直接的美育；而其他语言与自然、历史之课程，亦多足以引起美感。进而及中学校，智育之课程益扩加；而美育之范围，亦随以俱广。例如，数学中数与数常有巧合之关系，几何学上各种形式为图案之基础，物理、化学上能力之转移、光色之变化，地质学的矿物学上结晶之匀净、闪光之变幻，植物学上活色生香之花叶，动物学上逐渐进化之形体、极端改饰之毛羽、各别擅长之鸣声，天文学上诸星之轨道与光度，地文学上云霞之色彩与变动，地理学上各方之名胜，历史学上各时代伟大与都雅之人物与事迹，以及其他社会科学上各种大同小异之结构，与左右逢源之理论，无不于智育作用中，含有美育之原素，一经教师之提醒，则学者自感有无穷之兴趣。其他若文学、音乐等之本属于美育者，无待言矣。进而至大学，则美术、音乐、戏剧等皆有专校，而文学亦有专科。即非此类专科、专校之学生，亦常有公开之讲演或演奏等，可以参加。而同学中亦多有关于此等美育之集会，其发展之度，自然较中学为高矣。且各级学校，于课程外，尚当有种种关于美育之设备。例如，学校所在之环境有山水可赏者，校之周围，设清旷之园林。而校舍之建筑，器具之形式，造像摄影之点缀，学生成绩品之陈列，不但此等物品之本身，美的程度不同，而陈列之位置与组织之系统，亦大有关系也。

其次家庭。居室不求高大，以上有一二层楼，而下有地窟者为适宜。必不可少者，环室之园，一部分杂莳花木，而一部分可容小规模之运动，如秋千、网球之类。其他若卧室之床几、膳厅之桌椅与食具、工作室之书案与架柜、会客室之陈列品，不问华贵或质素，总须与建筑之流派及各物品之本式，相互关系上，无格格不相入之状。其最必要而为人人所能行者，清洁与整齐。其他若鄙陋之辞句，如恶谑与谩骂之类，粗暴与猥亵之举动，无老幼、无男女、无主仆，皆当屏绝。

其次社会。社会之改良，以市乡为立足点。凡建设市乡，以上水管、下水管为第一义；若居室无自由启闭之水管，而道路上见有秽水之流演、粪桶与粪船之经过，则一切美观之设备，皆为所破坏。次为街道之布置，宜按全市或全乡地面而规定大街若干，小街若干，街与街之交叉点，皆有广场。场中设花坞，随时移置时花；设喷泉，于空气干燥时放射之；如北方各省尘土飞扬之所，尤为必要。陈列美术品，如名人造像，或神话、故事之雕刻等。街之宽度，预为规定，分步行、车行各道，而旁悉植树。两旁建筑，私人有力自营者，必送其图于行政处，审为无碍于观瞻而后认可之；其无力自营而需要住所者，由行政处建设公共之寄宿舍，或为一家者，或为一人者，以至廉之价赁出之。于小学校及幼稚园外，尚有寄儿所，以备孤儿或父母同时作工之子女可以寄托，不使抢攘于街头。对于商店之陈列货物，悬挂招牌，张贴告白，皆有限制，不使破坏大体之美观，或引起恶劣之心境。载客运货之车，能全用机力，最善。必不得已而利用畜力，或人力，则牛马必用强壮者，装载之量与运行之时，必与其力相称。人力间用以运轻便之物，或负担，或曳车、推车。若为人舁轿挽车，惟对于病人或妇女，为徜徉游览之助者，或可许之。无论何人，对于老牛、羸马之竭力以曳重载，或人力车夫之袒背浴汗而疾奔，不能不起一种不快之感也。设习艺所，以收录贫苦与残疾之人，使得于能力所及之范围，稍有所贡献，以偿其所享受，而不许有沿途乞食者。设公墓，可分为土葬、火葬两种，由死者遗命或其子孙之意而选定之。墓地上分区、植树、莳花、立碑之属，皆有规则。不许于公墓以外，买地造坟。分设公园若干于距离适当之所，有池沼亭榭、花木鱼鸟，以供人工作以后之休憩。设植物园，以观赏四时植物之代谢。设动物园，以观赏各地动物特殊之形状与生活。设自然历史标本陈列所，以观赏自然界种种悦目之物品。设美术院，以久经鉴定之美术品，如绘画、造像及各种美术工艺、刺绣、雕镂之品，陈列于其中，而有一定之开放时间，以便人观览。设历史博物院，以使人知一民族之美术，随时代而不同。设民族学博物院，以使人知同时代中，各民族之美术，各有其特色。设美术展览会，或以新出之美术品，供人批评；或以私人之所收藏，暂供众览；或由他处陈列所中，抽借一部，使观赏者常有新印象，不为美术院所限也。设音乐院，定期演奏高尚之音乐，并于公园中为临时之演奏。设出版物检查所，凡流行之诗歌、小说、剧本、画谱，以至市肆之挂屏、新年之花纸，尤其儿童所读阅之童话与画本等，凡粗犷、猥亵者禁止之，而择其高尚优美者助为推行。设公立剧院及影戏院，专演文学家所著名剧及有关学术、能引起高等情感之影片，以廉价之入场券引人入览。其他私人营业之剧院及影戏院，所演之剧与所照之片，必经公立检查所之鉴定，凡卑猥陋劣之作，与真正之美感相冲突者，禁之。婚丧仪式，凡陈陈相因之仪仗、繁琐无理之手续，皆废之；定一种简单而可以表示哀乐之公式。每年遇国庆日，或本市本乡之纪念日，则于正式祝典以外，并可有市民极端欢娱之表示，然亦有一种不能越过之制限；盖文明人无论何时，总不容有无意识之举动也。以上所举，似专为新立之市乡而言，其实不然。旧有之市乡，含有多数不合美育之分子者，可于旧市乡左近之空地，逐渐建设，以与之交换；或即于旧址上局部改革。

要之，美育之道，不达到市乡悉为美化，则虽学校、家庭尽力推行，而其所受环境之恶影响，终为阻力；故不可不以美化市乡为最重要之工作也。

《教育大辞书》（商务印书馆 1930 年出版）

上海各学术教育机关欢迎华虚朋集会上演说词*

（1931年2月15日）

今日上海二十二个学术与教育机关，在此地欢迎华虚朋博士，鄙人得参加盛典，亲炙华虚朋博士，是非常荣幸的。

华虚朋博士在文纳特卡所试用的教育法，是个别教学的方法。我们一听到，就疑是偏重个性的，因为是反抗班级教学的偏重群性而有这一种运动，所以于注重个性的一点特别提出来。其实，华虚朋博士的方法，是注重在个性与群性的调和，并没有偏重的。

我们只要看他的四个原则：

（一）使儿童尽量地能获得将来要在生活上应用的知识和技能；

（二）每个儿童应该自然地、快乐地和完美地能享受儿童的生活；

（三）人类的进步，在每个分子能达到他充分的发展；

---

* 《时事新报》1931年2月16日及《教育杂志》第23卷第3号（1931年3月出版）曾有简述。

（四）人群的福利，要每个分子中，有整个的社会意识之发展。

这四条原则里面，（二）与（三）是发展个性的，（一）与（四）是发展群性的。

在生物进化史上，看出无群性则个性不能生存，无个体则群体不能进步。

我国学术史上，法家偏重群性，道家偏重个性，均不适于我民族的习惯。惟儒家能兼顾个性与群性，流行至二千年不替。

我们私塾制，本来是个别教学法，但教材太偏于文词。近来的新式学校，太拘泥班级制，不免有压迫个性之弊，于天才生及低能生极不相宜。

人类将来之工作，必有一部分是为群而设的，即稍违个性，亦不可不勉强为之；不必有一部分是完全自由的。所以在学生时期，不可不兼顾两种性质，而使之不相冲突，且相调和。

我们正想用文纳特卡制的原则，应用在我们的教育上。欣逢华虚朋博士惠临我国，给我们质疑问难的机会，我们曷胜欢迎。

蔡元培手稿

国化教科书问题

——在大东书局新厦落成开幕礼演说词

(1931年4月27日)

“国化教科书”五个字的意义，就是想把我国各学校（偏重高中以上）的各项教科书——社会科学或自然科学的——，除外国文而外，都应当使之中国化。再明白点讲，就是除开外国文学一项，其余各种科学，都应该来用中国文做的教本。在此处，为欲使一般教育者易于明了我的论点起见，“国化教科书”这个名词，可以英文 nationalized text-book 两个字来做他说明。

现在我国学校，自高中以上，率多采用外国文本子，尤其是自然科学，如数理化动植矿等科，多用原文教学。这固然是我们文化落伍的国家，想得到现代的知识所用的苦法子。但吾人终须认为这是不得已的过渡办法。倘若将这种不良状况长时间的展延下去，则吾国学子所受的损失，将不可言喻，实为一件至可恼痛的事。

按多用外国文教本的不利之点，大约有下列数项。

（一）靡费时间与脑力

吾人之所以要阅读外籍的目的，原欲通晓其文字所代表的知识，至文字本身，不过是一种工具而已。今欲具备此项工具，动辄耗费青年们五六年的光阴、最活泼时期的脑力，方得入于知识之门。其为最不经济的办法，是人人所知道的。

（二）与国情不适合

教科书中应该多举实例以证学理，外国人所著所用的教科书中举出的例子，当然是多取材于其本国的（尤其是社会科学的书）。用这种书教中国学生，学习时既不免有隔膜惝恍的弊病，将来出而应世，亦不能充分应用。况彼此学制年级，既属参差，教材的数量，亦自不能强同。

（三）足为普及教育的障碍

外国文的教科书，必须对于外国文有相当准备的学生，始能了解。而这准备工具，须费偌大的力气，脑力、时间、经济三者，都非寒酸子弟所易办到。结果初中毕业而能够升学的学生，寥寥可数。实为给吾国所最需要的普及教育以重大的打击。

上面所述，已将外国文教本不利便之处，加以概略的说明了。现在吾人对于这种畸形的现象，岂可不急速设法补救？两年前，政府毅然取消小学校的英文课程，也是这个用意。

自然，在此时来谈“国化教科书”，有许多困难。或者还有人以为此时谈这个问题，稍嫌太早。但我以为此刻吾人亟应有此憬觉，而积极的准备起来，如各种专门名词之划一规定，外国书籍之多量的迻译，以及各项必需的教科书之编辑，均是应当加速进行的。务使高中以上各学校，除外国文学课程外，无论哪一种学科，都有中文本子，足供教员、学生们研究参考之用，不致动辄乞灵于外籍；更使学生得移其耗费在工具上的脑力、时间与经济，直接深入学术的宝库。

“国化教科书”的责任，当然不是少数人或少数文化机关所能够担负的。凡努力文化事业的，如教育家、著作家和出版家均应分担一些责任。大东书局素著声誉于国内，现在致力于教科书及高中以上学生的读物，其将大有贡献于教育界，当可预卜。兹值新屋落成，自必更有一番新计画。所以我特提出这个“国化教科书”的问题，来做他开幕的一个纪念。尚望国内教育家和出版界，一致向着这个目标进行，则中国青年幸甚，中国文化前途幸甚！

《申报》1931年4月27日

韦棣华来华服务三十年纪念*

（1931 年 5 月 2 日）

韦棣华女士远道来华，不辞劳瘁，居武汉中心，实施实际工作，尤致力于图书馆。余曾作韵语颂赞之，用志钦仰。今年五月，诸君子为韦女士举行来华服务三十年，及文华公书林成立二十年，文华图书科成立十年，三重纪念大会。裔皇典丽，泱泱称盛。

图书关系学术，至为密切，承先哲之余绪，开后来之涂辙，体用咸备，细大不遗，实惟图书是赖。集多数图书于一处，予民众以阅览之便利，辅助文化进步，实惟图书馆之功。

我国人天性，最喜聚书，自汉之“天禄”，隋之“观文”，直至清之所谓“四库”，以帝王之力，广搜秘笈，首先提倡；士大夫闻风兴起，亦往往缥缃万卷，坐拥书城。明清之际，尤为显著。“绛云”“天一”“疏雨”“芳椒”，殆难悉数。清代学术之盛，良非无因。惟此等藏书，皆为贵族所专有，仅绝少数人始得阅读。又管理之法不良，而保守之力有限，卒之或付劫灰，或致流散，深

---

* 此篇原于 1931 年刊载于《文华图书科季刊》。1980 年 9 月《图书馆学通讯》总第 5 期又重新发表。标题是本书编订者加的。

为可惜。

至于为平民谋便利而设图书馆，则最近数十年学制革新以后始有之。而韦女士之创办公书林，恰当其时。以多量之热心，作相当之助力，购置中外书笈，部居分别，灿然秩然，招引观众，予以阅读便利及鼓励其兴趣。又以图书馆为专门之学，设科讲习，远道之来请益者日众。此其裨补学界，有潜滋暗助之功，正吾人所当感谢者。学术本无国界，求知人性所同，故办理教育，为积极有趣之事，终身由之，可以忘疲。韦女士来华服务已三十年，阅时不可谓不久，然其精心毅力，实视三十年如一日。倘再阅多时，亦无丝毫倦怠，可以断言。

近来国内图书馆逐渐增多，本爱好书笈之天性，有自由阅览之处所，濯磨淬历，得所凭借，正如昔人所谓“用之而不敝，取之而不竭”者。学术前途，方兴未艾，文华公书林于众图书馆中，乃如老成先进，弥负重望。坐观国内学术，循序发展，韦女士之所热心期望者在此；吾国人之所以慰韦女士者，亦即在此矣。爰书数语，以为异日之证。

《文华图书科季刊》第3卷第3期（1931年9月出版）

谈今后的教育方针

（1931年6月3日）

此次国民会议决议《确定教育设施之趋向案》，对于过去之教育方针，加以彻底之改革，使中国的教育设施进入于一新的阶段。如能逐渐推行，于国计民生，裨益实大。

从前国内中、小学生毕业之后，生活方面，仍须仰给于其家庭，徒增其父兄之负担。所以一般农人、工人，往往为生计所迫，不愿送其子弟入小学。现在规定中、小学教育，以养成独立生活技能与增加生产之能力为中心，则可以纠正过去之缺点，增进推广小学教育之助力。

社会教育本为灌输知识之一种良好方法，但过去并未十分注意于其设备之目的，致社会反受许多不良之影响。今后一切展览会的陈列，民众教育的布置，以及各种游艺场所的演唱，均须以贯注科学知识、指导生产技术为目标，以收增加生产的效果。

职业学校及有关国民生计之专科学校，各地亦间有设置者。然因创设不甚普遍，且多不适合当地情形，时有学非所用之叹。故增设此种学校，并使其能适应当地的情形，为目前迫切之要求。产业之发达，实有赖于生产工具之发明及生产技术之改进。所以大学教育注重自然科学及实用科学，以期达此目的。

总之，今后之教育方针，自小学以至大学，均以养成职业化、增加国民生产为一贯的精神。此种重大之革新，甚合于中国目前的需要。（下略）

《中央日报》1931年6月3日

国立北平图书馆记

（1931 年 6 月 25 日）

国立北平图书馆者，教育部原有之国立北平图书馆与中华教育文化基金董事会自办之北平北海图书馆合组而成者也。旧隶教育部之国立北平图书馆，初名京师图书馆，成立于民国纪元前二年，馆址就什刹海广化寺充之。民国二年，设分馆于宣武门外前青厂。未几，本馆停办，移贮图书于教育部。四年，部议以方家胡同前国子监南学房舍为馆址，筹备改组。六年一月开馆。十七年七月，更名曰国立北平图书馆。十八年一月，迁馆址于中海居仁堂。馆中藏有文津阁《四库全书》一部，唐人写经八千六百五十一卷，又有普通书十四万八千余册，善本书二万二千余册，明清舆图数百轴及金石墨本数千，均希世之珍也。顾以馆址无定，灾损堪虞。民国十四年，中华教育文化基金董事会成立，即有与教育部合组国立京师图书馆之议，而牵于政局，未能实现。董事会遂独立购置御马圈地，绘图设计，筹建新馆；同时在北海构屋，组织北京图书馆，于十五年三月成立，迁都后，更名曰北平北海图书馆。三年以来，规模略具：共购置中文书籍八万余册，西文书籍三万五千余册；分类编目与各种书籍、杂志索引之纂辑，均次第举行；出版事业亦已开始。此两馆未合并以前之略史也。新馆之建筑工程，实始于十八年三月，是年六月，董事会举行第五届年会，教育部重提两馆合组之议，经董事会通过，仍用国立北平图书馆之名，而权以第一馆、第二馆别之。今兹新厦告成，乃合两者之所藏而萃于一馆焉。新馆之建筑，采用欧美最新材料与结构，书库可容书五十万册，阅览室可容二百余人，而形式则仿吾国宫殿之旧，与北海之环境尤称。自兹以往，集两馆弘富之搜罗，鉴各国悠久之经验，逐渐进行，积久弥光，则所以便利学术研究而贡献于文化前途者，庸有既乎！爰志缘起，用勖将来。

中华民国二十年六月二十五日

蔡元培撰　钱玄同书

北京图书馆院内西侧石碑

国立北平图书馆新厦落成典礼演说词

（1931年6月25日）

今日北平图书馆落成典礼，时值溽暑，酷日当空，蒙诸位惠然来临，不胜感谢。本馆同人筹备期短，招待欠周，谨先道歉，故仅简单报告本馆成立经过，以免诸位吃苦。本馆自清宣统二年学部发起组织京师图书馆，时以无相当地址，乃借用什刹海广化寺作馆址，举凡重要书册各库档案等搜罗殆尽。迄民国元年正式开幕，至民国二年教育部以馆址不适，乃设分馆办事，移重要文件于教部。民国四年，决将图书馆移设方家胡同国子监内。六年一月开馆，至十七年末叶则又移至北海居仁堂，目前则又移至本馆座落地点矣。按民国十四年，中华教育文化基金委员〔董事〕会曾有筹设图书馆计画，乃与教育部筹商合作进行，筹办北京图书馆，并订契约，此为今日北平图书馆之起源。惜中国政治时有变动，致双方契约未克履行。十五年教育基金委员〔董事〕会召集董事会开会，对于筹设图书馆事决议单独负责办理。十八年六月基金会召开年会时，教部特向该会提议京师及北海二图书馆合并成立国立北平图书馆，基金委员〔董事〕会同意后，即起始进行，截止今日全部工程告竣，所有新旧书籍均经移入。现存之书册极众，如《永乐大典》、唐人写经八千卷、《四库全书》等。按北平图书馆之本身历史短促，而藏书极丰，旧北海图书馆内之科学书籍，较京师为多，而三海圆明园建筑模型在焉。至本馆建筑，于辉煌富丽之外，尚有二特长：第一，建筑上完全采用新式的科学方法，日光由外直接射入，避免弧线，室内绝无潮湿弊端；第二，此种建筑，外部完全按照中国古代建筑方法。惟北平图书馆之建筑乃试验性质，尚望诸位来宾不吝赐教。

《大公报》1931 年 6 月 26 日

《京师译学馆校友录》题词

（1931 年 11 月）

译学馆为偏重外国语之学校，其所以与同文馆、广方言馆等不同者有两点：一兼课国文，二兼授其他科学是也。有此二者，是以译学馆虽办理不久，同学亦为数无多；然而其中之高材生，或服务社会，卓著成绩；或更求深造，成为专门学者；或从事译著，有信、达、雅三长；使此短期之学校，在历史上可以不朽。今距兹馆停办之期，已二十年；而诸同学追念当日切磋琢磨之益，辑成此录；将使展览之余，往昔聚首一堂之乐，如在目前；益复互相策励，不以已往及现在之成就为满足，而更求进步；其裨益于吾侪者，岂浅鲜耶！

中华民国二十年十一月

蔡元培

影印手迹，《京师译学馆校友录》（1931 年 11 月重订本）

牺牲学业损失与失土相等*

（1931年12月14日）

我今日所要报告的，是特种教育委员会的事。教育行政，本属教育部主管。政治会议所以设特种委员会，无非为国难期间，教育上颇有种种特殊问题，要集思广益，替教育部做一种特殊的准备。至对于教育部的职权，决不有一毫的损害。

我们一谈到国难期间教育上特殊问题，我们就不能不立刻想到学生的爱国运动。学生爱国，是我们所最欢迎的，学生因爱国而肯为千辛万苦的运动，尤其是我们所佩服的。但是，因爱国运动而牺牲学业，则损失的重大，几乎与丧失国土相等。试问欧战期间，德国财政上非常竭蹶，然而并不停办学校，把教育经费暂移到军费上去。因为学生是国家的命脉。征兵制的国家，且有人提议，著名学者虽其年龄在兵役义务期内，可以免服兵役者。此何以故？以学业为军队的后备、青年的资粮，不可轻易的牺牲。我们想一想，德国有了一个克虏伯，就能使本国的军械甲于世界；法国有了一个巴斯德，就能使本国酿酒、造丝、畜牧等事业特别

---

* 此篇系蔡元培在国民政府纪念周的报告。

稳固，国富顿增，而且为世界造福；美国有了一个爱迪生，就能使美国开了无数利源，于煤油、钢铁、铁路诸大王以外，显着他发明的长技。而且当国难时期，正是促进创造的机会，如萝卜制糖、海草取碘、从空气中吸取淡素等，皆因本国受封锁后，外货不到，自行创造的。现在我们军械不足，交通不便，财政尤感困难，正需要许多发明家如克虏伯、巴斯德、爱迪生这一类的人。我们的祖先，曾经发明过火药、指南针、印刷术等，知道我们民族不是没有创造力的。但是最近千年，教育上太偏于书本子了，所以发明的能力远不如欧美人。我们这一辈模仿他们还来不及，虽有时也有一点补充，但是惊人的大发明，还说不到。若是后一辈的能为大发明家，“有七年之病，求三年之艾”，还可以救我们贫弱的国家；倘再因循下去，那真不可救药了。

青年的爱国运动若仅在假期或课余为不识字的人演讲时局，或快邮代电发表意见，自是有益无损的举动。现在做爱国运动的青年，乃重在罢课游行，并有一部分不远千里，受了好多辛苦，到首都运动。一来一往，牺牲了多少光阴，牺牲了多少学业。单就这几万青年而论，居今日科学万能的时代，其境遇可以受高等教育，安知其中没有几十名、几百名的发明家？又安知其中没有少数的大发明家，可与巴斯德、爱迪生相等的？当青年时期，牺牲这么多的光阴与学业，岂不是很可怜、很可惜的吗？

我们推想这些爱国的青年，所以不能安心上课，而要做此等特殊的运动，固然原因复杂，而其中最大原因，则因激于爱国热忱，而误认原有的基本科学，为不是救国要图。我们现在要检查学校课程，是否有可以暂行酌量减少，而代以直接关系国难的教科。

最直接的自然是军事训练，这本来是各地学生自己要求的。现在首都以外各地方学生，何以竟要牺牲了受训练的光阴，而换为奔走？是否现在的军事训练尚有加紧的必要？我们所以设军事训练组，请军事家研究这个问题。

其次，若时局现状，若各国实力的比较，若各种国防上、经济上、交通上应有的准备，包含许多问题，若得专家详悉讲述，不但可以振刷精神，而且于现在及将来均有益处。我们所以设特别演讲组，不但与各学校固有教员商量，而且请著名的学者次第到各地讲演。

为特别讲演上材料的搜集与整理，我们设编辑组；为照料已经到京的爱国运动者，使减少困难，免蹈危险，我们设总务组。

以上各组，现在暂由政治会议所派定之委员分别担任，将延请专门学者加入，以收集思广益之效。将来国难会议成立后，若有关于教育的部分，本会的工作可以移交，则本会即可取销。

《中央周报》第185期（1931年12月21日出版）

上海美术专科学校校歌

（1931 年）

我们感受了寒温热三带变换的自然，
承继了四千年建设文化的祖先；
曾经透彻了印度哲理的中边，
而今又接触了欧洲学艺的源泉。
我们的思想应如何博厚？
我们的兴会应如何郁茂？
我们的创作应如何丰富？
我们将要与巨灵击掌，
　　不可不把细弱的手腕，养成强壮；
我们将要与夸父竞走，
　　不可不把短少的足力，养成耐久；
我们希望到发达时期，有伟大的影响，
　　不可不于幼稚时期有完全的修养。
啊！我们有了摇篮了！
　　可爱呵，我校建筑的清闳！
啊！我们有了乳糜了！

可爱呵，我校设备的周至！
啊！我们有了保姆了！
可爱呵，我校教师的优异！
我们现在彻底的受了母校的陶熔，
将来要在世界上发扬我们祖国的光荣！
啊！可爱的祖国！万岁！
啊！可爱的母校！万岁！

一九三六年修订

我们感受了寒温热三带变换的自然，
我们承继了四千年建设文化的祖先；
曾经透彻了印度哲学的中边，
而今又感受了欧洲学艺的源泉。
我们要同日月常新，
我们要似海纳百川。
我们现在彻底的受了母校的陶甄，
将来要在全世界上发扬我们国光而绵绵。
啊！我爱我的中华万年！
啊！我爱我的母校万年！

刘海粟《忆蔡孑民先生》，《艺苑》第15期
（1983年2月10日出版）

上海私立广东中小学创校二十年祝词*

(1931 年)

社会上无论何种事业，倘非有适当的人，肯把全副精神用在这个上头，就很不容易发展。就教育事业而论，蒙德梭利法的发展，全靠蒙德梭利女士的热诚；道尔顿制的发展，全靠柏克赫司特女士的努力。这是最显而易见的了。

我现在承认上海私立广东中小学的成绩，完全发端于吾友陈君鸿璧的毅力与专心，也就是这个公例。

十六年前，我与陈君同在上海神州女学任教员，就知道他发起了广东公学，是以幼稚教育施行于广东旅沪儿童的。我那时候已深知陈君办事的能力与肯负责任的意志，逆料这个学校是必要非常发展的了。

到民国十二年，陈君见告：这个学校，开办时学生不过七人，现在已有四百余人了。他且说他对于学生，完全与自家子女一样。例如在卫生上，若有一个学生太肥了，就令增加运动；若有一个学生太瘦了，就要特别调养他。并且说他愿终身尽瘁于这个学校，

---

* 此篇系蔡元培代夫人周养浩作。

到死了，就葬在校里面；还希望又有一个愿意葬在校里面的同志来接办下去。这是何等的坚毅呵！

现在又过了八年，学生已增至六百人；学制已自幼稚园推广到初小、高小、初中；自建的学舍已有五座。这固然是广东同乡有魄力，有热诚，慨捐经费，校中各教职员均抱同一目的，黾勉从事，用能帮助陈君，成此盛业；然要非陈君能表现足以令人信任的成绩，这些助力，是不容易集中的。

自开办至今，仅仅二十年，成绩之可惊已如此；再历五年或十年，其发展之速，更将不可限量。谨以最热烈之感情，欢祝

上海私立广东中小学万岁！

陈君鸿烈〔璧〕万岁！

周　峻①

蔡元培手稿

① 蔡元培在此处写了“周峻”，随后又用毛笔涂去。

致巴特勒、杜威、爱因斯坦等人电*

（1932年2月初）

发往华盛顿

请将蔡元培下面的电文分送尼古拉斯·巴特勒①、劳伦斯·娄厄尔②、约翰·杜威③、玛丽·伍尔西④、韦尔伯⑤、爱因斯坦⑥、米利肯⑦、阿瑟·霍尔库姆⑧，以及美国知识界、教育界其他著名领袖人士，并抄送驻华盛顿中国大使：

日本军方在当前侵略中国的作战中，以大规模毁灭中国文化

---

* “一·二八”事变后，蔡元培除与梅贻琦、蒋梦麟等联名电请国际联盟制裁日军暴行外，并自行致电巴特勒、杜威、爱因斯坦等人，吁请他们主持正义，谴责日军摧毁中国文化教育机构的野蛮行动。

① 尼古拉斯·巴特勒（Nicholas Butler）：美国文学和艺术科学院院士。

② 劳伦斯·娄厄尔（Lawrence Lowell）：美国哈佛大学校长。

③ 约翰·杜威（John Dewey）：美国著名哲学家、教育家。

④ 玛丽·伍尔西（Mary Woolsley）：美国教育家。

⑤ 韦尔伯（Ray Wilbur）：美国斯坦福大学校长。

⑥ 爱因斯坦（Albert Einstein）：杰出的物理学家，当时在美国加利福尼亚州讲学。

⑦ 米利肯（Robert Millikan）：美国著名的物理学家。

⑧ 阿瑟·霍尔库姆（Arthur Holcombe）：美国哈佛大学教授。

教育设施为目的，对上海滥施轰炸。迄今为止，文化教育机构，如商务印书馆（过去二十年来，全中国教科书的百分之七十五由该馆提供）连同它那无法以价值估算的东方图书馆，著名的国立暨南大学、同济大学、持志大学和中央大学医学院等已被夷为平地。凡日本军国主义武装力量所到之处，中国的文化教育机构在其狂轰滥炸下全被摧毁。

即使在战争时期，也不容许蓄意摧毁文化教育机构。而日本政府一方面宣称并未进行侵华战争，另方面却在国际法明文规定保护文化设施的情况下，蓄意摧毁中国的文化教育设施。

希望全世界的知识界领袖人士仗义而起，公开谴责日本军方毁灭中国文化教育机构的野蛮行为，并提出措施制止日本方面进一步采取这种行动。

中央研究院院长　蔡元培　南京

蔡元培发电英文打字副本（许凤岐译）

致朱家骅函*

（1932年4月9日）

骝先先生部长大鉴：

径启者：

有一部分兽医专家，因鉴于吾国新政丕兴，关于卫生行政、商品检验等等，均需兽医人才担任；而国内此项学校，尚付阙如。因于去年秋，商由实业部商品检验局、上海市政府卫生局、中华职业教育社三机关合组一兽医专科学校，招收高中毕业程度以上之学生，课以专门之学术，期以二年毕业，一切课程规章，均遵法令办理，推儿子无忌主其事，并经上海市政府准予补助。惟创办伊始，头绪纷繁，直至本年一月，始由上海市教育局转呈大部备案。嗣奉第一〇四八号训令：应照私立学校规程办理，仰见大部郑重之至意。但该校动机，完全出于适应社会需要，而组织主体，又为政府直属及立案之机关，且大部分经费，出于当地之政府，似乎与其他私立学校性质不同。可否俯念创立者提创之苦与

* 此函系中华职业教育社人员起草，蔡元培阅后发出，用字及语气均未加修改。

夫情形之特殊，允予比照他部及地方政府办理学校、准予备案，无任公感。除由该校呈局申明转呈外，专此奉商，敬颂

勋绥，并祈赐复

书贻
次长均此
乙藜

蔡元培谨启　四月九日

蔡元培书信抄留底稿

大学生之被助与自助*

——在武汉大学第一届毕业典礼演说要点

（1932年5月24日）

学生本在被助时期，然不注意自助，则辜负被助，而他年后悔无及。

被助方面：教职员，设备，环境。

德、法大学：放任，纯粹为提高学术，不求人人成功。

英、美大学：干涉，兼陶冶品性，希望人人受益。

武汉大学兼容两方长处之资格，学生当非常满足，但自助方面尤不可忽。

有好教职员而不肯受其指导，或吹毛求疵，杂以他种受人利用之胡闹，则无益。　避考试。　法科大学之欢迎兼职及官吏（北大，中大）。

有完全之设备而不肯实验，不肯读书，则等于虚设。

---

* 1932年5月24日，蔡元培到武汉大学，在该校珞珈山新校舍落成典礼及第一届毕业典礼上，发表这一演说。演说要点手稿系用中央研究院道林纸便条一张，以钢笔书写。

有极好之环境而自造恶习，或乘隙而投身于恶环境，则仍不免堕落。

苟真能自助，则虽被助方面不能满足，而亦可补充，故自助实较被助为要。

将来武汉大学之荣誉，决不仅在教职员，而尤在学生。

蔡元培手稿

附：同题异文

略谓：这次来武大参观，接汪院长来电，嘱代表参加新校舍落成典礼。中国自周代即设学官，直至清末，始有新式大学，张之洞在鄂，曾倡办两湖书院，极有成绩，后来渐次改进。民国六年，教育部在北平、南京、广州、汉口等五处分设国立大学，因为政治变迁，随时改变内容。最近中央命王校长来办武大——理想的大学。兄弟以为大学目的有二：一为研究学问，二为培养人格。欧洲大学多有偏重，例如大陆派大学，如德、法两国，大学概取放任，认定大学生应自知注重学问；而英、美则不然，尤其是英国，如剑桥、牛津两大学，则特别注重人格之陶冶，对于学生一举一动随时加以深刻注意，学生言语行动，须绅士化，出外一律须着制服，教职员常常出外监督学生行动，使学生绝对养成高尚之人格。此外如英国之大学，均注重于体育，运动竞赛、竞渡、足球之比赛，全国注目，于运动中养成公德，虽因竞争而失败，亦所甘心。如果在运动时，有侥幸取胜，或则作弊取胜，大家觉得是最羞耻的一件事。中国办大学，过去多注重于学问方面，故多采取大陆派，及后渐渐觉悟，采学问与人格并重。盖学问方面，其重要点在设备之完善，如标本、仪器、图书之充足，教员之能指导学生，提起兴趣，而养成人格之伟大，习惯之尚足，尤为重要。故吾人大学教育，应学问与人格并重。中国三十年来，有新式之大学后，总计全国大学约百数十所，多因过去历史关系，虽时时改革，总不如武大之与旧历史一刀截断重新创造之痛快。且武汉为水陆中心，地点在全国很重要，应该建一合科学的美化的大学，现在校中又注重卫生及新村之建设，将来一定有很好成绩。不过大学区——学村内，无论什么事，应该受校方支配，照英国牛津、剑桥两大学办法，无论建筑及一切设备，均须依照大学的设计而行，否则即不“和谐”。至武大现在建设，一半已经完成，将来建筑和设备经费，中央认为应该要用的，总可想法拨给；希望地方当局亦秉初旨，尽量协助云云。

《武汉日报》1932年5月27日（周天度抄录提供）

中国公学大学部校史（三）*

（1932年12月10日）

二十年一月校中发生风潮，马君武校长辞职；校董会推邵力子先生为校长，朱经农先生为副校长。并由邵校长聘戴君亮先生为教务长，朱应鹏先生为秘书长兼总务长，李青崖先生为文学院长，应成一先生为法学院长，刘南陔先生为商学院长。

校董丁彀音先生辞职，校董会加推邵力子、朱应鹏、潘公展、陈果夫、吴开先诸先生为校董。

六月中，副校长朱经农先生辞职，校董会改聘潘公展先生为副校长。同时校中改聘樊仲云先生为教务长，谢六逸先生为文学院院长，馀仍旧。

是时学生人数：文学院三五〇人，法学院六〇〇人，商学院九一人，高中二六三人。

邵校长为建设理学院计，筹款四万元建筑科学馆，于十二月中落成。

---

* 《中国公学大学部校史》，由三人接续写成：第一阶段由胡适撰写，第二阶段由马君武撰写，第三阶段由蔡元培撰写。

九月十八日以后，学生组织抗日会，校中又发生风潮，副校长潘公展先生、秘书长朱应鹏先生相继辞职，推樊仲云、刘南陔、谢六逸及胡耀楣四先生为校务维持委员，暂时维护校务。

十二月中，校务维持委员辞职，校中各教授组织教授会。校董会董事长函告教授会，请暂负学期结束及下学期招生之责。

二十一年一月二十八日以后，校舍被毁，学生星散，教授会与校董刘南陔先生等协商，于三月一日在法租界辣斐德路赁屋开学。内部组织，一仍其旧；惟校长职权，由教授会代为执行。教授会推李剑华、汪馥泉、袁税伯、刘南陔、区克宣、康次由、潘震亚、朱通九及傅东华九先生为执行委员。

三月十日开学，学生人数大减：文学院四三人，法学院三九八人，商学院四〇人，高中部二一六人。

五月以后，校内风潮迭起，无法维持；校董会于八月十日议决暂行停办，三、四年级生赴其他各校借读，一、二年级生转学。

校董会公推熊克武、王云五、蔡元培、陈果夫、叶葵初、于右任、丁瀫音、杜月笙、徐新六、任鸿隽、胡适之、马君武、王搏沙、胡石青、张公权、陈行、邵力子、刘南陔、朱经农、杨铨、高一涵诸先生等为复兴委员会委员，负复兴本校之责。

二十一年十二月十日

《中国公学大学部民国二十二年毕业纪念刊》（中国公学 1933 年出版）

中山文化教育馆设计管见*

（1933 年 3 月）

依本馆章程第二条及第四条第一项之规定，本馆应以研究中山先生之主义与学说为任务。惟中山先生之主义与学说，包含甚富：依民生主义，应研究经济学及各种社会问题；依民权主义，应研究法律、政治；依民族主义、建国方略及孙文学说，则一切自然科学、文化科学及农工技术，皆所包括。而民族主义演讲中，主张恢复民族固有的知能，则不但各种科学，而文学、美术，亦为研究对象。且依本馆章程第四条第二项之规定，凡与中国有关系之各种问题，皆应研究，则范围之广可知，但我等若要把各种学术，同时并立，一定不容易有充分之设备与经费。故第一，应集中力量，求精而不骛博，选择最适宜的几种，先办起来；第二，选择之标准，最好不与其他研究机关所已设立之科目相重复，如地质、生物、理、化、心理、天文、气象、历史、语言等科，各机关业已设立，而且著有成绩，本馆可暂不重设，而举全力以从

* 孙科创设中山文化教育馆于上海，蔡元培被推为常务理事之一。应该馆主持人之请，蔡元培草拟了这份意见。

事于现代最所需要而其他机关尚未能充分设备之学科。鄙意本馆先应举办者，有三种：

（一）中国美术史长编之起草，并组织美术馆。此为恢复固有知能上最重要之工作，国立美术学校本可担任，然而经费所限，未能着手；现在研究中国美术者，乃不能不倚赖外国之著作，至为可耻。故希望本馆先注意于此点。

（二）教育研究。此为吾国教育学者多年之希望，然现在惟广州中山大学中设有小规模之研究所。本馆章程第五条有调查各地教育状况之规定，即以调查所得之材料供研究，最为方便。

（三）社会问题之研究。中央研究院社会科学研究所中，设有社会问题组，向黑龙江、保定、无锡及宝山等处调查农村经济，颇有成绩；但我国地广人众，不可不有大规模之组织。本馆于章程第五条有调查各地农村社会经济状况之规定，应有社会问题研究之设备。

若此种计划可行，则第六条之学术奖金、第七条之学费贷款、第八条之学术讲座、第九条之图书出版，亦不妨暂以此三种为范围，而逐渐推广。

蔡元培手稿

《独秀文存》序

（1933年4月）

二十五年前，我在上海警钟报社服务的时候，知道陈仲甫君。那时候，我们所做的，都是表面普及知识、暗中鼓吹革命的工作。我所最不能忘的，是陈君在芜湖，与同志数人合办一种白话报，他人逐渐的因不耐苦而脱离了，陈君独力支持了几个月。我很佩服他的毅力与责任心。

后来陈君往日本，我往欧洲，多年不相闻问。直到民国六年，我任北京大学校长，与汤君尔和商及文科学长人选，汤君推陈独秀，说独秀即仲甫，并以《新青年》十余本示我。我问明陈君住址，就到前门外某旅馆访他，他答应相助。陈君任北大文科学长后，与沈尹默、钱玄同、刘半农、周启民诸君甚相得；后来又聘到已在《新青年》发表过文学革命通讯的胡适之君，益复兴高彩烈，渐渐儿引起新文化的运动来。后来陈君离了北京，我们两人见面的机会就很少；我记得的，只有十五年冬季在亚东图书馆与今年在看守所的两次。他所作的文，我也很难读到了。

这部文存所存的，都是陈君在《新青年》上发表过的文，大抵取推翻旧习惯、创造新生命的态度，而文笔廉悍，足药拖沓含糊等病；即到今日，仍没有失掉青年模范文的资格。我所以写几句话，替他介绍。

中华民国二十二年四月

蔡元培

影印手迹，《独秀文存》（亚东图书馆1933年出版）

为上海文化团体举行五四运动纪念会预备之演说词*

（1933 年 5 月 4 日）

五四运动所要求的：（一）不签字于巴黎和约，因约中有以青岛让与日本之说；（二）罢免亲日派曹、陆、章三人。此两种要求，经当年全国中学以上学生八十日的奋斗（五月四日至七月二十三日），与北平、上海等都市商工界罢工、罢市的援助，而始为政府所容纳，所以参加五四运动的学生，感于商工界援助之有力，而悟普及常识的需要；于是一方面大学生多于课余办校役夜班及平民学校，一方面促进语体文之发展，出版的书籍及杂志，较前踊跃。且彼等经八十日之奋斗，感于环境之蕃变与应付之困难，悟学力不足者不能应变，而勉学之精神为之增进。现在困难之酷烈，视十五年前万倍，我们感到十五年普及常识、提高力学的成

* 蔡元培在此篇演说词之前有一段说明："今日本市大中学教职员联合会及大中学生联合会所发起之上海文化团体，定于午后二时在上海市商会举行五四运动纪念大会，程序单中，派我演说，并托孟寿椿兄来商，我已允之。届期，到商会，门上揭贴，说改在八仙桥青年会；到该会，询知发起时虽曾往商，而未为租界巡捕房所允许，故未曾借与。我所预备之演词，大意如左。"

效，尚属微乎其微（只要从军队战斗力与提倡国货等事观察就明白）。孟子说："七年之病，求三年之艾。"我们若再不能切切实实的从根本上求救济，我们的纪念五四运动，也不是很有意义的。

蔡元培手稿

附：同题异文

前次贵会代表枉顾，欲邀鄙人讲演，当时以年老力衰，未曾肯定许诺。昨《晨报》载程序，始知贵会已将鄙人列入讲演，为维持贵会信约起见，曾准时力疾驱车赴市商会参加，及见会场临时改变，立即遄赴青年会，又因捕房干涉未能开会，乃废然而返。今日贵会补行仪式，本当亲来参加，无如今晨感冒不克到会，兹请康选宜君随带手稿代表致词，并朗诵致北大学生会与大学联合会宣言，及旧作《五四周年之回顾与希望》一文。觉当时所陈各节，至今仍可作诸君之参考，幸勿以明日黄花视之可也。五月的纪念日最多，除五一为国际间公共问题外，余如五三、五九、五卅等，均为吾国悲惨的纪念日，稍稍差强人意的还是五四。五四运动所最迫切要求的：一、不签字于巴黎和约，二、罢免亲日派曹、陆、章。这两种要求，经当年全国学生艰苦的奋斗，与上海、北平等都市商工界罢工罢市的援助，而始为当时的政府所容纳。倘使此等要求仅仅为一地方的学生所主张，或大多数学生有此要求，而商工界不赞同，或不认为重要，而不加援助，则仍不能达到目的。所以参加五四运动的学生感于商工界援助之有力，而悟普及常识的需要，一方面大学生每于课余办校役教育及平民学校，一方面促进语体文之发展，出版之书籍及杂志较前踊跃。且彼等自五月四日至七月二十三日间八十日之奋斗，感于环境之善〔蕃〕变，与应付之困难，悟学力不足者不能应变，而勉学之精神为之增进。所以五四运动中最得力的学生，于运动告一段落以后无不力学，多有毕业大学以后，赴外国留学，更求深造，至今成为著名学者的。现在国难之酷烈，视十五年前酷烈到万倍，我们感觉到十五年普及常识、提倡力学的成效，尚属微乎其微，只要从军队战斗力与提倡国货等事观察就明白。孟子说："七年之病，求三年之艾。"我们若再不能切切实实的从根本上求救济，我们的纪念五四运动，也不是很有意义的。

《申报》1933 年 5 月 6 日

致王世杰电

（1933年5月24日）

南京教育部王部长钧鉴：

中基会及清华大学留美学生等经费，向由美退庚款维持。自上年三月美款停付一年，会、校经费，已极感困难。本年三月停付期满，但该款仍未蒙拨发；挪借之款，既无法清偿，下年计画，尤无从着手。前经屡电宋部长，请饬财部照拨，迄未见复。窃念中基会与清华大学，办理有年，内关国内教育文化事业之发展，外系国际之观瞻，设竟听其停顿，殊非国家之福。除电恳行政院汪院长设法救济外，拟恳钧座提出行政院会议，转令财部，迅将已经到期之三、四两月美庚款先行拨付，俾会、校事业得以维持，不胜迫切待命之至。中华教育文化基金董事会董事长蔡元培、干事长任鸿隽叩。敬。

（任鸿隽代作）

蔡元培发电抄留底稿

致顾维钧、李骏函

（1933年6月27日）

<table><tr><td>少川
显章</td><td>先生</td><td>公使
领事</td><td>大鉴：</td></tr></table>

<table><tr><td>久不晤，惟兴居康胜，</td><td>折冲咸宜
商情悦服</td><td>，为祝。</td></tr></table>

兹有启者：

自费留法学生李志仁君，练习音乐五年以上，程度颇高，著有《和声学》等书，并在国际学院研求政法，于外交、商务等均所注意，法文亦擅长，允为留学生中难得之人才。近因骤丁外艰，家中无法接济，将有辍学之虑，功亏一篑，甚可惜也。如蒙特别玉成，令在贵馆担任一种职务，俾得以每月薪水应付学费，则感荷无已。除属李君专诚晋谒、面述详情外，专此介绍。

并祝

勋祺

筹绥

蔡元培　敬启

蔡元培手稿

复国联文化合作院主任班纳函

（1933 年 7 月 15 日）

班纳先生足下：

在上海得领大教为幸。别后，又得上年十二月八日惠函，并关于国际知识合作社之印刷品，使鄙人对于国际知识合作之内容，益益明了，尤为感谢。

我等读二千年前孔子之徒所作《大学》有云："物格而后知至，知至而后意诚，意诚而后心正，心正而后身修，身修而后家齐，家齐而后国治，国治而后天下平。"是以世界和平为目的，而下手的方法，乃发端于格物而致知。

又读孔子之徒所著《春秋公羊传大义》，有三世进化说，谓："据乱世，内其国而外诸夏；升平世，内诸夏而外夷狄；太平世，夷狄进至于爵，大小远近若一，人人有士君子之行。"以大小远近若一为目的，而其内容则在人人有士君子之行。虽当时所说之天下，未及现在五大洲之广，当时所说之国，亦正由封建之侯国而渐形成为独立对峙之强国，亦未及今日列强互竞之严酷，然其痛国际纷争之祸，而弭兵非攻之学说，成为一家言，而注重于士君子之模范，以格物致知为起点，正与诸君子之提倡知识合作以促成国际和平之大业，不谋而合也。

且也，中国知识阶级，虽未尝不勉力于创造，而对于外界之异文化，未尝不尽量接受。以印度哲学之输入观之，可为例证。在西历纪元前六世纪至四世纪间，中国已有尚无为、描写理想国之老子，建设伦理学、政治学之孔子，倡导民权论之孟子，建设论理学之荀子，主张兼爱、尚同而又建设物理学、工程术之墨子，于相对世界中推想绝对世界之庄子。不但与希腊诸哲学家相类似，而与印度的外道与佛说，亦有可互相印证之点。然自西元二世纪顷，一与印度哲学相接触，则输入恐后，于所译之印度经论著书阐明者，不知若干卷。且嗣后全脱佛教仪式，而专取其精义，以融入中国固有学说之中，以成为宋明儒者之理学，在社会上占极大努力，而当年政治上亦有巨大之影响。盖中国知识阶级愿与印度学者合作之结果也。

不但如此，在印度文化未与中国接触以前，中国之音乐及建筑、雕塑、图画等，已有一种程度，且已稍稍采取波斯及西域各民族之所长，以参变化；及印度音乐及各种美术随哲学而输入，一切皆受其影响，而仍与中国固有之趣味相谐和。其中如建筑、雕塑，尤自印度间接而得希腊风。是实中国与欧洲古代文化相交通之始也。

中国知识阶级，虽以固有哲理与美术与印度所输入者相融合，而并不以此自足。最近时期，得闻西洋哲学各派之理论，则亦以从前欢迎印度哲学之热诚欢迎之，或光学西洋各国文字而读其原本，或译成中国文而广为传布。西洋哲学史与西洋哲学名著，为大学文科中应有之课程。西洋之文学、音乐及各种美术，亦为中国文学家、美术家所欢迎。新设之音乐学校与美术学校，多采取欧洲法式也。

且中国知识阶级亦非偏尚文哲而忽视实科者，如印书法、指南针、火药等之发明，均远在欧人以前，惟中古以降，保守而无进步耳。及最近时期，与欧美之科学及工艺相接触，则亦急起直追，惟恐不及，故各级学校中，均有关于理工之教材，而大学则设有理工等科。

中国旧有之学宫及书院，本为考取较为高等之学者，而予以专门研究之机会，惟偏于哲学、文学及政治学耳。及采取欧美方式而为新学制，则以小学及初级中学为普及常识之机关；而自高中至大学，则为养成专门人才之机关。然为培养创造之人才起见，于大学中设有研究院，以备大学教授与毕业生之研究；而更由中央政府设立中央研究院，以备学者之自由研究。其中一方面以世界公用之方法研究世界公有之问题，冀有普通之贡献；一方面则用中国固有之方法，参用欧美最新之方法，就中国特有之材料而研究之，以冀有特殊之贡献。

要之，鉴于世界未曾解决之问题，尚复甚多，而愿与欧美学者共负一部分之责任，则中国知识阶级公有之大愿也。鄙人谨敢代表中国知识阶级，敬谢先生合作之提议，而贡其深愿合作之诚意，幸先生及合作社诸君子垂鉴焉。

附：林语堂译为英文后附志

民国二十年，国际联盟文化合作委员会议决，由世界文化思想领袖，交换函札，讨论今日文化中心问题。所邀请者如德之Thomas Mann①、法国之Paul de Valery②等。去年巴黎文化合作院（即国联文化合作委员会之执行机关）主任班纳（Bonnet）君致函蔡元培先生请提出问题讨论，蔡先生即作一函。本年初得国联文化合作委员会主席麦雷教授来函，内言现代文化之溃灭及战

① Thomas Mann：托马斯·曼，德国作家。

② Paul de Valery：瓦莱里，法国诗人及理论家。

争之危机，极其痛切，所贡献意见，又系麦雷教授在国联方面多年努力及观察之心得。故亟为译书，以公于世。该委员会发起之通言，现已发表者两册：一为蔡元培、麦雷（Gilbert Murray）、Herri Focillon①、Paul de Valery、S. de Madriaga②、Ozorio de Almeida③、Alfonso Reyes④之通信；二为恩斯坦与佛罗特关于战争之通信，题目为《为什么有战争》（英、德、法三文，皆有专册，文化合作院出版）。麦雷君系英国牛津大学希腊文教授，素负文名，亦曾作诗词，晚年感于世界大势，努力于国联之工作。当沪战发生时，曾屡次联络英国知识阶级，在英伦国联会社演说，并向英国政府要求主持公道。

译者附志

《申报月刊》第2卷第7期（1933年7月15日出版）

---

① Herri Focillon：福西龙，法国美术史学家。
② S. de Madriaga：马缀加。
③ Ozorio de Almeida：阿尔麦达。
④ Alfonso Reyes：雷耶斯，墨西哥作家。

《辅助国民教育运动》序

（1933年9月）

吾国古代有士、农、工、商的分业。士的一业，后来译称读书人，几乎以读书为士的专利品了。科举时代，此风尤盛。我们幼小时所读的《神童诗》曾说“万般皆下品，惟有读书高”，又说“满朝朱紫贵，尽是读书人”，表示读书人是一个特殊阶级了。那时候，惟有商人为应用起见，稍稍学点书、数。农、工阶级，简截无暇读书，偶然有例外的，如“带经而锄”，“牛角挂《汉书》”等，便播为美谈，显然是希罕的事了。近几十年来，始有强迫教育的呼声，想令全体人民的子弟，统统受教育，这当然是很好的事。但是农、工家子弟，仍然不能进学校。第一，因为他们的子弟，一进过学校，就自居于读书人，不肯再去劳动了。第二，学校上课的时间，与他们帮助父兄工作的时间相冲突，他们不免顾此而失彼。所以有人说：“多了一个学生，就少了一个农人或工人。”这不是可惜的吗？姚君仲拔为补救这种缺陷起见，创为“移教就蒙”之法，而参加各别教授之义，使教员迁就学生之住所与时间，而学生不必迁就教员；且使学生不必牺牲其协助父兄之工作，而仍可以得识字、读书之利益。用此等方法，补正式学校之不足，其于教育普及上，必有极大助力，无可疑也。

二十二年九月

蔡元培

蔡元培手稿

《小学生文库》之编印

（1933 年 10 月 4 日）

小学校应有图书馆，普通图书馆应有儿童阅览室，家庭文库应有儿童读物，是现代通例；因为将来的世界，完全靠儿童们长大以后的活动，我们不愿为他们养成被动的习惯，而要引起他们自动的探求，不可不为之预备材料，以备参考也。欲使学校、图书馆及家庭，都愿大量的购进儿童读物，而印刷机关不足以供其所求，则亦无可如何！今幸商务印书馆有《小学生文库》之编印，从此不但各小学校均有充实其图书室之机会，而在普通图书馆与各个家庭，亦可以先备基本图书，备多数儿童参考，不可谓非吾国儿童之幸运也。

蔡元培手稿

复英国各大学中国委员会驻华代表修士函

（1933 年 12 月 28 日）

中诚①先生大鉴：

接本月二十二日惠函，敬悉一切。

此次茀来女士之演讲，虽因事前无充分之准备，而到时适在暑假期内，致有数点稍感困难。而自茀来女士开始演讲以来，综核成绩，听讲演者与讲演者两方均十分满意。此固茀来女士之学力与热诚，足以动人；而吾人亦益信英国学者来华演讲，确为有益之事矣。

先生拟请伦敦委员会下届派一自然科学家，如物理、化学或生物学家，来华讲演，弟甚赞成。鄙意专门学者来华，除尊函所述当于暑假以前先行接洽一端外，在南京、上海、北平、武昌及广州等处，至少各留住一月有半以上。一方参观各大学，与讲授兹学之专门教员开几次讨论会，关于扩充设备、搜集材料及指导学生方法等，可以交换意见；一方对于学生为专门学术之演讲若

① 中诚（E. R. Hughes）：即修士，中诚为其中文名。

干次，可以一大学之讲堂，召集各大学专习兹学之学生，共同听讲，不必分往各大学讲演，并可将讲稿译出印行。弟以为如此安排，所得效果较大。

承垂询弟是否愿充下学年之赴英演讲员，极感厚意。惟弟下学年恐尚不能赴英，容再迟一年后考虑之。至于每年派一演讲员，当然比隔年派一人为佳，但如一时无相当之人，则隔年亦可。

此复，敬祝

台绥，并祝

英国各大学中国委员会进步

蔡元培　敬启

二十二年十二月二十八日

蔡元培手稿

我在北京大学的经历

（1934年1月1日）

北京大学的名称，是从民国元年起的；民元以前，名为京师大学堂，包有师范馆、仕学馆等，而译学馆亦为其一部。我在民元前六年，曾任译学馆教员，讲授国文及西洋史，是为我在北大服务之第一次。

民国元年，我长教育部，对于大学有特别注意的几点：一、大学设法、商等科的，必设文科；设医、农、工等科的，必设理科。二、大学应设大学院（即今研究院），为教授、留校的毕业生与高级学生研究的机关。三、暂定国立大学五所，于北京大学外，再筹办大学各一所于南京、汉口、四川、广州等处。（尔时想不到后来各省均有办大学的能力。）四、因各省的高等学堂，本仿日本制，为大学预备科，但程度不齐，于入大学时发生困难，乃废止高等学堂，于大学中设预科。（此点后来为胡适之先生等所非难，因各省既不设高等学堂，就没有一个荟萃较高学者的机关，文化不免落后；但自各省竞设大学后，就不必顾虑了。）

是年，政府任严幼陵君为北京大学校长；两年后，严君辞职，改任马相伯君；不久，马君又辞，改任何锡侯君，不久又辞，乃以工科学长胡次珊君代理。民国五年冬，我在法国，接教育部电，促回国，任北大校长。我回来，初到上海，友人中劝不必就职的颇多，说北大太腐败，进去了，若不能整顿，反于自己的声名有碍；这当然是出于爱我的意思。但也有少数的说，既然知道他腐败，更应进去整顿，就是失败，也算尽了心；这也是爱人以德的说法。我到底服从后说，进北京。

我到京后，先访医专校长汤尔和君，问北大情形。他说："文科、预科的情形，可问沈尹默君；理工科的情形，可问夏浮筠君。"汤君又说："文科学长如未定，可请陈仲甫君；陈君现改名独秀，主编《新青年》杂志，确可为青年的指导者。"因取《新青年》十余本示我。我对于陈君，本来有一种不忘的印象，就是我与刘申叔君同在《警钟日报》服务时，刘君语我："有一种在芜湖发行之白话报，发起的若干人，都因困苦及危险而散去了，陈仲甫一个人又支持了好几个月。"现在听汤君的话，又翻阅了《新青年》，决意聘他。从汤君处探知陈君寓在前门外一旅馆，我即往访，与之订定。于是陈君来北大任文科学长，而夏君原任理科学长，沈君亦原任教授，一仍旧贯；乃相与商定整顿北大的办法，次第执行。

我们第一要改革的，是学生的观念。我在译学馆的时候，就知道北京学生的习惯。他们平日对于学问上并没有什么兴会，只要年限满后，可以得到一张毕业文凭。教员是自己不用功的，把第一次的讲义，照样印出来，按期分散给学生，在讲坛上读一遍，学生觉得没有趣味，或瞌睡，或看看杂书，下课时，把讲义带回去，堆在书架上。等到学期、学年或毕业的考试，教员认真的，学生就拼命的连夜阅读讲义，只要把考试对付过去，就永远不再去翻一翻了。要是教员通融一点，学生就先期要求教员告知他要出的题目，至少要求表示一个出题目的范围；教员为避免学生的怀恨与顾全自身的体面起见，往往把题目或范围告知他们了。于是他们不用功的习惯，得了一种保障了。尤其北京大学的学生，是从京师大学堂“老爷”式学生嬗继下来（初办时所收学生，都是京官，所以学生都被称为老爷，而监督及教员都被称为中堂或大人）。他们的目的，不但在毕业，而尤注重在毕业以后的出路。所以专门研究学术的教员，他们不见得欢迎；要是点名时认真一点，考试时严格一点，他们就借个话头反对他，虽罢课也所不惜。若是一位在政府有地位的人来兼课，虽时时请假，他们还是欢迎得很；因为毕业后可以有阔老师做靠山。这种科举时代遗留下来劣根性，是于求学上很有妨碍的。所以我到校后第一次演说，就说明：“大学学生，当以研究学术为天职，不当以大学为升官发财之阶梯。”然而要打破这些习惯，止有从聘请积学而热心的教员着手。

那时候因《新青年》上文学革命的鼓吹，而我们认识留美的胡适之君，他回国后，即请到北大任教授。胡君真是“旧学邃密”而且“新知深沈”的一个人，所以一方面与沈尹默、兼士兄弟，钱玄同，马幼渔，刘半农诸君以新方法整理国故，一方面整理英文系；因胡君之介绍而请到的好教员，颇不少。

我素信学术上的派别，是相对的，不是绝对的；所以每一种学科的教员，即使主张不同，若都是“言之成理、持之有故”的，就让他们并存，令学生有自由选择的余地。最明白的，是胡适之君与钱玄同君等绝对的提倡白话文学，而刘申叔、黄季刚诸君仍极端维护文言的文学；那时候就让他们并存。我信为应用起见，白话文必要盛行，我也常常作白话文，也替白话文鼓吹；然而我也声明：作美术文，用白话也好，用文言也好。例如我们写字，为应用起见，自然要写行楷，若如江艮庭君的用篆隶写药方，当然不可；若是为人写斗方或屏联，作装饰品，即写篆隶章草，有何不可？

那时候各科都有几个外国教员，都是托中国驻外使馆或外国驻华使馆介绍的，学问未必都好，而来校既久，看了中国教员的阑珊，也跟了阑珊起来。我们斟酌了一番，辞退几人，都按着合同上的条件办的。有一法国教员要控告我；有一英国教习竟要求英国驻华公使朱尔典来同我谈判，我不答应。朱尔典出去后，说："蔡元培是不要再做校长的了。"我也一笑置之。

我从前在教育部时，为了各省高等学堂程度不齐，故改为各大学直接的预科；不意北大的预科，因历年校长的放任与预科学长的误会，竟演成独立的状态。那时候预科中受了教会学校的影响，完全偏重英语及体育两方面，其他科学比较的落后；毕业后若直升本科，发生困难。预科中竟自设了一个预科大学的名义，信笺上亦写此等字样。于是不能不加以改革，使预科直接受本科学长的管理，不再设预科学长；预科中主要的教课，均由本科教员兼任。

我没有本校与他校的界限，常为之通盘打算，求其合理化。是时北大设文、理、工、法、商五科，而北洋大学亦有工、法两科；北京又有一工业专门学校，都是国立的。我以为无此重复的必要，主张以北大的工科并入北洋，而北洋之法科，刻期停办。得北洋大学校长同意及教育部核准，把土木工与矿冶工并到北洋去了。把工科省下来的经费，用在理科上。我本来想把法科与法专并成一科，专授法律，但是没有成功。我觉得那时候的商科，毫无设备，仅有一种普通商业学教课，于是并入法科，使已有的学生毕业后停止。

我那时候有一个理想，以为文、理两科，是农、工、医、药、法、商等应用科学的基础，而这些应用科学的研究时期，仍然要归到文、理两科来。所以文、理两科，必须设各种的研究所；而此两科的教员与毕业生必有若干人是终身在研究所工作，兼任教员，而不愿往别种机关去的。所以完全的大学，当然各科并设，有互相关联的便利。若无此能力，则不妨有一大学专办文、理两科，名为本科，而其他应用各科，可办专科的高等学校，如德、法等国的成例，以表示学与术的区别。因为北大的校舍与经费，决没有兼办各种应用科学的可能，所以想把法律分出去，而编为本科大学；然没有达到目的。

那时候我又有一个理想，以为文、理是不能分科的。例如文科的哲学，必植基于自然科学；而理科学者最后的假定，亦往往牵涉哲学。从前心理学附入哲学，而现在用实验法，应列入理科；教育学与美学，也渐用实验法，有同一趋势。地理学的人文方面，应属文科，而地质地文等方面属理科。历史学自有史以来，属文科，而推原于地质学的冰期与宇宙生成论，则属于理科。所以把北大的三科界限撤去，而列为十四系，废学长，设系主任。

我素来不赞成董仲舒罢黜百家、独尊孔氏的主张。清代教育宗旨有“尊孔”一款，已于民元在教育部宣布教育方针时说他不合用了。到北大后，凡是主张文学革命的人，没有不同时主张思想自由的；因而为外间守旧者所反对。适有赵体孟君以编印明遗老刘应秋先生遗集，贻我一函，属约梁任公、章太炎、林琴南诸君品题；我为分别发函后，林君复函，列举彼对于北大怀疑诸点，我复一函，与他辩；这两函颇可窥见那时候两种不同的见解，所以抄在下面：①

这两函虽仅为文化一方面之攻击与辩护，然北大已成为众矢之的，是无可疑了。越四十余日，而有五四运动。我对于学生运动，素有一种成见，以为学生在学校里面，应以求学为最大目的，不应有何等政治的组织。其有年在二十岁以上，对于政治有特殊兴趣者，可以个人资格参加政治团体，不必牵涉学校。所以民国七年夏间，北京各校学生，曾为外交问题，结队游行，向总统府请愿；当北大学生出发时，我曾力阻他们，他们一定要参与；我因此引咎辞职。经慰留而罢。到八年五月四日，学生又有不签字

① 两函略，参见本书第196页《致〈公言报〉函并答林琴南函》。

于巴黎和约与罢免亲日派曹、陆、章的主张，仍以结队游行为表示，我也就不去阻止他们了。他们因愤激的缘故，遂有焚曹汝霖住宅及攒殴章宗祥的事，学生被警厅逮捕者数十人，各校皆有，而北大学生居多数；我与各专门学校的校长向警厅力保，始释放。但被拘的虽已保释，而学生尚抱再接再厉的决心，政府亦且持不做不休的态度。都中喧传政府将明令免我职而以马其昶君任北大校长，我恐若因此增加学生对于政府的纠纷，我个人且将有运动学生保持地位的嫌疑，不可以不速去。乃一面呈政府，引咎辞职，一面秘密出京，时为五月九日。

那时候学生仍每日分队出去演讲，政府逐队逮捕，因人数太多，就把学生都监禁在北大第三院。北京学生受了这样大的压迫，于是引起全国学生的罢课，而且引起各大都会工商界的同情与公愤，将以罢工、罢市为同样之要求。政府知势不可侮，乃释放被逮诸生，决定不签和约，罢免曹、陆、章，于是五四运动之目的完全达到了。

五四运动之目的既达，北京各校的秩序均恢复，独北大因校长辞职问题，又起了多少纠纷。政府曾一度任命胡次珊君继任，而为学生所反对，不能到校；各方面都要我复职。我离校时本预定决不回去；不但为校务的困难，实因校务以外，常常有许多不相干的缠绕，度一种劳而无功的生活，所以启事上有“杀君马者道旁儿”“民亦劳止，汔可小休”“我欲小休矣”等语。但是隔了几个月，校中的纠纷，仍在非我回校不能解决的状态中，我不得已，乃允回校。回校以前，先发表一文，告北京大学学生及全国学生联合会，告以学生救国，重在专研学术，不可常为救国运动而牺牲。① 到校后，在全体学生欢迎会演说，说明德国大学学长、校长均每年一换，由教授会公举，校长且由神学、医学、法学、

① 此处从略，参见本书第240页《告北大学生暨全国学生书》。

哲学四科之教授轮值，从未生过纠纷，完全是教授治校的成绩。北大此后亦当组成健全的教授会，使学校决不因校长一人的去留而起恐慌。

那时候蒋梦麟君已允来北大共事，请他通盘计划，设立教务、总务两处，及聘任、财务等委员会，均以教授为委员。请蒋君任总务长，而顾孟余君任教务长。

北大关于文学、哲学等学系，本来有若干基本教员，自从胡适之君到校后，声应气求，又引进了多数的同志，所以兴会较高一点。预定的自然科学、社会科学、文学、国学四种研究所，止有国学研究所先办起来了。在自然科学与社会科学方面，比较的困难一点。自民国九年起，自然科学诸系，请到了丁巽甫、颜任光、李润章诸君主持物理系，李仲揆君主持地质系。在化学系本有王抚五、陈聘丞、丁庶为诸君，而这时候又增聘程寰西、石蘅青诸君。在生物学系本已有钟宪鬯君在东南、西南各省搜罗动植物标本，有李石曾君讲授学理，而这时候又增聘谭仲逵君。于是整理各系的实验室与图书室，使学生在教员指导之下，切实用功；改造第二院礼堂与庭园，使合于讲演之用。在社会科学方面，请到王雪艇、周鲠生、皮皓白诸君；一面诚意指导提起学生好学的精神，一面广购图书杂志，给学生以自由考索的工具。丁巽甫君以物理学教授兼预科主任，提高预科程度。于是北大始达到各系平均发展的境界。

我是素来主张男女平等的。九年，有女学生要求进校，以考期已过，姑录为旁听生。及暑假招考，就正式招收女生。有人问我：“兼收女生是新法，为什么不先请教育部核准?”我说：“教育部的《大学令》，并没有专收男生的规定；从前女生不来要求，所以没有女生；现在女生来要求，而程度又够得上，大学就没有拒绝的理。”这是男女同校的开始，后来各大学都兼收女生了。

我是佩服章实斋先生的。那时候国史馆附设在北大，我定了一个计划，分征集、纂辑两股，纂辑股又分通史、民国史两类，均从长编入手，并编历史辞典。聘屠敬山、张蔚西、薛阆仙、童亦韩、徐贻孙诸君分任征集编纂等务。后来政府忽又有国史馆独立一案，别行组织。于是张君所编的民国史，薛、童、徐诸君所编的辞典，均因篇帙无多，视同废纸；止有屠君在馆中仍编他的蒙兀儿史，躬自保存，没有散失。

我本来很注意于美育的，北大有美学及美术史教课，除中国美术史由叶浩吾君讲授外，没有人肯讲美学。十年，我讲了十余次，因足疾进医院停止。至于美育的设备，曾设书法研究会，请沈尹默、马叔平诸君主持；设画法研究会，请贺履之、汤定之诸君教授国画，比国楷次君教授油画；设音乐研究会，请萧友梅君主持；均听学生自由选习。

我在爱国学社时，曾断发而习兵操。对于北大学生之愿受军事训练的，常特别助成；曾集这些学生，编成学生军，聘白雄远君任教练之责，亦请蒋百里、黄膺白诸君到场演讲。白君勤恳而有恒，历十年如一日，实为难得的军人。

我在九年的冬季，曾往欧美考察高等教育状况，历一年回来。这期间的校长任务，是由总务长蒋君代理的。回国以后，看北京政府的情形，日坏一日，我处在与政府常有接触的地位，日想脱离。十一年冬，财政总长罗钧任君忽以金佛郎问题被逮，释放后，又因教育总长彭允彝君提议，重复收禁。我对于彭君此举，在公议上，认为是蹂躏人权、献媚军阀的勾当；在私情上，罗君是我在北大的同事，而且于考察教育时为最密切的同伴，他的操守，为我所深信，我不免大抱不平。与汤尔和、邵飘萍、蒋梦麟诸君会商，均认有表示的必要。我于是一面递辞呈，一面离京。隔了几个月，贿选总统的布置，渐渐的实现，而要求我回校的代表，还是不绝，我遂于十二年七月间重往欧洲，表示决心；至十五年，始回国。那时候，京津间适有战争，不能回校一看。十六年，国民政府成立，我在大学院，试行大学区制，以北大划入北平大学区范围，于是我的北京大学校长的名义，始得取销。

综计我居北京大学校长的名义，十年有半；而实际在校办事，不过五年有半，一经回忆，不胜惭悚。

《东方杂志》第31卷第1号（1934年1月出版）

关于青年教育问题的谈话

（1934 年 1 月 16 日）

（前略）

在中央研究院会客室里面，遇着蔡孑民先生的时候，一个精神饱满的老先生，嘴上留着花白的短须，和蔼可亲的态度，先就给我以很大的感动。谈话的时候，我们是用问答的方式，在关于青年修养的范围以内，对于每个问题，征求蔡先生的意见。

我道达过来意以后，蔡先生对于青年修养问题，即有概括的说明，尤其以一般在校学生作对象，他认为现代中国学生的出路是这样：

智体双方并进

“现代学生的出路，据我个人的意见，应该多努力用功读书，因为我是始终主张学生要专心读书的。所以，我希望现代的学生，一方面努力读书，一方面注意体育。解决中国的前途，决不是简单的问题，必须各方面都有人才，才可以振兴我们的国家；现在中国缺乏专门人才，养成专门人才更是目前的急务。但是，如果专门读死书，而把身体弄坏，也不是正当的道理。所以一方面更要注意体育，一方面要提倡高尚娱乐。”

我曾向他询问治学的经验，蔡先生很谦逊的自称无所成就，但是说往昔实在因为未能专一，所以耽误很多。最后却更加意识的说：“这实在是求学问题的一个很大的障碍！”

治学因材施教

我们究竟读什么学科好呢？这是我提出的第二个问题。

“随着各个人的个性相近，不可以勉强。”没有什么迟疑，蔡先生代我们求得满意的解答。

这时候，我们的谈锋曾转到教育部限制文、法两科招生的问题。蔡先生认为这仅是教育行政当局的暂时办法，目的在取缔私立不良学校，因为许多大学认为文、法两科简单，以至有畸形的发展。至于我们还是读实科好呢，还是读文科好，蔡先生本着他因材施教的主张，以各个人的个性决定。但是，他同时提出根本基础问题，纠正一般的见解。他说：

“顶要紧的，我们不要误认读文、法科的人不要理科的基础，其实无论那一科都有理科的基础，所以我在北大的时候，我就反对文、理分科。”

女子教育问题

现在有很多人主张男女教育不必平等，日本女子大学教育，没有和男子同等的机会。蔡先生是实行大学男女同学的首创者，现在对于女子教育的见解如何？我因为连年都有人讨论过这项问题，而各方聚讼纷纭，没有解决，所以向首先开放大学女禁的人提出这项问题。

“大学应该男女机会平等！”很坚决、很有力量的给我一个肯定的答复。接着，他才慢慢的对于这肯定的答复，加以详细的说明：

“但是，女子不必人人要读到大学。然而，如果有一种女子，她的经济和能力，都有受大学教育的可能，适合一般标准，她当然应该有一个机会。同时，政府与社会应该为着女子举办特殊技能训练的学校，教授家事、女工及其他适合于女子的课程，等等。”

设订自学标准

文凭问题是我临时想起的，因为目下有不少的学生沉沦在文凭的梦幻中，更有不少自学的刻苦者被压迫在文凭政策之下，所以我以文凭的存废征求蔡先生的意见。

这一次的解释是相对的，但是对于自学者应该有一种机会，却是蔡先生的主张。他认为学校是不可以无文凭的，因为这是应有的证明；至于未进学校而自学的人，政府应该颁设一种自修标准，给他们相当的机会，举行特殊的考试。这样的解释，我以为是给社会上的一般青年很好的兴奋剂。

学校要社会化

这是我最着重的一个问题。当我申述的时候，蔡先生也很加注意。

现在有一种很不良的现象，就是学生毕业以后，初服务时，多是对于环境不能满意；而一般商店、团体，进一步如银行、书局，对于任用学生的兴趣，也是很不浓厚。对于如此的不良现象，蔡先生果有纠正的方法吗？

经过一番考量以后，他才肯作如此的解答：“这是学校与社会不能联络的结果。因为现在的学校教育，书本上空话太多，实际上作事、作人的训练太少了，所以，学生到社会上，多不能适应环境。现在解决的办法，要使学校能社会化。”

蔡先生是赞成中等学校多办职业教育的。他主张中等教育多办职科；只须挑选一部分天才，于小学毕业后，受普通中等教育而进大学。所以，他要转移从前中等教育正途、异途的观念。他说：“从前人以为从小学、中学升到大学是正途，在各级职业学校用功是异途；现在要改为学职科是正途，而被挑选出来受大学教育的，才是异途。现在教育当局正指着这方向进行，是对的。”

（俞洽成记）

俞洽成《蔡孑民先生访问记》，《长城半月刊》
第 1 卷第 2 期（1934 年 1 月出版）

推行社会教育应切实注重国语

（1934年1月）

全国国语教育促进会会长蔡元培呈教育部原文云：“呈为呈请通令各省市教育厅、局，推行社会教育，应切实注重国语事。窃查本会于民国二十年八月，在上海召集全国国语教育讨论会，决议‘呈请教育部通令各省教育厅、局推行社会教育应切实注重国语案’……该案办法有四：一、各级教育机关办理社会教育人员，必须认识注音符号，会作国语文，否则不予录用。二、民众学校首应教授注音符号，以便帮助识字。三、民众读物以及各项文告应用国语文编辑，文字旁边均须加注注音符号。四、民众教育馆、图书馆、阅报处等公共场所，应购办国语图表、注音书报、注音符号机片等，设法陈列，广为传习推行。上列四项办法，敬请大部通令各省市教育厅、局，切实厉行。是否有当，敬请鉴核施行。”

《中央日报》1934年1月26日

我所受旧教育的回忆

（1934 年 4 月 4 日）

我六岁（以阴历计，若按新法止四岁余），入家塾，读《百家姓》《千字文》《神童诗》等。本来初上学的学生，有读《三字经》的，也有读《千字诗》或先读《诗经》的，然而我没有读这些。我读了三部“小书”以后，就读四书。四书读毕，读五经。读小书、四书的时候，先生是不讲的；等到读五经了，先生才讲一点。然而背诵是必要的；无论读的书懂不懂，读的遍数多了，居然背得出来。

读书以外，还有识字、习字、对句的三法，是我了解文义的开始。识字是用方块字教的，每一个字，不但是念出读法，也要说出意义；这种方法，现在儿童教育上还是采用的，但加上图画，这是比从前进步了。习字是先摹后临，摹是先描红字，后用影格；临则先在范本的空格上照写，后来用帖子放在面前，在别的空白纸上照写。初学时，先生把住我的手，助我描写，熟练了，才自由挥写。对句是造句的法子，从一个字起，到四个字止，因为五字以上便是做诗，可听其自由造作，不必先出范句了。对句之法，不但名词、动词、静词要针锋相对，而且名词中动、植、矿与器物、宫室等，静词中颜色、性质与数目等，都要各从其类。例如，先生出了“白马”，学生对以“黄牛”“青狐”等，是好的；若用“黄金”“狡狐”等等作对，就不算好了。先生出了“登高山”，学生对以“望远海”“鉴止水”等，是好的；若用“耕绿野”“放四海”等作对，用颜色、数目来对性质，就不算好了。其他可以类推。还有一点，对句时兼练习四声的分别。例如，平声字与平声字对，侧声字与侧声字对，虽并非绝对的不许，但总以平侧相对为正轨。又练习的时候，不但令学生知道平侧，而且在侧声中，上、去、入的分别，也在对句时随时提醒了。

我的对句有点程度了，先生就教我作八股文。八股文托始于宋人的经义，本是散文的体裁，后来渐渐儿参用排律诗与律赋的格式，演成分股的文体，通常虽称八股，到我学八股的时候，已经以六股为最普通了。六股以前有领题，引用题目的上文，是“开篇”的意义；六股以后又有结论；可以见自领题到结论，确是整篇。但是领题以前有起讲（或称小讲），约十余句；起讲以前有承题，约四五句，二十余字；承题以前有破题，仅二句，约十余字；这岂不是重复而又重复吗？我以前很不明白，现在才知道了。这原是一种练习的方法：先将题目的一句演为两句（也有将题目的若干句缩成两句的，但是能作全篇的人所为）；进一步，演为四句；再进一步，演为十余句；最后才演为全篇。照本意讲，有了承题，就不必再有破题；有了启讲，就不必再有破题与承题；有了全篇，就不必再有破、承与启讲；不知道何时的八股先生，竟头上安头，把这种练习的手续都放在上面，这实在是八股文时代一种笑柄；我所以不避烦琐，写出来告知未曾做过八股文的朋友。

我从十七岁起，就自由的读“考据”“词章”等书籍，不再练习八股文了。

《人间世》第1期（1934年4月出版）

在上海市儿童节庆祝大会上演说词

（1934年4月4日）

今天是我国第四届儿童节，我国国庆日为十月十日，而名之为双十节；儿童节为四月四日，当名之为双四节。现在之儿童，亦即将来之主人翁。双四节应注意两种四件事：（一）儿童日常之生活，“衣”“食”“住”“行”，此四事全靠年长者供给；（二）“智”“德”“体”“美”，尤应成年人予以良好之指导，在儿童本身应遵受训导。因未来之责任，异常繁复，如无相当之训练，将来不易担当。我敬贡献此八字于双四节中，望特别注意。

《现代父母》月刊第2卷第2期（1934年4月出版）

致周天放函

（1934 年 4 月 18 日）

天放先生大鉴：

敬启者：

据前东北大学学生沈阳人胥国瑞君函称“九一八以后，流离故都，借读北大，蒙免费入学，得勉强卒业。去秋，又承母校师友资助至日本，今幸考入帝国大学，充研究生。惟今后研究，须二三年，不能长赖师友，恳为言于教育部东北青年救济处，每月酌给津贴，以资维持”等语。查胥君经过帝国大学之考试，已录取为研究生，成绩自尚可观。特为转达，还希量予救济，俾得深造为荷。

顺颂

台绥

蔡元培敬启　四月十八日

蔡元培书信抄留底稿

吾国文化运动之过去与将来

（1934 年 6 月 13 日）

吾人一说到文化运动，就不能不联想到欧洲的文艺复兴，因为他实在是文化运动上最显著的一个例证。在空间上，发起于意大利，次第到英、法、德诸国，渐渐的普及于全欧。在时间上，发端于十三、十四世纪之间，极盛于十六世纪，对于最近几世纪，也还有不少的影响。在内容上，以思想自由为原则，所以产生适合人情的文艺，注重实证的科学，提倡人权的理论，后来宗教改革，美、法共和，也是要推源于此的。

因而观察我国的文化运动，也可用欧洲的文艺复兴，作一种参证。我国当战国时代，诸子百家，同时并起，可以当欧洲的希腊。后来，汉武帝用董仲舒议，罢黜百家，儒家言俨然有国教的资格，与欧洲中古时代的基督教相当。此后，由印度输入佛教，民间的多神信仰，又仿佛教而编为道教，然亦不能夺儒家之席，而渐被其同化。到宋、明时代，儒者又把佛、道两家抽象的理论，融合到儒家学说里面去，就叫理学，这正与欧洲中古时代的烦琐哲学相当。直至清代，学者始渐悟空谈理义之无谓，乃用归纳法，治诂训考订，名曰汉学，即含有复古的意义；而经、子并治，恢复到董仲舒以前的状况了。到戊戌政变时代，有昌言改制、利用西学的运动，但仍依托孔教，正如文艺复兴时代；美术的形式，虽融入希腊风，但所取材料，还不脱基督教经典，也是过渡时期所不能免的现象。

直至辛亥革命，思想开放，政治上虽并不能实行同盟会的主张，而孙先生重科学、扩民权的大义，已渐布潜势力于文化上。至《新青年》盛行，五四运动勃发，而轩然起一大波，其波动至今未已。那时候以文学革命为出发点，而以科学及民治为归宿点（《新青年》中称为赛先生与德先生，就是英文中 science 与 democracy 两字简译）。文学革命的工作，是语体文、语体诗、古代语体小说的整理与表彰，西洋小说的翻译，传说、民歌的搜集，话剧的试验，都是以现代的人说现代的话，打破模仿盲从的旧习，正犹民族复兴以后，意、法、英、德各民族，渐改拉丁文著书的习惯，而用本民族的语言，正是民族思想解放的特征。在这个时候，知识阶级，已觉悟单靠得学位，图饭碗，并不算是学者，渴望有一种研究的机关。十几年来，次第成立的，有中央研究院、北平研究院，最近有中山文化教育馆的研究部。各大学，如北京、清华、燕京等，亦往往设研究所；最近教育部且通令各大学建设研究机关。而其他学术团体，除科学社成立在先外，如普通性质的中华学艺社，专门性质的地质、生物、物理、化学、农学、工程、经济、社会等学会，都在这个时间次第成立了。一方面，那时候的学者，都感觉到我们四万万同胞中，识字的、有常识的人实在太少了，有这些没有受过教育的大多数人，无论有何等完善的宪法，是不过供少数知识阶级的工具，于全民是没有关系的。大家认孙先生于宪政时期以前设一个训政时期，是最妥当的；而且，自命为知识阶级的，尤不可不负训政的责任。除各级党部尽力于民众训练外，其他特别组织，如河北的定县，山东的邹平，江苏的徐公桥、黄墟、无锡、善人桥等，均以开通民智、改良敝俗为全民政治的准备。这种运动的方向，是很对的。

我们读孙先生的三民主义，完全用语体文记录出来，是给我们一种作文的标准。孙先生说："我们要学外国，是要迎头赶上去，不要向后跟着他。譬如学科学，迎头赶上去，便可以减少两百多年的光阴。"孙先生又说："以人民管理政事，便是民权……现在是什么世界呢？就是民权世界。"我们用这两种标准，来检点十余年来的文化运动，明明合于标准的，知道没有错误。我们以后还是照这方向努力运动，也一定不是错误，我们可以自信的了。

《中山文化教育馆季刊》创刊号（1934年8月出版）

复邵可侣函*

（1934年6月19日）

邵可侣先生大鉴：

接五月二十日惠函，谢谢。北京大学有法、德、俄诸国文学系，是弟任校长时所发起，欲使学者能见到世界文学之真相，而去其偏重英语之弊。但吾国中学校，多用英语，要招习过法、德、俄文之中学毕业生，甚为难得。若进大学后，始习法、德、俄文，欲于四年后成一文学家，亦甚不容易。所以蒋校长有合组为外国文学之新案。此事虽〈与〉弟初意相背，然因蒋校长与弟屡次讨论之结果，弟亦不能不谅其苦衷，而不欲再反对之。惟目前虽不得已而有此改革，将来或有机会，复设法、德、俄文诸系，亦未可知。承先生厚意，为我国学术前途顾虑，感谢无已。

专此奉复，并祝

著安，尚祈赐〔时〕赐教言

（首尾请按照法人通信习惯式改之。）

蔡元培手稿

---

* 北京大学教授法国人邵可侣（Iacques Reclus）为蒋梦麟合并法、德、俄诸国文学系为外国文学系事，写信给蔡元培表示不赞成，蔡元培复以此信。

题儿童书局的国语教科书*

（1934年8月1日）

儿童的抽象作用，较直观为弱；所以吾人在智育方面，即不能不授以概念，而要在多用直观的材料为引导。直观的对象，最好是实物，次标本，次图画，这是现今教育家所公认的。我国地大物博，兼跨寒、温、热三带，儿童所见，显有不同；对南部的儿童，讲雪人冰窖，对北部的儿童，讲木棉甘蔗，虽有图画，若要举实物来证明他，就很少机会了。上海儿童书局有鉴于此，特分编北、中、南三部国语，所含名词，均择本部中最彰明较著的；而关于听觉的，如歌谣等，也在本部中选出耳熟能详的，穿插其间；这对儿童的领会，必有极大的助力。特志数语，以为绍介。

二十三年八月一日

蔡元培

影印手迹，《中外》画刊第10期（1957年6月台北出版）

* 原题为《题上海儿童书局分部互用儿童国语教科书》。

山东大学成立四周年纪念会演说词

（1934年9月20日）

四年前，贵校行第一次开学典礼的时候，正值鄙人在青岛，所以能够得到参加。今天是四周年纪念，鄙人又能得到参加，所以觉得非常高兴。四年前是创办的时候，才是开始建设的时期，现在能够建设到这样，不能不归功于当局的努力。

还有几点，山大是特殊的地方，同时也有我认为最适宜的：譬如，文、理两院合并为文理学院，不致学生太偏于文，或太偏于理；理工学院能在一处设立，也是非常合适的，因为有很多的东西，理、工是分不开的，工是理的应用，理是工的基础，所以在一处办，自然更容易有好的成绩；并且，农学院能够按本省农业情形想法加以改良与发展，也是很有价值的。以山大的经济〔费〕数目而能建设到这样，这实在值得佩服的。

山大的环境可以说是中国唯一的。但是在这样优美的环境中，不要忘了我们民族是到了应吃苦的时候了，许多同胞都正在吃苦，我们青年学子更应当保持着勤苦耐苦的精神，脚踏实地的向前努力，才不辜负这优美的环境和这良好的设备。

《青岛时报》1934年9月20日

在胶济铁路中学演说词

（1934 年 9 月 28 日）

诸位同学：

今天承崔校长①见约，参观贵校，得与诸位一谈，甚为愉快。

诸位须知，有许多小学毕业生，想进中学而不能；诸位能进中学，已为难得。且诸位都是铁路员工子弟，在本路学校求学，一切都很方便，更为难得。诸位须知现在求学，是为将来服务社会的预备，若学得不完全，将来不能有贡献于社会，便是辜负了社会的培植，与欠债不还一样，所以我们就觉得求学很苦，也不能不刻苦用功。况求学是很乐的事，为什么不努力呢？

为什么我说求学很乐呢？我试把初中与高中的课程分作三类：第一类是练习工具的课程，例如语言文字与数学。人类不会说话的时候，用手势表意，用面容表情，简单得很。后来造出动词、名词、静词和其他的助词，且规定排列的先后，就觉得有许多意思，都可以互相传达了。然而但有语言、没有文字的时候，无论何事，非当面谈判不可；对于远方的人、后代的人，都没有方法

---

① 崔校长：崔士杰。

同他谈话。而且，有了文字，把已有的思想记录起来，就可以凭这个思想作基础，而作进一步的探求。所以识字的人的思想，总比不识字的人复杂一点、深远一点。诸位所以要练习国语、国文，就是这个缘故。

为什么还要学外国语呢？现在是世界各国互相为师的时代，而且欧洲的科学，的确比我们进步，我们不了解外国语，知识太有限了。外国的中学，都有好几种外国语；我们因为语言不同，难学一点，所以只限于一种，或用法文，或用德文，大多数用英文，贵校亦是用英文的，学了英文，英国以外的学理，也可以由英文的翻译与介绍而间接得到了。这是学外国语的好处。

至于数学，是我们没有一刻可以离开的事件。最初，未开化的人，用指头计数，只知五数；后来合两手为算，凑成十数；也有把足趾添上，凑成二十数的。然我们现在的眼光看起来，是太笨了。进一步，有用石子计算的，就是珠算的起源。有用木枝计算的，就是筹〔笔〕算的起源。现在以笔算为主，用机算相助，并建设代数、几何、微积分等方法，自一石一板的尺寸，以至于数十层高数的全体；自地球自身的运动，以至于各行星、各恒星互相关系的；自一星零用账簿，以至于全世界各都市的经济状况，都可以了如指掌，岂不是快事吗？

第二类是增进智识的课程，就是自然科学与社会科学。人类未开化时代，惟知利用现成的材料，若猎兽、捕鱼、采植物的果实与球根，上居巢，下居窟。进一步，知道动物的性情了，始能牧畜；知道植物的性质了，始能树艺。知道各种矿物性质不同了，由石器时代，而铜器时代，而铁器时代。交通的工具，也由独轮车而进于两轮或四轮的车，由独木船而进于帆船、楼船。这都可以表示人类驾驭自然的能力，是逐渐进步的。一方面，应用上，机器的发明，电力的利用，衣、食、住、行，都非常便利；一方面，学理上，小至电子、原子的消长，大至天文、地质的系统，都可以明了，不是很有趣的么？

社会的起源，只有家族，其初，对于异族的人，都视为仇敌，以多杀为由。后来，因征服而合并，团体渐大，对于被征服的人，不忍尽杀，贬成奴隶；就是同等的人，也有因犯罪而降等，或因贫苦而卖身，都是奴隶。这因为人人以不平等为当然，对于主奴之分，毫不为怪。从美、法革命以后，人类平等，已被公认，美国有放黑奴的义举，主、奴的界限，逐渐消灭。但是，经济上自由竞争的结果，又视贫、富不平的状况为当然，于是有社会主义家希望铲除此不平等的劣点，又有种种主张，或主阶级斗争，或主劳资协调，在今日尚为试验时代。中学的社会科学课程，大抵为历史及法制、经济等，其中最主要的一点，就是时代演化而产生一种不平等的状态，则必以人力补救，使渐进于平等。诸位试随时印证看。

第三类是体育、美育的课程，就是运动与图画、音乐、文学等。学校的运动，并不以训练几个选手为目的，而以运动的普及为原则。古人称健全的精神，寓于健全的身体，所以健全身体，实为教育上重要任务。健全的方法，运动最要。每种运动，对于身体有其特殊的效力；而种种规则，又可以养成勇敢、正直、服善、爱群诸美德，青年正在跃跃欲试的时期，又何乐而不为。

凡事都是相对的，有刚必有柔，有紧张必有宽松。美术、文学的课程，就取其有宽松的作用，可以与刻苦用功相调剂。原人时代，就有唱歌、跳舞等等，全恃本身的动作。后来配以逐渐发明的乐器，与适合情绪的文词，遂演成今日的乐队与戏剧。又如图画、雕刻，其初亦不过简单之动物人体图案等等，逐渐演进，始有今日的历史画、风俗画、山水画与夫俊伟的造像、复杂的图案。进行的程序，甚易明了。我们自初学以至成立，亦复如是。不是很〈有〉意味的么？

综上所述三类课程，不但有用，而且很有趣味。这不是中学生最大的幸福么？诸位既在学校享了种种幸福，就要切实用功，卓著成绩；将来毕业以后，再受专门教育，觉得预备的工夫，毫无欠缺，而专门学术，进行甚易。学成以后，无论地位大小，总有贡献于社会，那就不辜负社会所给予诸位的幸福了。

（王祖歧记录）

《青岛日报》1934年10月2、3日，参阅王祖歧记录稿

第二十三次国庆日演说词*

（1934 年 10 月 10 日）

今日是我国第二十三次的国庆日。我记得，每年国庆日，总不免有国耻未雪、国难方殷之感，不能如七月间法、美两国祝典之酣畅。

因为辛亥革命，建立民国，本图实行三民主义，以造福于人民。乃二十三年来，人民生计，未能多大改良，不特水旱偏灾，频年不免；而工业不兴，外货倾销，农村有破产之虑，都市多失业之辈，是民生主义尚未能实现也。民权实行，以一省中各县能自治、一国中各省大多数能自治为条件；而今日，不特各省，即各县中，能达到孙先生所举自治标准者，殆尚无一也，是民权主义亦未能实现也。至于民族主义，则不但次殖民地之资格未能提高，而“九一八”以来，连失东北四省，至今不敢言恢复。孙先生民族主义演讲中所谓恢复固有之知能、赶上欧洲之科学者，亦尚未能实现也。

---

* 这是 1934 年 10 月 10 日，蔡元培向青岛全市高初中学生的演说。原无标题。

然吾人决不可从此自弃，必须各方努力，使三民主义有实现之一日。目前国难仍殷，孟子所谓有七年之病，求三年之艾，正今日之谓。何谓所求之艾，人才是矣。人才之养成，固在专门学校，而专门学校，以普通教育为基础。高中者，普通教育之最高点，而与专门教育最切近者也，故于求学救国之感觉，当尤为迫切。且高中可以设农、工、商及师范等科，则尤为直接之专门技能，可以贡献于国家。要之，高中时代，无论为普通性质成专门性质，均已为期至短，不可有须臾之疏懈，是普遍的今日所希望于诸君者。

对于各种学课，第一，要透彻教科书所载。教师所讲，都不过开一门径，为将来实际应用起见，不可不多看参考书，多用思索，务使彻底明了，有举一隅而反三隅之能力。第二，要实证。书本子的学问，总属有限，为求彻底明了起见，必要随时实验，如数学要常试测量、生物学要自习标本等就是。至于与国家有最直接之关系者，尤在普通之体育与特殊之军事训练，尤望诸君能认真练习也。

蔡元培手稿

实施义务教育标本兼治办法案*

（1934年12月12日）

查实施义务教育，最为吾国今日当务之急。本党政纲，原有厉行国民教育之一项；训政时期约法，亦有已达学龄儿童，应一律受义务教育之一条；盖我国大多数人民，并最低限度之教育亦未经受，无论国家政令、社会建设，施行举办，动生障阂。复兴民族最基本之工作，无过于义务教育者。旧有四年义务教育办法，虽经中央及地方教育当局努力督策进行，卒因经费困乏，师资稀少，及其他种种关系，收效尚微。直至今日，通都大邑，触目皆是文盲，穷乡僻壤，更不待言。教育部十九年度统计，入学儿童，仅占学龄儿童百分之二一·八。际此世界风云紧迫之秋，吾人倘不采取更有效之办法，于最短期间，推行义务教育，则民族前途，实有不堪殷忧者。教育部前订定小学法规，经过立法程序，于二十一年十二月由国府公布。此外又有第一期实施义务教育办法大纲及短期义务教育实施办法大纲，于二十一年六月由部公布，并

* 此案由蔡元培、叶楚伧、戴传贤、丁维汾、朱培德、宋子文、何应钦，吴敬恒、朱家骅等九人联名向国民党四届五中全会提出。

已编就短期小学课本四册，颁发应用。此外则有小学采用二部制之通令。徒以未有强迫法令，令各省市遵照办理，故宽严迟早，颇未能一致。兹特将前项办法，申叙概略，并补其意见如下。

（一）应限期实施一年制之短期义务教育，对十足岁至十六足岁年长失学儿童，实行强迫教育。此为治标办法。

民国九年曾有举办义务教育之法令，其推行期限为一年。国民政府成立后，第二次全国教育会议改定义务教育推行期限为二十年。然其推行对象，皆为四年义务教育，所需经费之浩大，所需教员之众多，衡诸国家财力、社会经济及现有师资之实际状况，相去甚远，欲达到教育普及之目的，殆有河清无期之慨。查前颁短期义务教育之期限，暂时缩短为一年之短期小学或短期小学班，使十足岁至十六足岁之年长失学儿童，每日分班受二小时之教育，并免收学费，供给书籍用品，以便贫寒子弟得以一面工作，一面免费入学。二十年来，中央及地方提倡推行义务教育，不可谓不力。然而经时久，用力多，而获效甚鲜者，实以四年义务教育所筹经费、师资，亦属数量太巨之故。短期小学或短期小学班，则以一教员，于上午、下午及晚间，分教年长失学儿童三班，以每班四十人计之，一年中得毕业儿童一百二十人。与普通小学儿童两班予以全日之教育，亦以每班四十人计，四年毕业，儿童仅八十人。两相比较，经费多寡之悬殊，不啻一与十八之比也。短期小学或短期小学班之课程，仅为识字及简单常识、浅易算术，教学至易；不过视现行民众学校，略进一步。稍知书算者，均能担任。故其师资不限曾受师范训练及有若何之教学经验，与普通小学课程繁多、教员必须严格检定者，情形各殊。前项实施办法大纲，规定教职员除聘请合格教员外，应充分利用下列人员：（1）当地师范学校或乡村师范学校已届实习之师范生；（2）已受相当训练、可为代用教员之私塾教师；（3）当地公务人员；（4）当地具有相当程度之人员；（5）志愿担任教员并尽义务者。将教员资格放宽，此各国开始举办义务教育时共有之事实也。且年事较长，学习能力亦较富，一年之效果，有时或竟与六岁入学受四年教育者相差无几。而年长之人，一经毕业，即可出而服务。就整个社会言，又不啻逐年增加多量之识字青年也。查各国实施义务教育，皆从推广小学教育着手，使小学教育成为义务教育；而其义务教育年限，亦逐渐延长。我国文盲太多，财力太绌，义务教育与小学教育，实不能并为一事。对于年长失学儿童，缩短其义务教育年限，以期迅速普及，实为至不得已之事。根据上述理由，拟请由中央规定，自二十四年度起，为实施义务教育开始时期，暂以四年为期，并指定短期小学或短期小学班，为实施义务教育场所，对于十足岁至十六足岁之年长失学儿童，实行强迫教育。

（二）注意竭力推广充实小学教育，并切实推行半日二部制。此为治本办法。

前述短期义务教育，乃专为救年长失学儿童而设。至为增加学龄儿童入学机会，提高普通小学教育效率起见，则对于小学教育之推广充实，尤属切要。前订小学法、小学规程，关于地方教育之研究，小学编制经费之支配，设备之充实，训育之改革，教职员之待遇、进修，均有严格之规定。尤于课程一事，特别注意，以期现有各小学，得遵此种种规定，以充实其内容。在第一期实施义务教育办法大纲中，并规定分年分区及实验推行之程序，以期渐臻普遍。然逐期逐地、实验推行，颇需年岁。师资之造就，虽一面于普通师范学校外，又增设简易师范学校、简易师范科、特别师范科，然亦缓不应急，且亦无从于短时期间训练多量之人才，则又不得不另想应急办法。此办法为何？即采用二部制是也。据十九年度统计，全国小学、幼稚园数：二五〇，八四〇所，小学教员数：五六八，四八四人，在学儿童数：一〇九，九四八，九七九人，平均每一校收儿童仅四十四名，每一教师教儿童仅十九名。不经济若此，实为世界各国所鲜见。彼教育发达、经济远胜于吾之国家，每一教员所教之儿童，均多于吾。以吾国之贫瘠，反如此浪费，殊不合理。即国家前途之危险，亦有不堪设想者。二部制为就现有经费、师资之数量，于两不增加之原则下，力谋小学教育扩充发展之绝好办法。欧洲大战以后，已有若干国家前后采用，颇著成效；而半日二部制，较时间二部制，尤适合于目前吾国经济原则，以不须增添校舍及游戏休息场所也。就儿童获益言之，二部制虽稍为不及普通小学，惟相差亦不致过远。且为整个社会着想，少数之在学儿童，为大多数之失学儿童，略为减少几分教育上之幸福，以尽互助之天职，衡情论理，亦属应然。二部制推行后，各小学经费、教员，只须略事增加，即可添收加倍之儿童。换言之，即一校可作两校之用，全国顿增加一倍之小学。一面并将现有小学尽量利用，充实学额，则儿童入学机会当可增加数倍，寖假将普及于全体学龄儿童矣。根据上述理由，拟请中央积极提倡，由国民政府明令全国各小学，切实推行半日二部制；于乡村、城市小学供不应求之处所，尤须力求照改；一面并利用私塾教师，加以训练，以补上列各项师范教育之不足。

至上述义务教育经费之来源，在实施办法大纲中，业有详明之规定。其大要除就地筹措外，得呈请主管教育行政机关予以补助。惟实行强迫以后，地方经费不敷之数，必更巨大，拟请中央自二十四年度起另行指定的款，力为补助。并令各省、市自二十四年度起，各拨的款，专为实施短期义务教育及推行小学二部制之用。（查二十年十二月十一日第四届中央执行委员会第三次全体会议，关于教育之决议案：甲、关于国民教育者，其二、三两项对此曾有规定，合并声明。）

上述实施义务教育标本兼治办法，是否有当，敬候

公决

《中国国民党四届五中全会提案》（二）第11号提案（油印件）

论大学应设各科研究所之理由

（1935年1月1日）

我国新式学校系统之编制，始于前清光绪二十八年。是年所定之学制，于大学堂以上有大学院，其说明谓："大学院为学问极则之研究，不主讲授，不主课程。"及二十九年，易大学院之名为通儒院，限以五年。民国元年之《大学令》，仍改通儒院为大学院，谓："为大学教授与学生极深研究之所，不立年限。"十七年，又改大学院为研究院，谓："为大学毕业生而设，年限不定。"本年教育部所颁布之大学研究院暂行组织规程，则又称："大学为招收大学本科毕业生研究高深学术并供给教员便利起见，得设研究院。"综上各条观之，其名称虽有大学院、通儒院、研究院三种之别，而其任务为高深学术之研究，则前后一致。惟光绪二十八年之规定，大学院为学问极则之研究，其性质近于现在之独立研究院（如国立之中央研究院及北平研究院）。至民国元年之《大学令》，及本年之大学研究院规程，则已对于大学教员、毕业生及学生均已认为研究院之分子，其理由如下：

一、大学无研究院，则教员易陷于抄发讲义不求进步之陋习

盖科学的研究，搜集材料，设备仪器，购置参考图书，或非私人之力所能胜；若大学无此预备，则除一二杰出之教员外，其普通者，将专己守残，不复为进一步之探求，或在各校兼课，至每星期任三十余时之教课者亦有之，为学生模范之教员尚且如此，则学风可知矣。

二、大学毕业生除留学外国外，无更求深造之机会

现在大学毕业生因社会需要或个人经济关系，急求一职以自赡者固居多数；然亦有少数对于学术有特殊兴趣，不以在大学所已受之教育自封者，辄要求以自费或公费留学外国，而社会上对于留学归国之学生亦特别器重。此亦非全由崇拜外人之心理，实以欧、美各国，除独立研究院外，各大学无不有相当之研究院故也。其研究院中方面之多，导师之努力，既为我国所望尘莫及；而院外之独立的图书馆、史料馆、博物院、天文台、动植物园、工厂、医院等等足备学者参考者，亦至为完备，故留学自有优点。然留学至为糜费，而留学生之能利用机会成学而归者，亦不可多得；故亦非尽善之策。苟吾国大学，自立研究院，则凡毕业生之有志深造者，或留母校，或转他校，均可为初步之专攻。俟成绩卓著，而偶有一种问题，非至某国之某某大学研究院参证者，为一度短期之留学；其成效易睹，经费较省，而且以四千年文化自命之古国，亦稍减倚赖之耻也。

三、未毕业之高级生，无自由研究之机会

余所最不解者，吾国小学、中学，尚有设计教育与道尔顿制等为学生自动之试验，而大学中何以全为注入式之讲义，课程繁重，使学生无自修之余暇，又安有自动之机会？德国大学并无何种学士、硕士之阶级；大学生希望毕业者，于相当时期，提出问题，得一种研究所导师承认，即可入所研究，预备博士论文，毕业时即得博士学位。吾国学位制尚未颁布，将来或采美国制，即大学毕业生进研究院者始有预备博士论文之机会，此制较为整齐，自可采用；惟大学既设研究院以后，高年级生之富于学问兴趣而并不以学位有无为意者，可采德制精神，由研究所导师以严格的试验，定允许其入所与否，此亦奖进学者之一法。吾国未立研究院之大学，已有采用毕业论文法者；研究院成立以后，更易施行矣。

是大学研究院之不可不设，其理甚明矣。而余尚有一种提议，即大学中可有一种专设研究院以收容大学毕业生而不授四年级之课程者，此于省立大学为最相宜。民国元年之《大学令》，废各省高等学堂而设大学预科，此于大学甚便，而各省遂失去集中学者之机关，人才均集中于大学区，而各省遂苦贫乏，故文化上进步濡滞。十年前忽有每省设一大学之时尚；然校舍缺乏，经费竭蹶，即勉强成立，亦复有名无实。尔时余曾提议，省立大学，可专设几种研究所，如地质、生物、理、化、经济、教育等等，视本省所需要者而次第设之。每所聘导师若干人，如本国人才不足，不妨参用外国人；招考大学毕业者为研究生，不必以本省人为限；使彼等一面用工，一面调查本省物产，计划农、工业及其他文化事业。俟有余力，再次第建设各学院。然其时各省皆取旧有之专门学校合并而为大学，故仍偏于分院制，未有采用研究院制者。惟山东大学近年在济南所设之农学院，完全与余所提议者相同，余以为其成绩必胜于其他大学不设研究所之农学院也。

最后，余尚欲一说大学研究院与独立研究院之异点：大学研究院，既须兼顾教员、毕业生、高级生三方面之方便，故其所设研究所之门类，愈多愈善，凡大学各院中主要科目，以能完全成立为最善，庶不至使一部分之教员与学生失望。独立研究院，以研究员为主体，故外国间有以研究员之姓名为一个研究所之标志者。其科目不求备，视有特殊之研究员与社会有特别之需要而设之，除研究员所需要之助理外，是否有兼收研究生之需要与可能，完全由研究员决定之。前者稍偏于博大，而后者稍偏于精深，不必强求其一致也。

《东方杂志》第32卷第1号（1935年1月出版）

致鲁弗斯函

（1935 年 1 月 9 日）

W. 卡尔·鲁弗斯教授

巴勃奖学金委员会秘书

安阿波，密执安州①，美国

先生：

我愉快地向您介绍两位女学生——张惠谷女士和陈璧女士。她们两人均欲申请巴勃奖学金。贵会每年以此奖励优秀的东方女学生。她们的学历和学识都很好，谨向贵会推荐，请予考虑。

张惠谷女士，一九三〇年的大同大学文学士，拟赴美研究政治学与经济学。大学毕业后，她在东吴大学附中等校任教，现在江苏省立苏州女子中学教授英语、历史和地理。她在该校执教已达四年。

陈璧女士为一九三〇年国立中央大学理学士，想赴美专攻化工。她在江苏省立苏州女子中学教授数学、物理、化学，已四年半。

如果她们的资格符合贵会的条件，能获得所授奖学金，我确信，她们会珍惜这一机会，并证明值得我的推荐。

蔡元培博士　中央研究院院长

蔡元培书信英文打字副本（褚文珍译，陈光鼎校）

① 密执安州：今译密歇根州。

中华慈幼协会六周年纪念会演说词

（1935 年 1 月 26 日）

古人说：“敬老慈幼。”又说：“老者安之，朋友信之，少者怀之。”或对两方面说话，或对三方面说话；而我等特别注重慈幼，何故？人生少、壮、老三段，可以代表过去、现在、未来。老年是已经尽过义务而将要退休的，可代表过去；壮年是正在负责任的时期，可代表现在；幼年是预备担当将来的事业的，可代表将来。

文化较低的民族，往往知有现在，不顾将来；文化渐进，则预计将来的思想，益益发达。古人说：“一年之计树谷，十年之计树木，百年之计树人。”三句都是为将来预备的计划，所计愈久，所得愈多。我们家乡有一句骂人的话，说是“吃子孙饭”，是说此人作恶多端，使子孙不能在社会立足，就是他把子孙要吃的饭，都吃尽无余，就是牺牲将来以快现在，如蛮横的结怨、荒唐的负债，都属于此一类。反之，牺牲现在以利将来，以父母之于子女为最真切。若能“幼吾人之幼以及人之幼”，则一切儿童，都得以子女视之。

我记得民国九年曾到维也纳，尔时大战初停，奥国人的经济非常困难，维也纳设有育婴堂多处，均由美国人捐款设立；市中牛乳，须先尽育婴应用，如有余，始送给普通人。可以见慈幼之重要。

至于慈幼事业，自然以养与教为最要。养之为道，须依据卫生原则，食物的种类与分量，衣服的厚薄与宽紧，运动与睡眠的调剂，都不可以溺爱之故而有所偏重，尤不可以烦忙之故而掉以轻心，对于家中之子女固然，对于育婴堂、托儿所等等之儿童亦然。至于教，则未及学龄儿童，当然不能入学校，或且不能入幼稚园，所受教育，全是家庭之父、母、兄、姊与公共机关之保姆，而时时接触之人物，亦均为其师保，均当以身作则，无疾言遽色，无粗暴之举动，养成慈祥恺悌之习惯；其他体育、智育，均当按其年龄而施之。

本会对于儿童，虽未能一一与之接近，然对于负保育儿童责任之个人或团体，时时予以辅助，间接的尽对于将来之责任，亦聊以慰吾人幼幼之本心云尔。

蔡元培手稿

我们希望的浙江青年

（1935 年 1 月）

我们希望浙江青年：

一、健强的体格

健全的精神，宿于健全的身体，这话谁都得承认。中国的文人，素以文弱相传，遂成老大民族；近年虽颇注意运动，不偏于训练选手，流为锦标的奴隶，则失之专事角逐，荒懈宝贵的学业。这种畸形现象，与提倡体育的意义，实大相背谬。青年们！起来吧！养成体育的习惯，锻炼健全的身手，自小学以至大学，无日不参加体育活动，以养成坚实的体力，去运用思想，创造事业。

二、研究的精神

民族的生存，是以学术做基础的。一个民族或国家的兴衰，先看他们民族或国家的文化与学术；学术昌明的国家，没有不强盛的，文化幼稚的民族，没有不贫弱的。青年们既要负起民族的责任，先得负起学术的责任，学术责任将怎样负起？最重要的，是要精研学理，对于社会国家人类有最有价值的贡献。我们知道二十世纪的竞争，是学术的比赛，试问我们中国在现代的学术上有什么贡献呢？我们凭什么去同别人争长比短？如果我们要想挽救我们垂危的局面，恢复我们固有的光荣，惟有从学术方面努力研究。

三、美术的陶冶

我们不能有张而没有弛，就不能有工作而没有娱乐，也就不能有科学与工艺而没有美术。青年们！如果领略高尚的音乐，听到靡靡之音，就觉得逆耳了；能了解纯洁的雕刻与图画，见到肉感的电影，就觉得污目了；能景仰崇闳的建筑、幽雅的园林，遇到混乱的跳舞场，就觉得不堪涉足了；能玩味真正的文学，翻到猥鄙的作品，就觉得不能卒读了。

一方面在知识及技能上有科学的基础，一方面在感情上有美术的熏习，以这种健全的精神，宿在健全的身体，真是健全的青年了！

（高平叔代作）

《浙江青年》月刊第1卷第2期（1935年1月出版）

促进国语教育播讲词

（1935年2月2日）

今天我代表全国国语教育促进会在这里演讲，我要说明的有三点：（一）为什么要国语？（二）什么是国语教育？（三）我们怎么样促进全国国语教育？

先说第一点，为什么要国语？

我国地方很大，各省语言，不能一致，例如福建、广东两省的语言，与他省完全不同；而这两省里面，闽南与闽北不同，广州与潮州又不同。不但闽、广两省，就是江、浙，江北与江南不同，温台与嘉湖不同。所以从前中国留学生在外国的时候，用本籍语言，彼此不能了解，反要说外国语，在英国就说英语，在法国就说法语，给外国人听了，真觉好笑。其实外国何尝没有方言，但总有一种标准语：法国用巴黎语，德国用汉娜佛语，总是人人能说的，所以我们也要有一种国语。

次说第二点，什么是国语教育？

我们虽然选定了国语，但不能说的人很多，这就需要教育了。第一，小学校教科书都不用文言，用国语。第二，民众教育的课本，全用国语。第三，于国语的字旁加注音符号。最初的课本，全用注音符号，不参旧文字。第四，教员须曾受国语的训练。

复次，说第三点，我们怎么样促进全国国语教育？

我们一方面建议于教育当局，施行适宜的国语教育。例如，二十年八月，本会曾召集全国国语教育讨论会，决议呈请教育部令各书坊协助推行国语案，有办法四项：（1）停止印行不合标准国音的出版物；（2）小学教科书一律加注注音符号；（3）儿童读物及民众读物，一律用国语文编辑，并附注注音符号；（4）各种书籍、杂志等印刷品上，最低限度，须于名称上加注音符号。旋于二十二年三月，呈请教育部通令各书坊实行。一方面视本会力所能及的事情，次第施行。例如国语传习班、国语留声机片、国语播音演讲等。

语言为人类互通情意的工具，语言不能相通，种种误会因而发生，甚至演为争战。柴门荀弗氏所以有世界语的提倡。但是，一国里面，还没有到彼此融洽无间的地步就不配谈到国际。所以，我们因柴门荀弗氏的理想，愈感到国语教育的重要，不可不努力促进了。

蔡元培手稿

复泰戈尔函

（1935 年 2 月 6 日）

罗宾哲纳特·泰戈尔先生
乌托拉扬，桑蒂尼克坦
孟加拉，印度
罗宾哲纳特先生：

由于健康关系，我很久不在上海。直到今年年初，谭云山教授转来您九月二十八日惠函时，我才见到它。

历史上，印度曾一度对中国文化产生过无可比拟的影响。尽管近几个世纪以来，我们两国知识分子之间的联系有所减少，可是，对于我们每个珍视自己祖国文化传统的人来说，没有什么能比恢复这种传统的友好联系，以便我们学习贵国的使古代文化适应现代社会的方法和经验，而更受我们的欢迎了。

我们感谢您慷慨地允诺中印学会把桑蒂尼克坦的国际大学作为它的总部。关于谭教授筹款建立国际大学中国学院大厦一事，我当尽力和他合作。尽管我们目前财政困难，谭教授仍在竭力筹措。

请允许我向您致以良好的祝愿和亲切的问候。

蔡元培

蔡元培书信英文打字副本（徐正文译）

我的读书经验

（1935 年 4 月 10 日）

我自十余岁起，就开始读书；读到现在，将满六十年了；中间除大病或其他特别原因外，几乎没有一日不读点书的，然而我没有什么成就，这是读书不得法的缘故。我把不得法的概略写出来，可以作前车之鉴。

我的不得法，第一是不能专心。我初读书的时候，读的都是旧书，不外乎考据、词章两类。我的嗜好，在考据方面，是偏于诂训及哲理的，对于典章名物，是不大耐烦的；在词章上，是偏于散文的，对于骈文及诗词，是不大热心的。然而以一物不知为耻，种种都读；并且算学书也读，医学书也读，都没有读通。所以我曾经想编一部说文声系义证，又想编一本公羊春秋大义，都没有成书。所为文辞，不但骈文诗词，没有一首可存的，就是散文也太平凡了。到了四十岁以后我开始学德文，后来又学法文，我都没有好好儿做那记生字、练文法的苦工，而就是生吞活剥的看书，所以至今不能写一篇合格的文章，作一回短期的演说。在德国进大学听讲以后，哲学史、文学史、文明史、心理学、美学、美术史、民族学，统统去听，那时候，这几类的参考书，也就乱读起来了。后来虽勉自收缩，以美学与美术史为主，辅以民族学；然而这类的书终不能割爱，所以想译一本美学，想编一部比较的民族学，也都没有成书。

我的不得法，第二是不够勤笔。我的读书，本来抱一种利己主义，就是书里面的短处，我不大去搜寻他，我止注意于我所认为有用的或可爱的材料。这本来不算坏。但是我的坏处，就是我虽读的时候注意了这几点，但往往为速读起见，无暇把这几点摘抄出来，或在书上做一点特别的记号。若是有时候想起来，除了德文书检目特详，尚易检寻外，其他的书，几乎不容易寻到了。我国现在有人编“索引”“引得”等等。又专门的辞典，也逐渐增加，寻检较易。但各人有各自的注意点，普通的检目，断不能如自己记别的方便。我尝见胡适之先生有一个时期，出门常常携一两本线装书，在舟车上，或其他忙里偷闲时翻阅，见到有用的材料，就折角或以铅笔作记号。我想他回家后或者尚有摘抄的手续。我记得有一部笔记，说王渔洋读书时，遇有新隽的典故或词句，就用纸条抄出，贴在书斋壁上，时时览读，熟了就揭去，换上新得的。所以他记得很多。这虽是文学上的把戏，但科学上何尝不可以仿作呢？我因为从来懒得动笔，所以没有成就。

我的读书的短处，我已经经验了许多的不方便，特地写出来，望读者鉴于我的短处，第一能专心，第二能勤笔。这一定有许多成效。

《文化建设》第1卷第7期（1935年4月出版）

关于读经问题

（1935 年 5 月 10 日）

读经问题，是现在有些人主张，自小学起，凡学生都应在十三经中选出一部或一部以上作为读本的问题。为大学国文系的学生讲一点《诗经》，为历史系的学生讲一点《书经》与《春秋》，为哲学系的学生讲一点《论语》《孟子》《易传》与《礼记》，是可以赞成的。为中学生选几篇经传的文章，编入文言文读本，也是可以赞成的。若要小学生也读一点经，我觉得不妥当，认为无益而有损。

在主张读经的人，一定为经中有很好的格言，可以终身应用，所以要读熟他。但是有用的格言，我们可以用别种方式发挥他，不一定要用原文。例如《论语》说恕字，是“己所不欲，勿施于人”，又说是“我不欲人之加诸我也，我亦欲无加诸人”。在《礼记·中庸》篇说是：“施诸己而不愿，亦勿施诸人。”在《大学》篇说是：“絜矩之道：所恶于上，毋以使下；所欲于下，毋以事上；所恶于前，毋以先后；所恶于后，毋以从前；所恶于右，毋以交于左；所恶于左，毋以交于右。”在《孟子》说：“爱人者人恒爱之，敬人者人恒敬之。”又说：“杀人之父，人亦杀其父；杀人之兄，人亦杀其兄。”这当然都是颠扑不破的格言，但太抽象了，儿童不容易领会；我们若用“并坐不横肱”等具体事件，或用“狐以盘饷鹤，鹤以瓶饷狐”等寓言证明这种理论，反能引起兴趣。又如《论语》说：“志士仁人，有杀身以成仁，无求生以害仁。”《孟子》说：“生，我所欲也。义，亦我所欲也，二者不可得兼，舍生而取义者也。”也说得斩钉截铁的样子，但是同儿童说明，甚难了解。我们要是借黄花岗七十二烈士或其他先烈的传记来证明，就比较的有意思了。所以我认为呆读经文，没有多大益处。在司马迁《史记》里面，引《书经》的话，已经用翻译法，为什么我们这个时代还要小孩子读经书原文呢？

经书里面，有许多不合于现代事实的话，在古人们处他们的时代，不能怪他；若用以教现代的儿童，就不相宜了。例如尊君卑臣、尊男卑女一类的话。又每一部中总有后代人不容易了解的话，《论语》是最平易近人的，然而“凤凰不至”“子见南子”“色斯举矣”等章，古今成年人都解释不明白，要叫小孩子们硬读，不怕窒碍他们的脑力么？《易经》全部，都是吉凶悔吝等信仰卜筮的话，一展卷就说“潜龙”“飞龙”。《诗经》是“国风好色”，“小雅怨诽”，在成人或可体会那不淫不乱的界限，怎样同儿童讲明呢？一开卷就是“窈窕淑女，君子好逑”，《牡丹亭》曲本里的杜丽娘，就因此而引起伤春病，虽是寓言，却实有可以注意的地方。所以我认为小学生读经，是有害的；中学生读整部的经，也是有害的。

《教育杂志》第25卷第5号（1935年5月出版）

致顾树森函

（1935 年 5 月 11 日）

荫亭先生大鉴：

径启者：

山东堂邑武训中学呈请立案一事，前承复示，嘱转知该校迅即遵照改正呈复云云，具征垂护，甚感。兹又接该校来函，谓立案事正在赶办。惟本学期有初中毕业一班，若不能参加会考，影响学校前途甚大。现有恳请暂准会考公文，呈厅转部，恳再为代达苦衷云云。查堂邑交通不便，公文往返，动辄经旬，倘立案手续未完成以前，转许其暂准会考，加惠学子，实非浅鲜。谨再为函达，还希于该项公文到部时，量予批准，不胜感幸。

顺颂

台绥

蔡元培敬启　五月十一日

蔡元培书信抄留底稿

教 与 学

（1935年6月10日）

通常将“教”与“学”分为两事：

（一）“教”指教师教授；

（二）“学”指学生学习。

照我们现在的观察，不能绝对的如此划分，可分三点来说明。

教而不学

有些教师常有保守的习气。这些教师，或缺乏进修方法，或苦无研究机会，对所任教科，或为被动的、非自动的，不感何种兴趣，于是上焉者就教材范围略事准备，下焉者临时敷衍塞责。这种习气，足以使青年学生墨守陈腐的见解，而不易获得广大的知识。我们知道科学的研究与发明，瞬息千里。十年前所发明的定律，现在或许要根本推翻，或许要重新估值。如果将陈腐的知识传授给现代的学生，这些学生，即以教师所传授的陈腐的知识，应付当前的问题或追求高深的学理，试问读者可乎不可？所以我们希望一般教师不只是教，不只是研究教学的方法，还得要继续不断的研究所教的学科，以及所教的有关的学科；组织最新的学理，应用最有效的方法，使学生对于各科获得具体的概念，从而作进一步的研习。这是我们第一点意思。

学而不教

第二点包括两种人：

（一）肯研究学问而不谙教学方法的教师；

（二）肯努力的学生。

好些教师，于所任教科，很能有系统的组织，于相关的学科，亦能多方注意。这种教师，除致力于学科的研究之外，往往忽视教学的方法，虽则他教授的时候，尽可能充实学科的内容，补充较新的材料；因为不谙教学的方法，遂不易引起学生学习的兴趣。至于肯努力的学生，在全校或全级学生中，成绩较优，略窥门径。辅助同学以及指导民众的——如办理民众教育等——固不乏人；还有不少学生，只知个别努力，牺牲切磋的机会，因此教师所传授的学问，亦只囿于学校校门，或囿于肯努力的少数学生，形成教育的浪费，这都是“学而不教”的弊病！我们希望：（一）肯努力学问的教师，不但研究所教的学科，还得研究教学的方法。（二）肯努力的学生，不但自身努力学习，还要辅助同级的同校的学生共同努力；还得将所得到的知识推广到一般民众身上去。

不教不学

上述的两种教师，一种是“教而不学”的，一种是“学而不教”的，还有一种是“不教不学”的。这种“不教不学”的教师，于所教的学科，既没有彻底的了解与持续的研究，又不谙教学的方法；或则敷衍了事，或则背诵教本，或则摭拾陈言，自误误人，为害不浅！这是属于教师方面的。学生方面，除了上述的“学而不教”的学生之外，也有不教不学的学生。所谓不教不学的学生，第一是“不学”，不研究学问，不感到学业的乐趣；第二是没有学问足以教人，更没有觉到有教人的必要。青年们呀！我们中国平均一万个人才有一个大学生，一千个人才有一个中学生，你们是一千个人里面或者一万个人里面最幸运的。你们不但自己要努力求学，你还得将你所学的教给一千个人、一万个人。现在有一位陶行知先生竭力推行小先生制度，可以备诸位借鉴的。

最后我希望教师们，学生们：

（一）从“教而不学”到“既教且学”；

（二）从“学而不教”到“既学且教”；

（三）从“不教不学”到“又教又学”。

更希望《教与学》月刊能适应这三方面的需要。

（高平叔代作）

《教与学》月刊第1卷第1期（1935年7月出版）

我青年时代的读书生活

（1935年7月4日）

我五岁零一个月（旧法算是六岁）就进家塾读书；初读的是《百家姓》《千字文》《神童诗》等，后来就读《大学》《中庸》《论语》《孟子》等四书，最后读《诗经》《书经》《周易》《小戴礼记》《春秋左氏传》。当我读《礼记》（《小戴礼记》的省称）与《左传》（《春秋左氏传》之省称）的时候，我十三岁，已经学作八股文了。那时我的业师，是一位老秀才王子庄先生。先生博览明清两朝的八股文，常常讲点八股文家的故事，尤佩服吕晚村先生，把曾静案也曾详细的讲过。先生也常看宋明儒的书，讲点朱陆异同，最佩服的是刘蕺山先生，所以自号仰蕺山房。先生好碑帖，曾看《金石萃编》等书。有一日先生对一位朋友，念了“你半推半就，我又惊又爱”两句话，有一位年纪大一点的同学，笑着说：“先生念了《西厢》的淫词了。”先生自己虽随便看书，而对于我们未成秀才的学生，除经书外，却不许乱看书，有一日，我借得一本《三国志演义》，看了几页，先生看见了，说：“看不得，陈寿《三国志》，你们现在尚不可看，况且演义里边所叙的事，真伪参半，不看为妙。”有一日，我借到一本《战国策》，也说看不得。先生的意思，我们学作小题文时，用字都要出于经书；若把《战国策》一类书中的词句用进去，一定不为考官所取。所以那时我们读书为考试起见，即如《礼记》里面关乎丧礼的各篇各节，都删去读，因为试官均有忌讳，决不出丧礼的题目；这样的读书，照现代眼光看来，真有点可怪了。我十六岁，考取了秀才，我从此不再到王先生处受业，而自由读书了。那时我还没有购书的财力，幸而我第六个叔父茗珊先生有点藏书，我可以随时借读，于是我除补读《仪礼》《周礼》《春秋公羊传》《穀梁传》《大戴礼记》等经外，凡关于考据或词章的书，随意检读，其中最得益的，为下列各书：

一，朱骏声氏《说文通训定声》。清儒治《说文》最勤，如桂馥氏《说文义证》、王筠氏《说文句读及释例》，均为《说文》本书而作；段玉裁氏《说文解字注》，已兼顾本书与解经两方面；只有朱氏，是专从解经方面尽力。朱氏以引申为转注，当然不合，但每一个字，都从本义、引申、假借三方面举出例证；又设为托名标帜，与各类连语等词类，不但可以纠正唐李阳冰、宋王安石等只知会意不知谐声的错误，而且于许慎氏所采的阴阳家言如对于天干地支与数目的解说，悉加以合理的更正；而字的排列，以所从的声相联，字的分部以古韵为准，检阅最为方便。我所不很满意的，是他的某假为某，大半以臆见定之；我尝欲搜集经传中声近相通的例证，替他补充，未能成书，但我所得于此书的益处，已不少了。

二，章学诚氏《文史通义》。章先生这部书里面，对于搭空架子、抄旧话头的不清真的文弊，指摘很详。对于史法，主张先有极繁博的长编，而后可以有圆神的正史。又主张史籍中人地名等均应有详细的检目，以备参考。我在二十余岁时，曾约朋友数人，试编二十四史检目（未成书）；后来兼长国史馆时，亦曾指定编辑员数人试编此种检目（亦未成书），都是受章先生影响的。

三，俞正燮氏《癸巳类稿》及《癸巳存稿》。俞先生此书，对于诂训、掌故、地理、天文、医学、术数、释典、方言，都有详博的考证。对于不近人情的记述，常用幽默的语调反对他们，读了觉得有趣得很。俞先生认一时代有一时代的见解与推想，不可以后人的见解与推想去追改他们，天算与声韵，此例最显，这就是现在胡适之、顾颉刚诸先生的读史法。自《易经》时代以至于清儒朴学时代，都守着男尊女卑的成见，即偶有一二文人，稍稍为女子鸣不平，总也含有玩弄等的意味；俞先生作《女子称谓贵重》《姬姨》《娣姒义》《妒非女人恶德论》《女》《释小补楚语笄内则总角义》《女吊婿驳义》《贞女说》《亳州志木兰事书后》《尼庵议》《鲁二女》《息夫人未言义》《书旧五代史僭伪列传后》《易安居士事辑》《书〈旧唐书·舆服志〉后》《除乐户丐户籍及女乐考附古事》《家妓官妓旧事》等篇，从各方面证明男女平等的理想。《贞女说》篇，谓："男儿以忠义自责则可耳，妇女贞烈，岂是男子荣耀也?"《家妓官妓旧事》篇，斥杨诚斋黥妓面、孟之经文妓鬓为"虐无告"，诚是"仁人之言"。我至今还觉得有表彰的必要。我青年时代所喜读的书，虽不止这三部，但是这三部是我深受影响的，所以提出来说一说。

《读书生活》第2卷第6期（1936年7月出版）

现代儿童对于科学的态度

——不但享受科学的成绩，也要有点贡献

（1935年7月18日）

小朋友们：

你们读《科学画报》，已经读到四十八期了！你们在家庭里面，在学校里面，所看的书，大半是讲科学的，所以你们对于科学，是早已认识了。你们自己检点一回，所享受的科学成绩有多少？

第一，身体上的享受。姑且照食、衣、住、行的次序说。最古的人类，所食的不过猎得的兽类、渔得的鱼类，与在树上摘得的果子。有的时候，多吃一点；没有的时候，就饿起来了。自科学进步，有农学以养谷类，有园艺以植蔬果，有畜牧以繁家畜。材料既多，有选择余地。于是，食物的成分应如何分配，数量应如何制限，各种唯太命的含有，应如何调剂，或为众人通则，或为个人特例，均得依科学理论，分别规定。最古的人类，暑期裸体，寒时以兽皮自护罢了。后来发见丝、麻，亦尚不能普及。近代棉种、蚕种，都随时改良；纺织机械，都取最新式；棉织品、丝织品及毛织品，皆大量生产。不但种种质料，可以随时选用，适应气候；即色彩花纹，亦可随各人嗜好的不同而相投，这岂不是科学的功吗？最古的人类，不是在树上造巢，学飞鸟的样子，就是在洞穴中栖止，与猛兽争地盘。后来渐渐知道用木料作柱，用茅草盖顶，如现在江北人的草棚一样。近来建筑术发达，用种种木材以外，用石，用铁，用水泥，崇楼杰阁，曲榭回廊，惟意所适，无施不可；既极坚固，又复美观。空气流通，光线充足，均合于卫生的条件。这都是科学家工作的结果。最古的人类，没有交通工具。后来发明了独木的船、独轮的车，已于不知不觉间应用到科学的原则了。后来科学的应用，逐渐推广，陆行的车，自人力，而畜力，而汽力，而电力，并特设铁轨，开通公路。水行的船，亦自人力，而风力，而汽力，而电力。不但人迹所到的地方，无远弗届，就是南、北冰洋，亦可探险。海底且有潜艇，空中亦有飞机，这都不是科学未发达的时候所能见到的。

第二，精神上的享受。古人知识太浅，对于自然现象，往往有无谓的恐怖。例如雷、电本为一物，从前的人，由声光的感受有迟速而认为二事；又设为雷公、电母的名义及偶像，又因偶有触电的人与物，而有雷殛恶人与怪物的传说。所以从前的儿童，闻雷声，见电光，都很怕。现在受电学家的指导，知道空中雷电，与我们通报、传话、转动机械的电力，毫无殊异。在建筑上并可置避雷针，以免触电之险，又有什么恐怖呢？从前的人，看了空中有无数的星，说是每一个星的变状或变色，都是与人事的成败有关的，尤其是彗星，他若出现，人间必有兵灾；现在受天文学的指导，知道多数恒星，与太阳相似，与地球隔了多数的光年，我们看到了样子，还是他们以前若干光年的色相，与我们现在的事业，还有什么相关呢？彗星也自有轨道，与行星相似，天文学上可以计算出来，可以预定他再见的年份，与地球上的兵灾，毫不相涉。从前有人疑彗星的尾与地球相触，地球或有危险，现在也知道没有这事了。古人所最怕的是瘟疫，死亡枕藉，似乎非人力所能抵抗，说是瘟神示罚，以迎神赛会为惟一方法。现在医学进步，对于瘟疫的起因及传染的预防，都有办法，不用过分担忧了。古人所尤怕的，又有水、旱之灾，说是龙王或旱魃作祟，又不外乎用祈祷禳解等法。现在科学进步，一方面从水利工程上尽力，一方面又从造林上作根本的解决，也就不要顾虑了。

照此看来，你们身体上康强，精神上的安宁，都是受现代科学的赐与，是无可疑的。凡人，有权利，就有义务。你们享了这许多权利，竟没有一点义务吗？我从前常常想，儿童是预支权利的时代，受养受教，暂可不说报酬；到年长后，多尽一倍的义务，就把儿童时代的债还清了。但是有志的儿童，却不肯专过预支的生活，而立刻要有点贡献。我曾闻陈鹤琴先生说：俄国有儿童科学研究所七百多所。他所参观过的三所，都分十一部，有电话、无线电、汽车、摄影、化学、机械等等，每部都有实验室，汽车部有两辆汽车，是十一岁至十七岁的儿童造的，曾在莫斯科大路上作六十公里的比赛。莫斯科街上有一盏红绿灯，是儿童所发明的。其他七百余所中儿童的新发明，一定很多，不过我们还没有调查到就是了。小朋友们！你们听了俄国儿童能进研究所，有新发明，作何感想？我希望我们国内，也渐渐设起儿童研究所来，你们很愿意进去研究，那么，你们现在就不要专门享受科学的赐与，而要时时留意科学的工作。

蔡元培手稿，参阅《科学画报》1935年7月号

《读书指导》第一辑序

（1935 年 9 月 30 日）

从前有人讲过一段仙人吕洞宾的故事，说是吕仙遇到一个穷人，向他求助，他就用手指点石成金，送给这人，这人不要，吕仙想这人不贪，很可学道；就问他不要的缘故，他说是要吕仙的指头，可以点出无数的金子，可以不必要这块金子了。这个穷人的态度，在“为道日损”的道教上，固然要大失望；但是在“为学日益”的科学上，是最不可少的。现在有一本书，罗列着无数吕仙的指头，其中有几许指头，的确可以点石成金；而且有几许指头，尽可以点出许多金子所买不到的东西，这岂不是希世之宝吗?

这个希世之宝是什么？就是商务印书馆新出版的“星期标准书”第一部《读书指导》。这本读书指导，是就各种学术，请专门家草成研究法，如这一种学术的范围与关系、工作的方法、参考书的目录，都详细的写出来。他的用途有左列的好几种。

（一）便于自修

现在青年，可以进专门的学校，受教员的指导，习一种专门的学术，固然不成问题。但是有一种人，因境遇与年龄的关系，不能再进学校了，而还想用功，尽可在此书中寻到用功的方法。

（二）便于参考

学术是互相关联的，不是孤立的，就是专研一种学术的人，也常常感到他种学术的需要，而又未必有机会可以同时并进；今得了这部书，就可以得到随时补习的方便了。

（三）便于增加常识

“一物不知，儒者之耻。”这种夸大的志愿，固非必要，然可能的多知道一点，这也是人人所愿的。有了这一本书，可以随意的选择一种或几种的门径书读一读，也可以餍求知欲。

现在学术上分工甚细，吾人所希望指导的学科，这本书自然不能全收；但既有此发端，自然有继续补充的本子，将来逐渐推广，成一种百科指导全书，这真是我们读书人的馈贫粮了。

二十四年九月三十日

蔡元培

商务印书馆编《读书指导》第一辑（1935年出版）

请注重技术特定为教育之重大方针案*

（1935年11月18日）

（理由） 设技术学院已有专案，同人等赞成此案外，并补充意见，分述如下：

（一）注重技术教育

今日吾国现状，应注重技术，为人人所公认，不待详论。但承袭数千年偏重理论之遗风，有更特定注重技术为教育重大方针之必要。又为易收普遍实现之效起见，除另行组织中央技术学院为特重技术教育之表率（见另案），并宜使已有之大学或新成〈立〉之大学亦注重技术教育，使与中央技术学院相辅而行，并因地制宜，以收分工合作之效。

（二）修改现行大学制

设中央技术学院，另有专案，兹不复论。现专就修改大学制言之：

---

* 此案系蔡元培等向国民党第五次全国代表大会提出，原题为《请注重技术，以增进国力民生，特定为教育之重大方针，并修改现行只限八院之大学制，促其注重专科技术，使有分设技术学院或技术学校之余地案》。

甲、照他国大学成例，于高深学术之外，本兼顾专门技术，如制药、制纸、农品制造、机电、化学、工艺等，均可在大学范围，或设为大学分科，或设为专门学院、学校，此可供我参考。

乙、照吾国大学成例，本有农、工、商诸学院；但类于〔如〕制药、制纸等，则不能由大学设为专科、专院、专校，不无缺憾。兹拟请参考他国大学制，修改我国现行大学制，使不仅限于现有八院①；专门技术亦为大学所得而努力。至应设专院或专校，则可因地因事之所宜，各大学商承教育部随时规定之。

以上所举一、二两项，是否有当，敬候

公决

提案人： 蔡元培　李宗黄　吴鹤龄　刘家驹　汤德民
吴敬恒　何应钦　包悦卿　林　叠　张　强
李煜瀛　王用宾　曾济宽　郑文礼　褚民谊
刘镇华　王漱芳　许绍棣　李仲公　孙连仲
向传义　谷正伦

国民党第五次全国代表大会第 85 号提案（铅印件）

① 当时规定大学设文、理、法、商、工、农、医、师范八个学院。

对于江苏教育学院的祷祝

（1936年3月11日）

民众教育，是帮助民众，使他们能达到自给、自管、自卫的目的。这些目的，小到一身，大到一国，与小于身而大于国的各种团体都是有的。例如身体上有消化呼吸等机关，是自给的；有脑部及神经系，是自管的；有筋力及爪甲等，是自卫的。又如国家，所有关于经济的组织，是自给的；关于政治的机关，是自管的；关于军事的编制，是自卫的。其他大于一身而小于一国的，如省、县、乡区以至家庭，都有这三种目的。这就是美国人所传颂的民享、民治、民有，也就是孙中山先生所主张的民生、民权、民族三主义。因为自给就是民享，也就是民生主义；自管就是民治，也就是民权主义；自卫就是民有，也就是民族主义。

江苏省立教育学院，设在无锡，院中分子，自然无锡人占了最大多数；但每一个无锡人都是江苏人，也都是中华民国的国民，所以每个人所练的自给、自管、自卫的能力，不但应用于一县，也将应用于一省，应用于全国。而这个练习的机关，可为全省的模范，也可为全国的模范。

我们现在考验九年以来教育学院的成绩，关于农艺的，有农场、特约农田、稻种繁殖区、园艺示范区、水利垦殖合作社等；关于畜牧的，有特约养鸡场、鸡种猪种改良场、养鱼合作社、养羊养鹅养猪合作社等；关于工艺的，有妇女工艺训练班、儿童服务团、扛重队等；关于商务的，有信用合作社、信用生产兼营合作社、农村工艺品产销合作社、信用、生产、消费、产销、运输合作社、运销合作联合社、储蓄会、农村贷款处、借款联合会等：这都是自给的成绩。又有禁赌会、调解委员会、合作完粮、模范家庭、托儿室等，这是自管的成绩。又有对于疾病的防御，如卫生委员会、农村卫生所、民众保健所、简易治疗处、简易药库等；对于火灾的防御，有救熄会、消防队等；对于匪贼的防御，有保甲会、冬防团、地方自卫训练班等；关于体育的，有体育场、田径队、武术团等：这都是自卫的成绩。

但是这些成绩，并不是突然产生，他那产生的原因，还不能不归功于教育。我们再一考教育学院本身的事业：如小学、民众学校、短期义务小学、义教试验班、日间短期义务班、劳工自己学校等，都是以学校形式推行教育的；如图书室、读书会、巡回文库、民众博物馆、民众阅报社、民众茶园、农友工余社、青年进修会、乡村改进会、改进会联合会等，都是以非学校的形式推行教育的；又如娱乐室、音乐队、唱歌队、工余剧社等，是以美术助成教育的。有这许多社会教育的方法，始能产生上节所举自给、自管、自卫的成绩。我深佩高践四先生、俞庆棠先生及诸位同志努力于教育学院之热诚！我敬祝无锡一隅的成绩，能推行于江苏全省，并能推行于前〔全〕国。

蔡元培手稿

复兴民族与学生*

——在大夏大学学生自治会演说词

(1936 年 6 月 5 日)

我们为什么要“复兴民族”?

复兴民族的意思，就是说，此民族并不是没有出息的，起先是很好的，后来不过是因为环境的压迫，以致退化，现在有了觉悟，所以想设法去“复兴”起来。“复兴”二字，在西方本为“renaissance”一字，在西洋中世纪以前，本有极光明的文化，后为黑暗时期所埋没，后来又赖大家的努力，才恢复以前的光明，因而名之曰“复兴”。中国古时文化很盛，古书中常有记载，周期的文物制度与希腊差不多，周季有儒、墨、名、法、道家的哲学，此后如汉、唐的武功，也不能抹煞的。但到了现在，我们觉得事事都不如人，不但军事上、外交上，不能与列强抗衡，就是所用的货物，也到处觉得外国的物美价廉，胜于国货，这不能不说是我们的劣点。然而我们不能自认为劣等的民族，而只认为民族的退化，所以要“复兴”。

* 据此篇记录者在文后注明：“此文业经蔡先生校阅一过，特此附志。”

民族乃集合许多分子而成，现在欲复兴民族，须将民族全部分子提高起来，提高些什么呢？我们的答案是：

第一，体格——中国民族为什么不中用，第一步乃是身体不健全，死亡率、病象、作工能力、体育状况，无论那一种统计，都显出我们民族的弱点，所以要复兴民族，第一步是设法使大家的身体强健起来。我闻张君俊先生说，中国民族衰老的现象，南方人智力较胜于北方人，而体力却较逊于北方人；北方人体魄强壮，而智力远逊于南人。因北方常有黄河之灾，且常为游牧民族所侵略，因而民族之优秀者均迁南方。此为历史证明的事实，如南北朝时代，如辽金元时代皆是。但南方气候潮湿，多寄生虫，不适宜优秀民族的发展，为复兴民族计，宜注重北方的开发。我以为北方固要开发，而南方亦可补救，我们若能发展北方人之智慧，增加南方人的体力，何尝不可用人为的力量，来克服自然呢？巴拿马旧以多蚊而不能施工事，后用科学灭蚊法而运河乃成。我们欲使民族强健起来，一定可用人力来做到！

第二，知识及能力——中国人的智能，并非不如外国人，中山先生在民族主义演讲中说“恢复中国固有的智能”，足以证明，如指南针、印刷术、火药的发明，长城、运河等建设，素为外人所称道；但到现在，科学的创造，建设的能力，各民族正非常发达，而我民族则不免落伍，然我们追想祖先的智力与能力，知道我们决非不能复兴的。例如波兰，虽经亡国之惨变，今仍能恢复，即有民族文化之故：远之如哥白尼之天文，近之如居里夫人〈之〉化学及其他著名之文学家、美术家，都是主动力，可以证明固有的知能足以兴国的。

第三，品性的修养——一民族之文化，一面在知识之发展，一面则赖其品性优良。向来称优良之品性为道德。道德不是绝对的，是相对的，是因各地方各时期的不同而定的。不过其中有一抽象的原则，是不可不注意的。此原则即为“爱人如己”，他的消极方面即为“己所勿欲，勿施于人”；其量则“由近而远”，初则爱己、爱家，继则爱族、爱乡、爱国，而至爱世界的人类。此种道德观念，与其用信条来迫促他，还不如用美感来陶冶他。我们看美术的进步，亦是由近而远，初用以文身，继用以装饰身体，或装饰花纹于用品上，远则用以装饰宫室，且进而美化都市，其观念渐行扩大，由近而远，正与道德观念相应。

总之，复兴民族之条件，为体格、智能和品性；这种条件，是希望个个人都能做到的。目前中国具了这三条件之人，请问有多少？可说是少数。但我们希望以后能达到。不过如何去达到呢，还不能不有赖于最有机会的人——学生，尤其是大学生，先来做榜样了。

大夏大学设在郊外，早已采取了牛津、剑桥大学的导师制，更有做榜样的资格。故如欲复兴民族，应由你们做起。在这里，我得介绍一位章渊若先生，他是提倡自力主义的，就是说人人都要从自己做起来再说。我现在就要劝诸位自己先做起来。学生自治会，就是促进各人自己努力的机关。

第一，以体育互相勉励——提倡体育是一个改进民族的很好的办法。日本人提倡体育，很有进步，就影响到了全体民族。所以，我们不能不有认识，体育乃是增加身体的健康，同时谋民族的健康，而非为出风头。以前的选手制，常犯了偏枯的毛病，根本失却了体育的本意，因而，常会发生下面的几种错误：（一）不平均——体育为少数人所专有；（二）太偏重——一部分选手则太偏于运动，牺牲了其他功课。今后对于体育之认识，则为根据于卫生的知识，不一定要求其做国手。听说贵大学现在实行普及体育，学生自治会又在促进普及体育的成功，这是可喜的。

第二，以知识及能力的增进互相勉励——大学内天天有教师讲授，但单靠教师讲授是不足的，还要自己去用功才行；用功要得法，单独的与集合的用功，都有优点，可以并行。同学之互相切磋，那是很有益的。自治会的组织与同学的知能增进，有直接关系。从前我们有读书会，大家选定几本书，每人认一本去读，读了分期摘要报告，或加以批评，如听了觉得有兴味的，自己再去详读，否则，也就与自己读过无异了。这一类互助的方法很多，对于学问，很有补益的。

第三，以品性修养互相勉励——彼此互相检点，对于不应为的事情，互相告诫，对于应为的事情，互相督促，固然是自治会应有的条件，然完全为命令式的，如“你应该这样”，“你不应该怎样”，有时反引起对方的反感。所以我主张以美术来代替宗教，希望人人都有一种自然而然的善意。因为人类所以有不应为而为的事情，大抵起于自私自利的习惯。有时候迫于贪生怕死的成见，那就无所不为了。惟有美术的修养，能使人忘了小己，超然于生死利害之外，若人能有此陶冶，无论何等境遇，均不失其当为而为、不当为而不为之气概。前十七八年，我长北京大学时，北京还没有一个艺术学校，全国还没有一个音乐学校，所以我在北大内发起音乐研究会、书画研究会，使学生有自由选习的机会。现在艺术的空气，已弥漫全国，上海一市，音乐艺术的人才，尤为众多，贵自治会如有此等计划，必不难实现了。

贵自治会如能于右列三者，加意准备，则复兴民族的希望，已有端倪，我不能不乐观。

（王凤楼、蒋炤祖记）

上海《晨报》1936年7月1日

国防的教育

（1936年7月10日）

乃同来信，说是浙江省立嘉兴区民众教育馆出版《教育与国防》季刊，要我发表一点关于国防教育的意见，我以为当国难方殷之际，无论何人，均当赞成，我亦不在例外。

数十年来，中国迫于外患的侵凌，不得不力谋自卫。军国民教育思想，深入人心。民国元年，我在教育部的时候，很多人提出军国民教育问题，我当时发表的《对于教育方针的意见》一文，有这么一段：

> 军国民教育者，与社会主义僢驰，在他国已有道消之兆。然在我国，则有强邻交逼，亟图自卫，而历年丧失之国权，非凭借武力，势难恢复。且军人革命以后，难保无军人执政之一时期，非行举国皆兵之制，将使军人社会永为全国中特别之阶级，而无以平均其势力，则如所谓军国民教育者，诚今日所不能不采者也。

辛亥革命前，我在上海爱国学社，与诸社员服军装，参加军事操。民国十年，我从欧洲回来，看到欧洲学生的精神活泼，体魄健强，劝告北京大学的学生注重体育。十一年直奉战起，北大和北平教育界组织妇孺保卫团，学生加入者三百余人，我提请北大总务会议议决改为学生军。

观以上两例，足见我个人对于国防的教育之赞同，不自今日始。

最近数年，外患频仍。为维护主权，保全领土，不得不举国上下一致动员，共谋国防的建设，以绵续民族的生命。则为完成国防的建设，而实施国防的教育，自为理所当然。惟此一名词，亦有狭义与广义之别。近日的军事训练：一、机关的公务员、学校的教职员、年长的学生、征集之壮丁，实行军队生活，研讨战斗技术，妇女则练习救护、通讯、侦探等事；二、为普通民众授以战争期间之常识，如避御袭击、预防毒气等，皆为应付紧急事变之工作，属于狭义。若照广义讲起来，那理工各课，直接间接均可作制造军械使用武器的准备；化学各课，即可作制造或避免毒气的准备；经济各课，亦可作筹措军需的准备；且作战不仅恃物质，尤恃精神，如光荣历史之回溯、英雄烈士之崇拜、国家民族之认识、国际大势之明了、爱国精神之激发，亦为国防建设之先决条件，则是历史、文学、公民各课，也不能说是与国防无关，是在教育家看受教育者的年龄与地位而善为消息耳。

近日多忙，无暇作稿。约略书来，借实篇幅。我以为：狭义的国防教育，在今日固属切要；广义的国防教育，亦不可忽视。质之乃同，以为何如？

《教育与国防》季刊第1卷第1期（1936年8月出版）

粤汉铁路与南北文化沟通之关系

（1936年7月）

粤汉铁路全线，计长一千零九十六公里，自前清光绪二十四年提议修筑，迄今阅三十余年之久，始克全路通车。其中人事变迁，经过许多艰难，一旦豁然贯通，岂非快事！

凡百事业，无不借交通工具以为推进，而于文化事业为尤甚。兹就吾国文化事业之关系于铁路交通者略言之：从前北平为旧政府所在地，京沈、津浦、京汉、京张诸路先后告成，于是冠裳会集，人物发皇，一切学校教育、社会教育，以至种种新文化运动，均有迅速之发展；至今北平尚成为坚实之文化区域。而自北平南下，由津浦路以至京沪、沪杭甬路，成为自北至南偏东一大路线。沿线一带，尤其长江以南，文化事业蓬勃发达，优秀人物产生最多，北平、杭州间一气呵成，此实铁路交通之力为之也。

就地形论，北部重心在北平，南部重心在汉口，当时议筑川汉、粤汉两路，目光固极远大；不幸川汉路因种种打击，不克告成，结果川省文化发展，比较迟缓。粤汉路因种种关系，仅成北湘鄂南、广韶首尾两段。中间株韶段，停顿至十余年，结果汉口、广州间不能打通一气。且自北平南下，由平汉路接粤汉路以至广州，本为自北至南偏西一大路线，与上述偏东一线遥遥相应。因株韶段中断，而使当日北平新兴文化势力，不能迅速传达南来，沿路发达情形，亦不及偏东一线。此又铁路修筑未竣之影响也。

株韶段之所以停顿，不但经费问题，其工程之艰巨亦为最大原因。自拨用英庚款之议成，经费无虑。所困难者，一路崇山峻岭，路线曲折，工作效率未免减低。现任株韶工程局长凌竹铭先生，独能不避险阻，遵奉部令，猛力进行，照预定期限，提早一年完工，得于二十五年五月粤汉路全路通车。此后因铁路交通以增进文化发展，自北平至广州，呼吸相通，正如北平至杭州一样。南北文化沟通力量愈大，日新月异，可以断言。因书数语，以为将来之取证。

《粤汉铁路株韶段通车纪念刊》(1936 年 7 月出版)

姚氏捐侨园旧址于县立中学记

（1936年夏）

姚懋甫先生在清之末叶，筑园于嵊县鹿胎山麓，幽僻洁净，宜于读书。以先世自山阴迁嵊，故名其园曰侨园。地故属学宫，则请于有司，斥己田易得之。布置即精，景物益胜。

时当戊戌政变之后，先生蒿目时艰，日处园中，读有用书，期出任天下大事。既而念及地方要政，莫急于教育，嵊地尚未有学校，是宜急办学校，地点又莫侨园若。于是益廓园内房室，建楼二十一间，于光绪辛丑之春，开办师曾学堂，聘教师四人，招学生二十九人。其课程曰国文，曰英文，曰算学，上班讲读，耳目一新，风气因而转变。校中费用，皆出先生私财，割亩以应，积二年余，资产略尽，不得已停办，而先生旋于宣统己酉去世矣。

嗣后园林寂寞，室宇空闭，二十余年来，弦诵阒如。回顾当时，不无今昔之感。而先生丈夫子五人，曰永元、永衡、永励、永政、永勳，皆英隽负才，克自树立，顾念堂构，常思所以善处侨园者。适嵊县中学校与侨园接，欲扩充校舍，永元等遂于中华民国二十五年五月捐赠侨园于县中校，俾永为办学之用，成先志也。余观先生毁家兴学，而后嗣峥嵘，各有相当学行，以兴其家。先生不以侨园自私，而永元等善继善述，能移侨园为公用，岂非后先辉映欤。爰记其颠末，以告来世。

（马禩光代作）

蔡元培论著中文打字稿副本

孔子之精神生活

（1936 年 8 月 7 日）

精神生活，是与物质生活对待的名词。孔子尚中庸，并没有绝对的排斥物质生活，如墨子以自苦为极，如佛教的一切惟心造①。例如《论语》所记“失饪不食，不时不食”，“狐貉之厚以居”，谓“卫公子荆善居室”，“从大夫之后，不可以徒行”，对衣服住行，大抵持一种素富贵行乎富贵，素贫贱行乎贫贱的态度。但使物质生活与精神生活在不可兼得的时候，孔子一定偏重精神方面。例如孔子说：“饭疏食，饮水，曲肱而枕之，乐亦在其中矣。不义而富且贵，于我如浮云。”可见他的精神生活，是决不为物质所摇动的。今请把他的精神生活分三方面来观察。

第一，在智的方面。孔子是一个爱智的人，尝说：“盖有不知而作之者，我无足也；多闻，择其善者而从之，多见而识之。”又说：“多闻阙疑”，“多见阙殆”。又说：“知之为知之，不知为不知，是知也。”可见他的爱智，是毫不含糊，决非强不知为知的。他教子弟通礼、乐、射、御、书、数的六艺，又为分设德行、言

① 此句排字可能有错误。

语、政事、文学四科，彼劝人学诗，在心理上指出“兴”“观”“群”“怨”，在伦理上指出“事父”“事君”，在生物上指出“多识于鸟兽草木之名”。（他如《国语》说孔子识肃慎氏之石砮、防风氏骨节，是考古学；《家语》说孔子知萍实，知商羊，是生物学；但都不甚可信。）可以见知力范围的广大至于知力的最高点，是道，就是最后的目的，所以说：“朝闻道，夕死可矣。”这是何等的高尚！

第二，在仁的方面。从亲爱起点，“泛爱众，而亲仁”便是仁的出发点。他的进行的方法用恕字，消极的是“己所不欲，勿施于人”，积极的是“己欲立而立人，己欲达而达人”。他的普遍的要求，是“君子无终食之间违仁，造次必于是，颠沛必于是”。他的最高点，是“伯夷、叔齐，古之贤人也，求仁而得仁，又何怨?”“志士仁人，无求生以害仁，有杀人〔身〕以成仁。”这是何等伟大！

第三，在勇的方面。消极的以见义不为为无勇，积极的以童汪踦能执干戈卫社稷可无殇。但孔子对于勇，却不同仁、智的无限推进，而时加以节制。例如说：“小不忍则乱大谋。”“一朝之忿，忘其身以及其亲，非惑欤?”“好勇不好学，其蔽也乱。”“君子有勇而无义为乱，小人有勇而无义为盗。”“暴虎凭河，死而无悔者，吾不与焉，必也临事而惧，好谋而成者也。”这又是何等的谨慎！

孔子的精神生活，除上列三方面观察外，尚有两特点：一是毫无宗教的迷信，二是利用美术的陶养。孔子也言天，也言命，照孟子的解释，莫之为而为是天，莫之致而至是命，等于数学上的未知数，毫无宗教的气味。凡宗教不是多神，便是一神；孔子不语神，敬鬼神而远之，说：“未能事人，焉能事鬼?”完全置鬼神于存而不论之列。凡宗教总有一种死后的世界；孔子说：“未知生，焉知死?”“之死而致死之，不仁而不可为也；之死而致生之，不知而不可为也。”毫不能用天堂地狱等说来附会他。凡宗教总有一种祈祷的效验；孔子说“丘之祷久矣”，“获罪于天，无所祷也”，毫不觉得祈祷的必要。所以孔子的精神上，毫无宗教的分子。

孔子的时代，建筑、雕刻、图画等美术虽然有一点萌芽，还算是实用与装饰的工具，而不认为独立的美术；那时候认为纯粹美术的是音乐。孔子以乐为六艺之一，在齐闻韶，三月不知肉味。谓：“韶尽美矣，又尽善也。”对于音乐的美感，是后人所不及的。

孔子所处的环境与二千年后的今日，很有差别；我们不能说孔子的语言，到今日还是句句有价值，也不敢说孔子的行为，到今日还是样样可以做模范。但是抽象的提出他精神生活的概略，以智、仁、勇为范围，无宗教的迷信而有音乐的陶养，这是完全可以为师法的。

《江苏教育》月刊第5卷第9期（1936年9月出版）

《读书指导》第二辑序

（1936 年 10 月 7 日）

当《读书指导》第一辑出版时，余为作序，曾列举“便于自修”、“便于参考”与“便于增加知识”之三优点。出版以来，销售甚多。可见这本书的优点，已被公认了。

余又在序中说：“吾人所希望指导的科学，这本书自然不可能全收，但既有发端，自然有继续补充的本子。”现在距第一辑出版的时间，不过一年，而第二辑又已编成，不是读第一辑的人所最欢迎的么？

第二辑的门类，与第一辑同的，有心理、统计、政治、法律、经济、商业、农业、文学等，但各篇命题，并未重复。其他门类为第一辑所未及的，有图书馆学、经学、哲学、教育、矿物学、生理学、工程学，尤足为第一辑的补充。

以现代学术分工的详细，合第一辑、第二辑的门类，可以补充的还不少，即检察每一门类中的专题，可以补充的也还不少。如《出版周刊》编辑者能继续征求各专家的著作，以为他日再编第三辑的准备，这尤是读者所希望的。

商务印书馆编《读书指导》第二辑（1936 年出版）

爱国女学三十五年来之发展

（1936年12月2日）

爱国女学之成立，已三十五年。余为三十五年前参与发起之一人，回想当年，不胜今昔之感。

民国纪元前十年，余在南洋公学任教员。是时反对清廷议立大阿哥之经莲三先生尚寓上海，而林少泉先生偕其妻林××夫人、及其妹林宗素女士自福州来，均提倡女学。由余与亡室黄仲玉夫人招待，在登贤里寓所开会，到会者，除经、林二氏外，有韦氏增佩、增瑛两女士，吴彦复先生偕其女亚男、弱男及其妾夏小正三女士，陈梦坡先生偕其女撷芬及其二妾蔡××、蔡××三女士，余与林、陈诸先生均有演说。会毕，在里外空场摄影，吴彦复夫人自窗口望见之而大骂，盖深不以其二女参与此会为然也。未几，薛锦琴女士到沪，蒋智由先生设席欢迎，乃请仲玉与林氏姑、嫂作陪，而自身不敢列席，盖其时男子尚不认娶妾为不合理，而男女之界，亦尚重避嫌如此。

爱国女学，即在此种环境中产生也。是年冬，由蒋智由、黄宗仰两先生提议，设立女校，余与林、陈、吴三先生并列名发起，设校舍于登贤里，名曰爱国，罗伽陵夫人代表乌目山僧①捐资相助，而推蒋先生为校长，发起人均任教员。未几，蒋先生往日本游历，余被推继任。开办时所有学生，即发起人家中之女子，及第二年，始招外来学生；而第一届学生，多因年龄长大，家务分心而退学，故学生甚少。

爱国女学第一次之发展，在爱国学社成立以后，由吴稚晖先生提议，迁校舍于学社左近之泥城桥福源里，并运动学社诸生，劝其姊妹就学，而学社诸教员，如王小徐、叶浩吾、吴稚晖、蒋竹庄诸先生，亦兼任女学教课，迩时本校始有振兴之气象。

第二次之发展，则在钟宪鬯先生长校时期，即爱国学社被解散之后。是时，张竹君女士初自广州来，力倡妇女经济独立之必要，愿教以手工。钟先生因于本校课程中加手工，而且附设手工传习所，请张女士及其弟子传授。由本校学生之宣传，而内地妇女纷来学习。其后，手工传习所虽停办，而爱国女学之声名，传播已广。

第三次之发展，则为蒋竹庄先生长校时期。时在民元前三年一月。厘订课程，使适合于中小学教育之程度；订建校舍，使教室与运动场有相当之设备。从此，本校始脱尽革命党秘密机关之关系——余长本校前后数次，凡革命同志徐伯荪、陶焕卿、杨笃生、黄克强诸先生到上海时，余与从弟国亲及龚未生同志等，恒以本校教员资格，借本校为招待与接洽之机关。其时，较高级之课程，亦参革命意义，如历史授法国革命史、俄国虚无党故事，理化注重炸弹制造等。又高级生周怒涛等，亦秘密加入同盟会——而入于纯粹的教育事业之时代。民元四月，徐固卿先生继任校长，民三，添办体育科、文科，校誉日益隆盛。江苏教育厅批准立案。徐固卿先生解职后，曾由萧蜕公、宋侠公、吴和士诸

① 乌目山僧：黄宗仰。

先生相继任校长。

第四次之发展，则为季融五先生长校时期。时在民国十年。遵教育部学制，划分初级中学、高级中学、体育专科与附属小学四部。民十六年，因国民政府奠都南京，教育行政系统更易，本校划隶上海市区，改向上海市教育局立案，奉令更名为私立爱国女子中学。其后因来学者众，原有校舍不敷应用，乃于十九年秋迁至江湾路尘园，次第自建校舍，高中部复添设师范科，于是基础益形巩固，校务日见发达。

在此节节发展时期，不幸二十一年“一•二八”之役，全部校舍，悉被焚毁，三十年来之文物，损失殆尽。不得已，遂假法租界贝勒路志成小学余屋，招集学生，以维教学。逾月，复迁至吕班路大陆坊。是年秋，季融五先生因感受刺激而辞职，校董会推孙翔仲先生为校长，迁回尘园，以图复兴，重建校舍，添置校具，并办女童军训练班，设第二小学于新闸路。二十二年秋，得校董褚民谊、潘守仁两先生之助，更添建仁斋、谊斋两宿舍。逾年，孙翔仲先生辞职，校董会推季毅生先生任校长。是年秋，移设校内附属小学一部于昆山路，奉令改称爱国女子第一小学，附设幼稚园。二十四年秋，复就昆山路校舍，添设初中第二院，学生亦颇众多，并呈准教育部将体育科正名为体育师范科，校后更辟田径场，运动成绩，与年俱进；而各科课程，亦多注重实际。自二十一年秋至今，可谓爱国女学之复兴时期。

今年为三十五周年，观历来发展之历史，又兼以主持者之毅力，预料前途，必更有辉煌之象也。

《爱国女学校三十五周年纪念刊》（爱国女学 1936 年 12 月出版）

我在教育界的经验

（1937年12月）

我自六岁至十七岁，均受教育于私塾；而十八岁至十九岁，即充塾师（民元前二十九年及二十八年）。二十八岁又在李莼客先生京寓中充塾师半年（前十八年）。所教的学生，自六岁至二十余岁不等。教课是练习国文，并没有数学与其他科学。但是教国文的方法，有两件是与现在的教授法相近的：一是对课，二是作八股文。对课与现在的造句法相近。大约由一字到四字，先生出上联，学生想出下联来。不但名词要对名词，静词要对静词，动词要对动词，而且每一种词里面，又要取其品性相近的。例如先生出一山字，是名词，就要用海字或水字来对他，因为都是地理的名词。又如出桃红二字，就要用柳绿或薇紫等词来对他；第一字都用植物的名词，第二字都用颜色的静词。别的可以类推。这一种工课，不但是作文的开始，也是作诗的基础。所以对到四字课的时候，先生还要用圈发的法子，指示平仄的相对。平声字圈在左下角，上声在左上角，去声右上角，入声右下角。学生作对子时，最好用平声对仄声，仄声对平声（仄声包上去入三声）。等到四字对作得合格了，就可以学五言诗，不要再作对子了。

八股文的作法，先作破题，止两句，把题目的大意说一说。破题作得合格了，乃试作承题，约四五句。承题作得合格了，乃试作起讲，大约十余句。起讲作得合格了，乃作全篇。全篇的作法，是起讲后，先作领题，其后分作八股（六股亦可），每两股都是相对的。最后作一结论。由简而繁，确是一种学文的方法。但起讲、承题、破题，都是全篇的雏形；那时候作承题时仍有破题，作起讲时仍有破题、承题，作全篇时仍有破题、承题、起讲，实在是重床叠架了。

我三十二岁（前十四年）九月间，自北京回绍兴，任中西学堂监督，这是我服务于新式学校的开始。这个学堂是用绍兴公款设立的。依学生程度，分三斋，略如今日高小、初中、高中的一年级。今之北京大学校长蒋梦麟君、北大地质学教授王烈君，都是那时候第一斋的小学生。而现任中央研究院秘书的马禩光君、任浙江教育厅科员的沈光烈君，均是那时候第三斋的高材生。外国语原有英、法二种，我到校后，又增日本文。教员中授哲学、文学、史学的有马湄莼、薛阆轩、马水臣诸君，授数学及理科的有杜亚泉、寿孝天诸君，主持训育的有胡钟生君，在当时的绍兴，可为极一时之选。但教员中颇有新、旧派别，新一点的，笃信进化论，对于旧日尊君、卑民、重男、轻女的旧习，随时有所纠正，旧一点的不以为然。后来旧的运动校董，出而干涉，我遂辞职（前十三年）。

我三十五岁（前十一年）任南洋公学特班教习。那时候南洋公学还止有小学、中学的学生，因沈子培监督之提议，招特班生四十人，都是擅长古文的，拟授以外国语及经世之学，备将来经济特科之选。我充教授，而江西赵仲宣君、浙江王星垣君相继为学监。学生自由读书，写日记，送我批改。学生除在中学插班习英文外，有愿习日本文的；我不能说日语，但能看书，即用我的看书法教他们，他们就试译书。每月课文一次，也由我评改。四十人中以邵闻泰（今名力子）、洪允祥、王世澂、胡仁源、殷祖同、谢沈（今名无量）、李同（今出家号弘一）、黄炎培、项骧、贝寿同诸君为高材生。

我三十六岁（前十年），南洋公学学生全体退学，其一部分借中国教育会之助，自组爱国学社，我亦离公学，为学社教员。那时候同任教员的吴稚晖、章太炎诸君，都喜昌言革命，并在张园开演说会，凡是来会演说的人，都是讲排满革命的。我在南洋公学时，所评改之日记及月课，本已倾向于民权女权的提倡，及到学社，受激烈环境的影响，遂亦公言革命无所忌。何海樵君自东京来，介绍我宣誓入同盟会，又介绍我入一学习炸弹制造的小组（此小组本止六人，海樵与杨笃生、苏凤初诸君均在内）。那时候学社中师生的界限很宽，程度较高的学生，一方面受教，一方面即任低级生的教员；教员热心的，一方面授课，一方面与学生同受军事训练。社中军事训练，初由何海樵、山渔昆弟担任，后来南京陆师学堂退学生来社，他们的领袖章行严、林力山二君助何君。我亦断发短装与诸社员同练步伐，至我离学社始已。

爱国学社未成立以前，我与蒋观云、乌目山僧、林少泉（后改名白水）、陈梦坡、吴彦复诸君组织一女学，命名“爱国”。初由蒋君管理，蒋君游日本，我管理。初办时，学生很少；爱国学社成立后，社员家中的妇女，均进爱国女学，学生骤增。尽义务的教员，在数理方面，有王小徐、严练如、钟宪鬯、虞和钦诸君；在文史方面，有叶浩吾、蒋竹庄诸君。一年后，我离爱国女学。我三十八岁（前八年）暑假后，又任爱国女学经理。又约我从弟国亲及龚未生、俞子夷诸君为教员。自三十六岁以后，我已决意参加革命工作。觉得革命止有两途：一是暴动，一是暗杀。在爱国学社中竭力助成军事训练，算是下暴动的种子；又以暗杀于女子更为相宜，于爱国女学，预备下暗杀的种子。一方面受苏凤初君的指导，秘密赁屋，试造炸药，并约钟宪鬯先生相助，因钟先生可向科学仪器馆采办仪器与药料。又约王小徐君试制弹壳，并接受黄克强、蒯若木诸君自东京送来的弹壳，试填炸药，由孙少候君携往南京僻地试验。一方面在爱国女学为高材生讲法国革命史、俄国虚无党历史，并由钟先生及其馆中同志讲授理化，学分特多，为练制炸弹的预备。年长而根柢较深的学生如周怒涛等，亦介绍入同盟会，参加秘密小组。

我三十九岁（前七年），又离爱国女学，嗣后由徐紫虬、吴书箴、蒋竹庄诸君相继主持，爱国女学始渐成普通中学，而脱去从前革命性的特殊教育了。

四十岁（前六年），我到北京，在译学馆任教习，讲授国文及西洋史，仅一学期，所编讲义未完，即离馆。

四十一岁至四十五岁（前五年至一年）又为我受教育时期。第一年在柏林，习德语。后三年，在来比锡，进大学。

四十六岁（民国元年），我任教育总长，发表《对于教育方针之意见》，据清季学部忠君、尊孔、尚公、尚武、尚实的五项宗旨而加以修正，改为军国民教育、实利主义、公民道德、世界观、美育五项。前三项，与尚武、尚实、尚公相等；而第四、第五两项，却完全不同。以忠君与共和政体不合，尊孔与信仰自由相违，所以删去。至提出世界观教育，就是哲学的课程，意在兼采周秦诸子、印度哲学及欧洲哲学，以打破二千年来墨守孔学的旧习。提出美育，因为美感是普遍性，可以破人我彼此的偏见；美感是超越性，可以破生死利害的顾忌，在教育上应特别注重。对于公民道德的纲领，揭法国革命时代所标举的自由、平等、友爱三项，用古义证明说："自由者，'富贵不能淫，贫贱不能移，威武不能屈'是也；古者盖谓之义。平等者，'己所不欲，勿施于人'是也；古者盖谓之恕。友爱者，'己欲立而立人，己欲达而达人'是也；古者盖谓之仁。"

学部旧设普通教育、专门教育两司；改教育部后，我为提倡成人教育、补习教育起见，主张增设社会教育司。

我与次长范静生君常持相对的循环论。范君说："小学没有办好，怎么能有好中学？中学没有办好，怎么能有好大学？所以我们第一步，当先把小学整顿。"我说："没有好大学，中学师资那里来？没有好中学，小学师资那里来？所以我们第一步，当先把大学整顿。"把两人的意见合起来，就是自小学以至大学，没有一方面不整顿。不过他的兴趣，偏于普通教育，就在普通教育上多参加一点意见，我的兴趣，偏于高等教育，就在高等教育上多参加一点意见罢了。

我那时候，鉴于各省所办的高等学堂，程度不齐，毕业生进大学时，甚感困难，改为大学预科，附属于大学。又鉴于高等师范学校的科学程度太低，规定逐渐停办；而中学师资，以大学毕业生再修教育学的充之。又以国立大学太少，规定于北京外，再在南京、汉口、成都、广州各设大学一所。后来我的朋友胡君适之等，对于停办各省高等学堂，发见一种缺点，就是每一省会，没有一种吸集学者的机关，使各省文化进步较缓。这个缺点，直到后来各省竞设大学时，才算补救过来。

清季的学制，于大学上，有一通儒院，为大学毕业生研究之所。我于《大学令》中改名为大学院，即在大学中，分设各种研究所。并规定大学高级生必须入所研究，俟所研究的问题解决后，始能毕业（此仿德国大学制）。但是各大学未能实行。

清季学制，大学中仿各国神学科的例，于文科外又设经科。我以为十四经中，如《易》《论语》《孟子》等已入哲学系，《诗》《尔雅》已入文学系，《尚书》《三礼》《大戴记》《春秋三传》已入史学系，无再设经科的必要，废止之。

我认大学为研究学理的机关，要偏重文理两科，所以于《大学令》中规定：设法商等科而不设文科者不得为大学，设医工农等科而不设理科者，亦不得为大学；但此制迄未实行。而我于任北大校长时，又觉得文理二科之划分，甚为勉强：一则科学中如地理、心理等等，兼涉文理；二则习文科者不可不兼习理科，习理科者不可不兼习文科。所以北大的编制，但分十四系，废止文理法等科别。

我五十一岁至五十八岁（民国六年至十二年），任国立北京大学校长。民国五年，我在法国，接教育部电，要我回国，任北大校长。我遂于冬间回来。到上海后，多数友人均劝不可就职，说北大腐败，恐整顿不了。也有少数劝驾的，说：腐败的总要有人去整顿，不妨试一试。我从少数友人的劝，往北京。

北京大学所以著名腐败的缘故，因初办时（称京师大学堂）设仕学、师范等馆，所收的学生，都是京官。后来虽逐渐演变，而官僚的习气，不能洗尽。学生对于专任教员，不甚欢迎；较为认真的，且被反对。独于行政司法界官吏兼任的，特别欢迎；虽时时请假，年年发旧讲义，也不讨厌，因有此师生关系，毕业后可为奥援。所以学生于讲堂上领受讲义，及当学期学年考试时要求题目范围特别预备外，对于学术，并没有何等兴会。讲堂以外，又没有高尚的娱乐与自动的组织，遂不得不于学校以外，竞为不正当的消遣。这就是著名腐败的总因。我于第一次对学生演说时，即揭破“大学学生，当以研究学术为天职，不当以大学为升官发财之阶梯”云云。于是广延积学与热心的教员，认真教授，以提起学生研究学问的兴会。并提倡进德会（此会为民国元年吴稚晖、李石曾、张溥泉、汪精卫诸君发起，有不赌、不嫖、不娶妾的三条基本戒，又有不作官吏、不作议员、不饮酒、不食肉、不吸烟的五条选认戒），以挽奔竞及游荡的旧习；助成体育会、音乐会、画法研究会、书法研究会，以供正当的消遣；助成消费公社、学生银行、校役夜班、平民学校、平民讲演团与《新潮》等杂志，以发扬学生自动的精神，养成服务社会的能力。

北大的整顿，自文科起。旧教员中如沈尹默、沈兼士、钱玄同诸君，本已启革新的端绪；自陈独秀君来任学长，胡适之、刘半农、周豫才、周岂明诸君来任教员，而文学革命、思想自由的风气，遂大流行。理科自李仲揆、丁巽甫、王抚五、颜任光、李书华诸君来任教授后，内容始以渐充实。北大旧日的法科，本最离奇，因本国尚无成文之公私法，乃讲外国法，分为三组：一曰德日法，习德文日文的听讲；二曰英美法，习英文的听讲；三曰法国法，习法文的听讲。我深不以为然，主张授比较法，而那时教员中能授比较法的，止有王亮畴、罗钧任二君。二君均服务司法部，止能任讲师，不能任教授。所以通盘改革，甚为不易。直到王雪艇、周鲠生诸君来任教授后，始组成正式的法科，而学生亦渐去猎官的陋见，引起求学的兴会。

我对于各家学说，依各国大学通例，循思想自由原则，兼容并包。无论何种学派，苟其言之成理，持之有故，尚不达自然淘汰之运命，即使彼此相反，也听他们自由发展。例如陈君介石、陈君汉章一派的文史，与沈君尹默一派不同；黄君季刚一派的文学，又与胡君适之的一派不同；那时候各行其是，并不相妨。对于外国语，也力矫偏重英语的旧习，增设法、德、俄诸国文学系，即世界语亦列为选科。

那时候，受过中等教育的女生，有愿进大学的，各大学不敢提议于教育部。我说：一提议，必通不过。其实学制上并没有专收男生的明文；如招考时有女生来报名，可即著录；如考试及格，可准其就学；请从北大始。于是北大就首先兼收女生，各大学仿行，教育部也默许了。

我于民国十二年离北大，但尚居校长名义，由蒋君梦麟代理，直到十五年自欧洲归来，始完全脱离。

我六十一岁至六十二岁（十六年至十七年）任大学院院长。大学院的组织，与教育部大概相同，因李君石曾提议试行大学区制，选取此名。大学区的组织，是模仿法国的。法国分全国为十六大学区，每区设一大学，区内各种教育事业，都由大学校长管理。这种制度优于省教育厅与市教育局的一点，就是大学有多数学者、多数设备，决非厅局所能及。我们为心醉合议制，还设有大学委员会，聘教育界先进吴稚晖、李石曾诸君为委员。由委员会决议，先在北平（包河北省）、江苏、浙江试办大学区。行了年余，常有反对的人，甚至疑命名“大学”，有蔑视普通教育的趋势，提议于大学院外再设一教育部的。我遂自动的辞职，而政府也就改大学院为教育部；试办的三大学区，从此也取消了。

我在大学院的时候，请杨君杏佛相助。我素来宽容而迂缓，杨君精悍而机警，正可以他之长补我之短。正与元年我在教育部时，请范君静生相助，我偏于理想，而范君注重实践，以他所长补我之短一样。

大学院时代，院中设国际出版品交换处，后来移交中央研究院，近年又移交中央图书馆。

大学院时代，设国立音乐学校于上海，请音乐专家萧君友梅为校长（第一年萧君谦让，由我居校长之名）。增设国立艺术学校于杭州，请图画专家林君风眠为校长。又计划第一次全国美术展览会，但此会开办时，我已离大学院了。

大学院时代，设特约著作员，聘国内在学术上有贡献而不兼有给职者充之，听其自由著作，每月酌送补助费。吴稚晖、李石曾、周豫才诸君皆受聘。

我于六十一岁时，参加中央政治会议，曾与吴稚晖、李石曾、张静江诸君提议在首都、北平、浙江等处，设立研究院，通过。首都一院，由大学院筹办，名曰国立中央研究院。十七年开办，我以大学院院长兼任中央研究院院长。我离大学院后，专任研究院院长，与教育界虽非无间接的关系，但对于教育行政，不复参与了。

《宇宙风》第55、56期（1937年12月、1938年1月出版）

《世界教联半月刊》发刊词

（1938年10月17日）

人类之职业，没有比教师再为重要的。衣食住行的改良，科学美术的创造，迷信偏见的破除，世界大同的推进，无一不出于人为。人何以能为？由其有知识能力。知识能力何恃而养成？由于教师。所以教师是最负责任、最有势力的。

但是，全世界任教师的人，除了最少数为野心政治家所压迫，言论出版不能自由，或竟为所利用、甘心助虐、施行奴隶教育而外，大多数的教师，无不爱和平而恶侵略，伸正义而斥强权。但是对于强权，对于侵略，尚不能为有效的制止，这是何故？这由于我们尚无统一的主张与完善的组织，不能把所有的潜势力融合起来。

海外各国的教师有鉴于此，已于前年组织世界教师联合会，除排斥德、意、日本等法西斯国的教师不许入会外，一切民主国教师与会的，已及六百万人。其办法，是从小学教师起，以次及中学，而大学。

当小学教师联合会第一次开会时，吾国李石曾、萧子昇诸先生曾与会，深为感动；及提议于国际文化合作中国分会，在中国组织教师联合会，以参加国际的联合会，议决施行。特请王代之先生往昆明先成立小学教师会；并与诸同志编印《世界教联半月刊》，以应交换意见、联络感情之需要。我想此刊一出，必蒙全国教师声应气求，共致力于和平正义的大业，而无愧为世界教师联合会一分子，是无可疑的。

蔡元培手稿

华盛顿与中国教育界之关系*

（1939年2月20日）

在中国，稍稍有知识的人，无不知有华盛顿其人者，以中国小学生之教科书、参考书中，均已载有华盛顿之行事，以为学生之模范也。盖中国现代教育，除自然科学的教课，与欧、美各国大略相等外，在社会科学方面，循二千年来之习惯，仍以道德为主干；华盛顿一生之行事，正直、义侠、勇敢、忍耐、谦让、急公、慎言等等，均合于我国二千年来德育之项目。尤其在独立战争成功以后，并不如前之该撒、后之拿破仑，为集权一身之计画，而赞成于宪法中规定总统制，而不取君主制。连任总统以后，决不肯受第三任之推戴，尤适合于我国历史上崇拜尧、舜，崇拜泰伯、虞仲，崇拜伯夷、叔齐，崇拜巢父、许由之理想，所以教育家乐于称道之。

---

* 此篇根据蔡元培手拟的草稿整理。原稿以钢笔书写在英文练习本上，当时系应陈彬和之请，为纪念华盛顿就任美国总统150周年而作。曾否在香港某一报刊发表，尚未查出，但台北《中国时报》竟获得蔡元培交给陈彬和的原稿（亲自誊清的），于1969年2月22日在该报刊载，并将原稿第1页制版印出。

请于我国小学生教科书与参考书中举出九部为例证。

第一 小学生教科书

（一）《高小国语读本》第一册，即小学第四年级教科书；吕伯攸、徐伯倩所编；中华书局印行，一九三七年初版。

此书第三十三课，课题是《华盛顿毕竟是英雄》，叙华盛顿于十四岁的一年，入水救起一个小孩子的事。这在我国，亦认为义侠而勇敢的美德。

（二）香港《汉文读本》第八册，即小学第四年级课本；商务印书馆印行，一九三二年三月初版，一九三八年一月十版。

此书第二十九课，课题《华盛顿》，叙华盛顿逸事三条：（1）写日记，辑格言；（2）自认斫樱桃树；（3）入水救起一个小孩子。在我国，认为谨慎、诚实、正直、义侠与勇敢的美德。

（三）《共和国教科书新国文》第五册，即小学第五年级课本；庄俞、沈颐编；商务印书馆印行，一九一二年六月初版，一九二六年七月一五五一版。

此书第十八课，题是《华盛顿》，叙自认斫樱桃树，认为“不欺”的美德。

（四）《高小新历史》第三册，即小学六年级世界史课本；朱翊新编；世界书局印行，一九三七年三月初版，同年七月八版。

第八课《美国的独立与放奴运动》，有华盛顿与林肯两总统肖像；叙华盛顿任独立军总司令及第一任合众国大总统时，有功于美国。

（五）《复兴历史教科书》高小第三册，即小学第六年级世界史课本；徐映川与傅纬平编；商务印书馆印行，一九三七年七月初版，一九三八年四月五六版。

十三课《美国独立》，叙华盛顿任独立军总司令有功。有照相。

第二　小学生参考书

（六）《名人之芽》；田惜庵编；开明书店印行，一九三六年十二月初版。

此书叙欧、美二十名人之少年轶事。第三，《华盛顿》，有照相，分八节叙述：（1）美利坚独立之父；（2）勤勉与热心成就了专门的学术；（3）正直是人生至宝（自认斫樱桃事）；（4）学塾中的模范学生（在呵俾学塾中笔记簿清洁及其他行事，呵俾君指明他堪为其他学生的模范）；（5）运动场上总指挥；（6）骑死了小马（对母自认，亦正直之一端）；（7）境遇的变化（父死，进威廉姆学校；为测量师）；（8）注意身心的修养（选辑格言，题为《社交及谈话之法则》，本书译录其格言六条）。

（七）少年丛书之一种《华盛顿》；林万里编；商务印书馆印行，一九〇九年初版，一九三三年再版，一九三四年三版。

此书分七章：（1）绪论；（2）华盛顿之家世及其少年；（3）英法殖民地之战争；（4）英皇压制殖民；（5）独立战争；（6）独立告成；（7）华盛顿之退隐及其轶事。每章后均有批评，绪论及最后一章之批评中，均特提华盛顿为至诚、公正、纯洁之政治家。

（八）百科小丛书中之一种：《华盛顿》；沈嗣庄编；商务印书馆印行，一九三三年初版。

序言中说："写这个小册子以前，曾和几个比较熟悉华盛顿历史的美国人谈判过，据言：'就美国历史——尤其是他的经济史——而论，华氏的历史，是经济改造的现代所必须有的一种著作，因为资本主义的美国，一大部分是由华氏的人格和他的政策酝酿成功的。'所以，这个册子的编法，第一，以华氏自己的日记和他的函牍为观察他一生的对象；第二，相对的用惟物史观的眼光，把华氏的生活和美国资本主义的初期历史打成一片。"

此书分为八章：（1）幼年生活；（2）测量生活；（3）军队生

活；(4) 家庭生活；(5) 革命生活；(6) 元帅生活；(7) 议长生活；(8) 总统生活。又附年谱一章。

此书对于华氏一生之行事，多所称道，与他书相同；惟偶有一二点，表示不满，由作者对于资本主义之见解，与一百五十年前之华氏，不能一致。要之，“瑕不掩瑜”，普通读者，并不缘此而减损其对于华氏之崇拜。

（九）小学生文库之一种：《美国小史》；此书为顾德隆从 John Finnenrore 所著之 *A Short History of America*① 译出者；商务印书馆印行，一九三四年二月初版，十月再版。

此书于第五章《独立战争》，与第六章《美洲合众共和国》中，均叙及华盛顿的功绩，并为最满意的批评如下：

> “战争中第一人，和平时第一人，而在国人心目中，也是第一人”，这是美国人对于佐治·华盛顿的崇拜语，而确实是不错的。他真正是个伟大的人，他有智慧和勇敢，又真心爱国家。他做事热心而又有胆量，从不鲁莽苟且；他为人诚恳忠实，最可佩服的是，他不论在任何伟大的诱惑里，始终保持着高尚的灵魂和安静的性情。不论前途如何黑暗，不论如何严厉的给人暗算、欺负，他总是安静的、稳重的尽他的责任，不退不缩，始终相信公理是对的。

这一段批评，就把我们教育家所以崇拜华盛顿之理由，说得很完全了。

以上九部举例的书，最早出版的，尚在三十年以前。所以我国教育界受华盛顿行述之影响者，不但现在之小学生，即现在中

① J. Finnenrore 所著之 *A Short History of America*：费南罗尔所著的《美国简史》。

学生、大学生，及三十年来陆续毕业之小学生、中学生、大学生，除阅读相当程度之世界史、世界名人传记以外，其于受小学教育时代，对于华盛顿，久已有深刻之印象。华盛顿对于我国教育界之影响，可谓广大矣。谨于华盛顿就任美利坚合众国大总统一百五十周年纪念之期，叙其与我国教育界之关系，以贡祝意，而资纪念。

蔡元培手稿，参照《中国时报》所载校订

附录　蔡元培著述目录

（甲）专书

《学堂教科论》（1册），上海普通学书室1901年10月出版。

《文变》（2册），上海商务印书馆1902年5月代印（选取严复、俞正燮、山根虎侯等人论文编成）。

《哲学要领》（1册，译自德国科培尔所讲，日本下田次郎所述），上海商务印书馆1903年10月初版，1927年6月第11版。

《妖怪学讲义录·总论》（1册，译自日本井上圆了所著），上海商务印书馆1906年8月初版，1922年1月第8版。

《伦理学原理》（1册，译自德国泡尔生所著，曾用蔡振笔名），上海商务印书馆1909年10月初版，1934年3月国难后第1版。

《中国伦理学史》（1册），上海商务印书馆1910年8月初版，1937年5月列为《中国文化史丛书》第2辑第2种，重新出版。（日本中岛太郎将此书译为日文，书名《支那伦理学史》，由东京大东出版社于1941年出版。）

《中学修身教科书》（1册），上海商务印书馆1912年5月初版，1921年9月第16版。

《哲学大纲》（1册），上海商务印书馆1915年1月初版，1931年8月第11版。

《赖斐尔》（1册），1916年8月起，刊载于《东方杂志》；上海商务印书馆随即印为《东方文库》第68种，书名为《艺术谈概》。

《康德美学述》（1册），1916年列入在巴黎编印的《学风丛书》，并已排出清样。

《石头记索隐》（1 册），上海商务印书馆 1917 年 9 月初版，1935 年 6 月国难后第 2 版。

《华工学校讲义》（1 册），华法教育会 1919 年 8 月在巴黎出版。

《美学通论》（1 册），1921 年手稿。

The Development of Chinese Education（1 册），伦敦 East and West Ltd. 1924 年 2 月出版。

《简易哲学纲要》（1 册），上海商务印书馆 1924 年 8 月出版。

Chinese Education，Its Present and Its Historical Condition（1 册），北京 Leader Press 1925 年 7 月出版。

Painting and Calligraphy（1 册），China Institute of Pacific Relations 1931 年 10 月出版。

（乙）文集

《蔡元培全集》（7 卷本），高平叔编，北京中华书局出版。（本全集除辑入上述甲类专书 17 种外，尚收录蔡元培所写论文、书札等 2 600 余篇。）

第一卷（1883—1909 年）	1984 年 9 月出版
第二卷（1910—1916 年）	1984 年 9 月出版
第三卷（1917—1920 年）	1984 年 9 月出版
第四卷（1921—1924 年）	1984 年 9 月出版
第五卷（1925—1930 年）	1988 年 8 月出版
第六卷（1931—1935 年）	1988 年 8 月出版
第七卷（1936—1940 年）	1989 年 7 月出版

《蔡孑民先生言行录》（2 册），北京大学新潮社 1920 年 10 月编印。

《蔡元培言行录》（1 册），陇西约翰编，上海广益书局 1931 年

5 月初版，1932 年 5 月第 2 版。

《蔡元培文选》（1 册），余研因编，上海启智书局 1932 年出版。

《蔡孑民先生传略》（1 册），高平叔笔录及编订，重庆商务印书馆 1943 年 3 月出版。

《蔡元培选集》（1 册），北京中华书局 1959 年 5 月编印。

《蔡元培遗文类钞》（1 册），孙德中编，台北复兴书局 1961 年 1 月出版。

《蔡元培先生著德育讲义》（1 册），林其容、罗联添注释，台湾大学中文系 1961 年 9 月初版，1965 年 9 月订正再版。

《蔡元培民族学论著》（1 册），中国民族学会编，台北“中华书局”1962 年 1 月出版。

《蔡元培选集》（6 册），台北文星书局 1967 年 1 月编印。

《蔡元培自述》（1 册），台北传记文学出版社 1967 年 9 月编印。

《蔡元培全集》（1 册），台南王家出版社 1968 年 2 月编印。（此书系台北文星书局《蔡元培选集》的重印。）

《蔡元培先生全集》（1 册），孙常炜编，台北“商务印书馆”1968 年 3 月初版，1977 年 11 月重印。

《蔡元培选集》（1 册），香港文学研究社 1977 年编印。

《蔡元培教育文选》（1 册），高平叔编，人民教育出版社 1980 年 5 月出版。

《蔡元培美学文选》（1 册），文艺美学丛书编委会编，北京大学出版社 1983 年 4 月出版。

《蔡元培专集》（7 种），高平叔编。

《蔡元培哲学论著》，河北人民出版社 1985 年 8 月出版。

《蔡元培政治论著》，河北人民出版社 1985 年 8 月出版。

《蔡元培论科学与技术》，河北科学技术出版社 1985 年 8

月出版。

《蔡元培语言及文学论著》，河北人民出版社 1985 年 10 月出版。

《蔡元培教育论集》，湖南教育出版社 1987 年 4 月出版。

《蔡元培美育论集》，湖南教育出版社 1987 年 4 月出版。

《蔡元培史学论集》，湖南教育出版社 1987 年 10 月出版。

《蔡元培教育论著选》(1 册)，高平叔编，人民教育出版社 1991 年 7 月出版。

《蔡元培全集》(18 册)，中国蔡元培研究会编，浙江教育出版社 1998 年 9 月出版。

《蔡元培书信集》，高平叔、王世儒编注，浙江教育出版社 2000 年 4 月出版。

《中国文库·蔡元培教育论著选》，高平叔编，人民教育出版社 2011 年 10 月出版。